COURS
D'EXPLOITATION DES MINES

professé à l'École Spéciale des Travaux Publics, du Bâtiment et de l'Industrie

Par M. L.-E. GRUNER

Ingénieur civil des Mines.

LIVRE II

SOUTÈNEMENT DES CHANTIERS ET GALERIES
FONÇAGE ET SOUTÈNEMENT DES PUITS

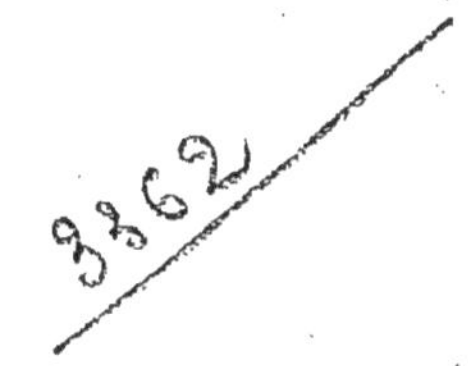

PARIS

LIBRAIRIE DE L'ENSEIGNEMENT TECHNIQUE

Léon EYROLLES, Éditeur

3, Rue Thénard, 3

1921

ENCYCLOPÉDIE INDUSTRIELLE ET COMMERCIALE

Fondateur : M. Léon EYROLLES, C. ✳, Q I.

Ingénieur-Directeur de l'École spéciale des Travaux publics, du Bâtiment et de l'Industrie.

Collection grand in-8 (16 × 25)[1]

a) OUVRAGES PROFESSÉS A L'ÉCOLE SUPÉRIEURE DES POSTES ET TÉLÉGRAPHES

Cours de construction de lignes télégraphiques et téléphoniques, par M. LORAIN, ingénieur en chef des Postes et Télégraphes.

1re partie. Lignes aériennes, *4e édition,* 342 pages, 281 figures et 3 planches hors texte............... 6 fr.

Cours d'installations télégraphiques, par M. TONGAS, ingénieur en chef des Postes et Télégraphes.

1re partie. Sources d'énergie. Appareils à transmission automatique. Systèmes à transmissions multiples. *3e édition,* 480 pages, 287 figures et 19 planches hors texte............... 12 fr. 50

Cours d'exploitation postale, par M. FERRIÈRE, chef de bureau à l'Administration centrale des Postes et des Télégraphes.

Livre I. Principes fondamentaux. Législation. Exécution et contrôle du service. 352 pages............... 6 fr.

Livre II. Personnel. Service des directions. Service ambulant. Service maritime, 480 pages........... 10 fr.

Cours d'installations téléphoniques, par M. MILON, ingénieur des Postes et Télégraphes.

3e édition. — 362 pages, 205 figures et 6 planches hors texte............... 12 fr. 50

Cours élémentaire de télégraphie sans fil, par M. VIARD, ingénieur des Postes et Télégraphes.

304 pages et 188 figures............... 12 fr. 50

Principes d'électricité, par M. DROUET, ingénieur des Postes et des Télégraphes.

159 pages et 79 figures............... 3 fr. 75

Cours d'applications industrielles de l'électricité, par M. MAUREAU, ingénieur en chef des Postes et des Télégraphes.

375 pages, 261 fig. et 10 planches hors texte. 10 fr. 50

Cours de comptabilité et de droit budgétaire, par M. FÉRET DE LONGBOIS, directeur au Ministère des Finances.

3e édition, 236 pages............... 6 fr.

Moteurs thermiques, par M. SAUVAGE, ingénieur en chef des Mines.

64 pages et 16 figures............... 2 fr.

b) OUVRAGES PROFESSÉS A L'ÉCOLE SPÉCIALE DES TRAVAUX PUBLICS DU BATIMENT ET DE L'INDUSTRIE

BÉTON ARMÉ

Précis pour le calcul des ouvrages en béton armé *, par le lieutenant-colonel ESPITALLIER.

251 pages, 97 figures (en réimpression).

Cours de béton armé, par le lieutenant-colonel ESPITALLIER.

Livre I. Procédés généraux de construction et calcul des ouvrages, *7e édition,* 328 pages, 162 figures, 2 planches et annexe. Instruction ministérielle du 20 octobre 1906.
Prix............... 18 fr.

Livre II. Application du béton armé, *7e édition,* 448 pages, 228 figures et 2 planches hors texte.
Prix............... 22 fr.

BATIMENT

Construction des usines et des établissements industriels, par le lieutenant-colonel ESPITALLIER.

5e édition, 340 pages, 217 figures dont 5 planches hors texte............... 25 fr.

Construction et installation des bâtiments agricoles *, par M. PROVOST, ingénieur du Génie rural.

3e édition, 273 pages, 101 figures et 2 planches.. 20 fr.

---

1. Les ouvrages indiqués par un * sont provisoirement édités en autobiographie dans le format in-4 tellière (17 × 22).

COURS

D'EXPLOITATION DES MINES

LIVRE II

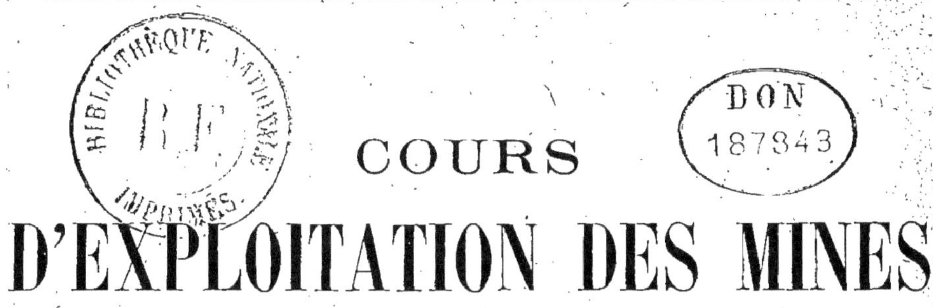

COURS D'EXPLOITATION DES MINES

professé à l'Ecole spéciale des Travaux publics, du Bâtiment et de l'Industrie

Par M. L.-E. GRUNER

Ingénieur civil des Mines.

LIVRE II

Soutènement des Chantiers et Galeries
Fonçage et Soutènement des Puits.

PARIS

LIBRAIRIE DE L'ENSEIGNEMENT TECHNIQUE

LÉON EYROLLES, ÉDITEUR

3, RUE THÉNARD, 3

1921

COURS D'EXPLOITATION DES MINES

QUATRIÈME PARTIE

SOUTÈNEMENT DES CHANTIERS ET GALERIES

CHAPITRE PREMIER

GÉNÉRALITES SUR LE SOUTÈNEMENT

SOMMAIRE

§ 1. **Observations préliminaires.** — Nécessité du soutènement.
§ 2. **Pression des terrains.** — Importance des pressions. — Rôle du soutènement. — Coups de charge — Direction et grandeur des poussées.
§ 3. **Différents modes de soutènement :** a) *Procédés de soutènement :* provisoire et définitif. — Soutènement flexible. — b) *Matériaux employés :* Soutènement en bois ou en fer. — Muraillement et bétonnage. — Résumé.

§ 1er. — OBSERVATIONS PRÉLIMINAIRES.

1. Nécessité du soutènement. — Il est rare que les excavations créées, dans l'exploitation d'une mine, soit par suite de l'enlèvement du minerai, soit par le creusement des galeries de roulage, se maintiennent longtemps ouvertes, si elles ne sont pas munies d'un soutènement convenable.

Dans les roches massives, homogènes, comme le grès ou certains minerais, les galeries et les chantiers peuvent durer presque indéfiniment, sans aucun revêtement. On sait d'ailleurs qu'il existe dans la nature des grottes de dimensions considérables. Mais le plus souvent, les terrains ont tendance à se refermer, plus ou moins rapidement, en bouchant les vides creusés par le mineur.

Lorsque cette action est lente et qu'il s'agit de vides provisoires, comme les chantiers d'abatage dont le maintien n'est pas utile pour l'exploitation de la mine, on peut négliger les mesures nécessaires pour éviter leur obstruction. Mais s'il s'agit d'une galerie de roulage ou d'aérage, d'une chambre de machines, d'un réservoir d'eau, ou si les mouvements des terrains risquent de mettre en danger les travailleurs, il devient indispensable d'exécuter un soutènement suffisant, provisoire ou durable suivant les cas.

La nécessité d'un soutènement soigné, pour la sécurité du personnel, est peut-être moins évidente que celle des mesures de précaution contre les explosions de grisou ou les inondations. Les accidents par éboulements font rarement un grand nombre de victimes à la fois. Mais si l'on se rapporte aux statistiques, on constate que les morts provenant de chutes de pierres ou de charbon sont plus nombreuses que celles dues au grisou ou aux autres causes.

Si l'on note, par exemple, les accidents mortels survenus, dans les houillères françaises (fond seulement), de 1901 à 1905, on trouve les chiffres suivants :

Nombre total d'accidents mortels . .	759	
Dûs à des éboulements	379 soit 50 °/₀	
— au grisou	33 — 4,4 »	
Accidents dans les puits . . . . . —	134 — 17,6 »	
Autres causes	213 — 28, »	

Si l'on rapporte le nombre d'accidents au nombre d'ouvriers occupés, on trouve pour les houillères françaises, par 10.000 ouvriers (jour et fond) :

En 1891-1900 :	Nombre d'ouvriers tués. . . 11,84	
	Dont par éboulements . . . 4,13	
En 1871-1880 on avait :	Nombre d'ouvriers tués. . . 22,13	
	Dont par éboulements . . . 7,43	

Ces quelques chiffres suffisent à montrer que les accidents par chutes de pierres ou de charbon sont les plus fréquents et occasionnent la plus grande partie des morts. C'est seulement dans le cas d'une catastrophe, comme celle de Courrières, que le grisou ou les poussières de charbon sont plus meurtriers que les éboulements.

2. Remblayage. — En dehors de ces deux objets : maintien des vides nécessaires à l'exploitation et sécurité du personnel, le soutènement peut en avoir un troisième, qui est d'empêcher que les mouvements des terrains ne compromettent la solidité des chantiers voisins, et ne provoquent des affaissements à la surface du sol. Mais il s'agit là d'un cas spécial, puisqu'on n'a plus alors à se préoccuper que de limiter les dislocations du terrain par un remplissage convenable. C'est le problème du *Remblayage* que nous examinerons en même temps que les *Méthodes d'Exploitation* (VIe Partie du Cours).

Dans l'étude du soutènement, que nous allons entreprendre, nous négligerons provisoirement le *Soutènement des puits*, qui sera traité dans la Ve Partie du Cours (*Fonçage et soutènement des puits*) Nous nous limiterons au soutènement des chantiers et des galeries.

§ 2. — PRESSION DES TERRAINS.

3. Importance des pressions. — L'importance de la pression exercée par le terrain sur le soutènement est très variable et impossible à évaluer exactement. Tandis que la pression d'une colonne d'eau est facile à calculer, celle de la masse de rocher ou de charbon dans laquelle est creusée une galerie (ou un chantier) dépend d'un grand nombre de causes, que nous pouvons examiner successivement, mais non chiffrer. En tous cas, cette pression n'augmente pas proportionnellement à la profondeur et n'est pas égale au poids de la masse comprise entre le point considéré et la surface. S'il en était ainsi, aucun soutènement, en bois ou en maçonnerie, n'y résisterait.

4. Rôle du soutènement. — En réalité, le creusement d'une excavation quelconque a surtout pour effet de provoquer une rupture d'équilibre des poussées qui s'exercent au sein de la masse rocheuse.

Cette rupture d'équilibre peut avoir des effets insignifiants, par exemple dans le cas d'une galerie de faible section dans des grès compacts ; elle peut au contraire être telle qu'il faille rétablir l'équilibre des forces au moyen d'un soutènement.

En réalité, ce dernier ne peut annihiler l'effet des poussées provenant des terrains qui tendent à retrouver un état stable. Mais il peut les ralentir, les diriger, et amener un nouvel état d'équilibre plus ou moins durable.

L'importance des perturbations ainsi causées par le creusement de l'excavation dépend beaucoup plus des dimensions de celle-ci, de la nature des terrains, de l'orientation des bancs que de la profondeur.

D'une façon très générale, on peut s'attendre à une certaine augmentation de dépenses pour le soutènement lorsque l'exploitation s'approfondit, mais il peut arriver qu'on constate le contraire, et en tous cas, il arrive très fréquemment que des galeries à grande profondeur soient plus faciles à entretenir que d'autres, situées beaucoup plus près de la surface.

5. Coups de charge. — La charge des terrains, contenue par le soutènement, est en général lente à s'exercer et les modifications dans l'état des bancs ne se produisent que peu à peu. Dans les chantiers d'abatage, dont la durée est faible, le soutènement tiendra assez longtemps pour que l'on puisse remplacer le minerai extrait par des remblais avant que la pression n'écrase les bois, à moins qu'on ne laisse se produire l'éboulement du toit (exploitation par *foudroyage*).

Dans les terrains qui chargent beaucoup, et notamment dans les galeries qu'il faut maintenir, la pression augmente jusqu'au moment où elle dépasse la résistance du soutènement. Si celui-ci peut se déformer, ou que certaines parties se brisent sans compromettre la solidité de l'ensemble, l'effet d'un tel *coup de charge* n'amène pas d'écrasement dangereux. Il se produit un nouvel état d'équilibre provisoire, qui nécessite des travaux de reprise du soutènement pour rétablir la section de la galerie ou du chantier. Souvent au bout d'un certain nombre de coups de charge, les terrains se seront arcboutés de telle sorte que l'on pourra procéder au soutènement définitif. Mais dans d'autres cas le coup de charge se fait sentir violemment : le soutènement s'écrase ; il se produit un éboulement, qui obstrue l'excavation.

Suivant la nature des terrains ou la disposition des bancs, on observera l'un ou l'autre des phénomènes, et le problème du soutènement sera plus ou moins difficile à résoudre.

6. Direction des poussées. — En terrains plats, formés de bancs horizontaux, la poussée ne s'exerce guère que verticalement : le toit de la galerie ou du chantier tend à s'affaisser. Il arrive cependant, dans les terrains plastiques comme les schistes argileux, que les parois exercent une pression lente et puissante, analogue à un gonflement.

Du reste, dans tous les terrains tendres, on constate ainsi des efforts sur toute la périphérie de l'excavation.

Dans les terrains inclinés, la poussée s'exerce non seulement perpendiculairement aux bancs, mais suivant le plan de stratification. Ces effets de glissement sur le mur sont sensibles avec les charbons découpés par l'exploitation ; il le sont surtout avec les remblais mis en place, tant que la pression des terrains ne les a pas suffisamment comprimés pour leur donner une grande consistance.

Plus l'inclinaison des couches augmente, plus les poussées dues aux glissements augmentent, tandis que les poussées dues à l'affaissement du toit diminuent.

La direction d'une galerie par rapport à celle des assises successives du terrain joue un rôle important dans l'importance des poussées et la facilité d'entretien de la galerie.

Une voie de fond, c'est-à-dire en direction (*fig. 1*) recoupe seulement quelques bancs, mais sur une grande longueur ; elle est donc soumise à des poussées suivant les plans de stratification qui rendent difficile son entretien.

Un travers-bancs (*fig.* 2) coupe au contraire les bancs en pra-

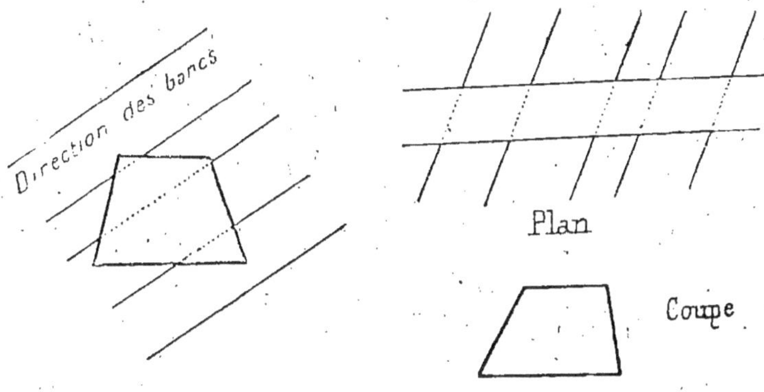

Fɪɢ. 1. — Voie de fond (Coupe).   Fɪɢ. 2. — Travers-bancs.

tiquant dans chacun d'eux un vide très réduit. On comprend donc que l'équilibre y soit moins détruit et que l'entretien soit, en règle générale, plus facile.

7. Grandeur des poussées. — La grandeur des pressions est encore influencée par les causes suivantes : dimensions, hauteur et forme de l'excavation, nature des terrains, mode d'exécution du travail, existence de failles, profondeur, effets de l'exploitation.

Dimensions de l'excavation : Il est évident que les chances d'éboulement du toit augmentent avec la largeur de l'excavation. Si celle-ci est faible, on peut ne pas dépasser la limite de cisaillement des terrains et le toit reste arc-bouté sur les parois. Au contraire, si on dépasse cette limite, il se produira une rupture de la roche, qui tendra à former une voûte. Pour une galerie, cette voûte pourra n'être pas trop haute, et d'un soutènement facile. Au contraire, s'il s'agit d'un chantier de grande étendue, les dislocations du toit se propageront très loin, en forme de dôme, et la masse ainsi mise en mouvement deviendra très difficile à tenir, d'autant plus qu'elle sera lente à retrouver un état d'équilibre, et que des coups de charge successifs se produiront, compromettant la solidité du soutènement.

La *hauteur de l'excavation* a aussi une grande importance ; el'e rend d'abord plus compliqué le soutènement du toit ; en outre les parois elles-mêmes sont sujettes à des poussées d'autant plus grandes que le vide est plus élevé.

Lorsque les terrains sont ébouleux, on est alors conduit à un soutènement des parois très serré, parfois même tont à fait jointif.

La *forme de la section* des galeries exerce une influence sensible sur la résistance aux pressions. Celle-ci est d'autant meilleure que l'on se rapproche davantage de la forme circulaire. Du reste le creusement des angles crée des ébranlements qui peuvent provoquer des éboulements locaux plus ou moins importants.

Dans les terrains homogènes on a donc avantage à adopter, sinon une section circulaire, du moins des angles arrondis. Dans les terrains stratifiés la rupture des bancs, perpendiculairement aux plans de clivage, donne forcément des angles.

La *nature des terrains*, ainsi que nous l'avons déjà dit, joue un rôle particulièrement important.

Les roches massives ont presque toujours une grande résistance, et un soutènement est souvent inutile, tant qu'on ne dépasse pas la limite de cisaillement de la roche. Dans ce dernier cas, il est au contraire à craindre qu'il ne se détache des blocs de très grandes dimensions, auxquels ne peut résister qu'un soutènement très puissant.

Ces roches massives sont en outre moins sensibles à l'action de l'eau et de l'air. Il arrive toutefois que ces derniers amènent le décollement de plaques assez larges et peu épaisses ; pour se protéger de leur chute, un revêtement assez léger est souvent suffisant. Les roches stratifiées, les schistes en particulier, ont tendance à se détacher suivant les plans de séparation.

Si les bancs sont minces, la roche se brise en plaques peu importantes ; le boisage n'a pas besoin d'être aussi résistant, mais il doit être complété par un garnissage serré.

Lorsque les bancs sont plus épais et peu friables, ils se décollent en blocs plus importants, et le boisage doit être soigné, pour ne pas être écrasé ou renversé.

Si, au-dessus de ces bancs peu solides s'en trouve un autre, compact et épais, qui ne nécessite qu'un soutènement peu important, on a souvent avantage à faire tomber le *faux-toit* friable et à faire le soutènement sous le banc solide.

Lorsque l'épaisseur des bancs de mauvaise qualité est grande, on est obligé de refaire plusieurs fois le boisage, jusqu'à ce qu'il se soit établi un équilibre durable.

Un banc compact, de grès par exemple, surmonté de bancs différents, peut d'ailleurs former un très bon toit si l'excavation n'est pas trop large, et un toit très dangereux si celle-ci a des dimensions telles qu'on risque le décollement d'une dalle d'un grand volume, qui écraserait brusquement le boisage.

Ces mouvements peuvent se produire sur une surface considérable ; tel est le cas pour les chantiers dont le toit est assez bon pour qu'on puisse exploiter sans remblai (par *foudroyage*), en laissant la roche s'affaisser en masse dans les parties abandonnées du champ d'exploitation. L'inconvénient est alors de provoquer des dislocations du terrain qui se propagent jusqu'à une très grande distance ; en outre, si la mine est grisouteuse, on risque des dégagements soudains d'une quantité importante de gaz, qui peuvent être très dangereux.

On préfère parfois, dans ce cas, provoquer artificiellement la chute du toit sur une surface moins considérable.

Les roches stratifiées sont plus sensibles que les roches massives aux effets de l'air et de l'eau. En outre l'influence de l'inclinaison des bancs devient considérable.

Avec des roches en couches minces et plastiques, on observe des glissements et des soulèvements du mur qui compromettent la solidité des soutènements et rendent difficile le maintien de la section des excavations.

Il en est de même avec les roches qui absorbent l'eau (schistes argileux, anhydrite) et augmentent de volume, en exerçant des pressions considérables.

Les *failles* et *cassures* qui découpent les terrains et en diminuent la cohésion sont une des causes les plus dangereuses d'éboulements, d'autant plus qu'elles sont souvent impossibles à prévoir d'avance.

En particulier lorsqu'il existe plusieurs cassures parallèles ; le boisage est soumis à la pression de masses détachées qui glissent l'une sur l'autre et qui pèsent d'un poids souvent irrésistible. Au voisinage des failles importantes, le soutènement des galeries et des chantiers peut devenir presque impossible. Toutefois, il est rare qu'après avoir refait deux ou trois fois le boisage, on n'arrive pas à un état d'équilibre.

Nous avons déjà parlé de l'influence de la *profondeur*, moins sensible qu'on ne s'y attendrait à première vue, réelle cependant ; les roches plastiques ont naturellement une tendance plus grande à envahir les vides existants lorsqu'elles sont soumises à la pression d'une hauteur considérable de terrains accumulés. Les roches solides tiennent mieux, mais lorsque l'exploitation les a disloquées, elles forment des dômes séparés par des parties intactes ; ces dernières ont à soutenir une pression d'autant plus forte que la profondeur est plus grande. Il peut arriver que la tension qui en résulte dépasse la cohésion de la roche et amène le décollement de blocs, parfois même leur projection brusque. Dans les roches tendres, de tels phénomènes sont peu à craindre, car les dislocations s'étendent dans toute la masse jusqu'à la surface, et il ne se forme pas ainsi des sortes de piliers soumis à une pression particulièrement élevée.

Les *effets de l'exploitation* se font sentir à une grande distance. Au-dessus des chantiers, les dislocations se propagent et augmentent les pressions subies par les galeries maintenues dans la partie supérieure des étages. Si la distance n'est pas suffisante, il n'est possible de les maintenir que lorsque les mouvements de terrains seront à peu près achevés et qu'un temps suffisant se sera écoulé.

8. Influence du mode de creusement. — Il existe une autre cause qui influe sur la dislocation des terrains et par conséquent sur les pressions à supporter. C'est le mode de creusement de l'excavation. Si le travail est fait à la main, sans explosifs, les roches encaissantes ne sont pas entamées et ne se disloqueront que sous l'effet des pressions dues à l'existence même du vide ainsi créé.

Au contraire, si l'on a ébranlé les roches par de violents coups de mine, on a pu déterminer des cassures, isoler ainsi des blocs, surtout si l'on est en terrain failleux, et il est nécessaire de procéder à un soutènement plus soigné pour éviter les accidents.

§ 3. — DIFFÉRENTS MODES DE SOUTÈNEMENT.

a) *Procédés de soutènement.*

9. Soutènements provisoire et définitif. — On a vu plus haut qu'on ne pouvait espérer résister à la pression des terrains lorsque celle-ci s'exerçait d'une façon puissante, et que le soutènement avait plutôt pour but de la contenir jusqu'au moment où les blocs disloqués auraient retrouvé un état d'équilibre. La pose d'un soutènement définitif est donc souvent prématurée, même s'il est résistant. On est amené à considérer le premier boisage comme provisoire ; il doit être assez solide pour éviter un écrasement complet ou la chute de blocs dangereux pour les ouvriers. Mais il faut s'attendre à le voir se briser et à être obligé de le remplacer, parfois à plusieurs reprises. Ce n'est qu'au bout d'un certain temps qu'on remplacera ce *soutènement provisoire* par un *soutènement définitif*. Parfois, d'ailleurs la pose du premier est nécessitée par l'impossibilité de procéder simultanément à l'abatage et au soutènement. Tel est le cas par exemple dans le creusement des tunnels ou des excavations importantes

10. Soutènements flexibles. — Le boisage provisoire est en général constitué par des pièces *rigides* ; il est composé de telle façon que la rupture d'une des pièces ne supprime pas le soutènement de l'excavation et qu'on ait le temps de le réparer avant que l'existence de cette dernière ne soit compromise. Tel est le cas du soutènement d'une galerie ou d'un chantier par une série de *cadres* isolés ; la rupture de l'un d'eux amène un certain tassement des roches, mais on remplace les pièces brisées avant que les cadres voisins n'aient cédé. De même dans le soutènement des chantiers par des *buttes* isolées.

On peut imaginer un autre procédé de soutènement, qui ne résiste pas rigidement, mais qui présente au contraire une certaine flexibilité, de façon à se prêter aux mouvements du terrain, et à se déformer sans cesser pourtant de résister. C'est le *soutènement flexible* dans lequel certaines parties sont disposées de façon à offrir une moindre résistance et à céder sous l'effet de la première pression des terrains. Nous en verrons plus loin quelques exemples, notamment dans le boisage par cadres (boisage en baie, cadres avec montants affaiblis, garnissages flexibles, etc...).

Ces procédés spéciaux sont surtout appliqués dans les galeries, qui doivent durer plus longtemps ; dans les chantiers, il n'a guère d'intérêt que dans les couches dont le dépilage est assez lent pour que la charge ait le temps de s'exercer avant que le chantier puisse être abandonné.

b) Matériaux employés pour le soutènement.

11. Le soutènement en bois est le plus employé dans les mines, sauf pour les grandes excavations qui doivent durer très longtemps, comme les salles de machines, accrochages des puits, écuries, etc...

Le bois a l'avantage d'être relativement bon marché, **d'un** transport facile ; il se prête à des assemblages de formes très variées et à l'exécution de soutènements provisoires faciles à réparer. Il est de plus assez flexible, et prend peu de place.

La plupart des bois plient avant de rompre et lorsqu'ils sont soumis à une pression exagérée, ils font entendre des craquements qui préviennent le mineur de l'imminence du danger.

Par contre, le bois résiste mal à l'humidité et se comporte mal dans un air vicié. Il moisit et pourrit. On peut cependant remédier en partie à ces inconvénients par des imprégnations faites avec certaines substances chimiques.

Le soutènement en bois se fait tantôt par buttes isolées, tantôt par des assemblages plus ou moins compliqués, parfois même par des revêtements entièrement jointifs dans les terrains coulants ou aquifères.

12. Le soutènement en fer prend également peu de place ; il permet l'exécution d'assemblages complexes, ou au contraire peut s'employer sous forme de buttes isolées. Il résiste mieux que le bois dans une atmosphère chaude et humide, à condition d'être recouvert d'une couche de peinture.

Son principal inconvénient est de manquer de flexibilité, aussi ne peut-on guère l'employer comme soutènement provisoire. Une fois déformés, les divers éléments sont souvent trop difficiles à redresser, et doivent alors être mis de côté.

En dehors de l'emploi de buttes isolées dans les chantiers, on ne le trouve guère que dans les galeries, lorsque celles-ci ont seulement besoin d'un revêtement qui empêche la chute de blocs de faibles dimensions, ou que les mouvements des terrains sont devenus peu importants.

13. Le muraillement et le bétonnage n'étaient employés autrefois que dans des excavations de longue durée, qui ont besoin d'un soutènement solide et résistant bien à l'humidité et à l'air chaud. Actuellement, on sait donner aux maçonneries une certaine flexibilité par l'adjonction d'éléments élastiques, ce qui a permis d'en étendre l'emploi.

Il faut cependant noter que ce mode de soutènement est coûteux et qu'il exige le creusement d'une excavation plus grande, en raison de la place qu'il occupe, ce qui contribue également à augmenter les frais.

14. Résumé. — Le soutènement a pour but de résister à la pression des terrains qui tendent à se refermer sur les vides creusés par le mineur ; il doit également protéger les ouvriers contre la chute de blocs détachés. Cette cause d'accidents est celle qui occasionne le plus grand nombre de morts dans les mines.

Le soutènement n'a pas à supporter la pression de la masse des terrains jusqu'à la surface ; une telle tâche serait impossible. Il a pour objet de ralentir cette pression et de la contenir jusqu'au moment où les terrains auront retrouvé, en s'arc-boutant autour de l'excavation creusée, un nouvel état d'équilibre.

La direction et l'importance des poussées qui s'exercent sur le soutènement sont très variables, et impossibles à calculer. Elles dépendent d'un grand nombre de facteurs.

L'orientation des bancs de rocher et leur pente jouent un rôle important dans la direction des poussées, qui sont presque uniquement verticales dans les terrains plats et massifs, tandis qu'elles peuvent être plus fortes, parallèlement à la stratification, dans des terrains schisteux ou tendres.

Les dimensions de l'excavation, en hauteur et surtout en largeur, ont une influence considérable sur la grandeur des poussées. De même la nature des terrains est particulièrement importante. Certaines roches massives permettent le creusement, sans soutènement, de grandes excavations — au contraire, lorsque les terrains sont formés de bancs séparés par des plans de moindre résistance, ils risquent de se briser en blocs de grandes dimensions et le soutènement devient difficile.

Certaines roches, susceptibles d'augmenter de volume lorsqu'elles se chargent d'eau, exercent des pressions considérables.

Les failles et les cassures qui découpent les terrains et isolent des blocs de dimensions et de formes quelconques sont une des causes les plus dangereuses d'éboulements, d'autant plus qu'il n'est pas possible, dans bien des cas, de s'apercevoir de leur existence.

L'exploitation elle-même tend à disloquer les terrains, et sa répercussion se fait sentir à grande distance au-dessus des chantiers. De même l'ébranlement causé par les coups de mine peut obliger à un revêtement plus résistant.

Le soutènement est provisoire ou définitif, tantôt rigide, tantôt flexible de façon à pouvoir se déformer sans être entièrement écrasé. Comme matériaux, on emploie surtout le bois, qui se prête à des assemblages de formes très variées, qui est assez flexible et résistant. Dans l'air chaud et humide, il doit être protégé contre la moisissure au moyen d'imprégnations chimiques.

Le fer prend peu de place, et résiste mieux à l'humidité, mais il n'est pas assez flexible ; on l'utilise surtout soit en buttes isolées dans les chantiers, soit pour le revêtement définitif des galeries.

La maçonnerie et le béton sont surtout employés lorsqu'on a besoin d'un revêtement solide, durable et étanche. Ils ont l'inconvénient d'être coûteux et de prendre de la place, ce qui augmente le volume de rocher à abattre.

CHAPITRE II

SOUTÈNEMENTS EN BOIS

SOMMAIRE

§ 1. **Les bois de mine.** — Qualités nécessaires pour un bois de mine. — Bois durs. — Bois résineux. — Bois blancs. — Comparaison. — Poids spécifiques et résistances des diverses essences.

§ 2. **Agents de décomposition des bois et procédés de conservation.** — Imprégnation des bois. — Avantages et inconvénients. — Influence sur la résistance des bois.

§ 3. **Procédés d'imprégnation.** — Substances employées. — Solutions salines. — Solutions organiques. — Procédés employés.

§ 4. **Acquisition et classification des bois.** — Modes d'achat. — Consommation. — Classification. — Conservation.

Travail des bois. — Débitage. — Outils employés. — Assemblage des bois. — Précautions à prendre. — Résumé.

§ 1. — LES BOIS DE MINE.

15. Qualités nécessaires. — Les qualités que doit présenter un bon bois de mine sont différentes suivant le but à atteindre, mais, d'une façon générale, on cherche à obtenir simultanément une grande résistance contre les pressions, une certaine élasticité, un prix peu élevé, et souvent une résistance satisfaisante à l'humidité ou au mauvais air. Il faut de plus que le bois soit sain, bien droit, léger, et qu'il ne casse pas brusquement, sans prévenir par des craquements et des déchirements qui attirent l'attention du mineur.

Toutes ces conditions ne peuvent naturellement se trouver toutes réunies à la fois. Suivant les cas on s'attachera plutôt à certaines d'entre elles.

Dans les chantiers ou les galeries de peu de durée, on n'a pas besoin de se préoccuper de la résistance aux actions chimiques et on peut se contenter d'une moindre solidité. Par contre les bois doivent être bon marché, assez élastiques pour se prêter aux premiers effets de la pression, légers et droits pour être maniables et permettre un boisage facile.

Dans les galeries qui sont conservées longtemps, les bois doivent être résistants aux pressions, et ne pas moisir, ni se pourrir. En particulier, l'atmosphère chaude et humide des galeries de retour d'air nécessite des bois peu sujets à s'altérer.

Si l'on veut recourir à l'imprégnation pour assurer la conservation des bois, il faut se préoccuper de savoir s'ils se prêtent bien à subir ce traitement.

Les bois travaillent tantôt à la *compression* (montants des cadres, piles de bois) tantôt à la *flexion* (chapeaux des cadres, perches placées sous la couronne d'un chantier). Enfin les buttes isolées doivent résister au *flambage*. On choisira les bois en conséquence. Toutefois il est rare que l'on emploie des bois différents pour constituer le boisage d'un chantier. On cherche plutôt des bois qui donnent des résultats suffisants quel que soit leur rôle dans l'assemblage. Signalons tout de suite que les difficultés d'approvisionnement et les préoccupations d'économie limitent le choix qu'on peut faire entre les diverses sortes de bois.

16. Classification des bois. — On peut classer les bois en quatre catégories : bois durs, bois résineux, bois blancs, bois fins.

Bois durs : chêne blanc, chêne vert, châtaigner, orme, hêtre, frêne.

Bois résineux : pin, sapin, mélèze.

Bois blancs : peuplier, tremble, bouleau, charme, aune, acacia.

Bois fins : buis, merisier, pommier, sorbier, mûrier, etc.

Les bois durs, et surtout les bois résineux sont les plus employés comme bois de mine. Les bois blancs sont moins estimés en général. Quant aux bois fins, ils ne servent guère comme bois de soutènement, et sont plutôt réservés à la confection de pièces travaillées au tour.

17. Bois durs. — Le *chêne blanc* est solide, résiste bien à l'humidité et au mauvais air, et présente une souplesse suffisante. C'est le meilleur bois de charpente, et ce serait en somme le meilleur bois de mine, malgré son poids assez élevé. Mais il est cher et doit être réservé au soutènement de galeries durables ou à certains ouvrages spéciaux.

Le *chêne vert* est plus lourd et donne des pièces de moins grandes dimensions ; ses qualités sont analogues à celles du chêne blanc.

Le *châtaigner* est dur, résistant, quoique inférieur au chêne. On en trouve rarement de grande taille comme bois de charpente. Il pourrit facilement à l'air humide et devient cassant. Par contre, il conserve bien ses qualités lorsqu'il est dans l'eau. Assez rare en France comme bois de mine, il est cher.

L'*orme* et le *frêne* sont durs, souples, résistants, mais rares et chers.

L'orme a l'inconvénient de se laisser piquer par les vers ; on l'emploie pour les traverses des voies de roulage, tandis que le frène sert à la fabrication de brancards ou de manches d'outils.

Le *noyer*, utilisé pour la fabrication des meubles et des armes est trop cher pour être employé dans les mines.

Le *hêtre* est dur et assez solide, mais ne résiste ni à l'humidité ni au mauvais air ; lorsqu'il est trop sec, il se fendille facilement.

18. Les bois résineux sont en général élancés, de croissance rapide, légers et bien droits. Ils se prêtent donc aux usages des mines. De plus leur bon marché et leur abondance en font les bois les plus couramment employés.

Le *pin sylvestre,* abondant en France, est à la fois léger, élastique, suffisamment solide et résistant dans les parties humides, pourvu que l'air ne soit ni trop chaud, ni trop vicié.

Il se conserve bien, à condition d'être écorcé pour éviter que les vers ne le piquent.

Il a en outre l'avantage de plier avant de casser. Mais il n'est pas toujours aussi droit que le pin maritime et d'une croissance aussi régulière. Suivant les régions où il pousse, son tissu est plus ou moins serré et dense, et ses qualités peuvent être très variables.

Un bois de croissance lente et régulière est plus solide et se conserve mieux.

Le *pin maritime* (pin des Landes) qui croît très rapidement, est très abondant ; il est en général plus lourd, plus dur, mais moins souple que le pin sylvestre. Sa densité est plus constante (0,5 à 0,75 environ, au lieu de 0,4 à 0,8 pour le pin sylvestre. Le grain est plus grossier, et plus chargé de résine.

On entaille les pins des Landes pour recueillir la résine ; cette opération ne nuit pas à la bonne qualité du bois ; on préfère même, dans les mines, les pins qui ont été ainsi saignés ; ils ont en effet une croissance moins rapide, et moins d'aubier.

Signalons encore les autres *variétés de pins* ; le pin laricio, de Corse ou de Calabre, a le grain fin et serré, et donne un bon bois de mine lorsqu'il est débarrassé de l'aubier. Contrairement au pin maritime, il perd une partie de ses qualités lorsqu'il a été saigné.

Le pin de montagne (Alpes, Pyrénées), de croissance lente et serrée donne d'excellentes pièces de charpente.

Le *sapin,* léger, droit, résistant, se conserve moins bien que le pin ; il n'est guère utilisé que pour les charpentes ou sous forme de planches.

Le *mélèze* des Alpes est un bois excellent, de croissance lente et régulière qui lui donne une grande résistance et une grande souplesse ; très résineux, il se comporte parfaitement dans l'air humide ou vicié.

Il n'est pas attaqué par les vers et ne pourrit pas. Sous l'eau, il acquiert une dureté considérable.

Ses qualités sont donc remarquables ; malheureusement il est cher, et assez rare.

19. Bois blancs. — Le *peuplier* a un bois tendre, léger qui n'offre pas assez de résistance. De même le *marronnier* et le *platane*.

Le *tilleul* est plus solide et plus durable, mais ne vaut cependant pas les bois résineux.

L'*aune* est assez dur et résiste bien lorsqu'il est sous l'eau. Mais il est peu durable, et doit être employé fraîchement coupé.

Le *charme* et l'*érable* sont aussi assez résistants, mais peu durables.

Le *tremble* est moins sensible aux variations d'humidité, mais il se fendille ; il est peu employé, bien que léger et résistant.

Le *bouleau* est à rejeter, car il pourrit, sous une écorce qui semble en bon état, et casse brusquement sans prévenir.

L'*acacia* est au contraire un excellent bois de mine, malheureusement rare. Très résistant, élastique, il se conserve remarquablement dans l'air chaud et vicié. Il serait donc supérieur au chêne, notamment dans les galeries chaudes et mal aérées. Il résiste cependant moins bien à l'humidité.

20. Comparaison des bois. — Si l'on voulait résumer les indications ci-dessus, en se plaçant successivement aux divers points de vue, on pourrait établir le tableau suivant :

Résistance aux pressions.	Très bons :	Chêne, acacia, mélèze, hêtre.
	Bons :	Pin, sapin, charme.
	Médiocres :	Peuplier, bouleau (ce dernier à cause de son peu d'élasticité).
Résistance à l'eau.	Très bons :	Chêne, aune.
	Bons :	Hêtre (quand il n'est pas sec).
	Médiocres :	Peuplier, tremble, bouleau, charme, acacia.
Résistance à l'air humide.	Très bons :	Chêne, aune.
	Bons :	Pin, mélèze.
	Passables :	Peuplier, tremble, bouleau.
	Médiocres :	Sapin, charme, acacia, hêtre.
Résistance à l'air vicié.	Très bons :	Acacia.
	Bons :	Chêne, châtaignier, frêne,

Passables :   Aune, peuplier, tremble.
Médiocres :   Pin, sapin, hêtre, charme.
Très médiocre : Bouleau.

21. Qualités essentielles pour un bois de mine. — Si nous revenons maintenant à la question des qualités à exiger d'un bois de mine, nous rappellerons que dans les chantiers, la résistance à la pourriture est de peu d'importance, car la pression brisera toujours les bois avant qu'ils soient gâtés. Il faut surtout se préoccuper de la résistance à la rupture. Comme celle-ci ne peut être suffisante pour retenir les pressions pendant longtemps, il faut que les bois soient souples, ne cassent pas brusquement, et préviennent avant de se rompre. C'est une des qualités précieuses du pin.

Dans les galeries et les excavations durables, on préfèrera des bois solides et résistant bien dans un air vicié.

Les bois de mine doivent en outre être légers et droits, sinon leur maniement et leur mise en place sont trop difficiles. Ils doivent être sains, sans points faibles, nœuds ou fentes, sans traces d'altération.

Pour être sûr qu'ils sont sains, on évite d'employer des bois abattus depuis longtemps, on cherche à les acheter écorcés et secs. La dessiccation augmente en outre la résistance à la compression.

22. Poids spécifiques et résistances des diverses essences. — On peut admettre les poids spécifiques indiqués ci-dessous.

TABLEAU I

ESSENCES	Poids spécifiques en kg.
Chêne blanc	610 à 1170
Chêne vert	930 à 1220
Châtaigner	650 à 1100
Hêtre	750 à 850
Orme	550 à 630
Frêne	750 à 850
Pin	500 à 800
Sapin	450 à 650
Mélèze	550 à 650
Peuplier	375 à 400
Bouleau	520 à 700
Aune	460 à 600
Acacia	750 à 820
Charme	760 à 900

Quant à la *résistance*, elle peut être caractérisée par les indications ci-dessous provenant d'expériences diverses faites en France ou en Allemagne (pour le tableau III) :

TABLEAU II

| ESSENCES | Résistance en kg par cent. carré de section à la *flexion transversale* pour des bois ronds de 1 ᵐ à 2 ᵐ 50 de longueur et 0 ᵐ 10 à 0 ᵐ 16 de diamètre. | |
	minimum	maximum
Pin	122,6	213,5
Sapin	134,5	238,5
Mélèze.	155,2	266,6
Bouleau	134,8	306,7
Chêne	145,9	205,3
Acacia	211,5	339,5

TABLEAU III

| ESSENCES | Résistance maximum à l'écrasement des buttes pour des longueurs de : | | Résistance moyenne à l'écrasement par cm² de section pour des longueurs de : | |
	1,50 m (diam. = 13 cm)	2,50 m (d = 16 cm)	1,50 m (d = 13 cm)	2,50 m (d = 16 cm)
	kg	kg	kg	kg
Pin	34.600	51.100	186	175
Hêtre. . . .	38.400	67.700	213	190
Charme . . .	38.400	—	193	—
Chêne. . . .	44.000	49 200	257	143
Acacia . . .	45.100	—	275	—

Ainsi qu'on le verra plus loin (n° 40) la résistance varie avéc le rapport de la longueur au diamètre et diminue lorsque ce rapport augmente.

Des expériences faites il y a un certain nombre d'années ont bien montré l'*influence de la dessiccation sur la résistance à l'écrasement*.

On a mesuré, à la presse hydraulique, la résistance de bois d'essences diverses. Pour des cylindres de longueur double du diamètre on a constaté les différences suivantes (moyennes) :

	A l'état naturel.	Après dessiccation.
Pin rouge	379 kg. par cent. carré	528 kg.
Sapin.	477 —	513 »
Hêtre.	543 —	658 »
Chêne	456 —	707 »
Peuplier.	218 —	360 »

§2. — AGENTS DE DÉCOMPOSITION DES BOIS ET PROCÉDÉS DE CONSERVATION.

23. Agents de décomposition. — La principale cause de destruction des bois employés dans les mines est la pression des terrains qui en amène la rupture. Mais il existe d'autres actions qui les mettent hors d'usage ; ce sont : l'humidité, l'air, les agents chimiques et organiques.

Par eux-mêmes l'*air* et l'*eau* ne sont pas des agents destructeurs, ou tout au moins leur action est lente, mais ils facilitent l'action des agents chimiques et organiques.

On sait que beaucoup de bois se conservent très longtemps lorsqu'ils sont entièrement plongés dans l'eau, et y acquièrent même une grande dureté. L'eau imbibe les tissus, y remplace la sève et empêche ainsi les bactéries de se développer.

Ce dont il faut plutôt se préoccuper, c'est des alternatives de sécheresse et d'humidité, qui ont pour effet de fendiller le bois.

La cohésion des fibres devient moins bonne, et surtout les micro-organismes trouvent un terrain plus favorable pour vivre aux dépens du bois.

Certains d'entre eux s'attaquent au tissu même du bois, d'autres à la sève seulement. Les uns (aérobies) ont besoin de la présence de l'air. D'autres (anaérobies) ne peuvent vivre qu'à l'abri de l'air, dans les tissus ou dans la sève.

Le plus dangereux de ces micro-organismes est le *bolet*, sorte de champignon dont les filaments attaquent à la fois la surface des bois et les tissus dans lesquels ils pénètrent en détruisant la cohésion des fibres. Il provient de spores, graines ou corpuscules reproducteurs, et son développement est particulièrement rapide lorsque l'atmosphère est humide et la température moyenne (15° à 30°). Ces dernières conditions sont souvent celles des galeries souterraines, ce qui explique l'altération rapide des boisages, notamment dans les voies de retour d'air.

Lorsque les bois sont entièrement dans l'eau, cette dernière empêche le bolet de se développer. De même les bois bien desséchés

et employés dans une atmosphère sèche peuvent durer longtemps.

En dehors du bolet, il existe d'autres organismes qui altèrent
les bois, par exemple les moisissures blanches et cotonneuses que
l'on constate dans les galeries humides, et dont le développement
est parfois considérable.

24. Préservation des bois. — On a essayé de préserver les
bois, en les couvrant d'un *badigeonnage* qui les met à l'abri de l'air,
comme les couches de peintures appliquées sur les fers. Mais l'étanchéité n'est jamais absolue, ni surtout durable. Et l'on ne combat
ainsi que les organismes aérobies.

L'enlèvement de la sève, la *pétrification* (remplissage des
pores par des dissolutions minérales) l'*imprégnation par l'eau*
n'empêchent pas l'action des anaérobies ; ces moyens ne sont d'ailleurs pas toujours applicables — aussi ont-ils été abandonnés, et on
a recours généralement à l'*imprégnation* par des substances capables
de détruire les micro-organismes et de s'opposer à leur action. C'est
l'application aux bois de mine de procédés analogues à ceux qui
sont utilisés depuis longtemps pour la conservation des traverses de
chemins de fer, des poteaux télégraphiques, etc.

25. Avantages de l'imprégnation. — L'imprégnation a l'avantage de prolonger beaucoup la durée des bois de mine, dans les
endroits où leur destruction ne risque pas d'être provoquée prématurément par la pression des terrains. Il en résulte naturellement
une économie due à la diminution des quantités de bois à acheter
et à conserver en approvisionnement. On bénéficie en outre de la
suppression d'une partie des frais de main-d'œuvre occasionnés par
le remplacement des bois altérés. De plus, on peut conserver ainsi
des galeries en meilleur état, ce qui évite les difficultés dues aux
arrêts de roulage et contribue à améliorer l'aérage.

Enfin, le travail d'entretien et de remplacement des boisages
est toujours assez dangereux. En le réduisant au minimum, on diminue le nombre des accidents.

26. Inconvénients de l'imprégnation. — Il faut cependant
noter que l'imprégnation présente un certain nombre d'inconvénients, en outre de son prix de revient assez élevé.

Les bois imprégnés sont plus lourds (cette augmentation peut
atteindre près de 100 %), et se travaillent moins facilement.

Certaines substances employées donnent des dégagements qui

àltèrent l'atmosphère et causent des irritations de la peau. D'autres augmentent les risques d'incendie.

Les unes et les autres doivent donc être écartées si ces inconvénients se manifestent d'une façon trop intense.

L'imprégnation est évidemment inutile et ses inconvénients sont sans compensation dans les chantiers ou les galeries de peu de durée, ou lorsque les pressions sont assez fortes pour provoquer rapidement la rupture des bois.

On en limite donc l'emploi aux galeries de roulage et d'aérage qui doivent durer longtemps, dans lesquelles l'atmosphère est chaude et humide, et où la première pression des terrains s'est déjà exercée et permet d'escompter que le boisage ne sera plus brisé.

27. Effets de l'imprégnation sur la résistance des bois. — On peut se demander si l'imprégnation ne diminue pas la résistance du bois. Des expériences poursuivies semblent avoir prouvé, jusqu'à présent, que la résistance est en effet diminuée lorsque le procédé comporte une injection préalable de vapeur d'eau, mais que d'autres méthodes ne présentent pas cet inconvénient. Les résultats varient naturellement avec les substances injectées.

Des essais ont été faits, en particulier en Westphalie (1908), sur des bois de pin, essayés à *l'écrasement*. Les résultats sont résumés dans le tableau ci-dessous.

Résistances moyennes.

Bois non imprégnés.	13.720 kg. ou 356 kg. par cm².	
Imprégnation par immersion pendant 4 h. dans une solution saturée de sel commun,	14.780 —	384 —
Imprégnation à l'oxyde de zinc et acide B naphtodisulfonique à 95° centig. . . .	9.043 —	234 —
Imprégnation à l'huile de goudron à 75° centig.	13.500 —	350 —
Imprégration au fluo-siliciure de sodium 95° centig.	8.521 —	221 —
Imprégnation au chlorure de zinc à 60-75° centig.	12.000 —	311 —
Imprégnation à l'huile lourde de goudron (carbolinéum, à 88° centig.). . pendant 15 min.	13.900 —	361 —
— 60 —	13.500 —	350 —

Les essais à la *flexion*, sur des bois de pin longs de 1ᵐ,62 et d'un diamètre de 9 cm. ont donné, avec l'imprégnation au sel commun les résultats suivants :

Bois non imprégnés. . . . . résistance	33 kg. par cm².
Bois imprégnés . . . . . . —	28 —

La *résistance à la combustion* est augmentée avec l'imprégnation au sel

commun, tandis que l'huile de goudron a beaucoup augmenté les risques
d'incendie. Le chlorure de zinc s'est montré à peu près sans effet.

§ 3. — PROCÉDÉS D'IMPRÉGNATION.

28. Substances employées. — On a essayé un grand nombre de
substances, mais on peut les grouper en deux grandes catégories suivant qu'il s'agit de *solutions salines inorganiques* ou de *solutions
organiques*.

Parmi les premières, les plus couramment employées sont : le
sel marin, les sels de potasse, le sulfate de fer, le sulfate de cuivre,
l'acide fluosilicique, le chlorure de zinc.

Comme solutions organiques, on emploie surtout des produits
de distillation du goudron chauffé au-dessus de 230° ; on préfère les
huiles lourdes obtenues au-dessus de 270°.

29. Solutions salines. — La solution saline doit donner, en se
combinant avec le bois, un produit stable, qui ne s'évapore pas et ne
soit pas dissous facilement par l'eau. C'est malheureusement le cas
pour presque tous les sels essayés, ce qui rend souvent peu durable
l'action préservatrice de l'imprégnation, si celle-ci n'a pas été poussée assez loin. On est obligé d'augmenter la quantité introduite
dans le bois pour qu'il en reste suffisamment.

Cette consommation élevée conduit à rechercher des solutions
peu coûteuses ; le sel marin est très avantageux à cet égard.

La solution ne doit pas corroder les fibres du bois et détruire
ses qualités ; elle ne doit pas non plus contenir de principes véné-
neux qui rendraient dangereux le maniement des bois. Le chlorure
de mercure, qui a été proposé, doit être rejeté pour cette dernière
raison.

Le sulfate de fer, en se décomposant, donne naissance à de l'a-
cide sulfurique libre, qui détruit le bois — on a obtenu cependant
d'assez bons résultats par une simple immersion pendant 24 h.
dans une solution à 150 kg. par m^3 d'eau. L'imprégnation ne s'étend
alors qu'à 1 ou 2 $^m/_m$ dans le bois, ce qui ne le rend pas cassant, et
suffit à prolonger sensiblement sa durée.

Le chlorure de zinc a l'inconvénient de rendre le bois très
cassant. Le sel marin aussi, quoique à un degré moindre. Ce dernier est le plus employé, comme solution saline, en raison surtout
de son bon marché.

30. Solutions organiques. — Les solutions d'huiles de goudron (créosote, carbolineum ou autres) sont insolubles dans l'eau, ce qui permet d'en employer beaucoup moins et de limiter ainsi l'augmentation de poids des bois. L'action préservatrice est très énergique.

Par contre, l'odeur dégagée, âcre et désagréable, est pénible pour les ouvriers. Cet ennui est du reste peu sensible lorsque les bois imprégnés sont placés dans les retours d'air.

Ces huiles ont aussi une action irritante sur la peau ; mais leur principal inconvénient est d'augmenter les risques d'incendie et de dégager en brûlant une fumée épaisse et suffocante.

Enfin leur emploi reste assez cher.

31. Procédés d'imprégnation. — L'imprégnation peut se faire, soit par immersion, soit par injection sous pression.

L'*immersion* se fait en plongeant entièrement les bois dans un bassin rempli de la solution, chaude ou froide, et en les y laissant séjourner plus ou moins longtemps.

Avec une solution chaude, l'imprégnation est plus rapide et plus complète.

Dans une solution saline, la quantité de sel absorbée varie avec l'essence du bois et l'état plus ou moins avancé de dessiccation. Ce dernier influe beaucoup sur le résultat de l'opération ; en effet un bois fraîchement abattu peut contenir 40 ou 45 % d'eau, et ne pourra absorber qu'une quantité limitée de la solution saline.

On recommande donc d'immerger des bois bien secs et écorcés. Lorsque la solution saline est froide, l'augmentation de poids, qui mesure la quantité de sel absorbé par le bois, se produit lentement. On a constaté, dans des essais sur des bois de pin bien secs, que cette augmentation était de 18,8 % après 12 heures, 25,3 après 24 h., 31,4 après 48 h. et atteignait 40 % après 120 h , 44,1 % après 180 heures.

En chauffant la solution saturée jusqu'à ébullition, on obtient une imprégnation beaucoup plus rapide.

        Après 1 h. de chauffage augmentation de. . . . . 16,1 %
          2   —   —   . . . 29,3
          3   —   —   . . . 42,3
          4   —   —   . . . 43,4

Après 4 heures l'effet de la solution est à peu près complet. Un séjour plus prolongé dans le bain n'amène plus de progrès sensible.

Cette imprégnation tend naturellement à disparaître peu à peu sous l'effet de l'humidité, qui dissout le sel.

L'immersion peut aussi être employée avec les solutions d'huile de goudron, mais les résultats sont en général peu durables. On ne peut d'ailleurs obtenir d'imprégnation, par ce procédé, qu'avec les bois tendres.

Le *procédé sous pression* est le plus efficace. Les bois sont placés dans un espace hermétiquement clos, dans lequel on fait le vide ; l'air et la sève qu'ils contiennent sont expulsés des cellules du bois, au bout d'une heure environ. On procède ensuite à l'injection de la solution, pendant quelques heures, sous une pression de plusieurs atmosphères. On arrive ainsi à imprégner les bois jusqu'au cœur.

Avant cette injection, on peut d'ailleurs commencer par injecter de la vapeur d'eau sous une pression de 2-3 atmosphères (température 120-150°), pour achever l'évacuation de la sève et distendre les fibres du bois pour faciliter la pénétration de la solution. Mais cette injection de vapeur risque de détruire les fibres et de diminuer la résistance du bois. Il vaut mieux y renoncer, mais alors l'imprégnation est plus difficile et plus coûteuse.

L'augmentation de poids ne dépasse guère 10 %.

Malgré les frais élevés qu'elle entraîne, l'imprégnation peut procurer finalement une économie sensible, si on peut tripler ou quadrupler la durée des bois.

Comme *durée des bois imprégnés* on peut citer les chiffres suivants, observés en Westphalie, dans une galerie de retour d'air :

Bois non imprégnés.	Durée	1 an.
Bois imprégnés au carbolinéum froid	—	2 ans.
— par pression avec emploi de la vapeur.	—	3 ans.
— au carbolinéum par pression sans emploi de la vapeur. . . .	—	plus de 4 ans.
— par immersion dans une solution saline froide	—	plus de 6 ans.

§ 4. — Acquisition et classification des bois.

32. Modes d'achat. — La consommation de bois d'une mine importante représente un tonnage considérable, qu'il est presque toujours impossible de se procurer au voisinage même de l'exploitation. On est obligé de faire venir ces bois de régions éloignées, souvent même de l'étranger. Une grande partie des approvisionnements anglais viennent de France (Landes) ou de l'Europe septentrionale. Le commerce des bois de mine a pris une ampleur considérable et c'est en général par son intermédiaire que les mines font l'acquisition des tonnages qui leur sont nécessaires.

Pour être plus sûres de leurs approvisionnements, certaines

sociétés achètent des terrains étendus pour y planter des essences appropriées. Cette *organisation d'exploitations forestières* est envisagée sérieusement, depuis que la guerre et le trouble qu'elle a jeté dans le commerce des bois rendent plus difficiles les approvisionnements.

L'évaluation d'une forêt à acquérir, ou l'organisation rationnelle d'une plantation nouvelle sont des problèmes délicats, qui sortent du cadre d'un Cours d'exploitation des mines, et qui demandent une compétence spéciale. Il faut escompter le rendement probable de la forêt lorsqu'elle aura été mise en exploitation normale, et tenir compte de toutes les dépenses engagées pour l'achat, la transformation des zones contenant des essences inutilisables, les plantations, la garde, les impôts, etc...

Il faut ensuite évaluer les frais annuels d'exploitation pour la coupe, le débitage et le transport des bois, ainsi que leur remplacement par des plants nouveaux.

Malgré le coût de ces opérations, il semble que l'exploitation directe de plantations soit susceptible de procurer de sérieuses économies, pourvu qu'elle soit bien conduite.

Dans une étude récente (1) MM. H. L. Seurre et H. Verney citent quelques chiffres suggestifs :

Dans les Landes (en 1918) 1000 hectares, dont 1/3 en bois à exploiter, 1/3 en jeunes plantations et 1/3 en landes valent 400.000 francs.

En Sologne 1.000 hectares composés de la même façon coûteraient 600.000 fr. Dans le plateau central il faudrait compter, de même, 800.000 fr. pour 1.000 hectares. Ces 3.000 hectares coûteraient donc 1.800.000 fr., on en retirerait environ 10 m³ par hectare et par an dans les Landes, 8 en Sologne, 5 dans le plateau central, soit au total 24.000 m³ par an valant à la mine environ 1.000.000 fr. et sur pied 300.000 fr. ce qui ferait un placement à 16,66 $^0/_0$.

On peut admettre que les capitaux employés en reboisement décuplent en 50 ans, et qu'une plantation résineuse rapporte 5 à 12 °/₀ au moins, peut-être bien davantage si la pénurie de bois continue à se faire sentir d'une façon aussi intense qu'actuellement.

33. Achats dans le commerce. — Mais cette question de l'exploitation d'une forêt ne peut se poser que pour une puissante Société qui dispose de réserves importantes à immobiliser. Le plus souvent 'exploitant se borne à acheter dans le commerce les bois dont il a besoin.

Ces achats se font soit au mètre cube, soit à la tonne, soit au

---

(1) MM. H. L. SEURRE et H. VERNEY. Les bois de mine employés dans le bassin de a Loire (*Bulletin de la Société de l'Industrie Minérale*, 1ᵉ livraison de 1918).

mètre courant, en stipulant les longueurs désirées et un diamètre moyen, ou encore un diamètre minimum au petit bout.

Mais cette manière de caractériser les bois par un diamètre doit être complétée par l'indication d'un rapport maximum entre le plus grand et le plus gros diamètre, pour écarter les bois dont la conicité est trop prononcée.

Il vaut mieux fixer une série de prix pour chaque série de diamètres, et chaque longueur.

Si l'on fixe un prix au poids, il faut se rappeler que les bois absorbent beaucoup d'eau et que leur poids est très variable suivant qu'ils sont humides ou desséchés.

Si l'on convient d'un prix au volume, il faut spécifier s'il s'agit du volume brut, c'est-à-dire de celui des bois empilés, ou du volume net, c'est-à-dire de celui des bois isolés, considérés comme des cylindres $\left(V = \pi \dfrac{D^2}{4} L \right)$.

On se sert parfois de volumes conventionnels, établis d'après de simples mesures de longueur et de circonférence et de barêmes qui simplifient les calculs.

Les *prix des bois* sont très variables, et il est impossible de donner des indications exactes en raison de la hausse énorme qu'ils ont subis depuis 1914.

Avant la guerre, on pouvait compter environ 30 à 35 fr. par mètre cube suivant les essences (le chêne valant plus que le pin).

34. Consommation de bois. — Le soutènement occasionnait donc déjà des dépenses considérables, puisqu'on peut évaluer la consommation moyenne, par tonne de houille extraite en France, à 1/20 mètre cube.

Les chiffres varient dans de très grandes limites d'une mine à une autre et contribuent à rendre très différents les prix de revient.

Tandis que certaines exploitations ne dépensaient que 0 fr. 40 ou 0 fr. 50 par tonne pour le boisage, d'autres dépensaient 1 fr. 50 et 2 fr. Evaluée en longueur, cette consommation variait de $0^m,50$ à $2^m,50$.

Les mines françaises, tourmentées, profondes, entraînent en général des dépenses de soutènement plus élevées que les mines allemandes, et surtout que les mines anglaises ou américaines.

35. Classification des bois. — Les bois employés dans les mines ont des dimensions et des désignations différentes suivant les conditions de l'exploitation. De plus, des mines voisines, travaillant sur des gisements analogues, ont leurs traditions et leurs méthodes particulières.

On peut cependant distinguer un certain nombre de grandes catégories, qui se retrouvent dans la plupart des exploitations, sous des noms divers suivant les régions.

Les *perches* sont des rondins de plusieurs mètres de longueur, de 10 à 60 cm. de circonférence, qui sont parfois employées avec toute leur longueur dans les tailles d'abatage, parfois découpées pour être utilisées dans les chantiers de moins grande largeur. On distinguera par exemple les *perches* proprement dites ou *flandres*, *rallonges*, *rallongues* longues de $2^m,50$ à 4 m., mesurant 20 à 30 cm. de circonférence, et les *queues* (ou *eclimbes*) (longueur $1^m,20$ à $1^m,50$, circonférence 10-20 cm.) qui servent à relier entre elle les flandres. Elles sont en général découpées à l'extrémité des grandes perches.

Les *cadres* de boisage des galeries sont formés de deux montants et d'un chapeau, qui ont $1^m,50$ à $2^m,50$ de longueur, 40 à 60 cm. de circonférence.

Les *buttes* ou *étançons* ont une longueur très variable suivant la hauteur du chantier (depuis 40 ou 50 cm. jusqu'à $2^m,50$ et 3 m. parfois davantage), une circonférence en rapport avec la longueur et avec la pression des terrains (20 à 60 cm., plus même pour les buttes de grande hauteur).

Dans certains cas on sera conduit à employer des perches de 8 ou 10 m. de longueur, mesurant 65 ou 70 cm. de circonférence.

Lorsque le toit du chantier a besoin d'être soutenu par un garnissage serré, on emploie des *croûtes* ou *écoins* (qui sont les parties extérieures du bois débité en planches) au besoin des planches, ou des faisceaux de branchages, voire même des paillassons.

Pour les travaux de charpente, on se sert de bois en grume, c'est à-dire avec leur écorce.

36. Conservation des bois. — Les mines ont besoin d'avoir toujours un stock de bois suffisant pour assurer l'exploitation pendant plusieurs mois, d'autant plus que les achats se font en général à certaines époques de l'année et que les bois doivent donc rester plus ou moins longtemps en magasin.

Le magasin, en raison de son étendue, est rarement couvert. Il doit être placé sur un sol légèrement en pente, pour assurer l'écoulement des eaux.

Les gros bois sont empilés, la base des tas devant être isolée du sol ; les perches sont placées debout.

Les résineux sont écorcés ; les bois de chêne doivent au contraire conserver leur écorce, en raison de sa teneur au tanin. L'écorçage des bois assure leur dessiccation.

On a soin de prendre les bois dans l'ordre de leur arrivée au magasin, pour éviter un séjour exagéré ; les piles anciennes doivent être remaniées, en éliminant toutes les pièces qui présentent des signes d'altération.

§ 5. — TRAVAIL DES BOIS.

37. Débitage. — Les bois doivent être préparés à longueur voulue, avant d'être introduits dans la mine, pour éviter les gaspillages et réduire au minimum le travail dans le chantier, où le mineur ne dispose que d'instruments très simples.

Ce débitage se fait dans un atelier spécial, muni de scies circulaires et de moyens de transport bien organisés. On doit le commencer par le gros bout des perches, afin de diminuer l'importance des déchets.

L'atelier doit être isolé du magasin pour que les incendies, qui risquent d'éclater dans les déchets et la sciure, ne se communiquent pas aux piles de bois.

38. Outils employés dans la mine. — Le boiseur n'a généralement comme outil qu'une hache, parfois une scie à main dans les couches épaisses.

Pour mesurer dans le chantier la longueur à donner au bois, l'ouvrier se sert de 2 lattes mobiles l'une par rapport à l'autre, formant une sorte de *pied à coulisse* rudimentaire.

La fig. 3 représente deux types de hache en usage dans les couches minces du nord de la France.

La première a un tranchant parallèle au manche, et une sorte de marteau avec lequel le boiseur frappe sur la tête du bois pour le mettre en position. Poids : $2^{kg},500$.

La seconde a un tranchant qui n'est pas tout à fait parallèle au manche, afin de faciliter la pénétration dans le bois. L'ouvrier, pour placer le bois le frappe avec la tête de la hache. Poids 2 kg. environ.

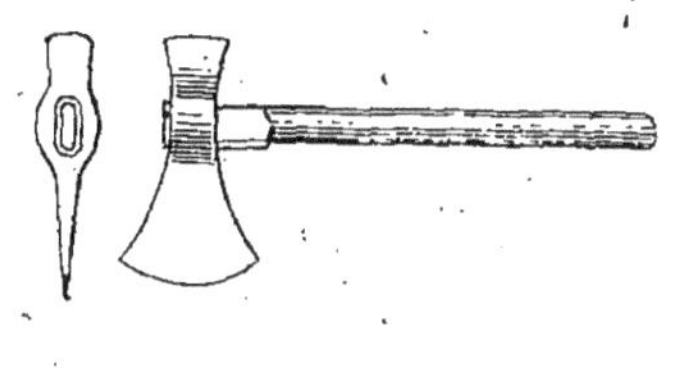
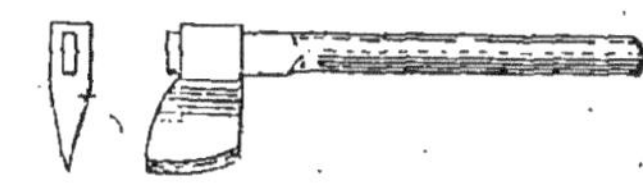

Fig. 3. — Haches de boiseurs.

Dans les couches épaisses, on peut se servir de haches et de scies du modèle ordinaire des charpentiers.

39. Assemblage des bois. — Dans les travaux ordinaires de soutènement, exécutés par les boiseurs dans les chantiers ou les galeries, les bois ne sont pas assemblés, avec tenons et mortaises, comme dans les charpentes. Le plus souvent, ils sont simplement appuyés l'un sur l'autre, et c'est la pression des terrains qui assure la solidité de l'ensemble.

Le boiseur se borne à pratiquer des encoches très simples, que nous décrirons plus loin, ou à entailler l'un des bois en gorge de loup ; une fois le cadre mis en place, il le serre contre le terrain par forcement, ou en ajoutant un coin.

Signalons cependant qu'on a tendance dans certaines régions, notamment à l'étranger, à préparer à l'avance des assemblages par tenons et mortaises, en se servant pour cela de machines spéciales installées à la surface.

Le but principal de cette méthode est de supprimer le travail d'assemblage au fond qui réclame, malgré sa simplicité, des ouvriers assez expérimentés, dont le recrutement n'est pas toujours facile ; on évite de plus la perte des déchets de boisage, et on réduit les chances d'accidents.

Avec les bois imprégnés, ce travail préparatoire, exécuté avant l'imprégnation, a l'avantage d'éviter le découpage des bois, qui crée des surfaces sensibles qui seront attaquées par les agents destructeurs si l'on ne pratique pas un nouveau badigeonnage.

Par contre, l'emploi de cadres préparés d'avance, que l'ouvrier n'a qu'à monter sur place, risque de donner un soutènement moins précis, qui ne s'applique pas exactement au terrain. Il ne peut être adopté que si les conditions sont assez régulières pour que l'on n'ait pas besoin de retoucher les assemblages ainsi préparés avant de les placer.

40. Précautions à prendre dans la pose des bois. — Le travail du boiseur est simple, mais il demande cependant une bonne compréhension des pressions auxquelles doivent résister les pièces du boisage. Celles-ci sont soumises soit à un effort longitudinal susceptible de produire la rupture par écrasement, soit à un effort transversal qui tend à la produire par flexion.

Dans le premier cas, le bois devra être placé de façon que l'effort s'exerce sur toute la section, aussi uniformément que possible, et dans une direction normale à cette section.

Si les pièces sont longues, la pression risque de les faire fléchir. On devra donc les entretoiser, pour s'opposer à leur *flambage*.

Ce flambage peut amener la rupture de l'étai. On admet, au jour, qu'une colonne en bois est exposée à se briser dans ces conditions lorsque sa longueur excède vingt quatre fois son diamètre ; pour une colonne en acier on peut aller jusqu'à une longueur de 40 diamètres. Mais dans la mine, où les efforts s'exercent d'une façon beaucoup plus défavorable, il est prudent de ne pas dépasser, sans renforcement, le rapport de 6 à 1. c'est-à-dire une longueur de 1m,20 pour un diamètre de 20 centimètres.

Tant que le bois ne fléchit pas, sa résistance à l'écrasement reste considérable. Ainsi le chêne ne s'écrase que sous une charge de 400 à 450 kg. par centimètre carré de section, à condition que la longueur reste inférieure à sept fois le plus petit côté de la section. Les bois secs résistent mieux que les bois humides.

Des expériences précises ont été faites sur les limites d'écrasement des poteaux en bois, suivant leur longueur et suivant les essences employées. Les chiffres obtenus n'ont qu'un intérêt de comparaison dans les mines, où l'on ne peut mesurer les pressions.

On se rappellera seulement que le chêne, l'acacia, le hêtre sont nettement supérieurs au pin et au sapin.

Dans le *travail par flexion*, lorsque la charge est uniformément répartie sur toute la longueur, la résistance varie en raison inverse du carré de la longueur du bois, ce qui explique le grand avantage qu'il y a à soutenir par un étai le milieu d'un chapeau de grande longueur. Quand la charge ne s'exerce qu'au milieu, la résistance varie en raison inverse de la longueur.

D'autre part, pour une poutre rectangulaire, la résistance est deux fois plus grande si l'on double la largeur, mais quatre fois plus grande si on double la hauteur. On aura donc toujours soin de placer le bois de façon qu'il présente sa plus grande dimension transversale dans le sens de la pression.

A poids total égal, une grosse pièce résiste mieux que plusieurs petites.

La longueur d'une pièce travaillant à la flexion doit être réduite au minimum.

Une poutre encastrée à une des extrémités et supportant une charge transversale à l'extrémité libre subit un effort proportionnel à la longueur, mais la flèche augmente comme le cube de la longueur. Il y a grand avantage à répartir la charge sur toute la longueur. La flèche diminue alors presque de moitié.

Rappelons enfin que l'on réduit considérablement la flèche d'un bois supportant un effort transversal lorsque les deux extrémités sont scellées et non pas simplement posées sur des appuis.

Ainsi que le montrent les chiffres cités plus haut (n° 22) la résistance des bois à la flexion est nettement inférieure à leur résistance à l'écrasement. Le chêne et l'acacia restent supérieurs au hêtre et surtout au pin et au sapin. Ces derniers ont, en pratique, l'avantage de plier beaucoup avant de rompre. La dessiccation augmente la résistance, mais diminue la flexibilité.

41. Résumé. — Les bois de mine doivent résister aux efforts d'écrasement et de flexion, être suffisamment élastiques, ne pas s'altérer dans l'humidité ou le mauvais air, et ne pas être trop coûteux.

Dans les chantiers on se préoccupe peu de la résistance à l'altération, qui n'offre d'intérêt que dans les galeries où les bois subsistent longtemps sans être brisés par les pressions.

Parmi les *bois durs*, le chêne est résistant et souple, mais son prix et sa rareté en limitent l'emploi.

Les *bois résineux*, notamment le pin, sont les plus employés, en raison de leur abondance et de leur bon marché. Moins résistants que le chêne aux pressions et à l'humidité, ils sont souples, légers, faciles à travailler. Ils ont l'avantage précieux de craquer avant de se briser. Parmi les *bois blancs*, l'acacia a de grandes qualités, mais il est rare ; la plupart des autres : peuplier, tilleul, bouleau, etc., ne sont pas assez solides.

Dans l'air humide et chaud du fond de la mine, les bois sont attaqués par des micro-organismes (dont le plus dangereux est le bolet) qui détruisent la cohésion des fibres et diminuent rapidement la résistance. Le chêne et l'acacia s'altèrent plus lentement que les résineux, aussi les emploie-t-on de préférence dans les galeries de roulage ou d'aérage.

On cherche à combattre ces agents de destruction en *imprégnant* les bois avec des substances antiseptiques, soit salines, soit organiques. Les plus employées sont le sel marin, la créosote, les huiles de goudron. Cette imprégnation peut se faire par simple immersion des bois, ou par injection sous pression après aspiration par le vide pour évacuer la sève et l'humidité.

Le problème de l'achat des bois de mine est un des plus importants de l'exploitation minière. En général, on les trouve dans le commerce, mais certaines mines trouvent avantage à acheter de vastes terrains et à les planter en essences choisies. Cette dernière méthode exige des immobilisations de capitaux importantes, mais procure finalement de sérieuses économies.

La *consommation de bois* est très variable suivant les mines. Elle est plus forte en France que dans les mines régulières et chargeant peu d'Angleterre ou d'Amérique. Les bois utilisés sont surtout des *perches* que l'on découpe à la longueur voulue avant de les introduire dans la mine, de façon à approvisionner les mineurs de buttes, de flandres ou de queues pour les chantiers, de montants et de chapeaux pour les cadres des galeries. Le garnissage se fait à l'aide de croûtes, de planches, de faisceaux de branchage. Les bois sont assemblés dans la mine au moyen d'entailles faites à la hache ou à la scie ; ils sont simplement appuyés les uns sur les autres et coincés contre le terrain, plus rarement assemblés au moyen de tenons et mortaises.

Le travail du boiseur exige une certaine habileté, car les bois doivent être placés de façon à résister aussi bien que possible aux diverses pressions qui s'exercent sur le soutènement et dont la grandeur ou la direction ne peuvent être déterminées avec précision.

CHAPITRE III

BOISAGE DES CHANTIERS

SOMMAIRE

§ 1. **Boisage en terrains ordinaires.** — Divers modes de boisage. — a) *Soutènement par buttes.* — Buttes mobiles. — Moyens d'obtenir de la flexibilité. — b) *Piles de bois.* — Fagotage. — c) *Soutènement par flandres.* — Flandres. — Cadres porteurs. — Garnissage. — Raccordement des chantiers et galeries. — Boisage en cadres.
§ 2. **Boisage en terrains inconsistants.** — Nécessité du garnissage. — Boisage sous un toit friable. — Flandres auxiliaires métalliques. — Terrains coulants.
§ 3. **Réparation d'un éboulement.** — Eboulements. — Traversée d'un éboulement. — Cloches.
§ 4. **Particularités du boisage dans les différentes tailles.** — Couches plates. — Couches peu inclinées ou très inclinées — Dressants. — Couches épaisses.
§ 5. **Déboisage.** — Conditions d'application du déboisage. — Conduite de l'opération. — **Résumé.**

§ 1. — Boisage en terrains ordinaires.

42. Considérations générales. — Dans les chantiers d'abatage, le soutènement a pour but de protéger les mineurs pendant qu'ils travaillent soit au dépilage du gisement, soit au chargement des produits, soit au remblayage. Il ne dure donc qu'un temps limité, et on n'a pas à se préoccuper de contenir longtemps la pression des terrains.

Le boisage doit être suffisant pour empêcher les éboulements, mais il doit aussi être rapidement placé, ne pas gêner le travail et rester bon marché d'autant plus que dans la majorité des cas il sera abandonné dans les remblais, ou laissé jusqu'à ce qu'il s'écrase.

Dans les terrains assez solides, il est placé seulement après l'abatage, tandis que dans les terrains inconsistants il doit souvent le précéder et se substituer au minerai, avant que celui-ci soit enlevé, pour le maintien du toit.

Il n'y a pas un mode unique de soutènement pour les chantiers et un autre pour les galeries. Suivant l'épaisseur de la couche ou du filon, sa pente, la nature des roches encaissantes, le boisage sera différent, et aux types principaux que nous allons décrire se rattachent des variantes en nombre presque indéfini. Dans chaque mine le problème doit être examiné et résolu sans idée préconçue. Les systèmes les plus fréquemment employés, dont on trouvera ci-dessous des croquis sont des exemples et non des schémas. Lorsqu'on commencera l'exploitation d'un gisement nouveau, encore mal connu, on pourra se guider sur ces procédés généraux, mais ensuite l'expérience acquise et l'étude des conditions particulières conduiront à les modifier et à adopter une solution appropriée.

43. Divers modes de boisage. — Lorsque la couronne (ou le toit) du chantier est bon, et ne nécessite pas un garnissage serré, on peut se contenter, pour le soutenir, de poser des *buttes* plus ou moins espacées. Si les buttes sont insuffisantes, on peut élever des *piles de bois.*

Lorsqu'on doit se protéger contre la chute de plaques de dimensions assez faibles pour que le nombre de buttes qui seraient nécessaires devienne exagéré, on adopte le soutènement par *rallonges* (ou *flandres*) placées sous la couronne et soutenues par des buttes, voire même par des cadres.

Dans le cas d'un toit très mauvais, friable, se brisant en petits blocs, on doit disposer un garnissage en *queues* ou en *croûtes*, parfois même complété par des branchages ou des paillassons, et supporté par des cadres.

Nous allons passer en revue ces divers systèmes.

a) *Soutènement par buttes.*

44. Soutènement par buttes. — La butte (qui porte plutôt dans le centre de la France le nom de *chandelle*) travaille uniquement à la compression. Elle doit donc être placée normalement à l'effort qu'elle a à supporter. Dans un chantier en plateure, à toit horizontal, la butte sera verticale. Mais dans un chantier en couche inclinée, elle ne sera pas disposée tout à fait perpendiculairement aux épontes.

En effet la pression ne s'exerce pas seulement du toit vers le mur, mais aussi verticalement; ce dernier effort tendrait à renverser la butte si elle était placée normalement au toit. On est donc conduit à incliner la tête vers l'amont-pendage. Cet *angle de pente* peut atteindre le quart de l'inclinaison. Pour les pentes courantes, on lui donnera une valeur de 5° environ. Lorsque le toit tendra à se rapprocher du mur, la butte sera comprimée et coincée de plus en plus fortement.

Cette règle générale peut subir des exceptions ; si le mur

n'est pas solide et que le pied de la butte risque de glisser, on réduira l'angle de pente, et il peut même arriver qu'il soit plus prudent d'incliner la butte en sens inverse.

Il faut aussi tenir compte, pour les buttes placées contre la roche ou surtout contre les remblais, des pressions qui s'exercent perpendiculairement à ces bois. On les inclinera alors de façon que ces pressions tendent à les redresser.

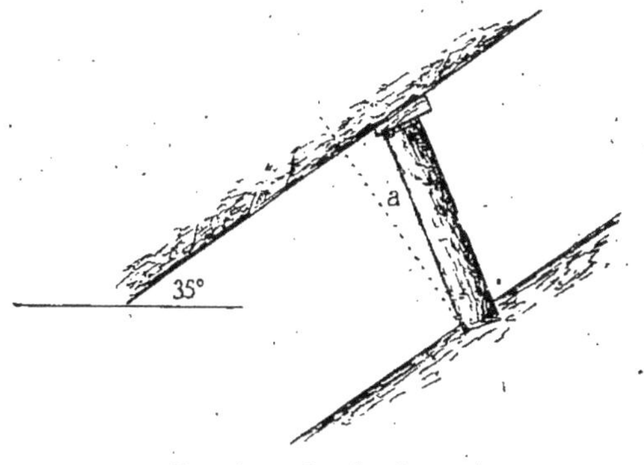

Fig. 4. — Angle de pente.

Les buttes sont généralement en pin, qui peut subir une certaine compression avant de se briser, et qui coûte meilleur marché que le chêne ou le sapin blanc.

45. Pose d'une butte. — Pour choisir à quel endroit il est nécessaire de placer une butte, le mineur *sonde* le toit en le frappant

Fig. 5. — Pose de buttes isolées.

avec son pic; les différences de son lui montrent les points où des décollements sont à craindre.

La butte doit avoir une longueur telle qu'on puisse l'amener à sa position définitive en la forçant à coups de masse ou avec le dos de la hache.

L'emplacement du pied est préparé en creusant une *potelle*, pour empêcher le glissement sur le mur, ou encore pour que le pied repose bien sur le roc ferme et non sur un banc mince qui s'écraserait ou glisserait.

Le creusement d'une potelle plus ou moins profonde permet d'ailleurs d'éviter le raccourcissement d'une butte un peu trop longue.

Dans d'autres cas, pour répartir la pression sur une plus grande surface, par exemple si le mur n'est pas solide, on place le pied de la butte sur un morceau de planche ou d'écoin, ou sur une *cale* formée d'un bois demi-rond.

De même, on interpose un écoin entre le sommet de la butte et le toit. Il ne reste plus alors qu'à forcer celle-ci à coups de masse.

La fig. 5 indique la disposition définitive de la butte.

Lorsque le toit est fendillé, on ne se contente pas de coins de petites dimensions, mais on dispose au-dessus de la butte un *chapeau* (*fig. 6*) formé d'un coin allongé *a* soutenant une série de planches *b*, couvrant une surface qui pourra atteindre 1^{m^2}.

Pour s'assurer que la butte tient bien et qu'elle est comprimée par la pression, on la frappe avec un outil ; elle doit faire entendre un bourdonnement.

Il est d'ailleurs recommandé, dans les chantiers très inclinés, de ne pas s'accrocher aux buttes pour circuler, avant de s'être bien assuré qu'elles tiennent solidement. On risque non seulement de renverser les bois, mais aussi de provoquer un éboulement du toit.

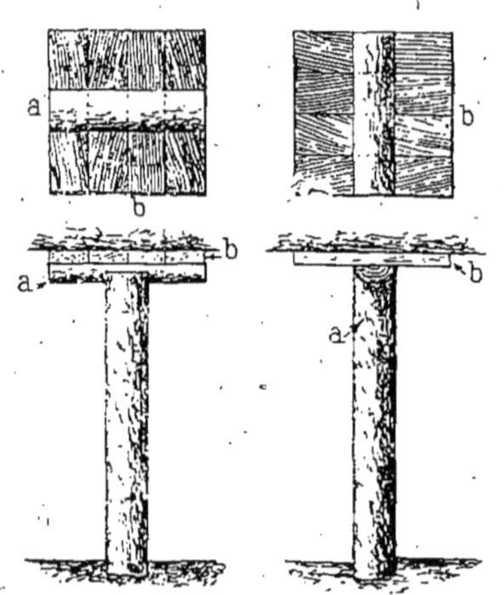

Fig. 6. — Soutènement par buttes et chapeaux.

46. Boisage d'une taille. — Le front de taille progresse en général parallèlement à lui-même et le plus souvent plusieurs mineurs travaillent à côté l'un de l'autre. On place une série de buttes parallèles au front, et près de celui-ci. Lorsque ce front sera avancé d'une longueur plus ou moins grande suivant la solidité du toit, on disposera une nouvelle ligne de buttes.

La fig. 7 montre l'aspect de ce boisage suivant que le mur est horizontal, ou présente au contraire des inclinaisons variables.

Il est rare qu'on laisse le toit soutenu simplement par des

buttes sur une grande étendue, à moins qu'il ne soit particulièrement bon.

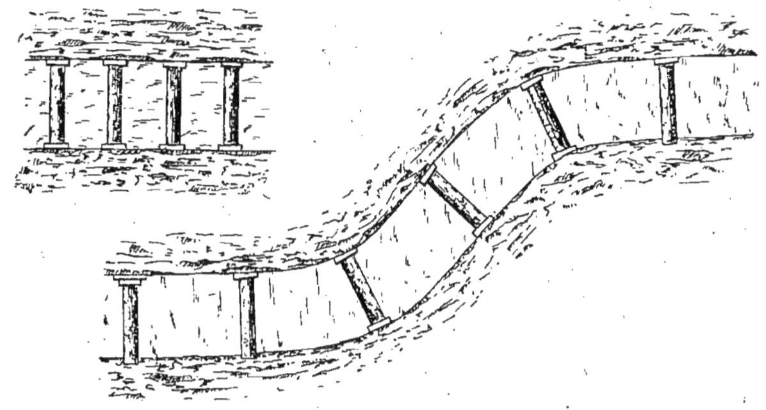

Fig. 7. — Boisage par buttes.

Si l'on exploite par remblais, la coupe de chantier, perpendiculairement au front de taille, prend l'aspect représenté sur la fig. 8.

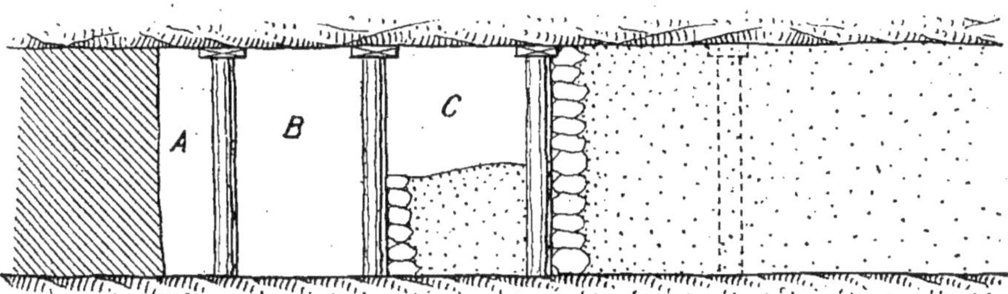

Fig. 8. — Coupe perpendiculaire au front de taille.

Les mineurs travaillent à l'abatage dans l'allée A. La seconde B sert à l'évacuation des produits, par berlines, par couloirs, ou simplement par pelletages successifs.

La troisième C est en remblayage. Les autres sont déjà complètement remblayées. On distingue, en pointillé, une ligne de buttes noyées dans le remblai.

47. Buttes mobiles. — Le boisage par buttes se prête à l'enlèvement des pièces devenues inutiles, et à leur remploi — aussi a-t-on essayé divers systèmes de buttes dont la mise en place et le déplacement soient faciles.

On a par exemple utilisé dans le Nord de la France des pièces, appelées *bottes* ou *vérins* (*fig. 9*) constituées par une vis pouvant s'allonger pour être mise en serrage contre le toit.

Ces bottes étaient déplacées chaque jour et reportées près du front de taille.

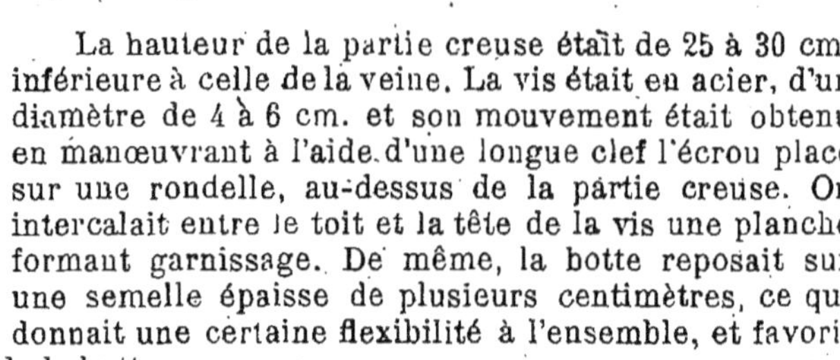

La hauteur de la partie creuse était de 25 à 30 cm. inférieure à celle de la veine. La vis était en acier, d'un diamètre de 4 à 6 cm. et son mouvement était obtenu en manœuvrant à l'aide d'une longue clef l'écrou placé sur une rondelle, au-dessus de la partie creuse. On intercalait entre le toit et la tête de la vis une planche formant garnissage. De même, la botte reposait sur une semelle épaisse de plusieurs centimètres, ce qui donnait une certaine flexibilité à l'ensemble, et favorisait la conservation de la butte.

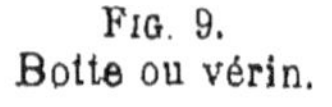

Fig. 9.
Botte ou vérin.

Ce dispositif ne s'est pas répandu. Lorsqu'on peut employer des buttes démontables, on préfère recourir aux buttes en métal, dont il sera question plus loin (Chap. VI).

48. Moyens d'obtenir de la flexibilité. — Lorsque les buttes ne présentent pas une flexibilité suffisante, elles risquent de se briser plus facilement ; lorsqu'elles sont déjà entourées de remblai, elles repoussent alors ce dernier, et créent des excavations. Il est bien préférable, au lieu de résister sans aucune souplesse, qu'elles laissent peu à peu se produire le mouvement du toit.

La nécessité d'avoir des buttes qui ne se rompent pas est surtout évidente dans les chantiers où l'on doit maintenir toujours libre une allée pour le transport des produits, ou lorsqu'on fait usage de haveuses mécaniques.

Les buttes en pin présentent déjà une certaine flexibilité. Les garnissages, qui sont en bois tendres peuvent aussi se laisser comprimer avant de s'écraser. Plus les terrains chargent, plus on fera ces garnissages épais, soit en les constituant par des planches épaisses, soit en employant des bois demi-ronds.

Si ces moyens ne suffisent pas, on peut recourir à des procédés plus compliqués.

On peut par exemple appointer le pied des buttes, non pas pour obtenir la pénétration dans le mur, mais au contraire pour constituer un point faible, qui s'écrasera et permettra ainsi un raccourcissement de la butte. La fig. 10 montre ce procédé appliqué aux montants d'un cadre de galerie.

On peut d'ailleurs répéter plusieurs fois cette opération, lorsque l'écrasement de la partie affaiblie s'est complètement produit.

Un autre système consiste à em-

Fic. 10. — Cadre avec montants affaiblis aux pieds.

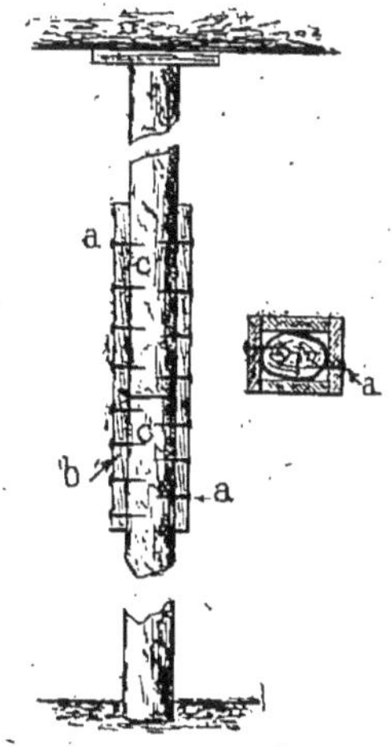

Fig. 11. — Butte en 2 pièces avec manchon.

ployer des buttes formées de deux parties (*fig. 11*) qui ne reposent pas l'une sur l'autre au moment où la butte est placée, mais qui sont réunies par un manchon en bois fixé par des clous. La pression du toit force le rapprochement des deux parties, en tordant les clous.

49. Emploi des buttes contre des efforts de flexion. — En

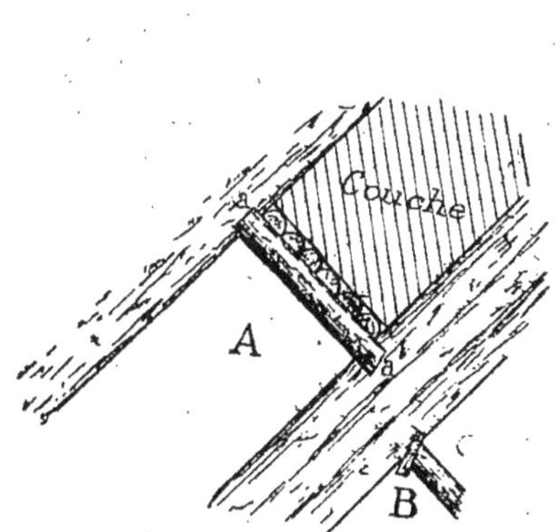

Fig. 12. — Soutènement d'une couche inclinée.

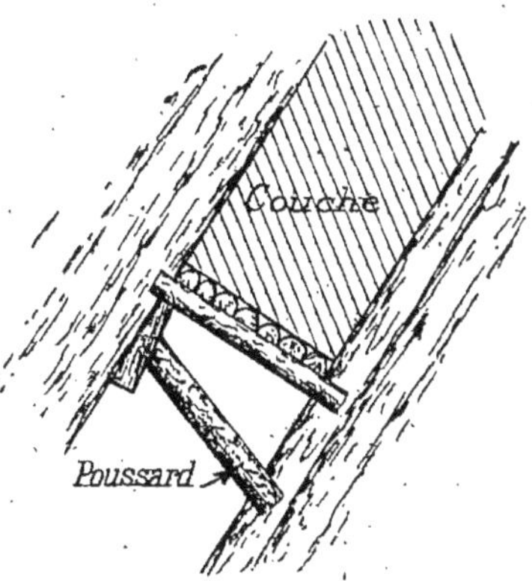

Fig. 13. — Soutènement avec poussard.

dehors du soutènement du toit, les buttes peuvent avoir à supporter des efforts qui s'exercent sur leur longueur, et les font travailler par flexion. Nous avons déjà signalé que les buttes placées le long des remblais étaient ainsi exposées à être renversées lorsque ces derniers, comprimés par la descente du toit, tendaient à les chasser.

De même, les buttes peuvent avoir à soutenir, au haut du chantier, la partie de la couche restée en place.

Les fig. 12 à 16 montrent divers exemples de soutènement par buttes travaillant à la flexion.

La fig. 12 représente le soutènement d'une couche de charbon.

La butte est fixée à chaque extrémité dans une potelle *a*.

On peut aussi faire une potelle au pied et forcer un coin à la tête (variante B).

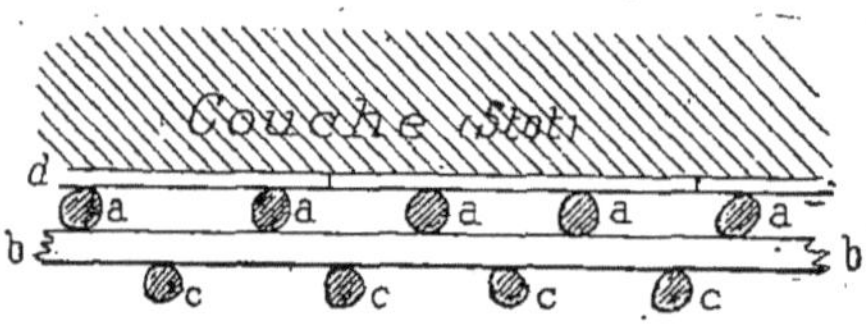

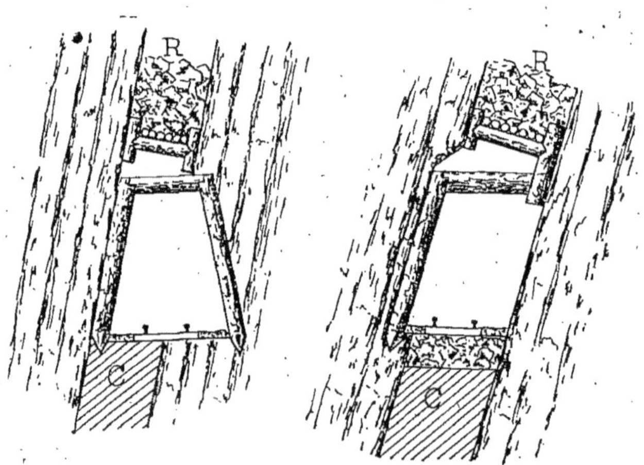

Fig. 14. — Soutien d'un stot.

La fig. 13 montre un soutènement plus compliqué, nécessaire dans le cas où la charge de la couche est plus forte. Les buttes sont renforcées à l'aide de coins et de poussards.

Enfin, si une ligne de buttes ne suffit pas, on peut placer contre la première série *aaa* une ligne de rallonges *bb*, soutenue elle-même par une série de buttes

R. Remblais. — C. Couche.
Fig. 15. — Maintien des remblais.

ccc. Si le charbon est friable, on place entre lui et les premières buttes un garnissage *d*.

. Les remblais, qui tendent à couler dans le chantier tant que la pression des terres ne les a pas comprimés, doivent être maintenus ainsi par un garnissage en rondins ou en planches.

La fig. 15 représente le soutènement de remblais au-dessus d'une galerie. On laisse un certain vide entre les remblais et les chapeaux de la galerie pour éviter que le déplacement des buttes sous l'action des remblais ne diminue la hauteur de la galerie. Dans les couches puissantes, cette précaution est inutile en raison de la section plus forte qu'on donne aux galeries, et de plus la pose des buttes spéciales serait coûteuse. On préfère laisser la pression s'exercer sur les chapeaux.

b) Piles de bois.

50. Construction et mode d'emploi. — Les buttes sont trop

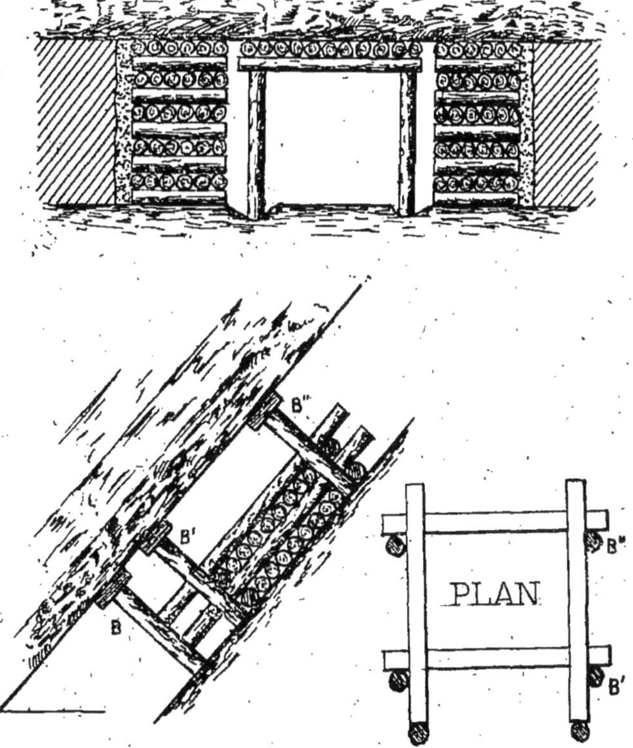

Fig. 16. — Piles de bois.

faibles pour résister à une pression un peu considérable et risquent d'être renversées. Plutôt que de les multiplier, on préfère dans certaines exploitations les remplacer par des piles de bois. Ce sont des empilages rectangulaires, faits alternativement dans un sens et dans l'autre.

Ils peuvent être pleins, comme le montre la fig. 16. Mais souvent, on se contente des bois extérieurs (voir le *plan*) et on remplit le centre de remblai fin qui empêche le déplacement des bois, mais non leur écrasement.

On réduit ainsi la consommation de bois.

Ces piles sont faciles à édifier dans les couches plates ; dans les couches inclinées il faut les appuyer à des buttes B B' B" bien calées.

Ces piles constituent un mode de soutènement puissant, qui remplace avantageusement les buttes dans les chantiers très élevés et dont l'avancement est lent. On peut en effet leur donner une grande surface en employant des perches assez longues, et une hauteur de 8 ou 10 m.

On peut ainsi protéger efficacement des galeries ou des plans inclinés. En outre de leur résistance, ces piles ont une grande élasticité ; il n'est pas rare que la compression réduise leur hauteur de moitié.

Cet avantage est précieux pour la protection de voies durables, mais lorsqu'il s'agit d'une exploitation sans remblai, dans laquelle on laisse s'affaisser le toit, la présence de ces points solides amène dès dislocations irrégulières du toit qui se répercutent à une grande hauteur dans les terrains.

Il est donc préférable, lorsqu'on opère par foudroyage, de chercher à enlever ces piles de bois. Au contraire, lorsqu'on les emploie dans des chantiers qu'on remblaie, elles peuvent très bien rester au milieu des terres.

51. Fagotage. — Dans les exploitations de charbon et surtout de mines métalliques, aux Etats-Unis, lorsqu'on crée des excavations importantes, on élève des sortes de tours en bois empilés, sommairement entretoisés, et calés sous le toit. Le centre de la tour est souvent rempli de déblais. Quand le chantier est terminé, on le remblaie, en laissant les tours en place.

52. Piles rectangulaires. — On emploie parfois, également aux Etats-Unis, dans des couches épaisses de plusieurs mètres ou dans des filons puissants, de véritables charpentes (*fig. 17*).

On dispose d'abord, à la base, des bois calés aux deux extrémités du chantier, formant une sorte de quadrillage ; aux intersections des pièces, on élève des montants verticaux, réunis par d'autres bois horizontaux qui les entretoisent. Sur ces derniers on établit un plancher sur lequel se tiennent les mineurs. Au fur et à mesure que le toit s'élève, ou que le chantier s'élargit, on complète la charpente et on établit de nouveaux planchers de travail.

La charpente n'est plus assemblée ici d'une façon sommaire

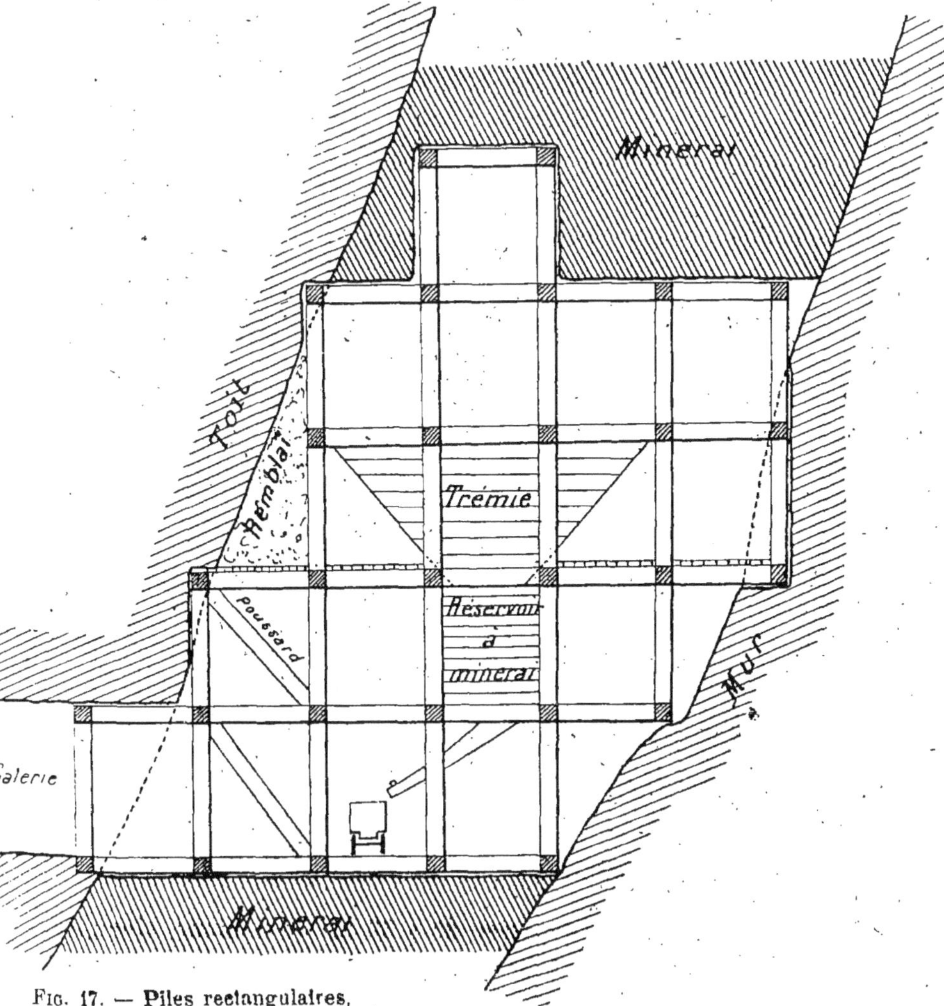

Fig. 17. — Piles rectangulaires.

comme dans le procédé par *fagotage*, mais par des tenons et mortaises, taillés à l'avance de façon à s'emboîter exactement. Les fig. 18 et 19 montrent deux systèmes d'entailles parmi les plus usités.

La hauteur des montants, entre planchers successifs, est de $1^m,80$ à $2^m,40$ pour permettre le passage des ouvriers. Les chapeaux ont de $1^m,50$ à $1^m,80$ ou de 0^m80 à $1^m,50$.

Si l'approvisionnement en bois est difficile, on renonce à employer des bois équarris, et un réseau aussi serré, mais on diminue alors la résistance du système.

Ce procédé exige que les épontes soient solides et ne cèdent pas.

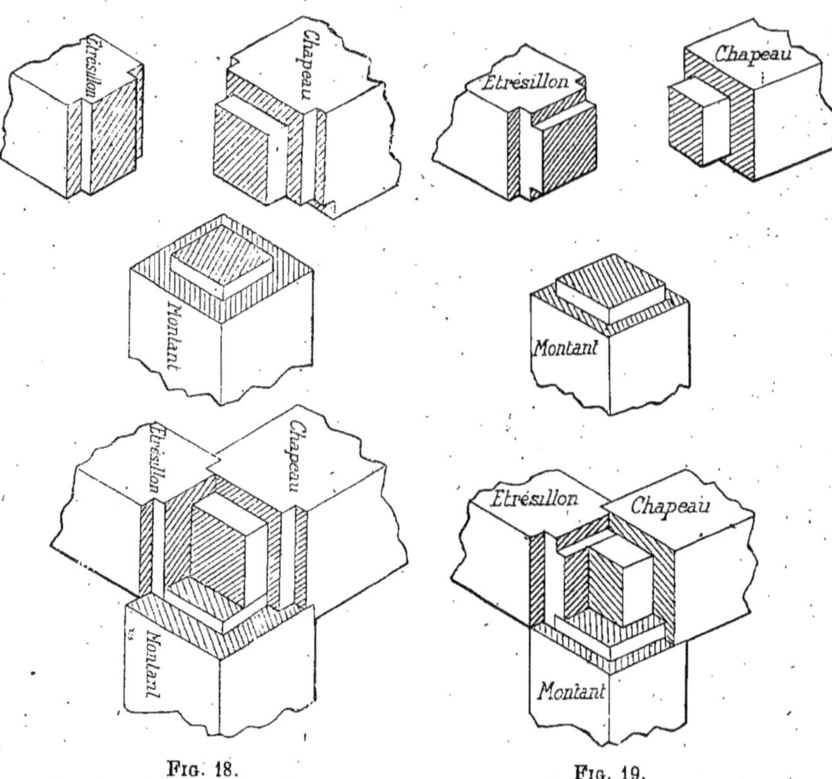

Fig. 18.
Premiers types d'assemblages.

Fig. 19.
Deuxièmes types d'assemblages.

D'autre part on ne peut dépasser 25 à 30 m. de hauteur, sinon les bois risquent de s'écraser sous leur propre poids.

De toutes façons, ce genre de soutènement n'est économique que dans les pays où les bois sont abondants.

c) *Soutènement par flandres.*

53. Flandres. — Il est rare, surtout dans les chantiers dont le toit est mauvais, qu'on puisse se contenter d'un boisage par buttes. Il est nécessaire de soutenir le toit, non plus seulement en un cer-

tain nombre de points isolés, mais par des bois placés contre lui, soit
en lignes parallèles rapprochées, soit réunis par un garnissage plus
ou moins serré.

Ce boisage sous le toit est supporté par des buttes ou par des
cadres.

Les flandres travaillent à la flexion, les buttes à l'écrasement.

L'assemblage se fait *à gorge de loup* : la tête de la butte est
entaillée, formant un demi-
cylindre dans lequel se loge la
flandre (*fig. 20*).

Pour que la flandre ne
risque pas d'échapper à droite
ou à gauche, il faut que la
butte soit d'un diamètre au
moins égal à celui du bois
qu'elle supporte.

Comme dans le soutène-
ment par buttes isolées, on ne
place pas les montants tout à

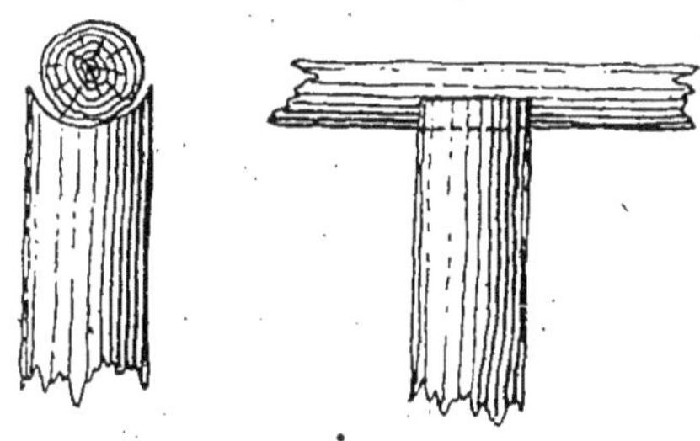

FIG. 20. — Assemblage à gorge de loup.

fait perpendiculaires au toit (sauf dans les chantiers horizontaux). On
les incline un peu, pour que la pression tende à les redresser et à
assurer un serrage énergique.

En outre des efforts parallèles aux montants, qui sont les plus
importants, les assemblages en supportent d'autres. D'abord ils
doivent résister au glissement des flandres dans l'entaille, dans le
sens de leur longueur. Dans les couches très inclinées, où les flandres
sont disposées suivant la ligne de plus grande pente, cette tendance
au glissement n'est pas négligeable. Mais lorsque la pression des
terrains a amené un serrage de l'ensemble, on n'a plus à craindre
de mouvement.

Au contraire, les efforts perpendiculaires au plan formé par les
deux bois sont plus dangereux. Si la compression n'est pas assez
forte, la flandre est chassée hors de l'entaille et tout le boisage s'ef-
fondre. Il en est de même si les montants ne sont pas bien calés au
pied, dans des potelles, et que les pressions latérales tendent à les
renverser.

Pour empêcher les flandres de sortir des entailles, on est souvent obligé de les contre-buter par des bois réunissant deux lignes
parallèles. De même pour les montants.

54. Cadres porteurs. — Lorsque le toit est de mauvaise qualité, les lignes de flandres doivent être rapprochées. Si on les sup-

portait directement par des montants, la consommation de bois deviendrait énorme, et la circulation serait impossible.

On ajoute donc un nouvel élément entre les flandres et les buttes. Ce sont des bois, perpendiculaires aux lignes de flandres (donc en règle générale au front de taille), appelés *porteuses*, et

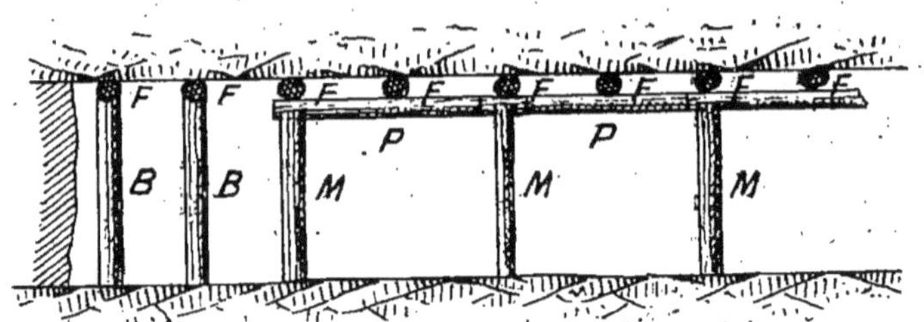

FIG. 21. — Soutènement par flandres et cadres porteurs. (Coupe).

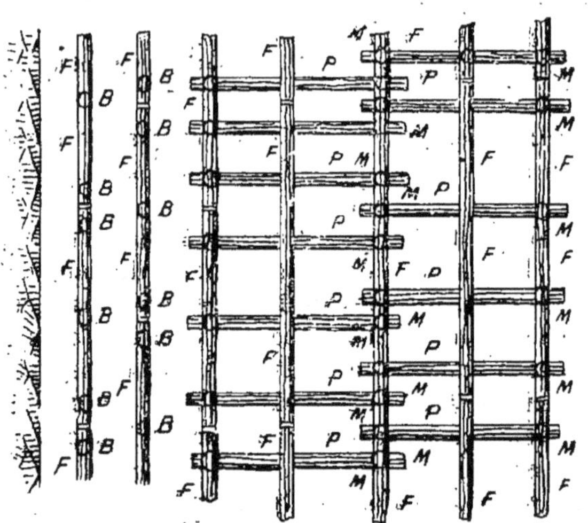

FIG. 22. — Soutènement par flandres et cadres porteurs. (Plan).

supportés eux-mêmes par des buttes. On ménage ainsi des allées assez larges pour qu'on puisse y faire circuler des berlines, ou y installer des couloirs pour l'évacuation des produits. L'ensemble de la porteuse et de ses montants forme un *cadre porteur*.

Les fig. 21 et 22 montrent quelle est alors la disposition du boisage.

On commence par boiser par flandres F soutenues par des buttes B.
Lorsqu'on a avancé suffisamment pour pouvoir placer, perpendiculaire-

ment au front, une nouvelle série de porteuses P, on met celles-ci en place sous les flandres, et on les soutient au moyen des nouvelles buttes ou montants M. On peut ainsi supprimer une ligne de buttes sur deux, parfois même deux si les flandres sont très rapprochées et que la pression n'est cependant pas trop considérable. Ce dernier cas se présente par exemple lorsque le toit ne charge pas énormément, mais se brise en grandes plaques.

La fig. 22 représente le boisage en plan. Dans cet exemple les lignes de flandres n'ont pas leurs extrémités sur la même ligne, ce qui oblige à multiplier le nombre de porteurs et de montants. Si l'on peut utiliser des flandres assez longues, et se terminant toutes sur la même ligne perpendiculaire au front, on peut réduire le nombre des cadres porteurs.

Le réseau de bois ainsi formé est en général complété, entre les flandres et le toit, par un garnissage de croûtes ou de branchages que nous n'avons pas représenté pour ne pas surcharger la figure.

L'inconvénient de ce type de boisage est de faire travailler à la flexion les porteuses. Elles risquent de se rompre au milieu si elles ne sont pas assez fortes.

55. Garnissage par queues. — Il arrive souvent que le toit n'exerce pas une pression assez forte pour que le boisage complet, par cadres porteurs, soit nécessaire, mais qu'il faille tout de même établir entre les lignes de flandres (assez écartées pour que les buttes de support ne gênent pas la circulation dans le chantier) un garnissage capable d'empêcher la chute de plaques minces de rocher. On se contente alors de placer, entre le toit et les flandres, des queues de faible diamètre.

Dans certains cas, le toit tient suffisamment bien, au début du dépilage, pour qu'on puisse avancer le front de taille d'une longueur égale à la distance entre deux lignes de flandres. Le placement du garnissage, au-dessus des flandres, ne présente alors pas de difficultés particulières. Mais si l'on doit protéger de plus près les piqueurs, il faut que le garnissage par queues précède la pose de boisage proprement dit. Les queues seront glissées au-dessus de la dernière flandre et poussées sous le toit, en avant du front de taille, avant qu'on ne procède à l'abatage (*fig. 23*). Il faut alors placer la flandre sous les queues, tout contre le front de taille, et la supporter par quelques buttes, avant d'achever l'enlèvement du charbon. En attendant, l'extrémité de la queue sera soutenue par des bois prenant appui sur le front de taille lui-même.

Il est plus simple, si le toit est décidément mauvais, de resserrer les lignes de flandres, et de recourir aux cadres porteurs, pour

éviter ces complications dans l'abatage, ou d'employer des queues
assez longues pour qu'elles puissent être engagées au-dessus de la
première ligne de flandres et au-dessous de la seconde, et qu'elles

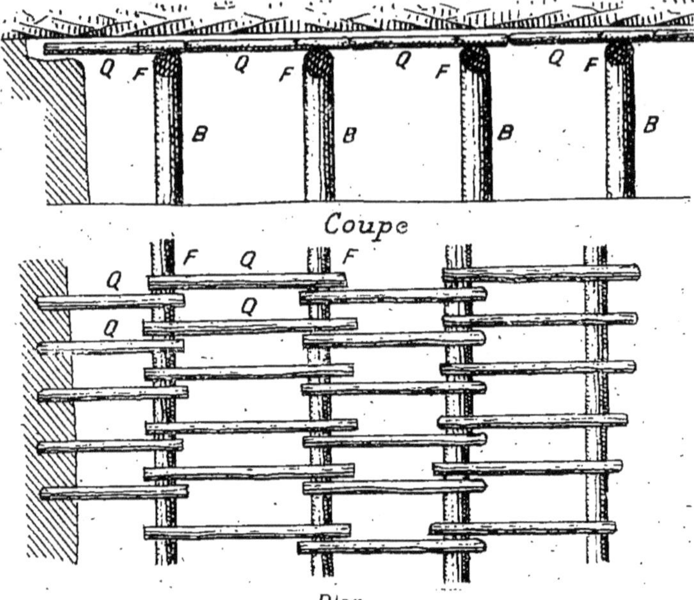

FIG. 23. — Garnissage par queues.

ravaillent ainsi, à leur extrémité libre, en porte à faux. Nous verrons
ce procédé plus en détail dans l'étude du boisage des chantiers sous
un toit friable (§ 2).

56. Variantes du boisage par flandres. — Les flandres sont
presque toujours parallèles au front de taille, de manière à réduire
au minimum la surface découverte.

Dans les couches inclinées, lorsque le mur est mauvais, on
peut être amené à disposer une double ligne de flandres, l'une sous
le toit, l'autre sur le mur, réunies par des buttes assemblées aux
deux extrémités à gorge de loup.

Dans les couches plates, ce type de boisage est rare. En général,
lorsque les pressions sont fortes, on met le plus gros bout de la
butte sur le mur. Mais si l'on a à craindre des efforts qui tendraient
à chasser la flandre de la gueule de loup, on place au contraire la
grande section de la butte en haut, de façon à pouvoir pratiquer une
entaille plus large et plus profonde.

On doit éviter de faire travailler l'extrémité de la flandre en porte à faux, mais la faire dépasser cependant de 20 ou 25^{cm} pour qu'elle ne risque pas de sortir de la gueule de loup.

Pour combattre le renversement des buttes ou le déplacement latéral des flandres, on les maintient à leur place par des poussards, taillés à gorge de loup, ou simplement par des planches clouées. Ces dernières travaillent à l'arrachement. Elles sont moins solides que les poussards, mais en ce cas de rupture d'une flandre, ces derniers, n'étant plus serrés, tombent, et tout le boisage risque de s'effondrer. Les planches clouées, au contraire, restent fixées, au moins à l'une des extrémités, et peuvent parfois plier sans se rompre si le coup de charge n'a pas été trop violent.

57. Raccordement des chantiers et des galeries. — Le boisage des raccordements de chantiers et de galeries est toujours délicat, non seulement à cause de la surface du vide à consolider, mais à cause de la différence du soutènement entre les deux travaux.

Les galeries, comme nous le verrons au chapitre IV, sont presque toujours boisées en cadres, c'est-à-dire au moyen de chapeaux soutenus par des montants.

Que le chantier se développe des deux côtés de la galerie, ou

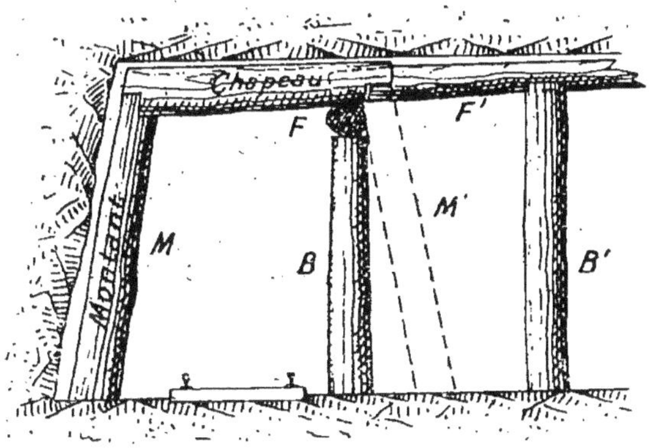

Fig. 24. — Raccord d'un chantier et d'une galerie.

simplement vienne se terminer le long de celle-ci, il y a un raccord spécial à faire. A moins de créer une ligne de plus faible résistance, justement le long d'une voie dont le soutènement est de première importance, il faut que les deux boisages soient liés ou tout au moins étroitement juxtaposés.

Dans les couches plate le problème est assez simple, il suffit que la dernière ligne de buttes (ou de montants de cadres porteurs) soit au contact immédiat de la ligne de montants de la galerie.

Pour permettre l'entrée des berlines dans les chantiers perpendiculaires à l'axe de la galerie, il faut en général supprimer les montants M′ du boisage de la galerie et les remplacer par des cadres porteurs. On place sous les extrémités des chapeaux une flandre porteuse F, supportée par des buttes B assez écartées pour laisser passage aux berlines; sur ces flandres F reposent d'une part les chapeaux de la galerie, et de l'autre les flandres F″ du chantier (supportées elles-mêmes par les buttes B′, ou par des cadres porteurs (*fig.* 24).

Il faut donc que ces flandres F soient assez solides. Au besoin on place deux flandres l'une à côté de l'autre.

Dans les couches inclinées, les flandres du chantier ont tendance à glisser le long du toit. Il faut donc que l'extrémité de la dernière vienne s'appuyer sur les cadres de la galerie. Mais il ne faut pas que la poussée de ces flandres puisse briser les chapeaux. Pour éviter ce cisaillement, on aura donc soin que les flandres prennent appui sur les chapeaux aux points les plus forts, c'est-à-dire soutenus par les montants.

Si l'inclinaison de la couche n'est pas telle que les flandres viennent rencontrer les chapeaux au voisinage immédiat du point où ils sont soutenus par les montants, par exemple

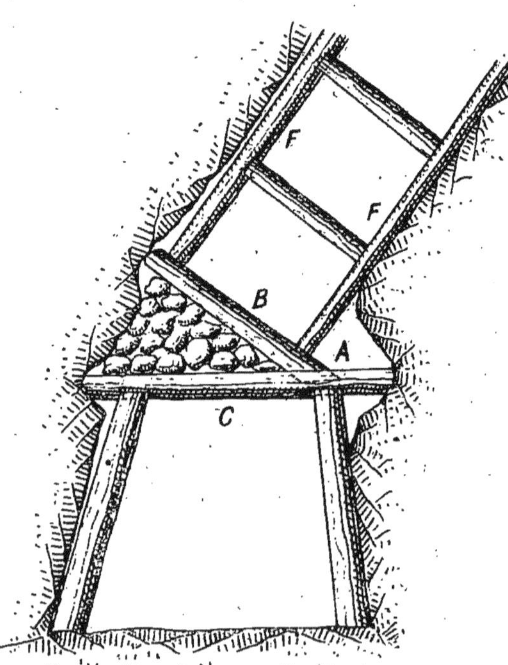

Fig. 25. — Raccord d'un chantier en couche inclinée et d'une galerie.

avec un boisage à double ligne de flandres (*fig.* 25), on pourra appuyer les flandres sur des buttes B qui reportent la pression en A.

L'intervalle entre les buttes B et les chapeaux C sera rempli de vieux rondins pour répartir la pression.

58. Boisage par cadres. — Les exemples donnés jusqu'à présent supposent que l'abatage se poursuit perpendiculairement au front de taille, sur une largeur égale au moins à la longueur d'une flandre.

Il peut arriver que l'on soit obligé de procéder par recoupes étroites. Elles sont alors boisées à l'aide de cadres, comme une galerie (voir chap. IV). L'évacuation des produits ne se faisant plus parallèlemeut au front, dans une allée qu'il faut maintenir ouverte, mais en arrière des mineurs, on peut serrer beaucoup plus le boisage, en rapprochant les cadres autant qu'il le faut.

Il en est de même lorsqu'on fait l'abatage par enlevures successives, étroites, parallèlement à la direction générale du front de taille. On peut alors n'avoir qu'une seule allée ouverte, et faire suivre les remblais de beaucoup plus près (*fig. 26*).

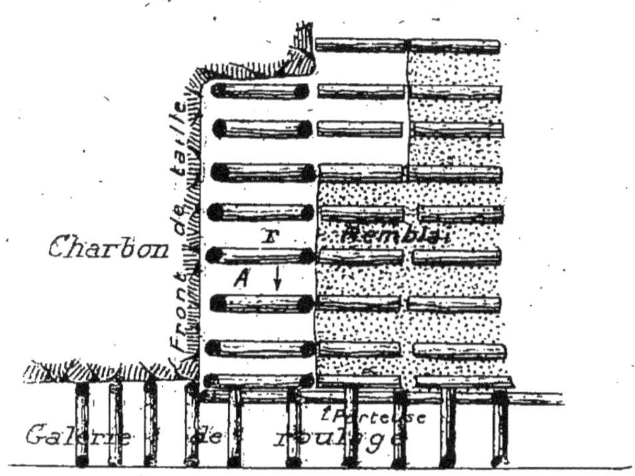

Fig. 26. — Boisage par cadres. (Plan).

En élevant des murs de pierres le long de l'allée A où se fait l'évacuation des produits, on peut renforcer considérablement le boisage et soulager les montants.

Mais si l'on ne peut remblayer rapidement, il faut contrebuter les montants pour éviter leur renversement sous l'action des poussées parallèles au front de taille (c'est-à-dire suivant la flèche *r*).

Il existe d'ailleurs un grand nombre de variantes ; on peut par exemple placer, sous les chapeaux, des flandres soutenues seulement de distance en distance par des buttes.

Si l'on veut procéder à l'abatage perpendiculairement au front de taille, et non plus par enlevures parallèles à ce dernier, ces flandres permettent de boiser immédiatement suivant le système exposé plus haut (n° 54).

59. Flandres perpendiculaires au front de taille. — Lorsque le toit a tendance à se briser en plaques allongées perpendiculaires au front de taille, il peut être avantageux de boiser avec des queues parallèles au front, supportées par des flandres perpendiculaires à ce dernier, reposant sur des montants assez éloignés pour ne pas gêner la circulation.

Les flandres ayant plusieurs mètres de longueur, le remblai ne peut suivre le front de taille qu'à cette distance.

§ 2. — Boisage en terrains inconsistants.

60. Nécessité du garnissage. — Nous avons vu plus haut que lorsque le toit du chantier se brise en blocs de petites dimensions, il faut interposer entre lui et les flandres un garnissage en queues. Celles-ci ont 10 à 20 cm. de circonférence. Elles sont donc capables de résister à une poussée assez forte, mais on ne peut les multiplier sans augmenter considérablement les frais de boisage.

Pour obtenir un garnissage plus serré, on est donc conduit à employer des *croûtes* ou *écoins*, c'est-à-dire les parties extrêmes obtenues en sciant les bois (*fig. 27 C*).

Ces écoins présentent déjà une résistance assez notable ; elles sont bon marché ; grâce à leur faible épaisseur et à leur dos rond, on peut facilement les enfiler entre les terrains et le boisage.

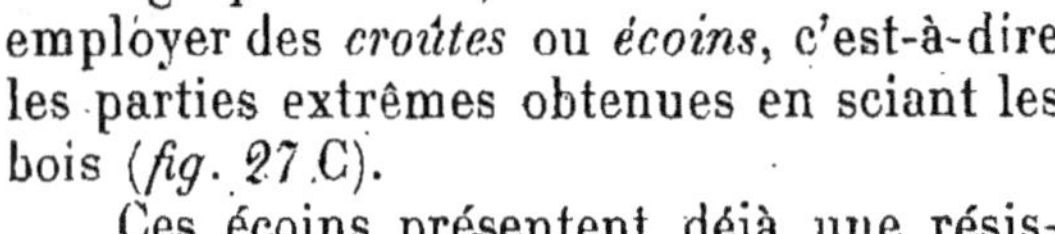

FIG. 27.
Croûtes ou écoins

Remarquons d'ailleurs qu'un bois dont on a enlevé les écoins est presque aussi solide qu'avant et peut être employé comme butte.

On choisit pour faire les écoins des bois qui plient sans se briser, tels que le hêtre ou le charme. On emploie d'ailleurs aussi, très fréquemment, les écoins de pin.

Le garnissage pratiqué avec des écoins n'est pas destiné à résister à de fortes pressions, mais à protéger les mineurs contre la chute de blocs de faibles dimensions.

On l'emploie donc pour compléter un boisage définitif, ou pour soutenir immédiatement un toit friable pendant l'abatage.

61. Boisage sous un toit friable. — Avant d'attaquer le front de taille, le mineur commence par enfiler, au-dessus de la dernière flandre F, des écoins qui passent sous la deuxième flandre F′. Il les pousse ensuite en avant, sous le toit, en leur faisant un logement en enlevant le charbon et en frappant avec une masse sur l'extrémité

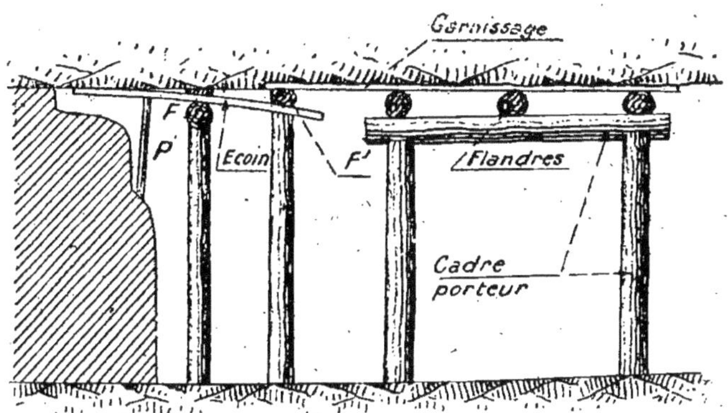

FIG. 28. — Boisage sous un toit friable.

libre de l'écoin. Au besoin il place une planche P pour soutenir l'écoin et l'empêcher de se rompre (*fig. 28*).

Le boisage définitif doit naturellement suivre l'abatage d'aussi près que possible.

Si l'on ne peut attendre que le front de taille ait avancé de la distance normale entre deux lignes de flandres, on creuse dans le charbon les logements d'une ligne d'étais provisoires que l'on surmonte d'écoins épais, parallèles au front, qui jouent le rôle des flandres.

Pour qu'on puisse passer les écoins entre

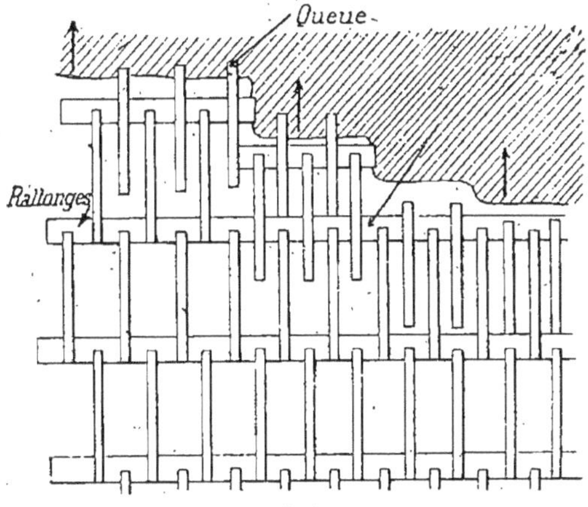

FIG. 27 *bis*. — Boisage par queues.

le toit et les flandres, il faut que celles-ci ne soient pas appliquées contre le toit, mais écartées par des coins, que l'on supprimera au moment de la mise en place du boisage définitif. Il en est de même lorsqu'on fait le garnissage avec des queues.

La fig. 27 bis représente l'aspect en plan d'un boisage par queues sous un toit friable. On voit, dans la partie voisine du front de taille, les flandres provisoires, plus courtes que celles du boisage définitif, au-dessus desquelles passent les queues.

Si l'inclinaison des couches dépasse 15° environ, il est plus prudent de faire l'abatage parallèlement aux lignes de flandres.

Au lieu de commencer par pousser les écoins ou les queues avant de placer les flandres, on peut commencer par mettre celles-ci en place. Il faut alors les soutenir par des bois auxiliaires qui travaillent à la flexion par leur extrémité libre, l'autre extrémité venant s'appuyer sous une flandre. Pour supporter ces bois, on fait usage d'étriers simples, ou à

Fic. 28 *bis*. — Étrier à double courbure.

double courbure. Un modèle de ce dernier type est représenté sur la fig. 28 bis.

62. Flandres avec liaisons métalliques. — Au lieu d'une flandre

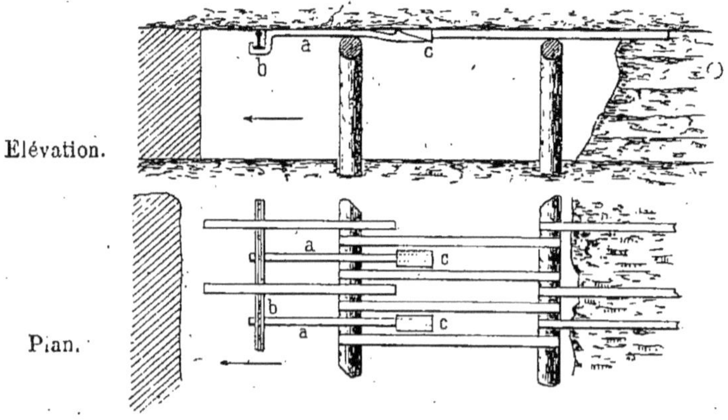

Fig. 29. — Emploi d'un rail comme flandre auxiliaire.

provisoire en bois, on peut faire usage, comme supports, de rails.

Ce procédé, représenté sur la fig. 29 est appliqué dans certaines mines du Nord de la France.

Le rail *b* repose sur des fers carrés a calés à l'autre extrémité, sous, le toit, au moyen de cales *c* — au fur et à mesure que le front de taille progresse, on chasse en avant les pièces a qui entraînent le rail. On évite ainsi la pose des supports arc-boutés sur le charbon. Lorsqu'on a gagné une longueur égale à l'écartement de deux flandres, on procède au boisage définitif. Le rail pouvant être poussé assez loin, grâce à la longueur des pièces a, on n'a pas besoin de placer de flandres soutenues par des buttes provisoires, pour soutenir le garnissage. Les rails et les fers carrés peuvent resservir plusieurs fois.

53. Poussage en deux échelons. — On a appliqué à Courrières un *poussage* en deux échelons (*fig. 30*), dans une couche ayant un

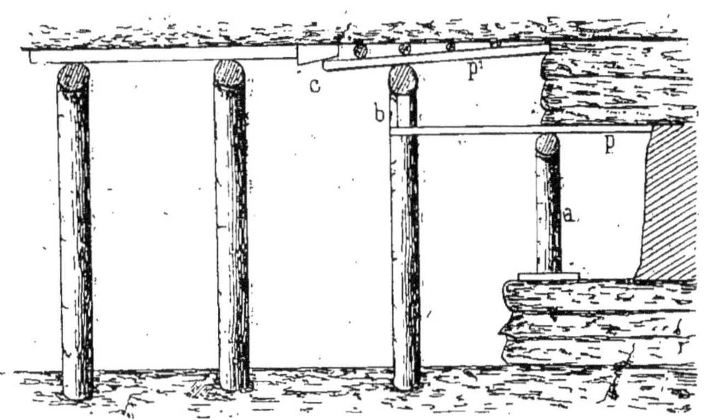

FIG. 30. — Poussage en deux échelons.

faux-toit et un faux-mur. Le premier poussage est fait sous le faux-toit, le second sous le toit solide.

Les queues placées sous le faux-toit sont soutenues à l'aide de bois provisoires *a*, celles poussées sous le toit à l'aide de coins *c*.

64. Terrains coulants. — En terrains coulants, sans aucune consistance, il ne peut être question de pousser des chantiers larges. Nous verrons au chapitre IV les procédés d'avancement et de soutènement des galeries dans ces terrains.

§ 3. — RÉPARATION D'UN ÉBOULEMENT.

65. Eboulements. — La cause générale des éboulements est naturellement la grandeur des pressions, qui renversent ou écrasent les boisages. Mais leur fréquence et leur gravité dépendent beaucoup des erreurs ou des négligences commises dans le soutènement.

Il est donc essentiel que les mineurs attachent la plus grande importance au boisage, et qu'ils ne soient pas livrés à eux-mêmes, sans instructions précises et sans surveillance. Ils ont toujours tendance, par habitude du danger, et par désir de réduire au minimum les travaux accessoires, à négliger cette partie de leur travail, lorsqu'ils sont chargés simultanément de l'abatage et du boisage.

Mais une surveillance attentive ne suffit pas, dans les terrains qui chargent beaucoup, et il faut rechercher tous les moyens de diminuer les chances d'éboulements. Dans ce but, il faut ne pas exagérer la largeur et la hauteur des chantiers et activer l'abatage qui permet d'avoir abandonné ou remblayé les points dangereux avant que le toit ne s'affaisse. Outre la réduction du nombre des accidents, on obtient ainsi une sérieuse économie sur les frais d'entretien des chantiers et des galeries.

Un autre moyen de diminuer les dangers d'éboulement consiste à laisser des piliers de protection le long des voies importantes. Le même procédé est appliqué dans les travaux sans remblayage. Mais si la substance exploitée a une valeur suffisante pour justifier les frais de soutènement, on préfère éviter ce gaspillage d'une partie du gisement.

Une fois la méthode d'exploitation choisie, en tenant compte des dangers d'éboulements, les procédés de soutènement adoptés et enseignés aux mineurs, la protection contre les accidents réside surtout dans l'exécution soignée des boisages.

Malgré toutes les précautions, il peut arriver qu'un éboulement se soit produit obstruant une galerie ou un chantier. La traversée de cet amas de déblais, et la consolidation des terrains se rapproche du creusement des galeries dans les terrains inconsistants. Mais il présente cependant certaines particularités qui nous conduisent à en parler dès à présent.

66. Traversée d'un éboulement. — Dans un amas de blocs éboulés, on doit se prémunir non seulement contre la chute de blocs en couronne, mais encore contre celle des parois, qui n'ont pas de consistance. Il faut donc constituer une protection sur les côtés en même temps qu'en couronne.

D'une façon générale, on progresse donc en avançant le garnissage latéral, et en déblayant le front du chantier par petites portions, en gagnant ainsi petit à petit une longueur suffisante pour placer un nouveau cadre. On pousse vers l'avant, sur les côtés et en couronne, des palplanches p (*fig. 31 et 32*), formées de bois dur, assez épais, et taillées en sifflet pour pouvoir plus facilement pénétrer entre les blocs. On les enfonce à coup de masse, par petites longueurs, en leur donnant une inclinaison suffisante pour qu'on puisse

FIG. 31. — Traversée d'un éboulement. (Coupe en long).

placer un nouveau chapeau au-dessous de leur extrémité antérieure.

La partie en biseau de la palplanche est disposée vers le bas (voir en haut de la fig. 32 ; Si une résistance se présente, la palplanche a ainsi tendance à s'élever plutôt qu'à descendre.

Les palplanches sont jointives si les terrains sont coulants.

On part d'un cadre solidement établi A (fig. 31), en ménageant un espace suffisant au-dessus du chapeau pour engager les palplanches. Pour cela, on place des cales K (fig. 32). Pour assurer l'obliquité des palplanches, on dispose des *bois de bridage* b_1 b_2 (fig. 31 ; s sur la fig. 32). Ces bois servent de chapeaux à des cadres auxiliaires.

Quand les palplanches sont suffisamment avancées, on les soutient à l'aide de bois h (fig. 32) qui assureront leur direction.

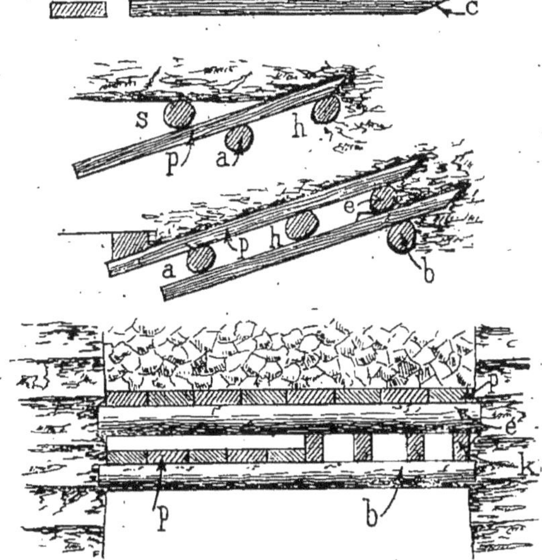

FIG. 32. — Traversée d'un éboulement. Détails, et vue vers l'avant.

Quand les palplanches ont été enfoncées de toute leur longueur, on dispose sous leur extrémité voisine du front de taille un bois rond (e sur la fig. 32 e_1 e_2 sur la fig. 31).

A une certaine distance en dessous on place le chapeau b du cadre définitif, en maintenant l'écartement au moyen d'une nouvelle série de cales K.

On recommence ensuite comme avant, en partant du cadre b, et en procédant sur les côtés d'une façon semblable.

On fait parfois alterner des cadres un peu plus hauts et un peu plus bas. Les plus hauts portent, au-dessus du chapeau, des palplanches ; les plus bas reçoivent une seconde série de palplanches passant au-dessus de leurs chapeaux et au-dessous de ceux des grands cadres.

Lorsqu'on est arrêté, dans l'enfoncement des palplanches, par des blocs on cherche à les faire ébouler ; mais s'ils sont trop gros, il vaut mieux en détacher un morceau à l'aide de petits coups de mine. Il faut en effet éviter la formation de vides au-dessus des palplanches ; ils pourraient devenir le siège d'éboulements secondaires, qui risqueraient de renverser le boisage.

67. Cloches. — Si l'éboulement a donné simplement naissance à une cavité dans le toit, sans que celle-ci se soit comblée par l'extension des dislocations, on cherchera, au lieu de passer simplement à travers des déblais sous ce vide, à le consolider par un boisage rapide, puis à enlever les blocs tombés.

Le meilleur procédé consiste à élever un quadrillage de bois placés les uns sur les autres, dans deux directions rectangulaires, et remplissant la cavité jusqu'au sommet.

S'il faut maintenir le passage sous la partie éboulée, on fait reposer le quadrillage sur les chapeaux de la galerie, en les renforçant au besoin.

Ce travail est dangereux, jusqu'au moment où le quadrillage atteint le haut de la cavité.

Si la mine est grisouteuse, la cloche devra être soigneusement remblayée.

68. Observations générales. — Nous avons passé en revue un certain nombre de procédés de boisage, qui peuvent se plier à des conditions de puissance de couches, d'inclinaison, de qualité du toit très variables.

Ce qu'il faut surtout retenir de ces descriptions, ce sont, ainsi que nous l'avons déjà dit, les principes généraux. Le boisage d'un chantier est un travail délicat, d'importance primordiale, dans lequel des négligences ou des erreurs, en apparence insignifiantes, peuvent avoir de graves conséquences. Il faut rechercher constamment la méthode la plus appropriée au cas spécial que l'on a à résoudre. On devra donc, après avoir appris les méthodes générales, s'efforcer de pénétrer les raisons qui ont amené, dans une exploitation bien conduite, à adopter telle ou telle variante.

Les circonstances qui influent sur ce choix sont en effet très nombreuses, et parfois elles conduiraient à des conclusions différentes si on les considérait isolément.

En décrivant les divers modes de boisage, par buttes, par piles de bois, par flandres et buttes, par flandres et cadres porteurs, nous avons indiqué quelques-unes des modifications que ces circonstances pouvaient apporter au type le plus simple de chacun de ces procédés.

Pour compléter cette étude, nous allons rapidement examiner les procédés qui conviennent habituellement aux couches plates ou inclinées, minces ou épaisses.

69. Couches plates. — Lorsque le toit est solide, et que le mur est bon également, il suffit en général d'un boisage par buttes.

Si le toit est un peu fissuré, et moins homogène, on adopte les flandres soutenues par des montants assemblés à gorge de loup.

Si le toit est franchement fissuré, ou friable, il faut compléter le soutènement par un garnissage par queues ou écoins. Suivant le poids des blocs qui se détachent, on pourra se contenter de lignes de flandres assez éloignées, ou on adoptera au contraire les flandres rapprochées supportées par des cadres porteurs.

Dans les couches épaisses enlevées par tranches horizontales successives, on agira comme sous un toit de mauvaise qualité. Lorsque le nombre de tranches est faible et que l'exploitation progresse assez rapidement pour qu'on se trouve, en dernière tranche, sous les remblais de l'étage supérieur avant que ceux-ci n'aient acquis une grande consistance, on devra serrer le boisage et soigner particulièrement le garnissage en couronne.

70. Couches peu inclinées. — Dans les couches peu inclinées (prises en une fois ou par tranches successives parallèles aux épontes), on se trouve dans des conditions assez voisines du cas précédent ; nous avons signalé que les buttes ou les montants des cadres porteurs devaient être placés de façon à faire un certain angle avec le toit, pour que les poussées verticales tendent à les redresser et à les mettre en serrage.

La qualité du mur joue un rôle plus important que dans les

couches plates, car les buttes risquent de glisser, surtout si la couche est assez inclinée. On peut être conduit à placer des flandres sur le mur, suivant la ligne de plus grande pente.

Il peut même arriver que le mur ait tendance à *souffler*, c'est-à-dire à se soulever. Il faut s'opposer à ce mouvement, comme à celui du toit ; le boisage présentera donc un aspect analogue au contact des deux épontes, avec flandres et garnissage.

71. Couches fortement inclinées. — Les couches fortement inclinées s'exploitent en général par tailles chassantes. On peut cependant dans certains cas, adopter les *tailles montantes*, jusqu'à 35° ou 40°, si le toit est solide. Le boisage doit alors protéger les mineurs contre le décollement d'un gros bloc de charbon. On devra consolider les lignes de flandres au moyen de poussards, et garnir le front de taille de bois parallèles au mur, placés les uns au-dessus des autres et appuyés contre la dernière ligne de buttes (*fig. 33*).

En faisant un havage au toit (ce qui sera tout indiqué en particulier s'il y a un faux-toit), on pourra placer la nouvelle ligne de flandres avant d'abattre le charbon.

Pour cette dernière opération, on enlèvera avec prudence les bois de garnissage ;

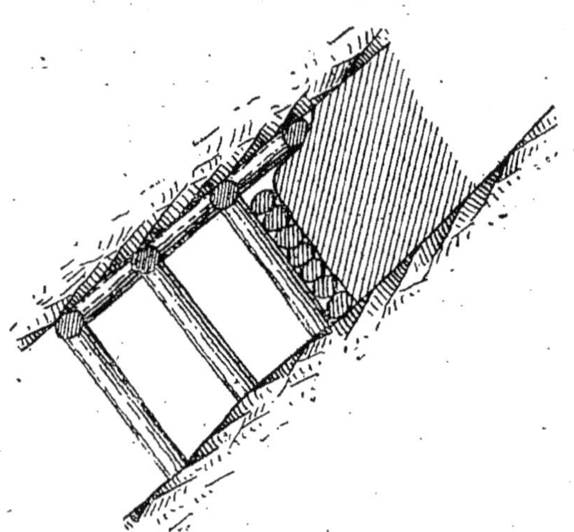

Fig. 33. — Taille montante couche fortement inclinée.

on cherchera à placer aussitôt que possible les buttes sous les nouvelles flandres, et à enfiler de nouveaux bois de garnissage.

En *tailles chassantes*, si l'on boise par flandres, on disposera celles-ci suivant la ligne de plus grande pente ; l'extrémité inférieure de la ligne devra prendre appui sur les bois de la galerie de desserte ou sur le massif de protection lorsqu'on en laisse subsister un entre la galerie de base et les chantiers.

72. Dressants. — Dans les couches minces très inclinées, les ouvriers travaillent sur des planchers qui prennent appui sur les buttes. Il faut donc que celles-ci soit énergiquement calées ; si les épontes sont solides, on y creuse des potelles. S'ils sont bons, mais trop durs, on peut se contenter d'une potelle au mur et d'un serrage par coins sous le toit. Si le mur est mauvais, on doit placer une ligne de flandres pour re-

cevoir le pied des buttes.

Si le front de taille est décomposé en gra-dins, ceux-ci auront au moins la longueur d'une flandre (3 ou 4 m.). Si ces gradins sont pris par enle-vures parallèles au front de taille, on place comme garnissage des queues q complétées par des écoins (*fig. 34*).

Pour protéger les mineurs contre la

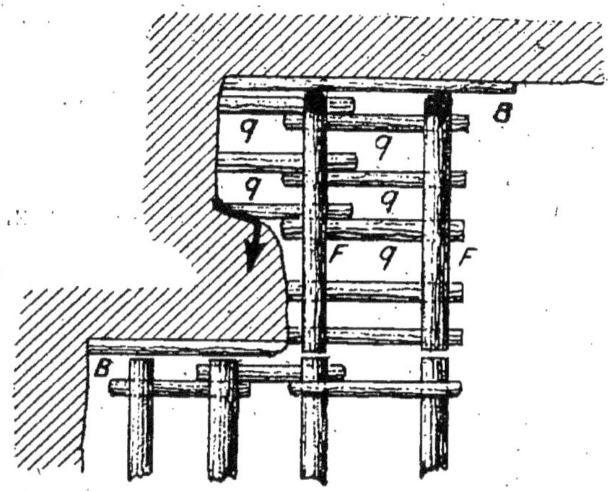

Fig. 34. — Dressants exploités par gradins renversés. Vue par dessous.

chute de blocs provenant du haut du chantier, on dispose des bois B, empilés les uns au-dessus des autres, et serrés entre le charbon et les buttes supportant l'extrémité des flandres.

73. Couches épaisses prises en une fois. — Dans certaines ré-gions, notamment en Angleterre, en Amé-rique, en Haute-Silé-sie, on enlève, en une seule fois, sans rem-blayage, des couches épaisses de plusieurs mètres. Il faut un bon toit, une faible incli-naison, et pas de gri-sou.

On ne peut ex-ploiter que par chan-tiers n'ayant pas une

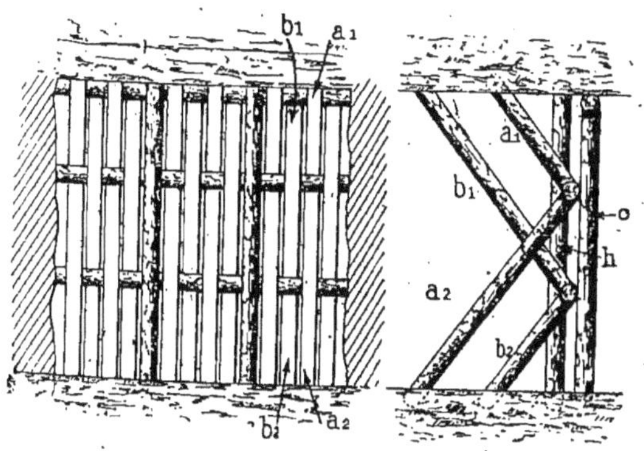

Fig. 35. — Orgues de Silésie.

trop grande largeur, et pris en rabattant vers la galerie de roulage, pour que l'on n'ait pas à maintenir le chantier ouvert dans les éboulis.

La hauteur des bois devient considérable. On a de plus à protéger le chantier contre les éboulis des anciens travaux, lorsqu'on arrive à leur contact. On peut citer, comme type de boisage de protection contre ce danger, les *orgues de Silésie* (*fig. 35*). Ce sont des buttes *o*, placées côte à côte, presque jointives et maintenues par deux rangs de bois horizontaux (qui sont eux-mêmes contre-butés par des poussards a_1a_2 et b_1b_2), et par une deuxième rangée de buttes verticales *h*, plus espacées que les orgues proprement dites.

§ 5. — DÉBOISAGE.

74. Conditions d'application du déboisage. — Il est évidemment très tentant de réduire les frais de soutènement en reprenant les bois lorsqu'ils ne sont plus nécessaires pour la sécurité des ouvriers ou des travaux, soit qu'on les remplace pas des remblais, soit qu'on laisse le toit s'affaisser.

En Angleterre, où les conditions se prêtent souvent à cette opération, on réalise ainsi une économie considérable. D'autre part, on a aussi préconisé le déboisage comme moyen de sécurité, lorsqu'on est en présence de toits chargeant beaucoup et qu'on ne veut pas remblayer complètement. Les bois qu'on laisserait finiraient par céder, mais d'abord en quelques points et le toit se briserait au lieu de descendre régulièrement, provoquant ainsi des éboulements.

Enfin l'enlèvement des bois diminue les chances d'incendie.

Pour que le déboisage soit possible, il faut d'abord que le toit soit bon, et que la pression soit assez lente à s'exercer pour qu'on puisse retirer les bois encore en état de resservir.

75. Conduite de l'opération. — L'enlèvement des bois s'effectue naturellement en commençant par la ligne de buttes la plus éloignée du front de taille. Avant d'enlever cette ligne A, on commence par doubler la ligne suivante B au moyen de quelques buttes M. On creuse ensuite le mur au pied des buttes A, pour leur permettre de sortir des potelles.

Le renversement et l'enlèvement des bois se fait à distance, soit avec un outil à long manche, soit plutôt avec une chaîne tirée à la main ou attelée à un petit treuil.

Lorsque les bois A sont retirés, on place en N une nouvelle série de buttes provisoires, puis on enlève les bois M et B, et on continue ainsi, en reculant toujours vers le front de taille.

L'une des précautions indispensables à observer, lorsqu'on déboise, est de renforcer suffisamment le boisage, dans la zone où les ouvriers continuent à travailler, pour que la chute du toit ne risque pas de s'étendre jusque-là.

Dans les mines exploitées avec remblais complets, mais dont le charbon est inflammable, on cherche à enlever le plus de bois possible pour éviter les incendies, même si le toit n'est pas très bon. Pour y arriver, on exécute le remblayage de façon à supporter, par des murs de pierres sèches, les bois placés en couronne, lorsqu'on enlève les montants. On retire ensuite ces bois en les faisant glisser sous le toit. L'opération est souvent délicate ; elle oblige à conduire méthodiquement le remblayage, et à construire un grand nombre de petits murs si le toit est mauvais.

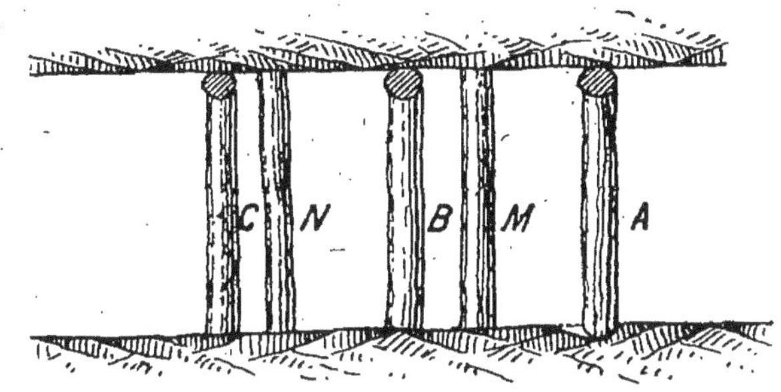

Fig. 36. — Déboisage.

Le déboisage complet présente cependant assez d'avantages dans ces mines sujettes à des incendies pour qu'on accepte ces difficultés et ces frais supplémentaires.

76. Résumé. — Le soutènement des chantiers n'est pas destiné à durer comme celui des galeries ou des salles de machines. Il doit simplement protéger les ouvriers contre la chute de blocs détachés du toit ou des parois du chantier, et empêcher des morceaux de rocher de tomber dans le charbon ou le minerai abattus.

Ce soutènement doit donc être économique, rapidement placé, et d'une solidité suffisante.

Les conditions étant très variées, les méthodes de boisage sont en nombre presque indéfini. On doit s'efforcer de rechercher les procédés les mieux appropriés aux circonstances.

Il existe cependant un certain nombre de types généraux, auxquels on peut rattacher les diverses variantes.

Le boisage par *buttes* isolées s'applique lorsque le toit est solide. Elles doivent être bien serrées contre le toit et le mur, pas trop longues pour ne pas être trop facilement renversées ou brisées. Au besoin, elles sont consolidées par des poussards.

Elles sont placées en lignes parallèles, pour ne pas gêner la circulation dans le chantier.

On a proposé divers systèmes de buttes amovibles, mais lorsqu'on peut envisager leur emploi, on préfère en général recourir à des buttes métalliques.

Les buttes doivent offrir une élasticité suffisante pour ne pas se briser brusquement : on augmente cette élasticité par divers procédés (affaiblissement des pieds, buttes formées de deux pièces réunies par un manchon, etc.).

Lorsque les buttes doivent résister à des efforts de flexion, elles doivent être renforcées à l'aide de coins ou de poussards.

Les *piles de bois* s'emploient pour protéger les points importants, tels que les galeries de roulage ; elles permettent également de constituer un soutènement solide dans les chantiers de grande hauteur.

Le soutènement par *flandres*, supportées par des montants ou par des cadres porteurs s'applique à des toits fissurés et se brisant par plaques. Lorsqu'on craint la chute de blocs, on complète le boisage par un garnissage de *queues* ou d'*écoins*.

Ces flandres sont en général disposées en lignes parallèles au front de taille, suivant la plus grande pente du toit. Si le mur est mauvais, on établit des lignes de flandres sur le mur. Si les terrains exercent des pressions normales au plan des flandres et de leurs montants, on consolide le boisage au moyen de poussards.

Dans les terrains inconsistants (très mauvais toit ou traversée d'un éboulement), on pousse le garnissage en avant du front de taille, en le soutenant par des bois provisoires, pour travailler continuellement à l'abri.

Dans les couches dont le toit est très bon, on peut parfois pratiquer le *déboisage*, ce qui diminue notablement les dépenses de soutènement. On l'effectue aussi, même avec un toit médiocre, si le charbon est inflammable et qu'on veut réduire au minimum les risques d'incendie.

CHAPITRE IV

BOISAGE DES GALERIES ET GRANDES EXCAVATIONS

SOMMAIRE

§ 1. — GALERIES EN TERRAINS SOLIDES.

77. Composition d'un cadre. — Le boisage des galeries se fait au moyen des cadres, plus ou moins rapprochés suivant la nature des terrains, reliés entre eux par des bois de garnissage ou de renforcement. Le cadre est le plus souvent en bois, mais il peut aussi être en fer, en tout ou partie. Nous verrons au chapitre VII ces soutènements métalliques.

Le cadre complet se compose d'un *chapeau* en couronne, de deux *montants* généralement obliques, et d'une *semelle* sur laquelle s'appuient les deux montants (*fig. 37*).

La semelle est souvent supprimée lorsque le sol est bon. Lorsqu'elle existe, elle est formée de gros bois sciés en deux, la face plane reposant sur le sol.

Les montants s'appuient sur la semelle, au moyen d'entailles très simples, comme la plupart des assemblages des boisages de mine.

On leur donne une obliquité plus ou moins grande sur la verticale, par exemple 8 à 10° pour une galerie ordinaire, de manière à donner au cadre une section trapézoïdale qui permet de diminuer la longueur du chapeau tout en laissant à la galerie une largeur utile suffisante.

Pour augmenter la surface de l'assemblage entre le chapeau et les montants, ces derniers sont fréquemment placés le gros bout en haut. Ce dispositif a de plus l'avantage de réduire l'importance de la potelle à creuser dans le sol, lorsque les montants y prennent leur appui sans l'intermédiaire d'une semelle.

Le chapeau repose sur les montants par un assemblage qui doit être disposé de telle sorte que la pression se transmette à toute la section de ces derniers.

Le cadre doit être bien serré contre le terrain, surtout en cou-

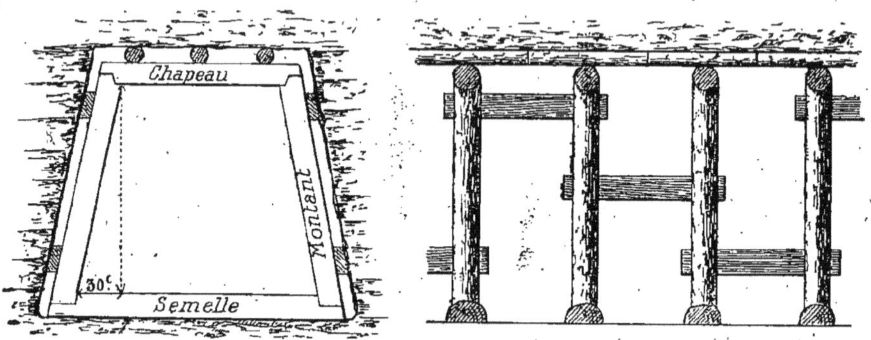

Coupe normale.   Coupe longitudinale.
Fig. 37. — Cadre de boisage complet dans une galerie.

ronne, sinon sa stabilité serait tout-à-fait précaire. On réalise ce serrage au moyen d'un garnissage en queues ou en coins de bois tendre enfilés au dessus des chapeaux et en dehors des montants.

Le chapeau est surtout sujet à des pressions de haut en bas, parfois aussi à des poussées sur ses deux extrémités, dans le sens de sa longueur. Les montants ont pour but de soutenir le chapeau et de résister aux pressions des parois. La semelle maintient l'écartement des montants et répartit leur charge sur le sol, si celui-ci n'est pas assez solide et risque de les laisser s'enfoncer.

78. Assemblages. — Le mode d'assemblage du chapeau et des montants varie suivant la grandeur et la direction des pressions.

La fig. 38 représente deux types d'assemblages destinés à résister, le premier à des poussées de haut en bas, le second à des poussées de gauche à droite.

Il existe de nombreuses variantes pour l'assemblage, depuis la gorge de loup jusqu'à des entailles beaucoup plus compliquées.

La gorge de loup a l'inconvénient de ne pas s'opposer au glissement du chapeau dans son logement. En outre, sous l'effet des pressions des parois, les montants risquent de se renverser.

On a donc recours en général à des [assemblages par entaille simple ou double.

L'*entaille simple* (*fig. 39*) est formée de deux plans AB et BC qui se coupent suivant une ligne B perpendiculaire à l'axe des bois. Pour le chapeau, l'angle de ces deux plans est rentrant, pour le montant il est sortant.

L'une des faces (AB) coupe les fibres du chapeau beaucoup plus obliquement que l'autre (BC).

La disposition des deux plans AB et BC est importante pour la résistance de l'ensemble. Il faut éviter de faire l'entaille trop profonde, sinon le chapeau risque de se cisailler au niveau du fond de la coupure.

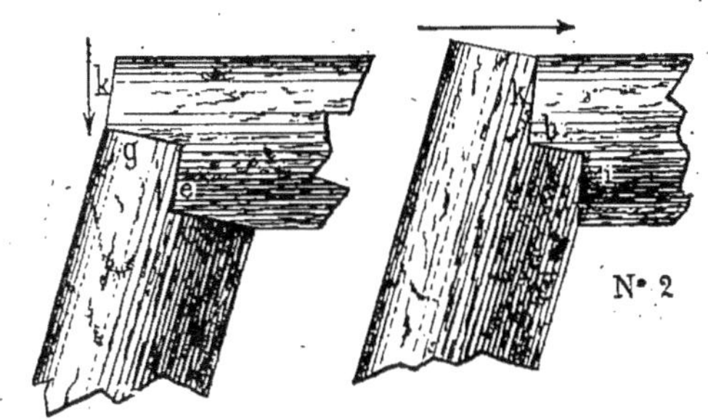

FIG. 38.
Assemblage du chapeau et des montants.

L'*entaille double* (*fig. 38, 40*) exige plus de main-d'œuvre mais l'assemblage résiste mieux à des poussées qui s'exercent à la fois verticalement et horizontalement. On a vu plus haut que la

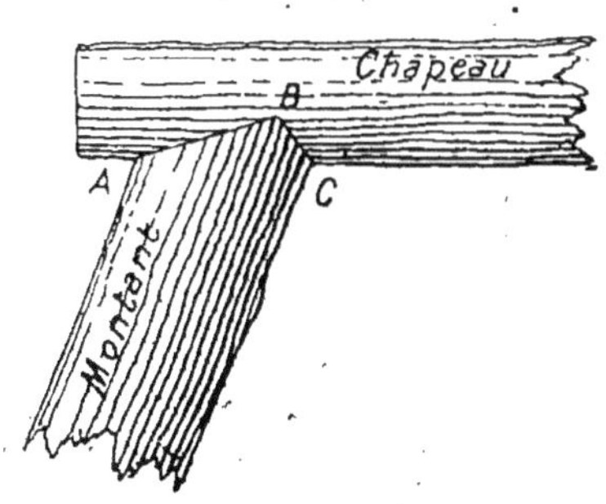

FIG. 39. — Entaille simple.

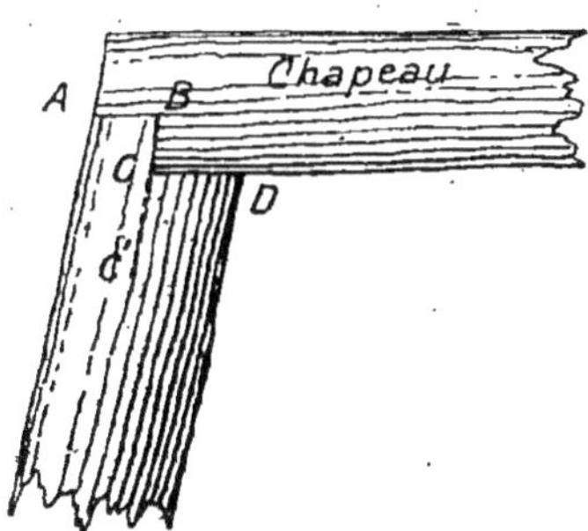

FIG. 40. — Entaille double.

disposition varie lorsque l'une ou l'autre de ces poussées est prépondérante.

Dans la fig. 40, l'assemblage est surtout destiné à résister à une poussée verticale.

Dans ce cas, il faut que la face CD de l'entaille pratiquée dans le montant soit assez longue, sinon le bois se fendra suivant la ligne CC'.

La longueur CD sera d'au moins $\frac{1}{2}$ pour les bois de faible diamètre, et ne descendra à $\frac{1}{3}$ que pour de gros bois. Quant à la hauteur BC, elle est à peu près égale à la moitié du diamètre du chapeau.

Il serait trop compliqué de vouloir déterminer rigoureusement le profil de l'entaille dans chacun des cas qui peuvent se présenter, et d'ailleurs la grandeur des poussées reste toujours mal connue.

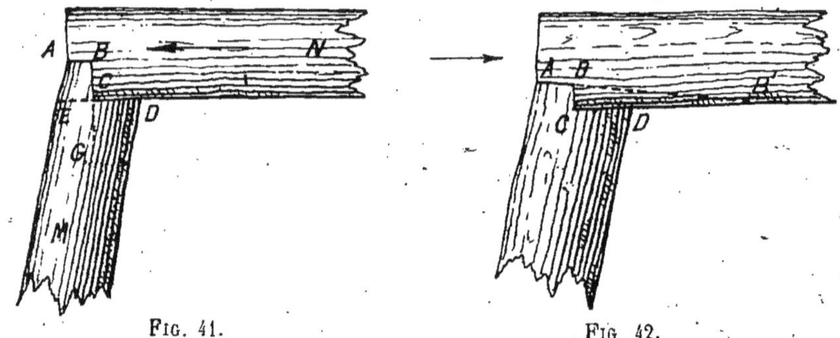

FIG. 41.   FIG. 42.

On pratique donc, le plus souvent, l'assemblage avec entailles creusées à peu près à mi-bois.

Si l'on est sûr de la direction des poussées principales, on modifiera le profil en conséquence.

Ainsi, dans le cas des poussées prépondérantes du toit, mais cependant importantes des parois, on sera amené à augmenter la longueur AB, sinon la pression latérale fera éclater le sommet du montant suivant la ligne CE *(fig. 41)* ou le fendra suivant CG en refoulant la partie ABCE.

Nous avons vu qu'on ne peut pas aller trop loin dans cette augmentation de AB, sinon on risque de réduire trop la longueur CD et d'amener la destruction du montant, non plus sous l'effet de la poussée latérale, mais par fissuration due à la poussée du toit *(fig. 40)*. Si les poussées latérales sont fortes, on ne doit pas réduire trop la hauteur BC sinon il y aura déchirement suivant la ligne BB', effet analogue à celui qui est indiqué en *cc'* sur la fig. 40 comme provenant d'une réduction exagérée de la longueur CD.

Lorsque les poussées du toit et des parois sont égales, on doit chercher à répartir la charge sur toute la section du chapeau et du montant. Ce serait possible avec un assemblage formé d un grand nombre d entailles (*fig. 43*) qui correspond à peu près à un contact sur toute la ligne *a b* tout en évitant le glissement des deux bois l'un sur l'autre. En pratique on ne peut penser à ce système. Il faut se contenter de la double entaille. Mais il importe de remarquer qu'alors un des bois ne résiste que sur une partie de sa section à l'une des deux poussées. Ainsi dans la fig. 41 le chapeau N résiste entièrement aux poussées latérales, et le montant M seulement sur une partie de son diamètre égale à AB, tandis que tous deux résistent entièrement aux poussées verticales.

Avec la disposition inverse (*fig. 44*) les deux bois résistent sur toute leur

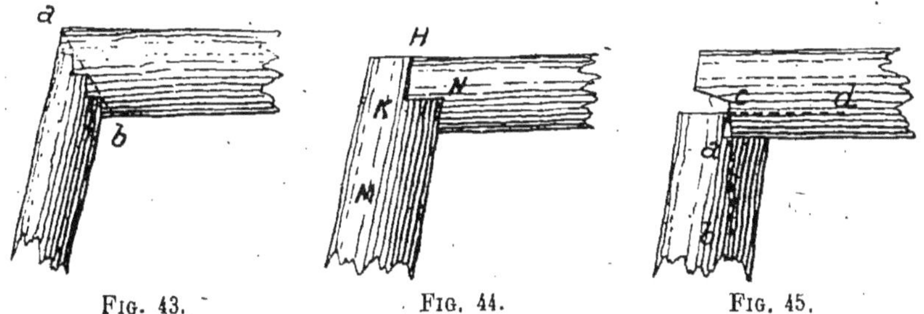

FIG. 43.   FIG. 44.   FIG. 45.

section aux poussées latérales, mais le chapeau N ne résiste aux poussées verticales que sur la partie HK. En pratique, ainsi qu'on l'a vu plus haut l'un des bois est entaillé à mi-bois (N sur la fig. 41) l'autre sur 1/2 à 2/3. (Dans le bois M, CD = 1/2 à 2/3 du diamètre). Pour que la résistance soit aussi égale que possible dans les deux sens, on prendra comme bois entaillé au 2/3 un bois plus gros que l'autre, qu'il soit placé comme montant (*fig. 41*) ou comme chapeau.

79. Fautes dans le boisage.

79. **Fautes dans le boisage.** — Toutes ces considérations supposent les entailles bien faites et s'emboîtant exactement. S'il n'en est pas ainsi (*fig. 45*), la pression ne se transmet que sur une partie de la section, et les bois se fendront suivant *ab* et *cd*.

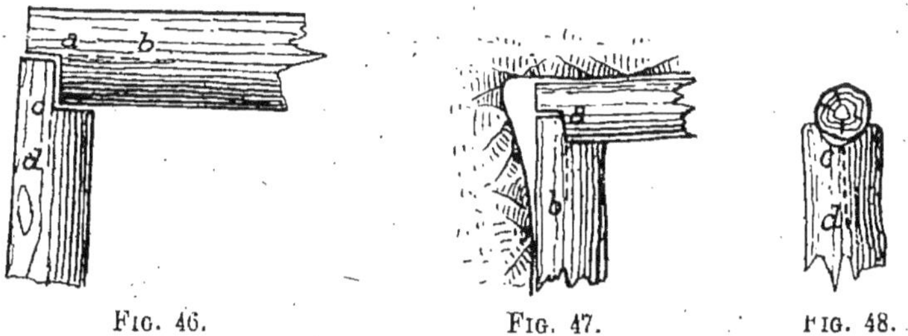

FIG. 46.   FIG. 47.   FIG. 48.

L'importance d'un bon emboîtage est de tout premier ordre et on ne saurait y attacher trop de soin pour éviter les accidents.

Signalons encore quelques fautes dans l'exécution du boisage, et leurs conséquences.

Si les faces de l'entaille sont bien parallèles, mais que leur largeur ne correspond pas, l'un des bois ne travaillera que sur une partie de la section et se fendra. Par exemple, sur la fig. 46, le chapeau se fendra en a b sous une poussée de haut en bas, ou le montant en c d sous une poussée de droite à gauche. Si le haut du montant n'adhère pas au terrain (fig 47), il se fendra suivant la ligne ab sous une poussée latérale et la partie supérieure de l'entaille sera refoulée contre le terrain, laissant ainsi le chapeau se desserrer. Dans un assemblage à gorge de loup (fig. 48), si le chapeau ne repose que sur les cornes de l'entaille, le montant se fendra suivant c-d et les deux parties du bois s'écarteront l'une de l'autre.

80. Autres sortes de cadres. — Dans le cadre dit *Polonais* (*fig. 49 et 50*) le chapeau ne porte aucune entaille et repose dans les gorges de loup pratiquées au haut des montants.

Pour empêcher ces derniers de se renverser vers l'intérieur du cadre, on les consolide au moyen d'un poussard *p* placé au-dessous du chapeau, ou plus simplement d'un gros clou enfoncé dans le chapeau, contre le montant. Ce dernier procédé ne peut s'appliquer que si les pressions latérales sont très faibles, et que les montants sont verticaux.

Fig. 49. — Cadre polonais poussardé.

Fig. 50. — Entaille en gorge de loup.

Dans le cadre *suédois* l'assemblage est fait par des surfaces inclinées taillées à la scie, de manière à s'appliquer exactement l'une sur l'autre. On obtient ainsi une résistance satisfaisante, car les bois travaillent sur toute leur section, mais l'exécution ne peut être faite que par des boiseurs expérimentés.

81. Variantes du boisage par cadres. — Le cadre normal, formé d'un chapeau et de deux montants égaux et également inclinés, peut être simplifié ou modifié suivant les circonstances. Le nombre de ces variantes est très grand. Nous en donnerons quelques exemples.

On peut d'abord supprimer une partie des éléments du cadre.

Ainsi, dans un filon compris entre deux parois solides, qui ne nécessitent aucun soutènement (*fig. 51*), et de largeur telle qu'on puisse pousser une galerie d'allongement sans entailler ces parois, on se contentera d'un boisage au toit pour soutenir la veine ou les remblais.

Les chapeaux sont placés à peu près normalement aux épontes, et encastrés plus ou moins profondément suivant la solidité de ceux-ci; d'un côté on pratique une potelle ; de l'autre on assure le serrage au moyen de coins. Un garnissage complète le travail.

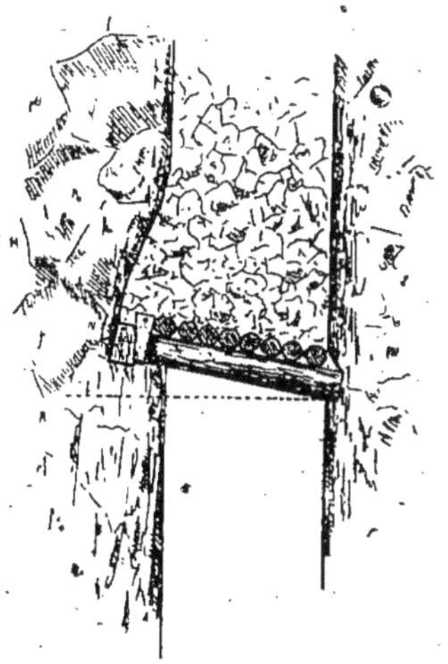

Si l'une des parois d'une galerie (au rocher ou en couche) n'a pas besoin d'être boisée, on pourra adopter le cadre à un seul montant (*fig. 52*). Le chapeau sera encastré dans le rocher du côté où le montant est supprimé.

Ce type de boisage peut également s'appliquer dans les galeries en couche très inclinée (*fig. 53*) dans lesquelles le mur est pris comme paroi de la galerie.

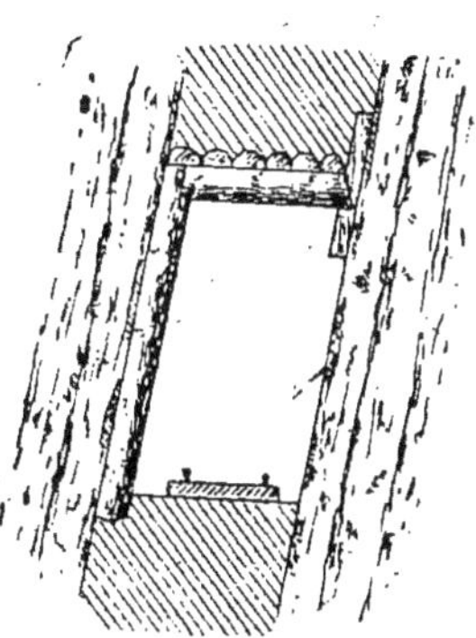

FIG. 51. — Boisage d'une galerie d'allongement.

Si la solidité du rocher n'est pas suffisante pour qu'on puisse y encastrer le chapeau, on calera ce dernier au moyen d'un coin.

FIG. 52. — Cadre à un seul montant.

FIG. 53. — Demi-cadre avec cale au mur.

Au lieu d'être simplifié, par la suppression de l'un des montants, ou même des deux, le cadre est fréquemment modifié.

Il peut alors devenir dissymétrique, pour résister à des pressions qui ne sont·pas semblables des deux côtés de la galerie. C'est souvent le cas dans les couches inclinées, aussi y trouve-t-on un grand nombre de variantes.

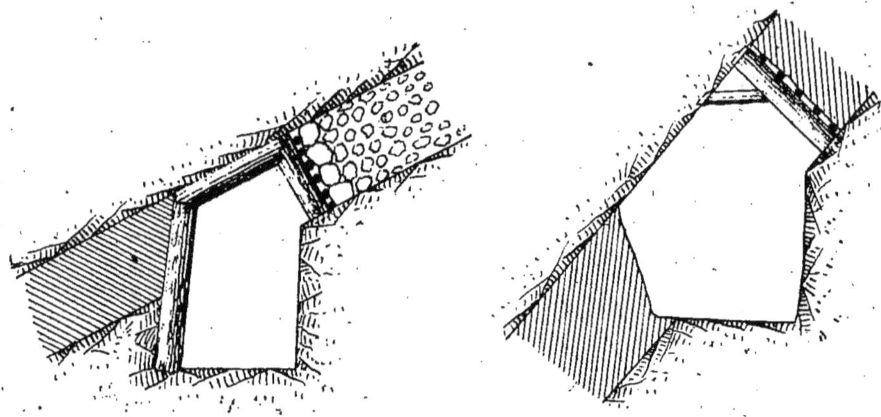

FIG. 54. — Cadre déjeté.   FIG. 55 — Cadre réduit à un chapeau.

La fig. 54 montre un cadre *déjeté ;* le chapeau est oblique, sous le toit, l'un des montants est réduit à la hauteur de la couche, et supporte la pression des remblais.

Si le toit est assez bon pour que le boisage devienne inutile, le cadre se réduira à un chapeau sous la couche (*fig. 55*) consolidé au besoin par un poussard, ou à un montant encastré dans le toit et le mur (*fig. 56*).

Si nous passons maintenant aux cadres formés d'un chapeau et de deux montants, mais disposés autrement que dans l'assemblage normal, nous pouvons signaler d'abord les modifications portant simplement sur les entailles.

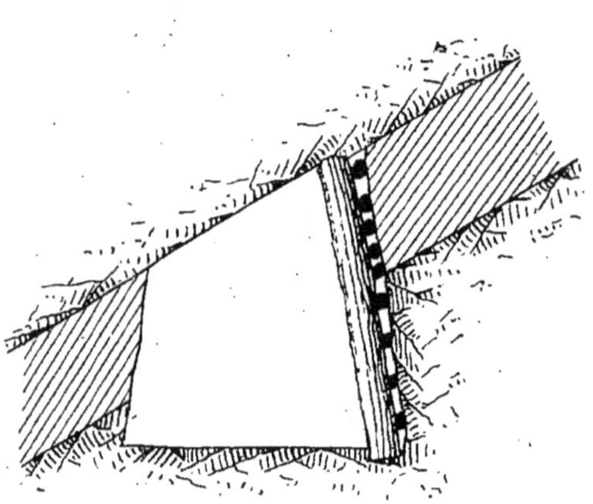

FIG. 56. — Cadre réduit à un montant.

Tel est le cas du cadre représenté sur la fig. 57. Le toit exerçant surtout sa pression sur le montant de gauche, et le chapeau ne recevant guère de poussées venant du mur, on a entaillé le haut du montant gauche sur la face interne, et le chapeau repose sur le sommet du montant droit avec une faible entaille destinée simplement à empêcher le renversement de ce dernier.

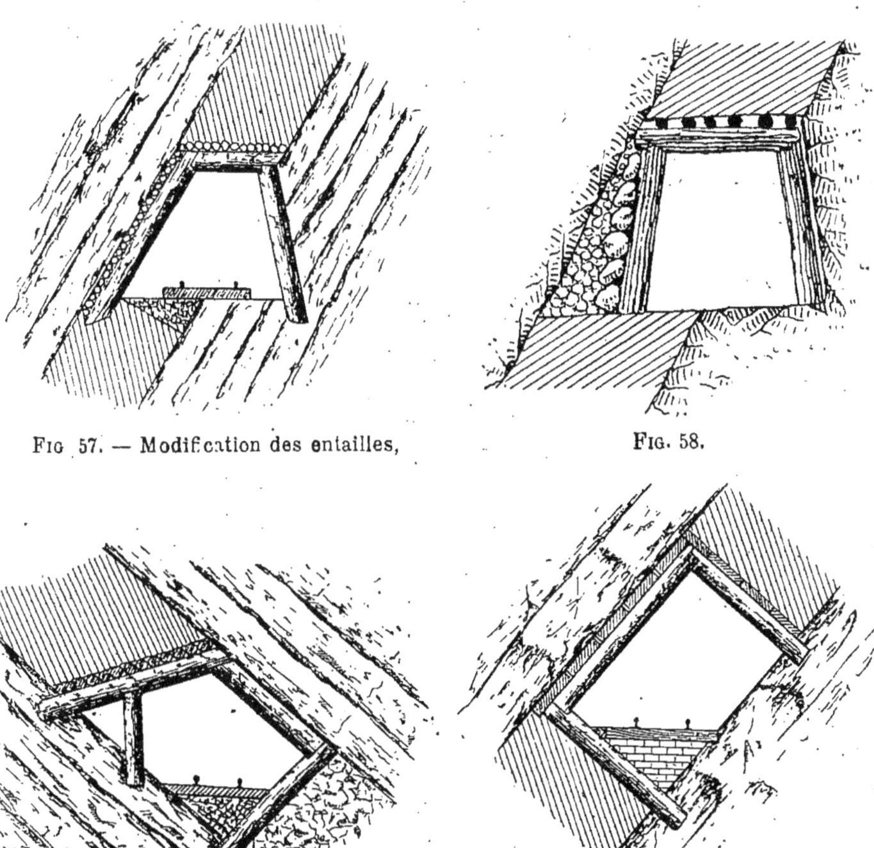

<table>
<tr><td>Fig. 57. — Modification des entailles.</td><td>Fig. 58.</td></tr>
<tr><td>Fig. 59.</td><td>Fig. 60. — Cadre couché.</td></tr>
</table>

Si le toit est très friable et fortement incliné, on peut avoir avantage à laisser entre lui et le montant un certain intervalle qui sera garni de remblais formant un garnissage ; on a alors la disposition représentée sur la fig. 58.

Lorsque le rocher est dur et que la couche est assez épaisse pour qu'on puisse y loger une galerie, on disposera le boisage en conséquence.

Les fig. 59 et 60 en donnent deux exemples (1).

Dans le second cas, le cadre est incliné tout entier et il devient

FIG. 61. — Cadre couché avec semelle.

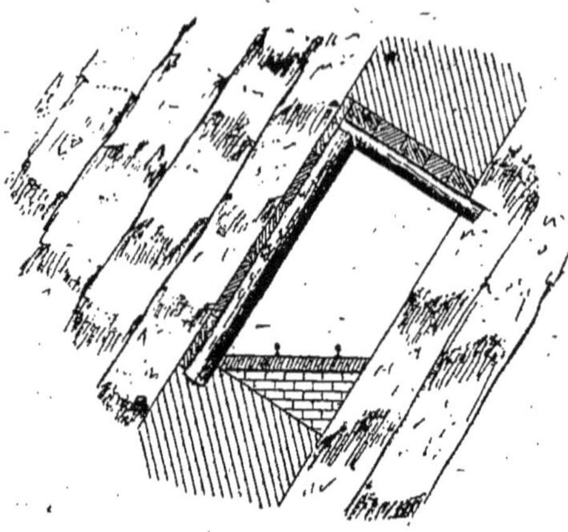

FIG. 62. — Cadre avec flandre.

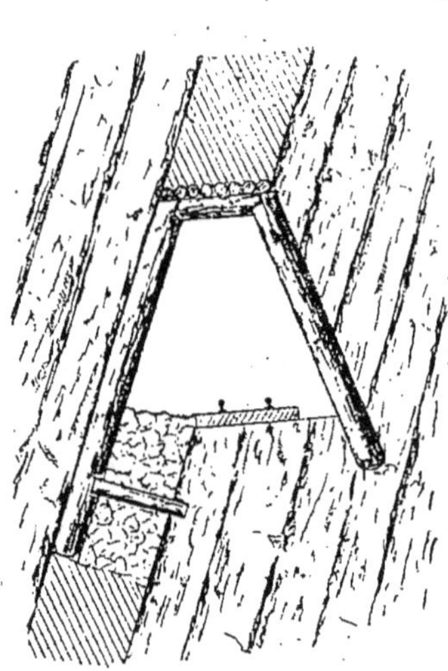

FIG. 63.

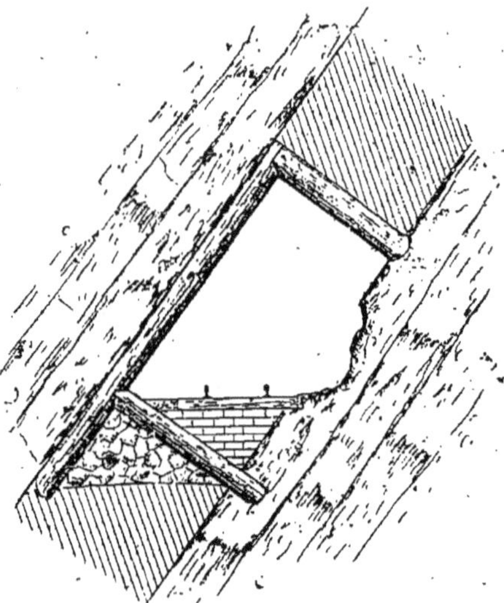

FIG. 64.

nécessaire, pour placer la voie de roulage, de remplir le fond avec des remblais, sur lesquels sont posées les traverses.

On peut même faire porter les traverses sur les montants infé-

____

(1) On trouvera de nombreux exemples de boisages modifiés dans le *Compte rendu des Travaux de la Commission prussienne des éboulements* (traduit par M. LEPROUX, publié par le Comité central des Houillères de France).

rieurs d'un côté et les encastrer à l'autre extrémité dans le mur. Mais on les rend alors solidaires des mouvements du boisage.

La fig. 61 montre un cadre couché dont les montants sont poussardés au moyen d'une semelle, nécessaire pour éviter le rapprochement.

Au lieu de buttes, sous le toit, on emploie parfois des flandres dont le pied s'appuie sur la couche en place (*fig. 62*) ou est logé dans le remblai et poussardé (*fig. 63*), ou encore soutenu par une autre butte (*fig. 64*).

82. Cadres brisés. — Pour mieux résister aux pressions, tout en s'adaptant au terrain, on peut décomposer le chapeau ou les montants en plusieurs bois ; on obtient un cadre qui comporte plus de trois bois (*fig. 65 et 66*).

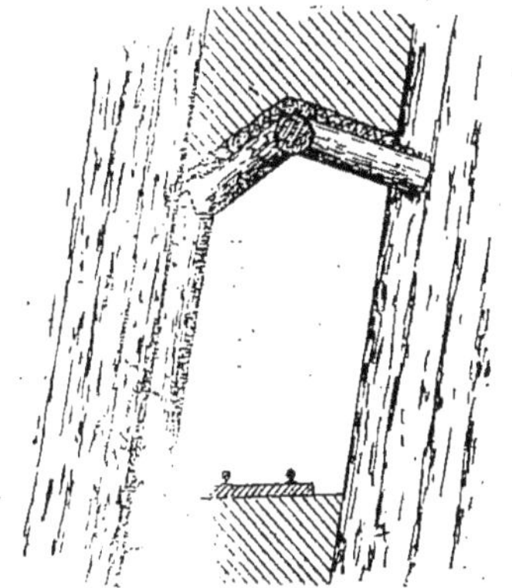

FIG. 65. — Demi-cadre avec chapeau brisé.

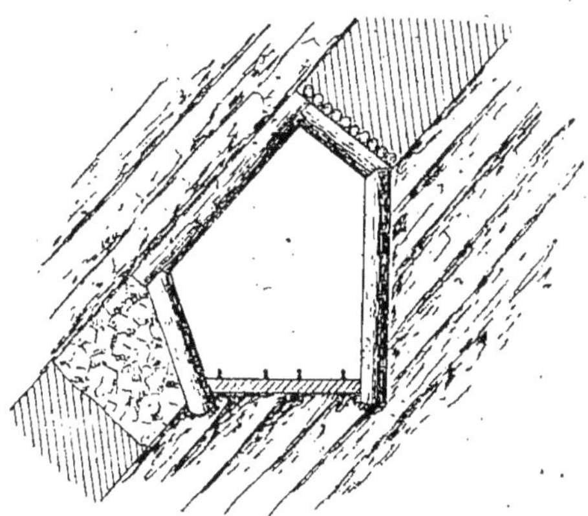

FIG. 66. — Cadre brisé.

83. Cadres renforcés. — Lorsque les poussées sont très fortes, on doit renforcer le cadre au moyen de poussards. Les fig. 67 et 68 montrent quelques-uns des dispositifs couramment employés.

Dans les premiers exemples, chaque cadre est renforcé isolément par des poussards assemblés au moyen d'entailles simples ou doubles, ces poussards pouvant constituer comme dans la fig. 68-I un véritable cadre supplémentaire à l'intérieur du premier.

Le cas de la fig. 68-II est plus complexe. Les poussards ne prennent pas leur appui sur le chapeau et les montants, mais sur des flandres perpendiculaires au plan de la figure et réunissant plusieurs cadres consécutifs, les rendant solidaires.

Dans la fig. 67-I le poussard est fixé à une extrémité dans une encoche et à l'autre dans une entaille où il est introduit par le haut, ce qui empêche de le placer tout contre le chapeau. Son rôle est simplement de renforcer les assemblages et d'empêcher le renversement des montants vers l'intérieur.

Fig. 67. — Cadres renforcés.

Fig. 68. — Cadres renforcés.

Le soutien du chapeau par son milieu (*67 II*) réduit sa longueur de moitié. Ainsi que nous l'avons vu plus haut, sa résistance est donc quadruplée ; elle est même augmentée beaucoup plus si les deux poussards ne se terminent pas au milieu, mais en des points différents, et qu'une *clef* les arc-boute. De même les poussards diminuent d'un tiers la longueur du montant laissée sans appui et doublent à peu près la résistance aux poussées latérales.

Les dispositifs représentés sur la fig. 68 augmentent considérablement la solidité, mais ils rendent évidemment plus difficile le remplacement d'une pièce brisée.

FIG. 69. — Double voie.

84. Division d'une galerie.

— Lorsque la galerie est très large, la longueur du chapeau devient exagérée, mais il n'est pas toujours possible de placer des poussards obliques, qui diminuent la section utile ; tel est le cas par exemple dans une galerie à double voie (*fig. 69*). On soutient alors le chapeau par une butte au milieu, entaillée en gorge de loup (aux deux extrémités si le boisage comporte une semelle) et fortement serrée entre le sol et le chapeau.

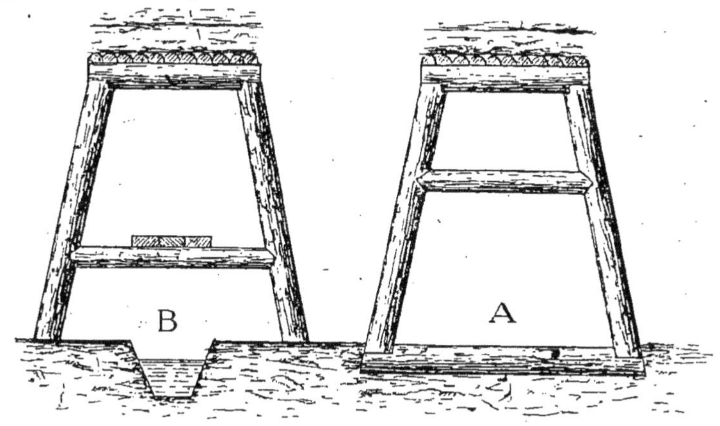

FIG. 70. — Division d'une galerie.

Inversement, on peut diviser une galerie de grande hauteur (*fig. 70*), de façon à ménager un compartiment inférieur pour l'écoulement des eaux (B), ou supérieur pour la ventilation, au-dessus de la section (A) réservée à la circulation.

85. Soutènement flexible. — Les cadres présentent une certaine élasticité, mais ne peuvent cependant fléchir que d'une quantité très limitée avant de se briser. On a cherché divers moyens d'augmenter cette flexibilité. Nous avons déjà signalé, à propos du boisage dans les chantiers, le système qui consiste à affaiblir les montants au pied.

On peut aussi adopter un garnissage capable de s'écraser sous le premier coup de charge, sans nuire à la solidité des cadres. Le *dispositif en haie* (*fig. 71*) répond à ce but. Il est constitué par des

Fig. 71. — Dispositif en haie.

planches maintenues contre le terrain par des rondins en bois tendre qui s'appuient sur les montants.

Lorsque la pression des terrains a brisé une partie des planches et des rondins, on les retire, on recoupe le terrain et on les remet en place.

Les montants, ne recevant la charge qu'en quelques points, doivent être assez gros.

On peut également remplacer les montants par des piles de bois, et placer derrière celles-ci et au-dessus des chapeaux des fascines, ou mieux des sacs de sable, qui ne présentent pas les mêmes risques d'incendie, et qui ne pourrissent pas dans les parties humides.

86. Boisage au vide. — Dans certaines exploitations, on est obligé de maintenir des galeries au-dessus d'un vide.

Le boisage est alors particulièrement délicat et les pressions qu'il supporte sont très élevées. Tel est le cas, dans les couches épaisses et très inclinées, avec les méthodes adoptées en Allemagne. Les fig. 72 et 73 représentent deux types de boisage au-dessus du vide (1).

---

(1) D'après *Heise et Herbst*.

Dans le premier, les bois sur lesquels repose la voie sont appuyés d'une part sur l'un des montants du cadre, de l'autre sur une semelle placée sur le mur.

Dans le second, le boisage est renforcé au moyen de poussards reposant

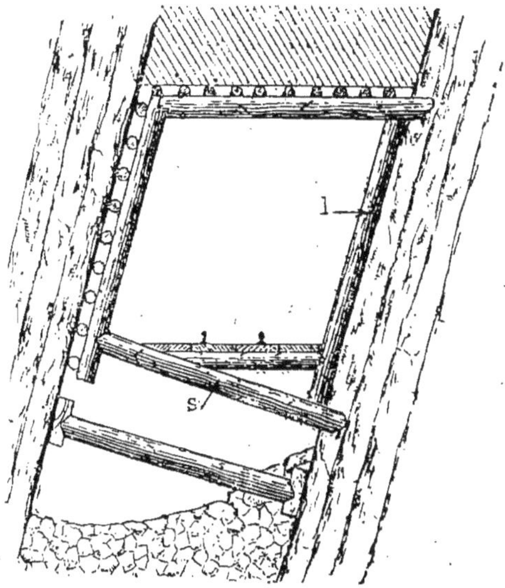

FIG. 72. — Boisage au vide.

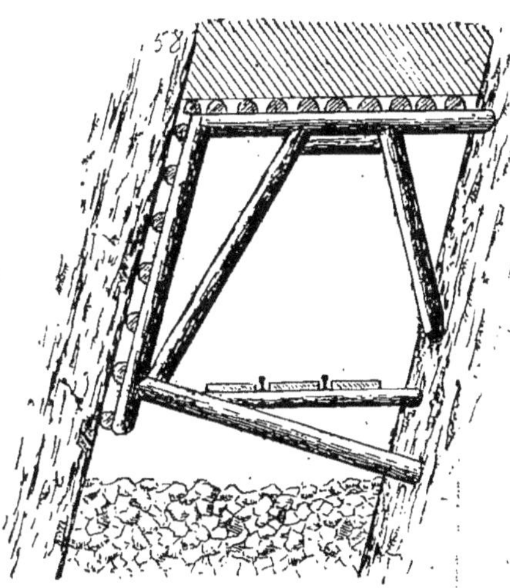

FIG. 73. — Boisage au vide renforcé.

l'un dans une entaille du mur, l'autre sur le montant inférieur. — Ce dernier, qui supporte le bois placé sous le toit, le poussard et les traverses de la voie, doit être solide, et son assemblage particulièrement soigné.

87. Assemblages à queue d'aronde. — Les bois sont presque

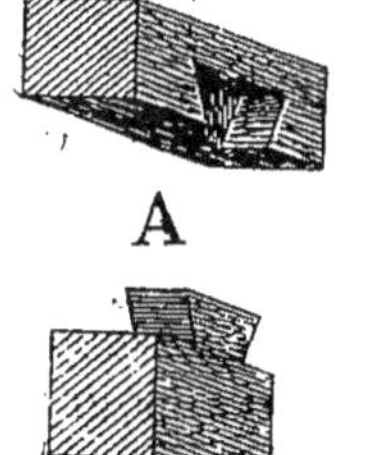

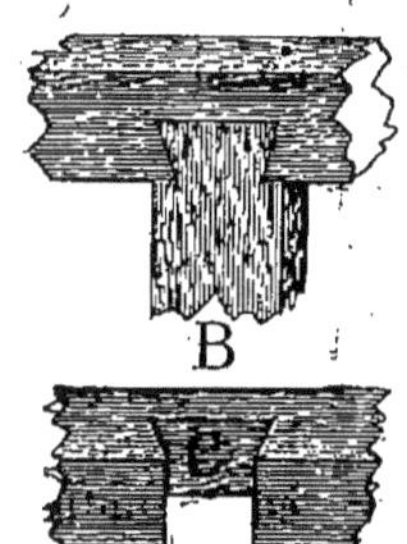

FIG. 74. — Assemblage à queue d'aronde.

toujours assemblés au moyen d'entailles, simples ou doubles. Mais dans les plans inclinés à forte pente, où l'action de la pesanteur risque de faire sortir les bois des entailles, on peut être conduit à assembler les bois à *queue d'aronde* (*fig. 74*).

Lorsque la pression suivant la pente est faible, il est inutile que l'entaille ait une grande profondeur ; on ne découpera pas entièrement le chapeau, pour ne pas l'affaiblir (*fig. A*). Au contraire si cette pression est considérable, l'entaille devra traverser le chapeau sur toute sa largeur (*fig. B*).

88. Remplacement des cadres brisés. — Le remplacement d'un cadre brisé par la pression est une opération très fréquente, mais qui exige des précautions contre le danger d'éboulement.

Il est prudent d'établir un garnissage provisoire au moyen de bois, ou de fers, enfilés au-dessus des chapeaux des cadres restés en place.

Comme le cadre à remplacer, même brisé, présente encore une certaine résistance, il vaut mieux, si l'on a la place, installer le nouveau cadre avant d'enlever l'ancien.

Les bois doivent être préparés et les entailles faites avant que les bois brisés ne soient enlevés. Le creusement des potelles ou le découpage du terrain pour préparer le logement des bois et du garnissage doivent être faits sous la protection du soutènement provisoire.

Une fois le nouveau cadre mis en place et bien calé contre le terrain, on rétablit le garnissage qui le relie aux cadres voisins, et on s'assure qu'il ne reste pas de vides entre la roche et le boisage. Au besoin on les remplit avec des pierres ou des morceaux de bois.

Cet entretien est confié à des boiseurs spécialement chargés de ce travail, et généralement payés à la journée, en raison de l'impossibilité de déterminer une base précise de salaire pour des tâches aussi variables.

§ 2. — Galeries en terrains inconsistants.

a) *En terrains ébouleux.*

89. Avancement avec palplanches. — Nous avons exposé (n° 66) le procédé employé pour passer un éboulement, en se protégeant continuellement, en couronne et sur les côtés, au moyen de palplanches. Nous n'avons pas à revenir sur ce système de creusement et de soutènement, qui s'applique aussi bien aux galeries poussées dans les terrains en place, mais formés de blocs sans adhérence, qui ne permettent pas d'adopter les modes habituels de boisage, même complétés par un garnissage soigné.

b) *En terrains coulants.*

90. Avancement au bouclier. — Dans les terrains formés, non plus de blocs de dimensions quelconques, mais d'une masse coulante qui tend à envahir le chantier par toutes les fissures du garnissage, on est obligé d'avoir un soutènement jointif, constituant un *coffrage.*

Le problème se complique, pendant la période de creusement de la galerie, car il est nécessaire de faire avancer continuellement le revêtement du front de taille, sans pourtant ouvrir le vide par lequel les sables couleraient dans la galerie.

On y parvient au moyen du *bouclier.*

Avant d'expliquer comment se fait l'avancement, signalons que le revêtement des parois, de la couronne et du sol de la galerie est réalisé, comme dans les terrains ébouleux, avec des palplanches. Mais celles-ci doivent être jointives. Leur enfoncement est d'ailleurs plus facile que dans un entassement de blocs.

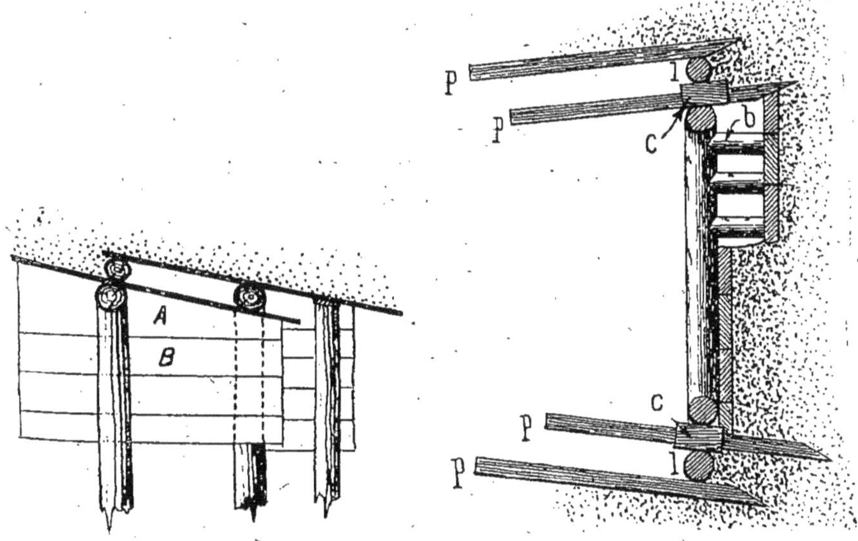

Fig. 75.

Fig. 76. — Poussage au bouclier.

Une difficulté se présente, pour obtenir l'étanchéité du système. En effet, les palplanches sont rectangulaires et comme elles s'écartent de l'axe de la galerie au fur et à mesure qu'on les enfonce, il tend à se former un vide triangulaire, de plus en plus large à mesure qu'on s'écarte du cadre en partant duquel sont enfilées les palplanches.

Il faut donc que les pièces A, B les plus rapprochées des angles de la section aient une forme trapézoïdale ; on les enfonce la grande base en avant.

La fig. 75 montre ce détail, à la **partie** supérieure de la paroi. Il en est de même au bas de cette paroi, et aux extrémités de la couronne.

Le *bouclier* lui-même est formé de fortes planches horizontales, serrées les unes contre les autres.

Ces planches s'appuient aux deux extrémités sur les montants du cadre le plus rapproché de l'avancement.

Pour faire avancer le bouclier, on déplace d'abord la planche supérieure, en laissant couler un peu de sable et en la reportant, parallèlement à elle-même, un peu en avant. On doit avoir soin de ne pas dépasser l'extrémité des palplanches enfoncées tout autour du front de taille.

L'élément du bouclier ainsi déplacé n'est plus en contact avec les montants du cadre. On place de courtes buttes, arc-boutées sur les montants, pour maintenir la planche dans sa nouvelle position.

On opère ainsi successivement, de haut en bas, sur les éléments du bouclier. Lorsqu'on est arrivé en bas, on pose un nouveau cadre au contact du bouclier et on recommence comme ci-dessus, après avoir enfoncé les palplanches d'une longueur suffisante. Il se crée un vide en arrière de la planche poussée en avant. On le bouche avec de la paille, ou toute autre matière.

Lorsque les terrains contiennent de l'eau, il faut en assurer l'écoulement. Ce drainage diminue la pression sur le boisage. Mais il faut éviter, lorsqu'on laisse s'écouler le sable, d'en enlever une quantité supérieure au volume nécessaire pour faire avancer la pièce poussée en avant. On risquerait de provoquer la formation de vides, et d'amener des mouvements qui compromettraient la solidité du boisage.

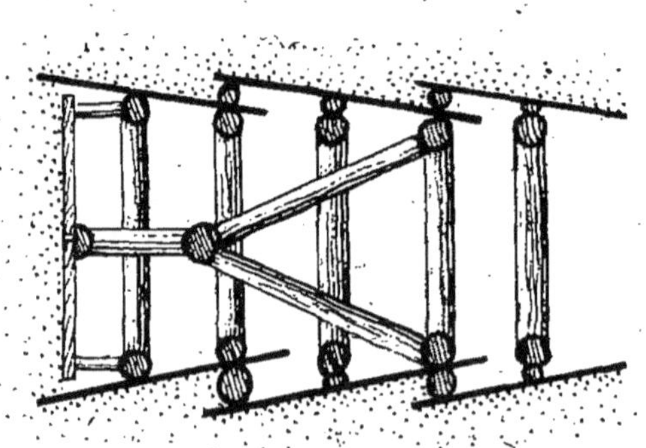

Fig. 77.

Si la pression des terrains est forte, et la largeur de la galerie trop grande, il devient très difficile de faire avancer les pièces.

On forme alors le bouclier de deux séries de planches, n'ayant chacune comme longueur que la demi-largeur de la galerie. On place un montant dans l'axe de la galerie, destiné à recevoir les buttes d'appui du bouclier pendant sa progression. Ce montant est maintenu par des poussards appuyés aux montants de la galerie.

L'ensemble a l'aspect représenté en plan sur la fig. 77.

91. Avancement en terrain coulant et aquifère. — Si les terrains sont non seulement coulants, mais encore fortement imbibés d'eau, le déplacement du bouclier n'est pas possible, car on ne pourrait aveugler la brèche ouverte dans le garnissage, par laquelle la masse fluide envahirait la galerie.

On emploie alors un procédé, le *picotage*, qui permet l'avancement du front de taille tout en lui conservant son étanchéité.

Les *picots* sont des coins en bois, de forme conique ou cylindrique avec une pointe assez effilée, d'un diamètre de 12 à 15 cm., d'une longueur de 30 à 35 cm. Il ne faut pas dépasser cette longueur, sinon leur enfoncement devient trop difficile en raison du frottement contre le terrain. En outre, le poids du sable, s'exerçant sur un bras de levier plus considérable, tend à les faire dévier vers le bas.

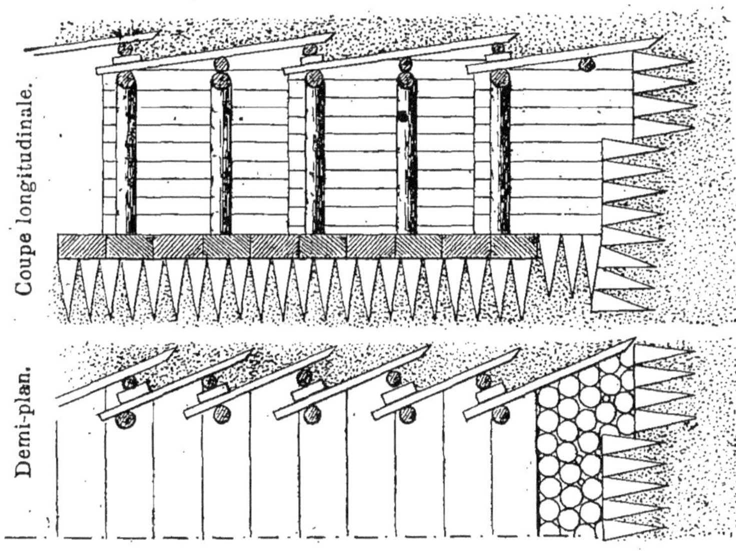

Fig. 78. — Poussage aux picots.

On garnit tout le front de la galerie de picots enfoncés les uns à côté des autres, de façon à former une paroi étanche. En frappant ensuite avec un bélier, on les fait avancer, en commençant par les rangées du haut, et en ayant soin de ne pas aller trop loin pour ne pas créer de vide entre la rangée enfoncée et celles encore en place.

Quand tous les picots ont été ainsi avancés, on pousse plus loin les palplanches sur les parois et en couronne, et on reprend comme précédemment (*fig. 78*).

S'il se produit des fuites, on enfonce de nouveaux picots entre les précédents.

L'avancement, au niveau du sol, crée une brèche dans laquelle on enfonce des picots. On consolide ainsi le terrain ; on recouvre ensuite les picots de fortes semelles en bois sur lesquelles on place les montants des cadres de boisage.

Lorsqu'on ne peut plus enfoncer les picots, il faut laisser couler un peu de sable ; on pratique pour cela, à la tarière, des trous dans la masse des picots ; lorsqu'on a ainsi évacué suffisamment de sable, on referme le trou avec une cheville.

Ce revêtement par palplanches et picots n'est que provisoire. On le remplace aussitôt que possible par un soutènement définitif, en bois jointif ou en maçonnerie.

§ 3. — BOISAGE DES GRANDES EXCAVATIONS.

92. Rencontre de deux galeries. — Le point de rencontre de deux galeries découpe dans les terrains un vide important, qu'il importe de boiser soigneusement.

Lorsque ces deux galeries se coupent à angle droit, on établira à

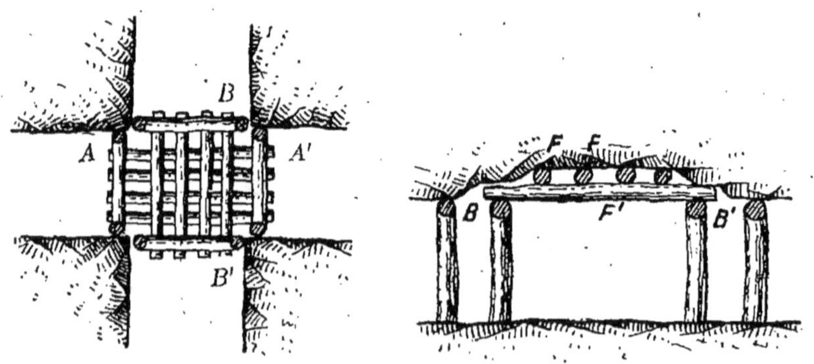

Vue par dessous.   FIG. 79.   Coupe.

l'entrée de chacune d'elle un cadre très solide, et on réunira ces cadres par de grosses flandres.

Deux des cadres (A, A') seront plus élevés que les deux autres (B B') pour que les flandres F qui les réunissent passent au-dessus de celles F' qui vont de B à B' *(fig. 79)*. Les bois qui se croisent doivent reposer les uns sur les autres.

Au besoin, si les galeries sont larges, on place au centre du croisement une ou deux buttes, supportant au moyen de bois auxiliaires PP' le centre de ce quadrillage de flandres (*fig. 80*). Il vaut souvent mieux élargir un peu le croisement, pour permettre le passage des voies de roulage, et soulager les flandres en les supportant dans leur partie centrale.

Si l'une des galeries s'embranche sur l'autre, on boise avec des chapeaux de plus en plus longs (*fig. 81*), soutenus au milieu par des buttes lorsqu'on peut le faire sans gêner le roulage. Le coin de terrain entre les deux galeries constitue un point faible qui s'écrase

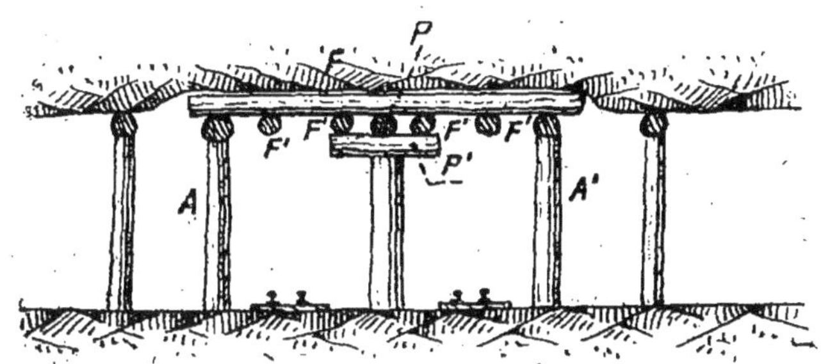

FIG. 80.

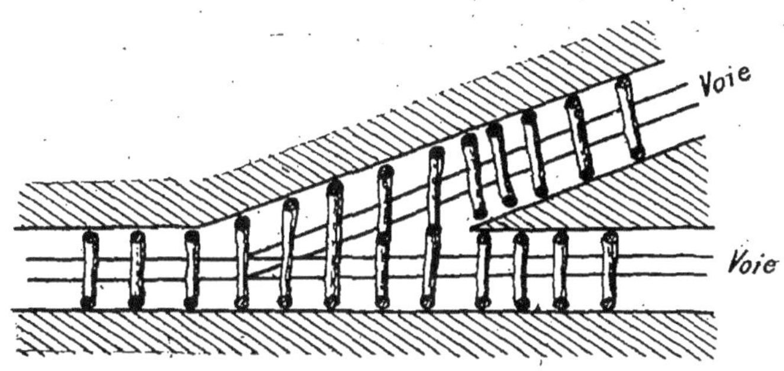

F.G. 81. — Plan.

facilement ; dans cette partie des galeries, le boisage doit être plus serré.

93. Salles de machines, écuries. — Les salles de machines, les écuries, et autres excavations de grandes dimensions se boisent en général comme des galeries très larges.

94. Accrochages. — Les fig. 82 et 83 représentent, en coupe, deux types de boisage des accrochages d'un puits boisé, c'est-à-dire des galeries d'accès au puits. Le problème est d'ailleurs simple et comporte simplement l'élargissement et l'élévation progressive de la galerie.

Le plus souvent, ces grandes excavations, salles de machines,

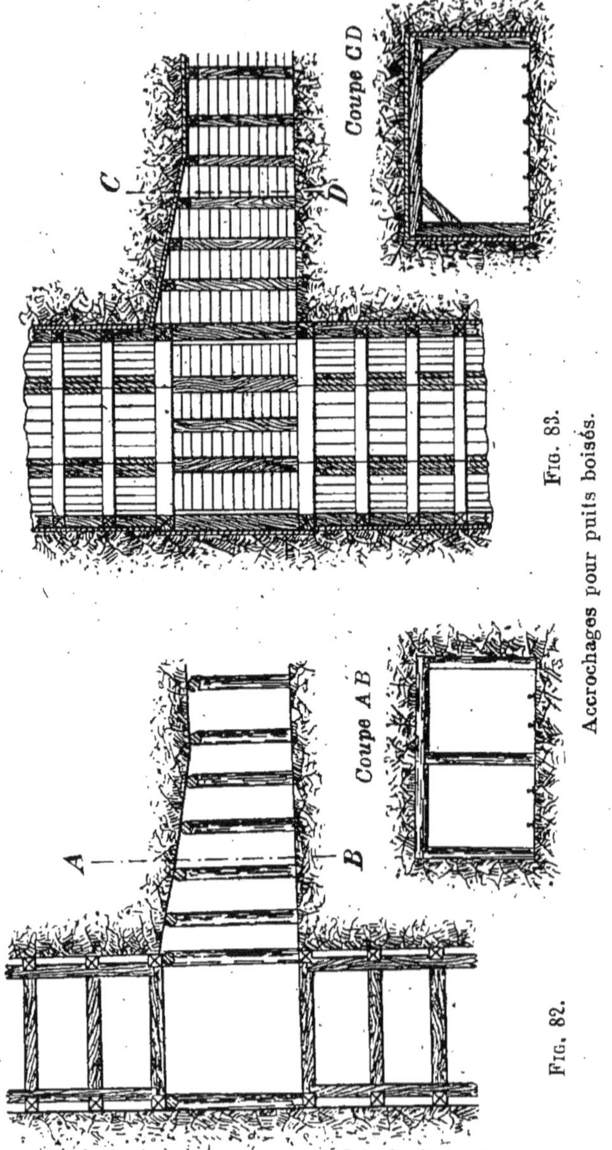

accrochages de puits, etc... sont maçonnées. Nous y reviendrons plus
en détail dans le chapitre consacré au muraillement.

§ 4. — BOISAGE DES TUNNELS.

95. Observations. — Les tunnels, qui doivent présenter une section libre considérable, sont toujours maçonnés, lorsque la nature des terrains exige un revêtement. Le soutènement en bois ne se rencontre donc que pendant la période de construction.

Nous avons exposé plus haut (III⁰ Partie. Abatage) les méthodes de creusement, lorsque les terrains sont solides. Nous n'y reviendrons pas, et donnerons seulement quelques exemples de boisage.

96. Boisage en terrains solides. — La fig. 84 représente le boisage dans le creusement par méthode descendante, avec confection de la voûte avant l'enlèvement du massif central.

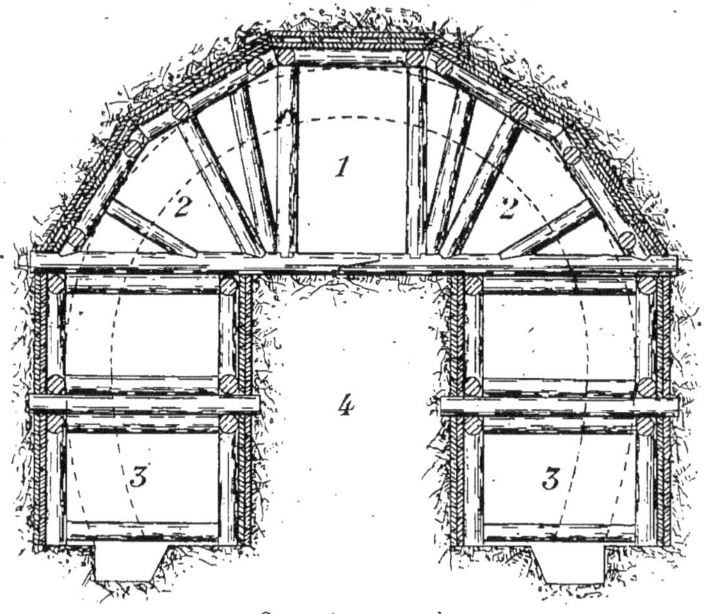

Coupe transversale.
FIG. 84. — Boisage d'un tunnel en creusement.

Le boisage des sections 1 et 2 est le plus intéressant. Il est constitué, autour de la galerie 1, par des buttes placées en divergeant, à peu près suivant les rayons de la voûte, et appuyées au pied sur une forte semelle. Cette dernière est formée de deux pièces assemblées par un trait de Jupiter, pour faciliter leur mise en place et leur enlèvement.

Cet ensemble porte le nom de *soleil*.

Le boisage des deux tranchées n'offre rien de très caractéristique ; suivant la nature du terrain, le revêtement sera complété ou non par un garnissage en écoins.

L'excavation est ainsi préparée pour l'exécution de la maçonnerie, en partant du sol.

Un tel système ne peut être appliqué que dans des terrains assez

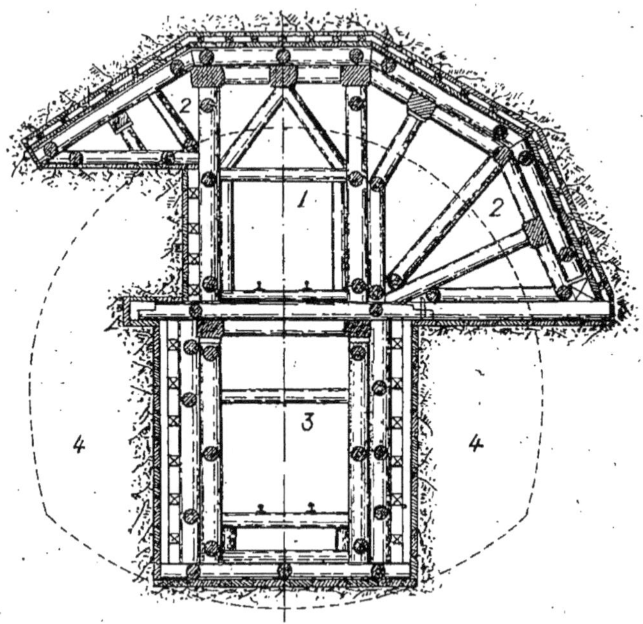

Fig. 85. — Boisage dans la méthode belge.

solides. En effet le massif 4 sert de point d'appui pour le soutènement de la voûte. Il ne doit donc pas risquer de s'écraser.

La fig. 85 représente la méthode belge dans laquelle on procède d'une façon analogue pour le creusement de la voûte, mais en enlèvant la section centrale 3 avant les deux parties extrêmes 4.

Les buttes soutenant les chapeaux placés sous la voûte ne sont plus directement appuyées sur la semelle transversale, mais sur des flandres posées dans le sens de la longueur. Le même boisage peut s'appliquer lorsqu'on prend d'abord la galerie à la base (3) puis la galerie au sommet (1), en élargissant ensuite (2). Les parties 4 se boiseront avec des buttes le long de la paroi, arc-boutées par des poussards horizontaux appuyés contre les cadres centraux.

97. Boisage en terrains inconsistants. — Dans les terrains
friables ou sujets à des éboulements, cette dernière méthode est
généralement applicable, à condition d'établir un boisage suffisamment serré, constituant un ensemble solidement arc-bouté dans tous
les sens, et muni d'un garnissage protecteur jointif. En raison de la
grande hauteur du chantier, dans sa dernière phase avant la pose
de la maçonnerie, il faut éviter avec soin la chute de blocs, même
de petites dimensions, tombant du sommet.

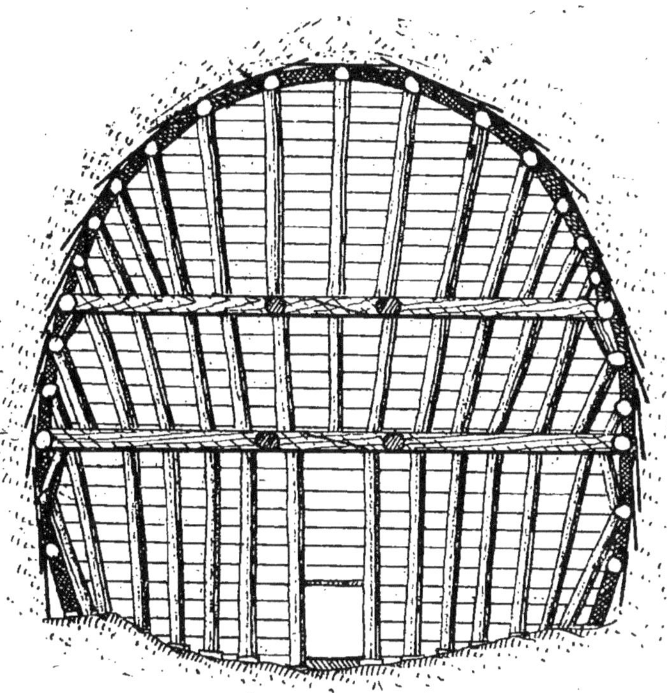

Fig. 86. — Méthode anglaise.

D'une façon générale, en terrains inconsistants, il faut arriver
à la section entière avant de commencer la maçonnerie.

Dans la *méthode anglaise*, on pousse d'abord une galerie au
sommet, par les procédés habituels dans les terrains de mauvaise
qualité. On l'élargit ensuite jusqu'à la section complète de la voûte
(maçonnerie comprise), par recoupes étroites, allant de la galerie
vers les parois. On boise au moyen de fortes flandres parallèles à
l'axe, soutenues par des soleils qui reposent sur des madriers (*entrait*)
allant d'une paroi à l'autre. Le front de taille est garni d'un bouclier

complet. On procède ensuite à l'enlèvement d'une deuxième tranche au-dessous de cette première, en creusant d'abord une galerie au centre et en élargissant comme pour la section supérieure. Le boisage repose également sur un *entrait* à la base. Il ne reste plus ensuite qu'à abattre la partie inférieure, jusqu'au niveau de la sole définitive, toujours par le même procédé.

La totalité de la section étant ainsi boisée *(fig. 86)*, et protégée au front de taille par un bouclier, on élève la maçonnerie, en enlevant au fur et à mesure les soleils, et en laissant les flandres derrière le muraillement.

Avant de reprendre le creusement au front, on enfonce les flandres pour pouvoir travailler sous ce premier revêtement que l'on complète par un garnissage en planches jointives dont les vides sont bouchés avec de la paille, du foin, ou une autre matière permettant un bourrage soigné.

Cette méthode n'est pas la seule applicable, et l'ordre de prise des tranches, ainsi que la disposition du boisage peuvent être modifiés de diverses façons.

On peut également remplacer le boisage par un soutènement métallique (méthode de *Rziha*) sur lequel s'appuieront d'une part les palplanches, tout autour du profil du tunnel, et d'autre part les poussards qui maintiennent en place le bouclier.

98. Avancement en terrains coulants et aquifères. — Nous n'avons pas parlé, en décrivant les méthodes de creusement des tunnels dans la III° Partie de ce cours, des procédés en usage dans les terrains coulants et aquifères. En effet, le problème qui se pose est plutôt celui de l'exécution d'un revêtement étanche que celui de l'abatage des terrains.

Il faut exécuter le soutènement définitif aussitôt que possible. Bien que ce dernier soit en maçonnerie, et que le revêtement provisoire ne comporte qu'un bouclier de grandes dimensions, de construction métallique, nous indiquerons dès à présent le principe des méthodes adoptées, pour compléter les notions précédentes sur le creusement et le revêtement des tunnels dans les terrains inconsistants.

Dans la méthode de *Brunel*, appliquée au creusement du tunnel sous la Tamise, le bouclier était formé d'un grand châssis métallique, divisé en une série de compartiments ; le fond de chacun de ceux-ci était fermé par un bouclier formé de madriers métalliques, arc-boutés contre les parois du compartiment au moyen de poussards, dont la longueur pouvait être augmentée à l'aide de vis.

Le châssis était garni de tôles formant une paroi étanche sur tout son pourtour ; il s'appuyait, par quelques puissants vérins, sur la tête de la maçonnerie.

Schématiquement, cet ensemble est représenté sur la fig. 87 en coupe longitudinale.

Lorsque tous les éléments du bouclier étaient avancés à fond, les vérins forçaient tout le châssis à se rapprocher, les vis des poussards étaient ramenées pendant ce temps à leur position primitive.

On pouvait dès lors reprendre le travail de progression du bouclier, et pendant ce temps ajouter un nouvel anneau à la maçonnerie.

Perfectionné depuis, ce procédé d'avancement par bouclier a été appliqué à de nombreux tunnels en terrains fluides, par exemple pour la construction des sections du chemin de fer métropolitain de Paris comprises dans les zones coulantes et aquifères.

Au lieu de procéder ainsi à l'abri d'un bouclier dont il est souvent difficile

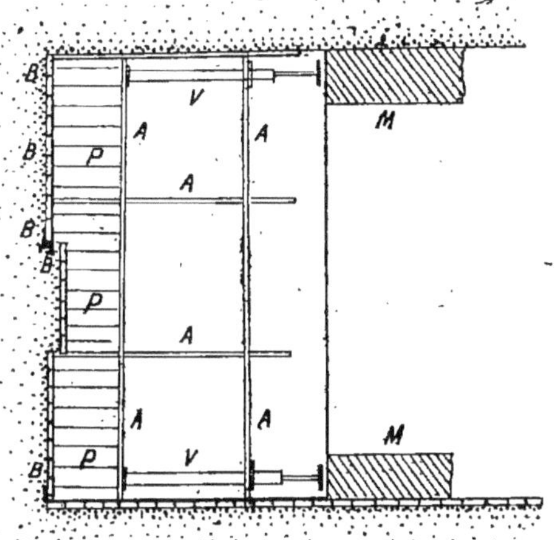

FIG. 87.
A. — Armature du châssis.
B. — Eléments du bouclier.
P. — Poussards à vis.
V. — Vérins.
M. — Maçonnerie.

d'obstruer les vides, on peut se protéger contre les venues d'eau en travaillant dans un espace rempli d'air comprimé, ou bien solidifier les terrains par congélation ou cimentation. Nous verrons en détail ces procédés à propos du fonçage de puits (Ve partie).

99. Résumé. — Le boisage des galeries est constitué en général par des cadres, composés chacun d'un chapeau et de deux montants, parfois d'une semelle lorsque le mur n'est pas assez résistant ou qu'il a tendance à se soulever.

L'assemblage du chapeau et des montants peut se faire de différentes façons : à gorge-de-loup, à entaille simple, à entaille double. Celle-ci peut être disposée de telle sorte que le chapeau recouvre le montant ou bien que ce dernier sépare le chapeau de la paroi.

La forme et les dimensions des assemblages doivent être choisies d'après la direction des poussées et leur grandeur. Si le profil de l'entaille est mal conçu, l'un des bois se fendra et l'autre échappera. La gorge de loup résiste bien aux efforts parallèles à l'axe du bois entaillé, mais non à ceux qui tendent à faire glisser l'autre bois dans l'encoche. L'entaille simple, et à un moindre degré l'entaille double offrent peu de résistance aux poussées perpendiculaires au plan des deux bois. Dans certains cas (soutènement d'un plan incliné à forte pente) on pourra être amené à adopter des assemblages à tenon et mortaise, généralement écartés comme trop compliqués.

Il est surtout essentiel que les entailles faites dans les deux bois s'adaptent exactement, sinon les pressions ne se transmettent plus que sur une partie de l'assemblage, et des ruptures sont à craindre.

Le cadre normal, à deux montants, de profil trapézoïdal régulier est très souvent modifié, pour se plier à des conditions particulières.

Il peut se réduire à un chapeau et un seul montant, ou même au chapeau, encastré dans les parois, ou à un des montants (par exemple le long d'une taille remblayée).

Dans d'autres cas, il est dissymétrique, ou bien couché, si le toit est incliné.

Le chapeau peut être remplacé par une *flandre*, et on a alors un boisage analogue à celui des chantiers.

Lorsque les pressions sont fortes, le cadre est consolidé au moyen de poussards arc-boutés sous le chapeau et contre les montants. On augmente ainsi beaucoup la solidité de l'ensemble, puisqu'en soutenant un chapeau par une butte au milieu de sa longueur, on quadruple la résistance. Le *renforcement* peut aussi avoir pour but de relier entre eux les cadres voisins ; il peut aller jusqu'au doublement du premier cadre par un second.

Pour éviter la rupture sous le premier coup de charge, on cherche à donner au boisage une certaine élasticité, en créant des parties faibles qui céderont sans compromettre le soutènement (amincissement des montants à la base, garnissage en haie ou en fascines, etc.).

Le revêtement des galeries dans les terrains ébouleux ou coulants demande à être fait avec soin. On protège le chantier au moyen de palplanches, poussées tout autour du front de taille, en avant de celui-ci ; lorsque les terrains sont coulants, les fentes sont bouchées avec de la paille. Le front lui-même est garni d'un *bouclier*, formé de pièces jointives, que l'on déplace l'une après l'autre, en évitant d'ouvrir un vide trop grand, et en les maintenant contre le terrain au moyen de poussards.

Si les sables sont aquifères, l'étanchéité n'est plus suffisante, et le travail se fera par *picotage*. Le soutènement définitif devra d'ailleurs être exécuté aussitôt que possible.

Le boisage des *grandes excavations* (croisements de galeries, salles souterraines, accrochages, etc.) est à étudier dans chaque cas particulier, avec la préoccupation d'éviter que les bois n'aient une portée exagérée.

Dans les *tunnels* à grande section, les problèmes du boisage provisoire, ou de l'avancement en terrains inconsistants sont souvent délicats, au moins comme exécution, et augmentent considérablement le prix de revient du travail.

CHAPITRE V

SOUTÈNEMENT MÉTALLIQUE

SOMMAIRE

§ 1- Soutènement métallique dans les chantiers. — Buttes et flandres métalliques.
§ 2. Soutènement métallique des galeries. — Cadres en fer. — Soutènement mixte. — Garnissage métallique.
§ 3. Blindage. — Cadres courbés. — Blindages fermés. — Cerclage des mines de Campagnac. — Avantages et inconvénients du soutènement métallique. — Résumé.

§ 1. — SOUTÈNEMENT MÉTALLIQUE DANS LES CHANTIERS.

100. Généralités. — Le développement de la métallurgie et l'abaissement du prix des fers et aciers ont rendu possible d'envisager le soutènement avec des pièces métalliques, dont la résistance est très supérieure à celle du bois. Mais les conditions d'emploi du soutènement métallique et du boisage sont assez différentes, en raison de leurs qualités réciproques.

Les pièces en fer et en acier sont plus solides, et peuvent resservir un grand nombre de fois lorsqu'elles n'ont pas été déformées. Mais elles sont moins élastiques et ne peuvent se préparer sur place. Les assemblages doivent être faits d'avance.

Dans les chantiers où l'on doit, le plus souvent, abandonner le soutènement, le principal avantage du métal, c'est-à-dire sa durée, disparaît.

On rencontrera donc plutôt les soutènements métalliques dans les galeries, ou dans les chantiers où l'emploi des buttes est possible.

Les pièces travaillant à la compression seront des tubes, ou des profilés. Pour celles qui ont à résister à des efforts de flexion, on utilisera des rails en fer ou en acier. Le premier est moins cassant, mais le second est plus fréquemment adopté, car on peut se servir de vieux rails de chemin de fer, dont le prix de revient est inférieur.

101. Buttes métalliques. — Les buttes métalliques sont formées de deux parties mobiles l'une par rapport à l'autre, pour pouvoir prendre la hauteur exacte du chantier.

On ne peut leur donner une trop grande longueur, pour ne pas exagérer les risques de fléchissement ; une butte déformée ne peut plus resservir. Il faudrait alors augmenter le diamètre et le poids deviendrait vite prohibitif.

C'est pourtant dans les chantiers élevés, où la consommation de bois est très forte, qu'il y aurait le plus d'avantage à utiliser les buttes métalliques. L'économie est, en effet, d'autant plus grande que les frais de boisage sont plus considérables.

Parmi les premiers systèmes adoptés, on peut citer les buttes formées de deux tubes coulissant l'un dans l'autre et réunis par un collier de serrage. En relâchant ce dernier, ce qui se fait à distance, on peut enlever la butte.

Ce mode de fixation a l'avantage de présenter une certaine élasticité. Sous une pression exagérée, le tube intérieur rentre dans

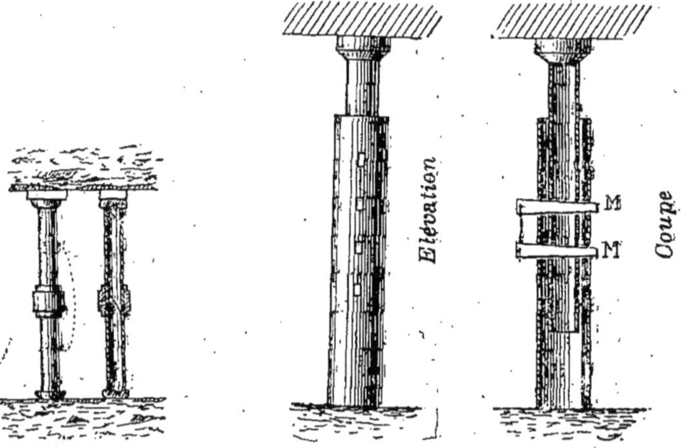

Fig. 88. — Butte en fonte.   Fig. 89. — Butte Nonius.

l'autre au lieu de se briser. Une butte de $1^m,50$ pèse environ 15 kg. Le poids atteint 35 kg. pour une longueur de 3 mètres.

On a utilisé des buttes en fonte formées de deux tubes de même diamètre, taillés en biseau, et maintenus par un collier de serrage (*fig. 88*) facile à déplacer.

Dans la butte *Nonius* (*fig. 89*) les deux tubes (de diamètres différents) sont réunis par des clavettes en forme de coins. Un certain nombre de logements sont percés dans les colonnes. Les distances entre les trous étant un peu plus grandes sur la colonne intérieure que sur la colonne extérieure, le réglage en hauteur est possible, quelle que soit la hauteur du chantier, au moyen de deux clavettes MM. L'une d'elles est placée d'abord ; au fur et à mesure qu'on l'enfonce, on provoque le déplacement relatif du tube intérieur, jusqu'au moment où deux trous sont en regard, et où l'on peut y loger la seconde clavette.

On peut obtenir l'allongement de la butte en constituant la partie mobile de celle-ci par une vis.

La fig. 90 représente une butte de ce type ; la partie supérieure

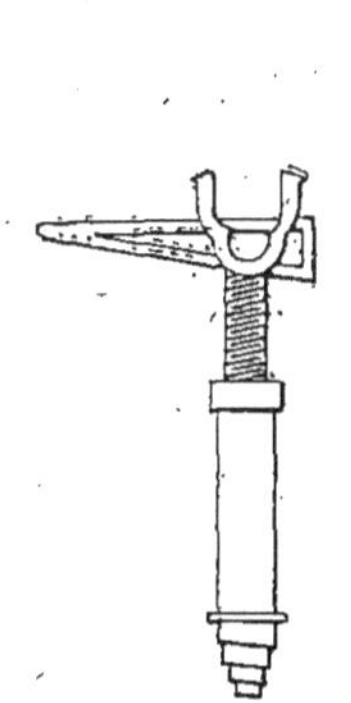

FIG. 90. — Butte à ressort.　　　FIG. 91. — Butte Nellen.

de la vis porte un logement destiné à recevoir un rail, de sorte que l'on peut employer cette butte comme montant d'un soutènement plus complexe.

Pour assurer une élasticité suffisante, le pied est formé d'un ressort d'une force de 3600 kg.

D'autres systèmes plus compliqués ont été proposés pour réaliser la flexibilité. Dans la butte *Nellen (fig. 91)* la partie supérieure s est en bois ; elle peut pénétrer dans un tube en acier h dont l'intérieur contient des sortes de briquettes de tourbe t, et à la base un bloc de bois de pin c.

Sous l'action de la pression, la tourbe s'écrase.

Le tube en acier est formé de deux demi-tubes accolés suivant des génératrices verticales et maintenus par des colliers l.

La fente i permet de sortir une partie de la tourbe, lorsque celle-ci est comprimée à refus, et de rendre à la butte la faculté de céder encore à la pression.

L'inconvénient de ces systèmes réside dans leur complication, aussi se sont-ils peu développés. Ils permettent cependant dans certains cas de diminuer l'entretien du soutènement provisoire jusqu'au moment où le remblayage est mis en place.

102. Avantage des buttes métalliques. — Les économies réalisées grâce à l'emploi de buttes métalliques sont très variables suivant les circonstances. Elles sont surtout sensibles dans les chantiers qui consommaient beaucoup de bois et où la pression est assez régulière pour que les buttes ne soient pas déformées et puissent resservir un grand nombre de fois.

103. Flandres métalliques. — On a utilisé aux Mines de Marles un soutènement mixte, par flandres en fer et montants en bois.

Les fers ont la forme de **I**, et sont supportés par trois buttes en pin ; on dispose l'âme parallèle au toit, ce qui semble illogique à première vue, car la résistance à la flexion est ainsi bien moindre ; la raison est le peu de stabilité des fers lorsque l'âme est perpendiculaire au toit, quand la couche est inclinée. Le garnissage est fait en fers à **[**.

Sous l'effet de la pression, ces derniers pénètrent un peu dans le toit, et les flandres dans la tête des montants. On a alors un soutènement très solide.

Lorsque le remblai est élevé, on enlève le soutènement et les pièces en fer peuvent resservir plusieurs fois.

§ 2. — Soutènement métallique des galeries.

104. Cadres en fer. — Les cadres en fer sont préparés à la surface, et distribués dans les chantiers, où les ouvriers n'ont qu'à les monter.

Les assemblages peuvent être *à entailles* (*fig. 92*) mais les frais qu'entraîne le travail de découpage des rails rend ce système beaucoup trop coûteux.

On emploie plutôt l'assemblage par cornières (*fig. 93*). Celles-ci n'ont pas besoin d'être boulonnées à la fois sur le chapeau et les montants, ce qui exigerait d'ailleurs une précision trop minutieuse dans la préparation des pièces. Dans la fig. 93 le chapeau est simplement appuyé sur les montants par la pression de la couronne. Si les poussées latérales prédominent, ou boulonnera au contraire les cornières avec le chapeau.

Les assemblages par *sabots* (*fig. 94-96*) sont plus sûrs et plus pratiques.

Ces sabots d'assemblage sont des pièces coulées, de formes

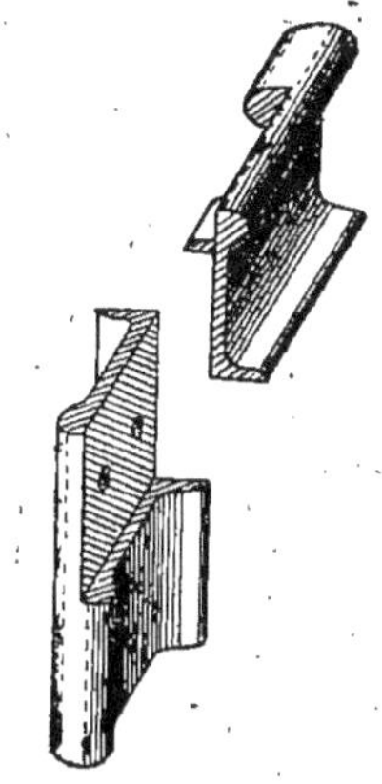

Fig. 92. — A. à entaille.

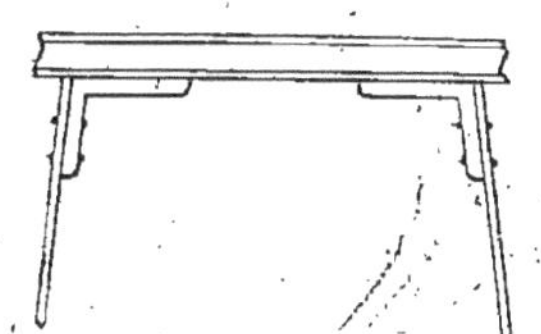

Fig. 93.
Assemblage par cornières.

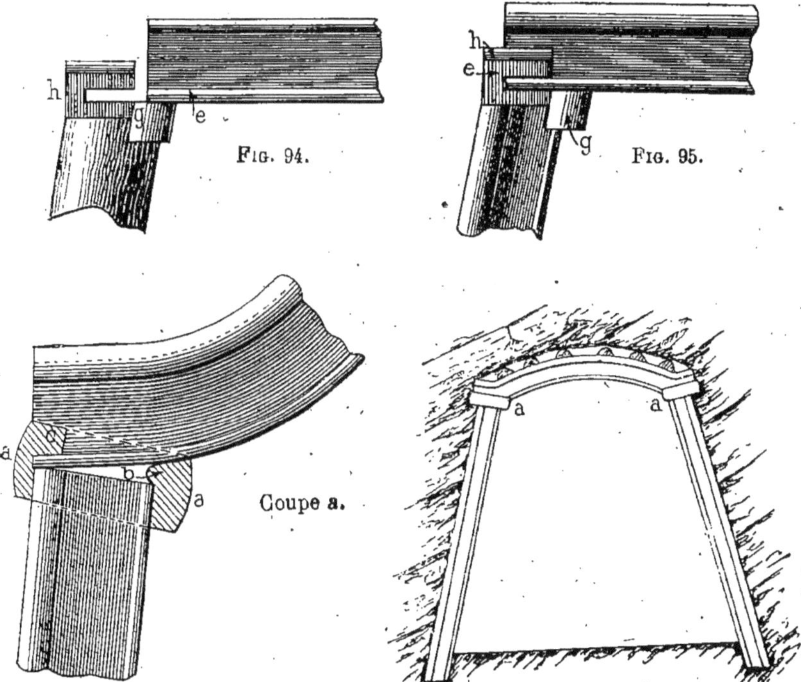

Fig. 94.

Fig. 95.

Coupe a.

Fig. 96
Sabots d'assemblage.

diverses suivant la forme des profilés (*fig. 94*) ou rails (*fig. 95*) employés comme chapeaux.

L'âme du fer vient se loger dans une fente parallèle au plan de la figure, tandis que l'aile inférieure *e* pénètre dans une rainure horizontale. Le sabot porte en outre un épaulement *g* qui coiffe le haut du montant, que celui-ci soit en bois (*fig. 94*) ou en fer (*fig. 95*).

Le sabot représenté sur la fig. 96 est annulaire et s'oppose à tout déplacement du chapeau ou des montants.

Les sabots d'assemblage donnent une liaison solide entre les différentes pièces, mais l'enlèvement de celles-ci, lorsqu'elles sont brisées, est moins commode qu'avec les cornières.

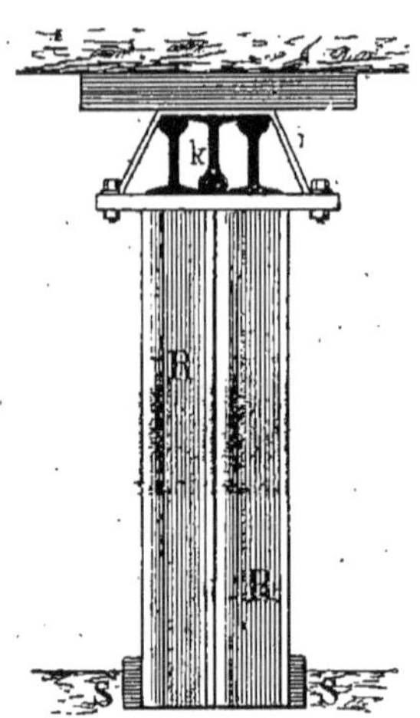

Fig. 97. — Cadre renforcé.

105. Cadres renforcés. — Il est facile de renforcer un cadre métallique en le composant de plusieurs rails accolés, ce qui évitera l'emploi de fers de dimensions peu courantes. Ainsi le cadre représenté sur la fig. 97 comporte trois rails *k* formant chapeau, et deux rails R formant montant et reposant sur une semelle S.

106. Soutènement mixte. — Les soutènements métalliques manquent de flexibilité ; lorsque la charge devient trop forte, ils se plient bien, mais leur résistance devient alors beaucoup moindre, et de plus les pièces tordues ne peuvent plus s'employer qu'après avoir repassé à la forge.

On a avantage à composer les cadres, dans les terrains très lourds, avec des montants en bois, qui peuvent fléchir, et des chapeaux en fer, plus résistants.

Ces derniers reposent sur les montants par l'intermédiaire d'un sabot, ou d'une plaque protectrice, qui évitent que le chapeau pénètre dans le bois. Pour s'opposer aux

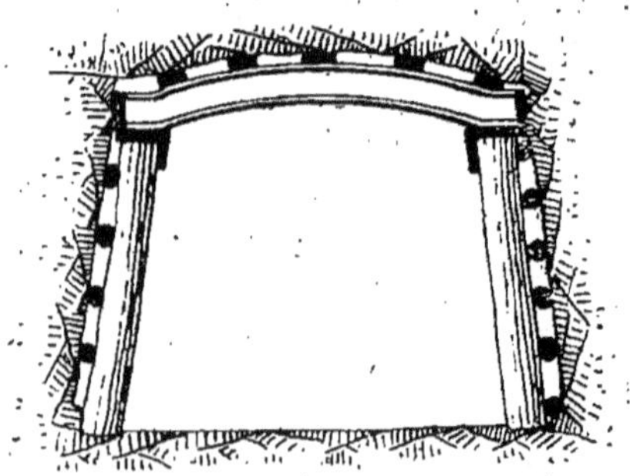

Fig. 98. — Cadre mixte.

mouvements latéraux, on peut placer une goupille dans le patin du rail qui butte contre la plaque.

On peut également donner à cette dernière un profil en Z (*fig. 98*).

On augmente souvent la résistance du chapeau en lui donnant une forme légèrement cintrée.

La pression des terrains tend à le redresser, et la plaque d'assemblage en Z empêche le glissement sur le sommet du montant.

On préfère parfois laisser les chapeaux s'incruster dans les bois, lorsqu'on n'a pas à craindre que cette pénétration les fasse éclater. On peut même préparer à l'avance le logement des fers dans le sommet des montants.

107. Garnissage métallique. — Les cadres successifs sont réunis par un garnissage destiné non seulement à empêcher la chute

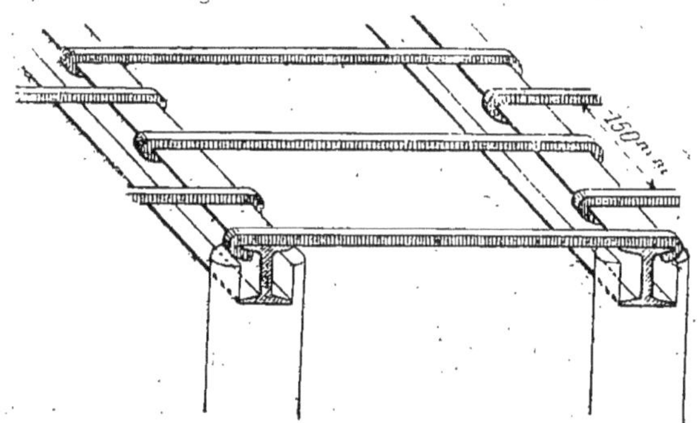

FIG. 99. — Garnissage métallique.

des blocs de rocher, mais aussi à rendre solidaires les cadres.

On emploie dans ce but des fers plats (*fig. 99*) recourbés en crochets aux deux extrémités. Le mouvement de renversement d'un cadre, dans un sens ou dans l'autre est ainsi rendu impossible.

§ 3. — BLINDAGE.

108. Cadres courbés. — Au lieu de cadres en trois pièces, comme ceux que nous avons décrits ci-dessus, on peut employer des cadres de formes spéciales, qui épousent le contour de la galerie. Ce système, qui n'est guère possible avec le boisage, est assez couramment adopté avec le soutènement métallique.

Les profilés employés sont des fers à T ou à U et l'ensemble du cadre est formé de segments que l'on assemble avec des éclisses ou des manchons.

Ces *blindages* peuvent être formés de cadres *ouverts* ou *fermés*. Les cadres ouverts auront par exemple la forme représentée sur la fig. 100. Les montants ont une inclinaison plus ou moins forte suivant la pression des parois.

Les deux pièces constituant le cadre s'assemblent en général à la partie la plus haute de la galerie, ce qui complique un peu le travail de mise en place.

Pour éviter l'enfoncement des montants dans le sol, on doit les placer sur semelles. Mais on préfère parfois laisser se produire ce mouvement, qui assure à l'ensemble une certaine flexibilité. Le choix de profil du cadre et celui des fers varient suivant les mines.

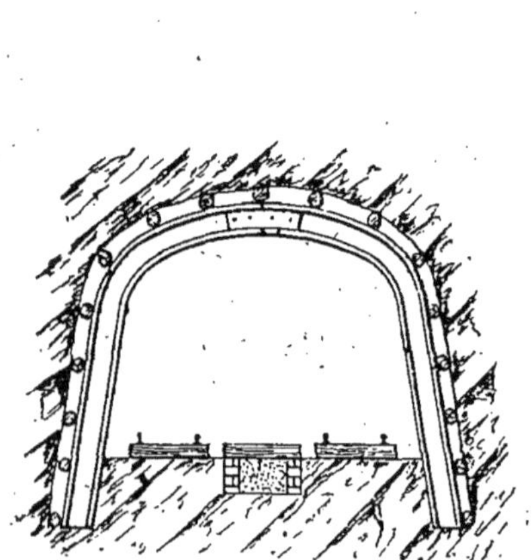

Fig. 100. — Blindage ouvert.

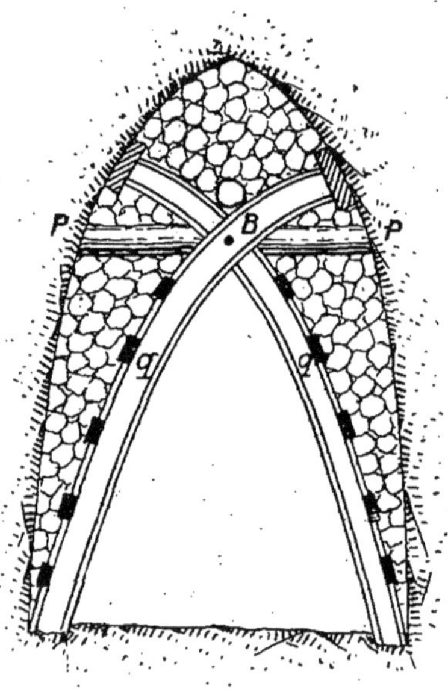

Fig. 101. — Blindage ogival.

Le poids des fers au mètre courant est de 15 à 20 kgr., il faut y ajouter celui du manchon d'assemblage (5 à 10 kgr.).

L'emploi de vieux rails n'est pas très économique ; en effet, leur profil est moins favorable que celui des fers à I ou à U. On est donc obligé d'adopter un type plus lourd, et le cintrage devient en outre plus coûteux.

Comme assemblage, le manchon est préférable à l'éclisse. On adopte parfois la fonte pour cette pièce, mais elle a l'inconvénient d'être cassante.

Les cadres successifs sont reliés par des fers, qui forment garnissage.

On a employé à la Compagnie de Marles un type tout particulier de cadres (système Tellier), constitués par deux poutrelles à $\mathtt{I}$, cintrées et réunies par un seul boulon B, autour duquel elles tournent comme les deux branches d'une tenaille (*fig. 101*).

Les extrémités supérieures sont calées contre le terrain au moyen de semelles en bois.

Deux poussards en bois P assurent le serrage et les cadres sont réunis entre eux par des queues en fer q et des rondins en bois.

On obtient ainsi une galerie de section ogivale.

Sous la pression des terrains, le boulon B se cisaille assez souvent, mais les deux fers glissent alors l'un contre l'autre et viennent s'arc-bouter contre les parois.

109. Blindages fermés. — Le blindage, au lieu de s'appuyer sur le sol de la galerie, peut se continuer tout autour de celle-ci,

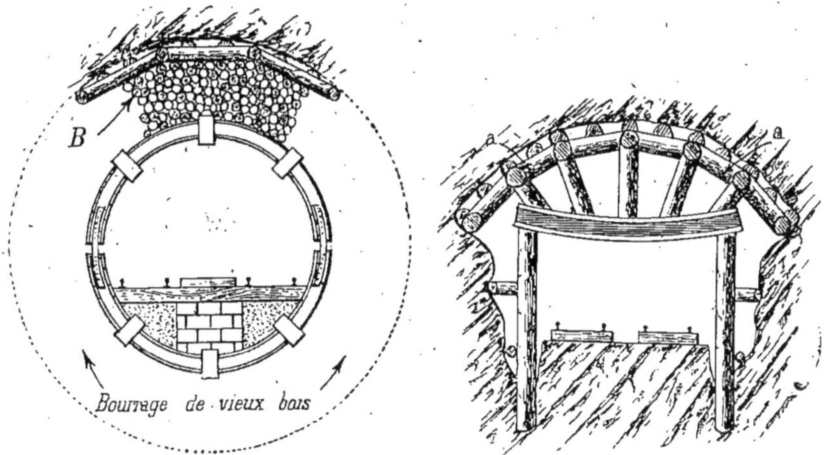

FIG. 102. — Blindage circulaire.　　　FIG. 103. — Boisage provisoire.

qui a alors une section circulaire ou elliptique, ou formée d'éléments de courbes raccordés entre eux.

Le cercle est la courbe la plus simple, et celle qui présente la résistance la plus considérable (*fig. 102*), mais elle oblige à découper dans le terrain une surface beaucoup plus considérable que la section utile.

Ce blindage ne se place pas directement, mais après un boisage provisoire (*fig. 103*) qui est ensuite élargi. La partie extérieure de ce dernier reste en place, l'intervalle entre les deux soutènèments est rempli au moyen d'un garnissage, qui procure une certaine flexibilité.

Les segments de l'anneau sont assemblés avec des manchons. Les traverses des voies sont supportées au centre par un bloc de maçonnerie, et vers les extrémités par du remblai.

La section circulaire convient pour les galeries larges, par exemple pour les travers bancs à double voie de roulage. La section elliptique (à grand axe vertical) convient mieux pour les galeries à une voie.

Pour éviter de creuser le sol au-dessous du niveau des rails, on peut adopter des courbes à plusieurs centres (*fig. 104 et 105*).

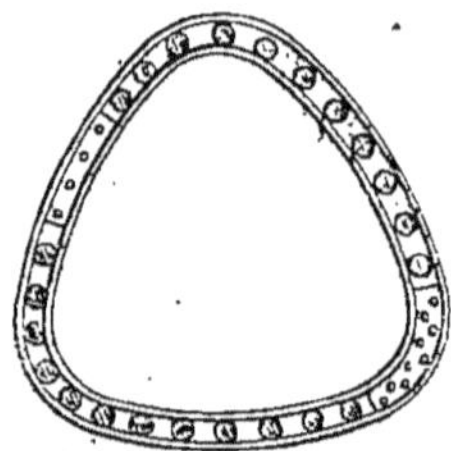
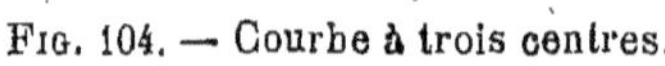
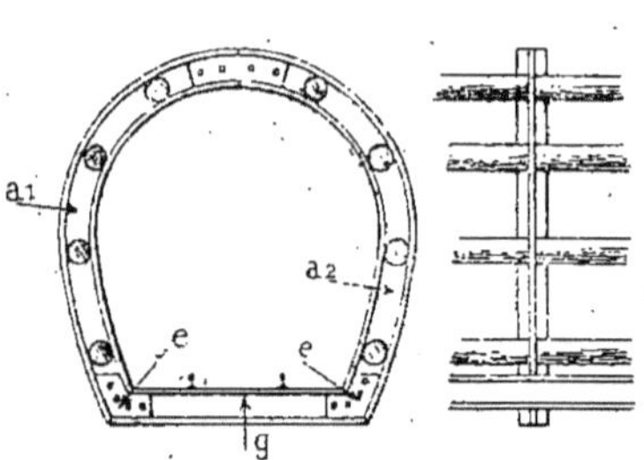

FIG. 104. — Courbe à trois centres.   FIG. 105. — Courbe elliptique.

Le cadre elliptique à semelle horizontale (*fig. 105*) se rapproche, comme profil, des cadres ouverts. Les profilés sont réunis par des éclisses *e*.

La semelle est du même type de fers que les deux autres segments.

Ces cadres fermés, ne pénétrant pas dans le sol, ont une tendance à se renverser ; il faut les relier solidement entre eux.

110. Cerclage des mines de Campagnac. — Comme dernier exemple de ces systèmes de blindage, nous décrirons le cerclage employé aux mines de Campagnac, pour les galeries de traçage ou de recherches en terrains chargeant beaucoup (*fig. 106-107*).

Il est formé de deux segments semi-circulaires, en acier doux à double T, réunis par des éclisses. La section définitive est de 2 m. environ en hauteur sur 1m,80 en largeur. Les fers à T ont $126 \times 88 \times 14^{m}/_{m}$ et leur résistance par mm^2 est de 40 kg. Chacun des deux segments pèse 100 kg.

Les cadres sont placés à 50 cm. ou 1 m. l'un de l'autre reliés par des poussards en bois et entourés d'un garnissage jointif, en rondins de chêne qui transmettent la pression sur tout le pourtour du cercle, tout en empêchant la chute de blocs à l'intérieur. Ces rondins ont 1 m. de longueur sur

10 à 12 cm. de diamètre et sont parfois fendus en deux, pour mieux répartir la pression. Les vides entre eux et le terrain doivent être bourrés avec grand soin.

Lorsque la galerie présente une courbe, les cercles sont placés normalement aux parois, et on modifie en conséquence la longueur des rondins de bois qui peuvent présenter, du côté intérieur de la courbe, une longueur réduite à 30 cm.

Pour enlever les cercles, il suffit de déboulonner les éclisses, et de couper certains rondins lorsque les pièces métalliques s'y sont encastrées.

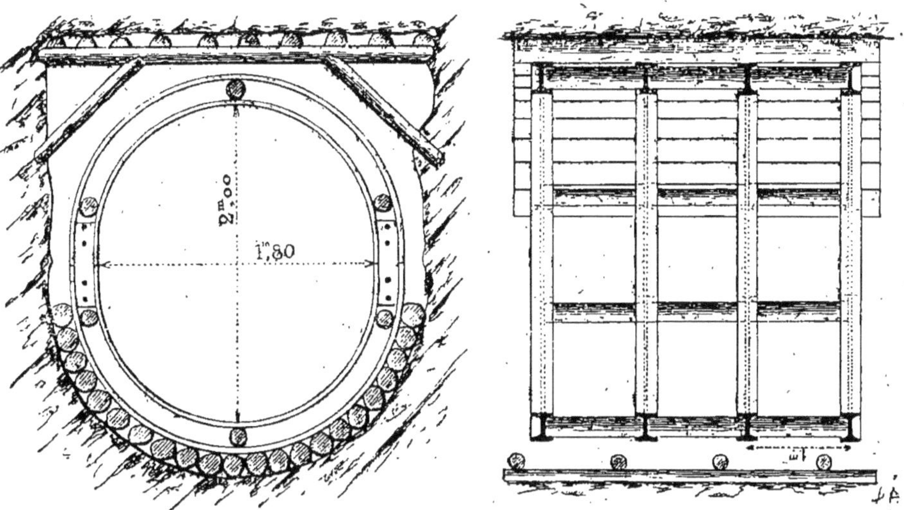

Fig. 106. — Blindage de Campagnac.   Fig. 107. — Coupe longitudinale.

Avant la guerre, on estimait que le prix de revient du mètre courant de cerclage s'élevait à 110 fr. 30 dont 4 fr. 60 de main-d'œuvre et 105 fr. 70 de matériaux.

Si l'on tient compte de ce que les cercles peuvent servir trois fois en moyenne, et que les frais de décerclage s'élevaient à 46 fr. 40, le prix de revient définitif du mètre courant n'était plus que de 63 fr.

Actuellement ces prix seraient naturellement bien plus élevés.

111. Avantages et inconvénients des soutènements métalliques. —

Le soutènement métallique est surtout avantageux soit dans les galeries de peu de durée, en mauvais terrain (car on peut alors enlever les fers avant que la pression les ait tordus), soit dans les galeries à grande section.

Dans ce dernier cas, l'économie vient surtout de la diminution de la section à creuser. Pour 1 m² de section utile, avec cadres circulaires, il faut (1) :

---

(1) *Cambessédés*, Exploitation des mines.

Avec cadres en fer . . . . $1^{m3}230$
Avec cadres en bois . . . . $1^{m3}920$
Maçonnerie . . . . $2^{m3}700$

Dans des terrains qui chargent énormément, les boisages sont rapidement écrasés, et les maçonneries elles-mêmes se disloquent, tandis qu'un soutènement métallique suffisamment serré résiste.

Lorsqu'on ne veut pas multiplier le nombre de cadres, dans une galerie qui charge modérément, il vaut mieux attendre que la première pression se soit exercée sur un boisage provisoire. Le blindage que l'on pose ensuite a moins de chances d'être déformé.

Les réparations des cadres métalliques sont difficiles. Mais lorsque le soutènement est assez solide, on réalise une économie sensible.

Ainsi à Epinac, on a essayé les trois systèmes de soutènement, dans des conditions semblables, et on a obtenu les résultats suivants, au bout de trois ans (par mètre courant) :

	Boisage	Blindage	Muraillement
Etablissement :	11 fr. 50	16 fr.	30 à 40 fr.
Entretien :	10 fr.	—	—

Après ce délai, les cadres en bois étaient à remplacer, ce qui accentuait sensiblement l'avantage du blindage.

112. Résumé. — Le soutènement métallique s'est développé, depuis la fin du XIXᵉ siècle, lorsque les prix des fers ont baissé, et qu'il a été possible de se procurer des profilés de types appropriés à la confection de cadres.

Dans les chantiers, on n'emploie guère le soutènement métallique que sous forme de *buttes*, formées de deux parties réunies par une bague circulaire, de deux tubes coulissant l'un dans l'autre, ou encore d'une vis se déplaçant dans une colonne. Divers dispositifs, plus ou moins complexes, ont permis de réaliser une flexibilité suffisante.

On rencontre aussi un soutènement mixte, avec flandres en fers (vieux rails ou fers à $\mathbf{I}$) et montants en bois.

C'est surtout dans les galeries que les cadres métalliques sont employés ; le chapeau est en fer, droit ou cintré, les montants en fer ou en bois ; le garnissage se fait en fers plats terminés par des crochets qui embrassent les champignons des rails ou les ailes des profilés.

Lorsque les cadres sont formés de segments qui épousent le profil de la galerie, le soutènement est généralement désigné sous le nom de *blindage*. Il peut être *ouvert*, c'est-à-dire ne soutenant que la couronne et les parois, ou au contraire *fermé*, les segments qui composent le cadre entourant toute la section. Les formes circulaire ou elliptique sont les plus simples, mais exigent un entaillement plus grand dans le terrain, aussi préfère-t-on parfois des profils plus complexes, qui réduisent le volume à abattre.

Les cadres en fer, surtout fermés, doivent toujours être bien reliés entre eux.

Ils sont surtout avantageux dans les galeries de peu de durée, chargeant beaucoup, ou dans celles dont les dimensions sont considérables.

Dans les galeries qui doivent durer, il est parfois préférable de laisser donner le premier coup de charge avant de placer les cadres métalliques, dont l'entretien est difficile.

Lorsque la charge est assez modérée pour qu'on puisse procéder de suite au soutènement métallique, celui-ci permet d'économiser l'entretien, et il est beaucoup moins coûteux d'installation que la maçonnerie.

CHAPITRE VI

MURAILLEMENT

SOMMAIRE

§ 1. — GÉNÉRALITÉS.

113. Conditions d'emploi. — Il existe des cas où les parois de l'excavation doivent être revêtues d'un soutènement continu, les recouvrant entièrement, et présentant une grande solidité.

Ce sera le cas dans les terrains qui chargent fortement, et qui sont fissurés. De même dans les masses inconsistantes ou coulantes, qui nécessitent un garnissage à la fois étanche et très résistant.

Il existe d'autres circonstances où la maçonnerie est utile, même si les terrains sont assez solides : par exemple lorsqu'ils ont tendance à gonfler, ou qu'il y a à craindre des venues d'eau.

On maçonnera également les zones qui doivent présenter une section constante et bien lisse, pour favoriser l'aérage ou la circulation des eaux. Dans les mines de charbon sujettes à des échauffements dangereux, les parties du gisement à protéger contre les infiltrations d'air seront maçonnées.

Le muraillement est donc d'un emploi fréquent dans les mines, et parfois dans des circonstances délicates. Il est donc indispensable d'en connaître les procédés d'exécution.

114. Comparaison entre le muraillement et le boisage. — Au point de vue des dépenses de premier établissement, un bon muraillement en mortier, chaux et sable coûte au moins trois fois plus cher qu'un boisage, même complet, dans une galerie, deux fois autant dans un puits à grande section.

De plus, il nécessite l'enlèvement d'un plus grand volume de rocher.

Par contre, le boisage nécessite toujours des frais d'entretien qui peuvent, au bout d'un certain nombre d'années, devenir assez élevés pour que le prix de revient définitif soit plus fort que celui qu'aurait entraîné l'établissement d'une galerie muraillée.

Pour faire un choix entre le boisage et le muraillement, il faut donc tenir compte des frais d'établissement (matériaux et main-d'œuvre), mais principalement du temps pendant lequel l'ouvrage considéré devra être maintenu.

Si le muraillement peut être établi de façon à durer aussi long-temps que l'excavation doit rester ouverte, sans qu'il y ait besoin de réparations notables, on aura donc souvent avantage à adopter ce mode de soutènement. Mais si le premier coup de charge des terrains est de nature à disloquer la maçonnerie, si solide soit-elle, il vaut mieux ne pas recourir à ce système, qui deviendrait extrêmement coûteux et difficile à réparer.

§ 2. — MATÉRIAUX ET MODES D'EXÉCUTION.

a) *Matériaux.*

115. Pierres. — Les matériaux employés dans la maçonnerie sont *naturels* (moellons, gravier, sable) ou *artificiels* (briques, chaux, ciment). Le moellon brut, à condition de ne pas être obligé d'en tailler le parement autrement qu'au marteau, donne une maçonnerie relativement bon marché.

En particulier les moellons plats provenant de certaines roches sédimentaires ou schisteuses sont faciles à employer. Toutefois la maçonnerie de moellons comporte toujours une épaisseur plus forte que celle faite avec les briques, aussi n'est-elle pas très fréquemment adoptée.

Au contraire on emploie souvent des murs en *pierres sèches*, par exemple pour soutenir les remblais.

Nous ne nous étendrons guère sur ce type spécial de soutènement, qui ne demande aucune préparation des pierres employées.

116. Briques. — Les briques sont de beaucoup les matériaux usuels les plus employés.

Leur résistance varie notablement suivant leur degré de cuisson. On reconnaît à la sonorité si les briques sont suffisamment cuites et capables de bien résister, d'une part à la compression, d'autre part à l'humidité ou au gel qui les feraient éclater si elles étaient mal cuites.

Elles ne doivent pas contenir de chaux libre, ce qui se produit lorsque l'argile dont elles proviennent contient des noyaux calcaires. La chaux rendue libre par la cuisson fuse, se délite sous l'influence de l'humidité, et la brique éclate.

Une brique trop cuite se vitrifie plus ou moins à la surface et le mortier s'y accroche moins fortement ; mais cet excès de cuisson est beaucoup moins grave qu'une cuisson insuffisante.

Les *dimensions* courantes, en France (architectes du Nord), sont, en cm. :

$$22 \times 10,5 \times 6 = 1386 \text{ cm}^3.$$

Dans certains pays on a adopté des dimensions un peu plus grandes :

En Suisse. . . $25 \times 12 \times 6 = 1800$ cm³.
En Allemagne . $25 \times 12 \times 6,5 = 1950$ cm³.

Une brique française pèse environ 3 kg. et le m³ de maçonnerie, mortier compris, pèse de 17 à 1800 kg.

La *résistance* d'une bonne maçonnerie, avec mortier hydraulique, après durcissement complet est de 100 à 200 kg. par cm². On peut donc lui faire supporter, en toute sécurité, une charge de 4 à 6 kg.

117. Mortier. — Le mortier est composé d'une matière inerte, le sable, et d'un liant constitué par de la chaux ou du ciment.

La chaux est *aérienne* ou *hydraulique* suivant que, pour faire prise après gâchage à l'eau, elle exige l'action de l'air ou qu'elle peut s'en passer.

La chaux aérienne ou *grasse* est obtenue par la cuisson d'un calcaire ou carbonate de chaux (moins de 10 °/₀ d'argile). La cuisson provoque la séparation de l'acide carbonique qui se dégage et de la chaux (oxyde de calcium anhydre). On a alors la *chaux vive*.

Soumise à l'action de l'eau, la chaux grasse s'échauffe en foisonnant (elle absorbe 3,25 à 3,50 fois son poids d'eau) et s'*éteint*, en donnant une pâte qui peut se conserver longtemps en cet état si on a soin de la tasser dans un bassin, de manière qu'elle ne présente à l'action de l'air qu'une surface lisse.

Elle peut alors servir au gâchage du mortier employé pour faire de la maçonnerie exposée par ses deux faces à l'air. Sous l'action de l'acide carbonique de ce dernier, elle durcit et fait prise. Mais elle conviendrait mal pour de la maçonnerie de fondation, ou dans l'eau, ou encore exposée à une grande humidité. Il faut, dans ces divers cas, recourir à la *chaux hydraulique*.

Les chaux *maigres*, faites avec des calcaires impurs, n'absorbent que 1,25 à deux fois leur poids d'eau, et donnent une pâte qui durcit et fait prise moins bien que la chaux grasse.

Les *chaux hydrauliques* ou les *ciments* sont au contraire obtenus par la cuisson de calcaires argileux ou de mélanges de calcaire et d'argile.

Plus ils contiennent d'argile (donc d'alumine), plus ces produits sont hydrauliques. L'air n'intervient pas dans leur prise et l'eau ne la gêne pas. Les ciments sont des chaux hydrauliques contenant plus de 35 % d'argile.

On distingue les chaux *hydrauliques*, *moyennement hydrauliques*, *éminemment hydrauliques*, les ciments *lents*, *demi-lents*, *prompts*, suivant les matières premières qui ont servi à leur fabrication ; on distingue encore les ciments de *grappier*, les ciments de *laitier*, qui ont des propriétés particulières dont l'étude sortirait du cadre de ce chapitre.

Sauf certains emplois spéciaux où le ciment est nécessaire, c'est la chaux qui est l'élément essentiel des mortiers usités dans la confection des maçonneries.

L'extinction s'opère par un arrosage en pluie et modéré, sous l'action duquel la chaux se réduit en poudre. Il est bon de conserver la chaux hydraulique en cet état, dans un silo, pendant un certain temps avant la vente, afin que les parties de chaux vive qu'elle peut contenir se soient complètement éteintes. Elle est livrée au commerce dans des sacs de 50 kg., plombés avec marque d'origine.

118. Confection du mortier. — On dispose le plâtre sur une aire en planches, en formant une cuvette où l'on verse la quantité de chaux correspondante suivant le dosage adopté. On arrose le tout et on brasse, en même temps, le mélange avec des griffes en fer jusqu'à ce qu'il soit bien homogène, et tous les grains de sable bien enveloppés du produit onctueux constitué par la chaux mouillée. Il ne faut pas mettre trop d'eau. Le mortier préparé doit avoir un aspect sec et plastique.

119. Composition des divers mortiers. — La composition des mortiers varie suivant leur destination et la résistance que l'on veut obtenir.

Le sable a pour effet de donner au mortier plus de résistance à l'écrasement, de diminuer la tendance au retrait pendant le durcissement, de rendre le mortier plus poreux, ce qui accélère la prise en facilitant la pénétration de l'acide carbonique de l'air. Il doit être grenu, à grains anguleux ; avec la chaux grasse on emploiera du sable plus gros qu'avec la chaux hydraulique.

Le volume de chaux à ajouter sera au moins égal à celui des vides du sable, que l'on peut mesurer en remplissant un vase de capacité connue avec du sable, et en ajoutant de l'eau jusqu'à ce qu'elle affleure au niveau de ce dernier.

Comme dosage, il faut de plus en plus de sable au fur et à mesure qu'on emploie des chaux plus grasses.

Par exemple 1 partie à 2 parties de sable pour 1 de chaux hydraulique, 2 à 3 de sable pour 1 de chaux grasse.

Pour des maçonneries ordinaires on emploiera par exemple

1 partie de chaux grasse, 2 1/2 de sable.
ou 1 de chaux hydraulique et 3 de sable.

Pour des maçonneries plus soignées (voûtes ou fondations)

1 partie de chaux, 1 de ciment, 5 de sable.
ou 1 de chaux hydraulique, 1 de ciment, 3 de sable.

b) *Exécution des maçonneries.*

120. Maçonnerie en pierres sèches. — Les moellons bruts ont les formes les plus irrégulières ; pour les maçonneries au mortier, il faut commencer par faire tomber au marteau les parties peu résistantes (*bousin*) ; mais pour les murs en pierres sèches cette opération est moins indispensable. On cherche seulement à empiler les moellons de façon à former un enchevêtrement solide. On se contente donc de supprimer les aspérités qui ne permettraient pas l'enchevêtrement ; les vides trop grands sont calés avec les éclats et de petites pierres.

121. Maçonnerie au mortier. — Pour que la maçonnerie hourdée au mortier soit solide, il faut qu'en aucun point les moellons ne soient au contact sans interposition de mortier ; si cette condition est remplie, et que les pierres sont soigneusement enchevêtrées, on obtient après durcissement un massif très résistant.

Le maçon doit prendre chaque moellon et étendre à la truelle du mortier sur toutes les parties qui seront assujetties sur l'assise déjà en place. Il le pose sur un lit de mortier et enfonce dans ce dernier des éclats de pierre, de façon qu'il n'y ait nulle part de masses de mortier trop épaisses.

Il est bien rare que dans les maçonneries exécutées dans les mines, il soit nécessaire d'avoir des parements particulièrement réguliers et bien dressés, sauf parfois dans les galeries d'aérage. Ce serait donc du temps et de l'argent gaspillés que de dresser les moellons avec un soin inutile.

122. Maçonnerie de briques. — Les briques se prêtent beaucoup mieux que les moellons à la confection de murs de dimensions bien définies et de parements réguliers.

Les assises elles-mêmes sont d'épaisseur uniforme. Les dimensions des briques permettent d'élever des cloisons de 11 cm. (une demi-brique) et des murs de 22 cm. (1 brique) 34 cm. (1 brique 1/2) 45 cm., et au-delà.

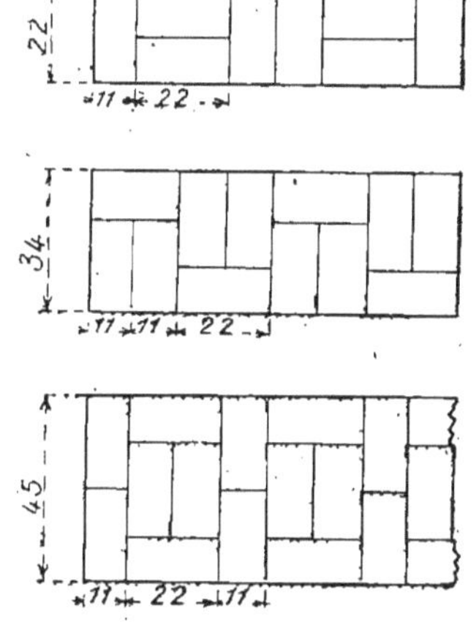

Fig. 108. — Murs en briques.

Ces chiffres contiennent l'épaisseur des joints.

On a soin de recroiser les joints verticaux dans les assises successives, de manière à ne pas créer de lignes continues de moindre résistance.

Dans les travaux souterrains il est inutile, en général, de chercher de combinaisons de lignes pour donner à l'ensemble une certaine diversité.

La fig. 108 indique en plan la disposition des briques dans les assises d'un mur, suivant que l'épaisseur totale doit être de 22 cm., 34 cm. ou 45 cm.

Les briques sont suffisamment poreuses pour absorber l'eau du mortier en contact avec elles, si on les employait à l'état sec. Il est donc indispensable de les *abreuver* d'eau avant de les placer ; il ne suffit pas pour cela de les tremper à la main dans un baquet, mais il faut les y laisser séjourner un certain temps. Beaucoup de maçons sont réfractaires à cette pratique, parce que les briques abreuvées happent à la main et produisent des excoriations.

Avant de poser une brique, on doit étendre du mortier sur l'emplacement qu'elle doit occuper, et sur les côtés.

Lorsqu'elle est posée, on lui donne un petit mouvement alternatif pour faire refluer le mortier, qui chasse l'air et remplit les vides. Quelques coups avec le manche de la truelle sur le haut de la brique permettent d'amener la face supérieure au niveau général de l'assise.

Le joint est réduit à 8 ou 10 $^m/_m$.

123. Renseignement divers. — On peut estimer qu'il faut à un maçon, avec son aide 5 à 6 h. pour faire 1 mètre cube de maçonnerie en moellons, ou de piédroits en briques, 7 à 8 h. pour des voûtes en briques.

Pour des murs de fondation, en moellons, il ne faut guère que 4 à 5 h.

Quant à la *quantité de mortier*, par mètre cube de maçonnerie, elle est de :

0^{m3},10 avec des briques.

0^{m3},30 environ avec des moellons.

0^{m3},20 environ pour des voûtes en pierres de taille.

§ 3. — MURAILLEMENT DES GALERIES.

124. Muraillement en pierres sèches. — La nature de la maçonnerie à employer varie suivant les circonstances.

La pierre sèche suffit, sauf dans de rares exceptions, pour murailler les galeries de desserte des chantiers, réservées au milieu des remblais.

Les travaux de muraillement et de remblayage sont conduits simultanément. En général on remblaie, en arrière de la taille, avec les matières stériles que fournit le gîte, au besoin avec des matériaux introduits dans la mine. On jette ces remblais à la pelle, derrière un mur en pierres sèches établi le long du chantier.

Le long des galeries à réserver on ménage soit un mur continu, soit des lignes de piliers, confectionnés avec des moellons, choisis dans les déblais d'après leur résistance et leur forme. Les parements sont dressés le mieux possible sur les faces qui ne sont pas en contact direct avec la masse des remblais.

Si l'on ne craint pas le danger d'incendie, on y dispose souvent des vieux bois qui forment liaison dans toute l'épaisseur du massif et qui donnent une certaine élasticité au pilier, dont l'épaisseur a parfois 1^m,50 à 2 m.

Si le toit a besoin d'être soutenu sur la largeur de la galerie, on boise avec quelques chapeaux engagés dans la maçonnerie et reposant sur d'autres vieux bois, placés longitudinalement, pour répartir la pression sur une base suffisante (*fig 109*).

Coupe transversale.

Coupe longitudinale.

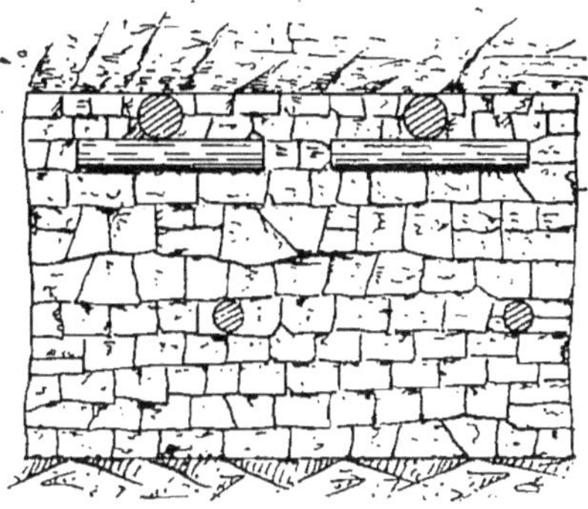

Fɪɢ. 109. — Galeries en remblais.

Ce système donne à peu de frais, dans les terrains qui ne chargent pas trop, un soutènement qui dure assez longtemps ; il ne s'agit pas, en effet, de galeries ayant une durée considérable. Un muraillement au mortier serait plus cher et ne résisterait pas mieux à l'affaissement certain du toit.

Cette galerie au remblai sera en général mieux placée au milieu du remblai qu'appuyée contre le terrain non excavé. Les deux faces de la galerie sont également pressées, tandis que dans le second cas elles sont soumises à des pressions différentes et la galerie est susceptible de se déverser, si le massif de terrain s'affaisse brusquement ou détermine une poussée anormale en tendant à s'ébouler.

125. Maçonnerie au mortier. — La maçonnerie hourdée au mortier s'emploie lorsque l'ouvrage doit avoir une longue durée.

Son usage est également indiqué lorsqu'on ne dispose pas d'une grande place permettant de fortes épaisseurs.

L'intervention du mortier permet alors de réduire les épaisseurs de mur, et l'emploi de la brique se prête à des épaisseurs moindres encore que celui des moellons. En outre, il est bon, dans ces applications, d'avoir des parements suffisamment dressés, et la brique est également plus avantageuse à cet égard.

126. Bourrage. — Quel que soit le genre de maçonnerie employé dans un muraillement, il importe de ne point laisser de vides entre elle et la paroi du terrain. Ces vides seront donc remplis, bourrés avec soin, au fur et à mesure que le mur s'élève.

Ce bourrage, dans la plupart des cas, est fait avec des remblais provenant de l'excavation, que l'on pilonne fortement.

Dans le cas où la paroi est formée de terrain inconsistant ou ébouleux, on peut être conduit à bourrer avec de vieux bois susceptibles de répartir sur une grande étendue du mur une poussée accidentelle et locale.

127. Forme des piédroits. — Lorsque les parois du terrain sont suffisamment solides pour qu'on n'ait pas à redouter des poussées latérales trop fortes, il suffit de monter les maçonneries à

Fig. 110. — Murs ; parements droits.

parement vertical, en soignant particulièrement le bourrage en arrière (*fig. 110*).

Si au contraire ces poussées latérales sont considérables, on donnera au muraillement une certaine courbure dans le sens vertical ; le mur constitue alors un berceau à génératrices horizontales (*fig. 111*).

128. Couronne de la galerie et emploi des voûtes. — La cou-

ronne de la galerie peut être soutenue par des chapeaux en bois,
en fers à **T**, ou en vieux rails reposant sur les piédroits.

Des rondins jointifs,
placés dans le sens lon-
gitudinal, et recouverts
eux-mêmes d'un bour-
rage en terre ou en fas-
cinages, forment un gar-
nissage solide et assez
élastique.

Dans les terrains
peu consistants, on peut
même cintrer les fers,
comme dans la fig. 111.

On est cependant
souvent conduit à faire
une véritable voûte en
briques.

FIG. 111. — Murs ; double fruit.

Le plein-cintre est certainement la forme de voûte qui donnera
la résistance la plus grande, surtout si le terrain peut lui-même
être taillé en voûte.

La fig. 112 en donne un exemple ; la voûte est formée de deux rouleaux
de 11 cm. superposés, recouvrant une galerie de 1ᵐ,40 de largeur utile et

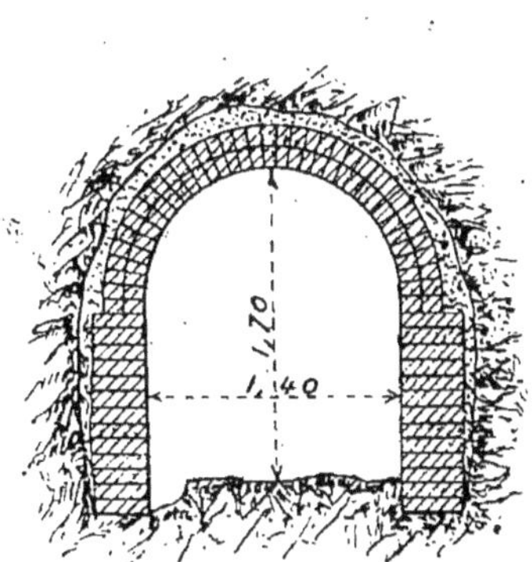

FIG. 112. — Voûte circulaire.

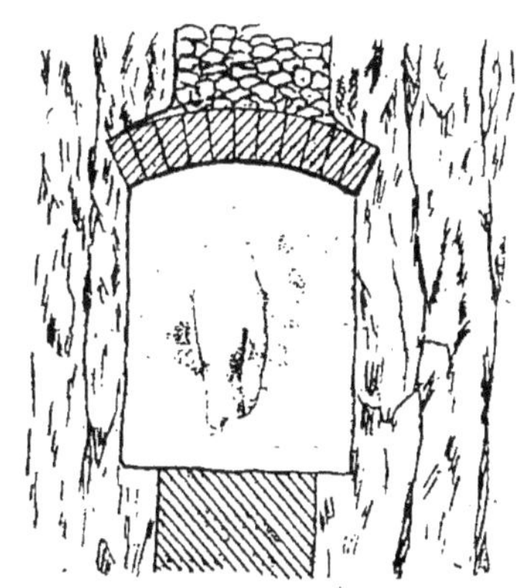

FIG. 113. — Voûte, retombées inverses.

1ᵐ,70 de hauteur à la clef. Dans certains cas, la voûte devra être formée de
deux rouleaux de 22 cm., soit 45 cm. en tout.

Les piédroits, dans cet exemple, n'ont qu'une épaisseur de 30 cm. de chaque côté, ce qui évite d'augmenter la largeur creusée. Il est seulement nécessaire d'excaver les parois dans certaines parties inconsistantes.

Lorsque les épontes de la couche ou du filon sont particulièrement solides, et qu'il s'agit de soutenir un toit en remblai, on peut se servir de la roche comme piédroits, sans revêtement. La *voûte surbaissée* environ à 1/6 (rayon égal à l'ouverture), pénètre dans les parois pour y prendre appui (*fig. 113*).

129. Cintres. — La construction de la voûte se fait sur cintres retroussés que soutiennent aux naissances des buttes appuyées sur des semelles horizontales, réunies au sommet par un chapeau longitudinal. Des coins jumelés interposés entre le chapeau et le cintre permettent facilement un décintrage graduel.

Pour d'aussi faibles portées, le cintre est des plus simples. On peut se contenter de composer chaque fermette de deux cours de vaux taillés dans des planches, cloués l'un sur l'autre à joints recroisés. Ces fermettes étant placées à 1 m. environ les unes des autres, on pose par dessus un couchis formé de planches disposées dans le sens longitudinal.

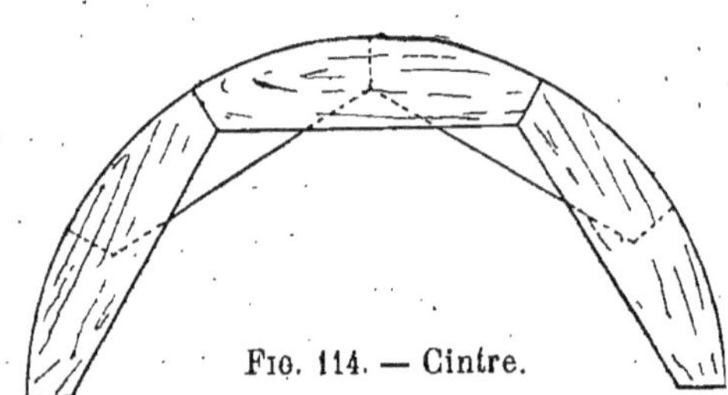

Fig. 114. — Cintre.

On peut parfois se contenter, comme fermette, d'une forte barre de fer recourbée suivant le profil de la voûte.

130. Différents systèmes de voûtes. — Les briques ayant une épaisseur uniforme, si la voûte a une grande épaisseur, les joints vont en s'ouvrant vers l'extrados, et le mortier prend une épaisseur notable, ce qui n'est pas sans inconvénient tant que le mortier n'a pas pris son durcissement complet. Il est donc préférable d'obtenir la hauteur voulue en superposant plusieurs rouleaux concentriques de 22 cm. entre lesquels on étend un lit de mortier.

En outre le cintre, n'ayant à supporter que le premier rouleau peut être très léger. Le premier rouleau servira ensuite de cintre pour le second, et ainsi de suite.

L'intrados (ou *douelle*) peut évidemment affecter toutes les formes appliquées aux voûtes. Nous avons déjà signalé le plein cintre et l'arc de cercle surbaissé. On pourrait également adopter l'anse de panier, mais c'est une complication généralement inutile dans les travaux de mine.

131. Voûtes en moellons. — Les voûtes en briques sont les plus faciles à exécuter, mais on peut cependant employer des moellons, surtout lorsqu'on dispose de pierres naturellement plates.

Fig. 115. — Couronne surbaissée.

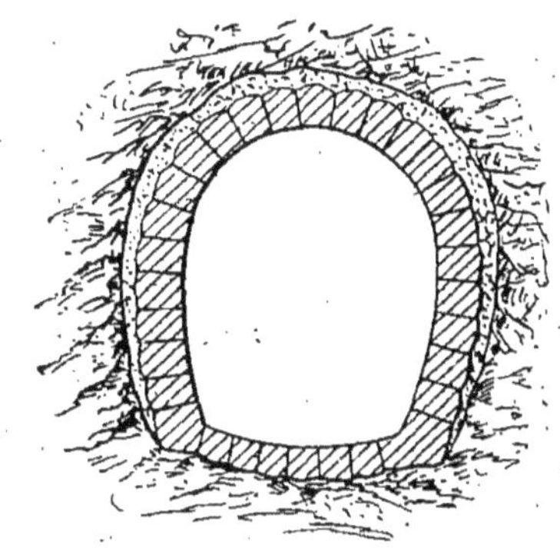

Fig. 116. — Plein-cintre sur murs arqués.

Les fig. 115 et 116 représentent deux exemples de galerie ; le soutènement de la première est réduit à une voûte reposant sur la roche ; la seconde, de section ovoïde, est entièrement revêtue de moellons.

Cette forme présente sur tout le pourtour une grande résistance aux poussées. En outre le radier en voûte renversée empêche les piédroits de se rapprocher et complète la résistance.

La figure d'égale résistance serait évidemment le cercle ; on a fait des galeries cylindriques (*fig. 117*), mais une partie de la section est perdue. En effet,

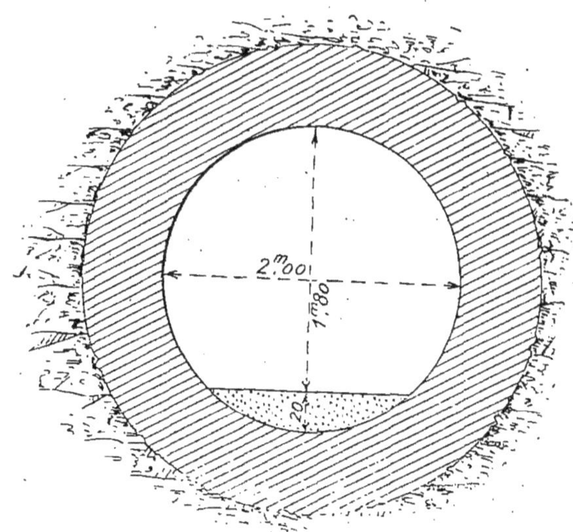

Fig. 117. — Voûte circulaire.

le segment inférieur est remblayé afin de donner une voie plane.

Pour avoir une hauteur suffisante au-dessus des rails, le diamètre doit être assez grand, et la largeur au centre est plus considérable qu'il n'est nécessaire, au moins dans le cas d'une galerie, à une seule voie.

Comme nous l'avons déjà dit à propos des galeries blindées, on préfère dans ce cas la section ovoïde, telle qu'elle est représentée sur les fig. 118 et 119.

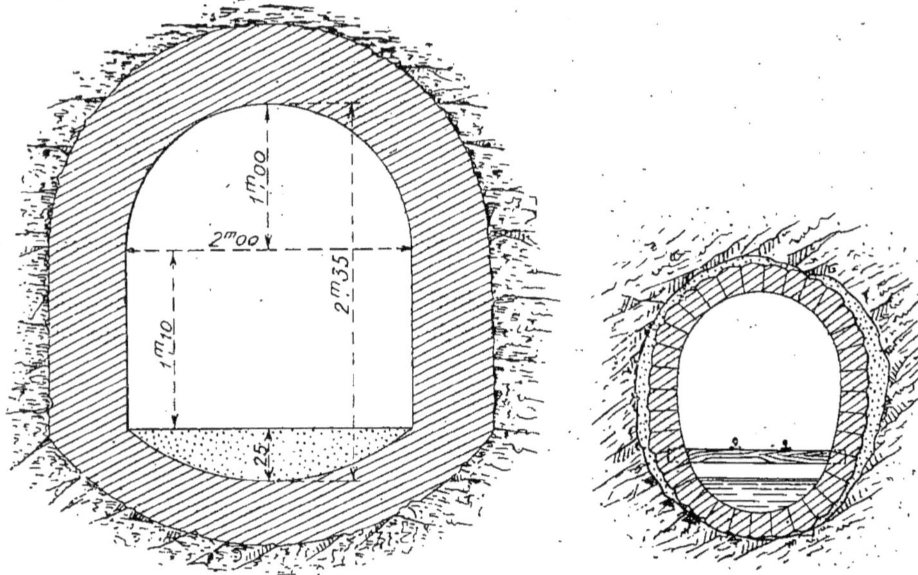

FIG. 118. — Voûte radier.

FIG. 119. — Voûte ovoïde.

La première est en somme une galerie à piédroits verticaux complétée par une voûte radier renversée. Sur la seconde, on remarquera l'installation des traverses à une certaine hauteur au-dessus du fond, de manière à ménager un canal d'écoulement pour les eaux.

132. Voûtes incomplètes ou spéciales. — Il peut arriver que le muraillement soit incomplet. Lorsque les circonstances le permettent, on supprime une partie du soutènement, en appuyant la partie maçonnée sur la roche en place.

Par exemple, s'il s'agit d'un soutènement dans une couche inclinée (*fig. 120*), à mur solide, la voûte peut se réduire à un arc dissymétrique, interrompu à sa rencontre avec le mur qui lui sert de sommier.

Il peut arriver que ce soit l'un des piédroits qui disparaisse (*fig. 121*), la voûte prenant appui sur la roche. On peut imaginer beaucoup d'autres formes, adaptées aux poussées à maintenir.

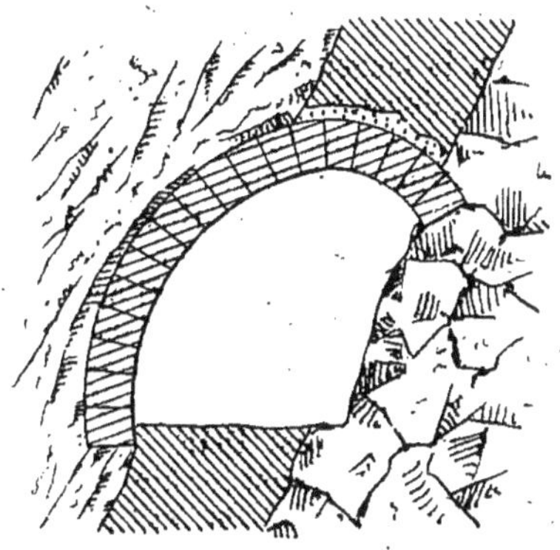

Fig. 120. — Voûte à arc dyssymétrique.

Fig. 121. — Suppression d'un piédroit.

Ainsi, dans le cas de la fig. 122, les parois sont solides et le toit constitué par un filon ébouleux, qui nécessite un muraillement très résistant. On réalise ce dernier en réduisant la portée de la voûte, qui reporte toute la charge du filon sur des piédroits inclinés comme des jambes de force. Dans

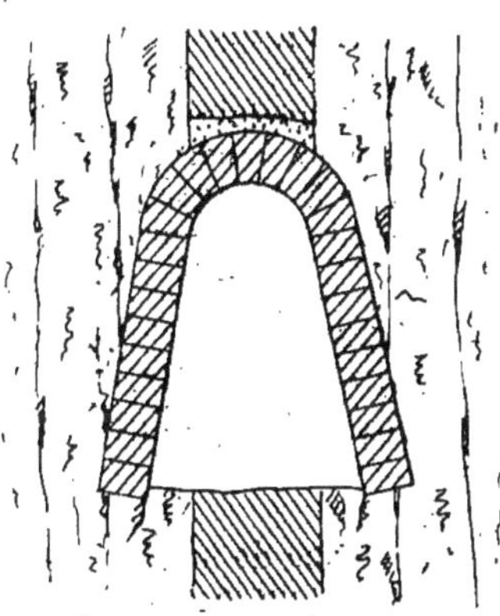
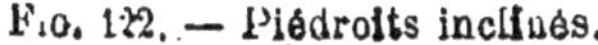

Fig. 122. — Piédroits inclinés.

Fig. 123.

la fig. 123, le piédroit repose sur un massif de maçonnerie, supporté lui-même par une voûte au-dessus d'une couche sans consistance.

133. Tracé d'une voûte ovoïde. — Il est rare que l'on adopte un tracé en ellipse régulière dont la courbure, variant d'une façon

continue, complique la construction. En réalité, la douelle affecte
la forme d'une courbe à plusieurs centres, ou anse de panier.

La fig. 124 représente le tracé d'une courbe pour des voûtes de
ce genre, utilisées dans certaines mines où la pression est considérable.

On se donne : la longueur AB du radier, la largeur maximum CE de la
galerie à une hauteur donnée, la hauteur totale qui fixe la position de la clef.

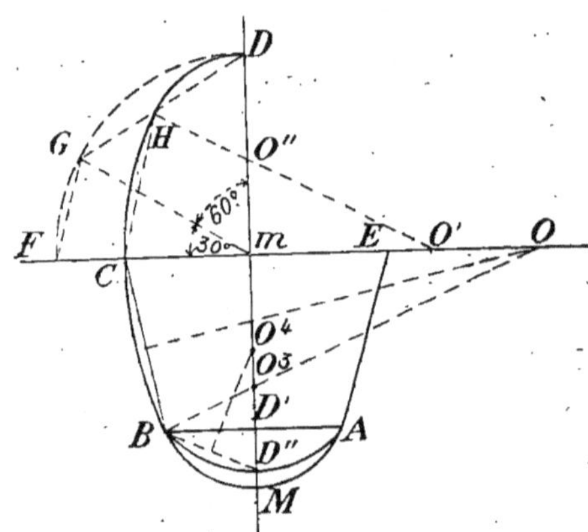

Fig. 124. — Tracé d'une courbe
à plusieurs centres.

Le tracé de Huygens permet de déterminer les deux centres O' O'' du demi arc supérieur CHD. S'il s'agissait d'un arc d'ellipse, celle-ci serait la projection du cercle dont le quadrant est DGF.

Inscrivons le côté de l'hexagone DG = Dm et joignons Gm et GF ; menons CH parallèle à GF, et par le point de rencontre H avec la corde DG prenons une parallèle HO' à Gm. Cette ligne donne les deux centres cherchés O' et O'' par ses rencontres avec les diamètres principaux. Les rayons sont O'H = O'C et O''H = O''D comme les triangles équilatéraux permettent de le voir.

Quant à l'arc CB, il suffit d'élever une perpendiculaire au milieu de la corde CB jusqu'en O. Le centre O_3 permet d'achever l'anse de panier inférieure ; mais le plus souvent, et pour ne pas avoir à excaver trop profondé-
ment, on prend une flèche plus petite D' D'' qui peut être 1/5 ou 1/2 de AB.

134. Muraillement aux mines de Campagnac. — On peut rencontrer un intéressant exemple de muraillement pour le soutène-
ment des galeries dans les mines de l'Aveyron, particulièrement à Campagnac.

En raison de la puissance que présente la couche de houille, l'exploitation reste longtemps sous les mêmes roches schisteuses du toit. Celles-ci
foisonnent sous l'action de l'humidité, se désagrègent et finissent par couler
comme du sable. Cet effet s'accentue d'ailleurs à mesure que l'exploitation
descend.

Les poussées du terrain s'exercent dans tous les sens au voisinage et en
dehors de l'exploitation jusque dans les traçages au charbon. Des pressions
très élevées se manifestent dans les galeries traversant les parties stériles
failleuses qui séparent les différentes lentilles constituant la couche.

Dans d'aussi mauvais terrains, on a dû recourir à la maçonnerie pour le

soutènement des recettes, ainsi que pour les galeries les plus importantes.
et les bifurcations.

Dans une note publiée par le *Bulletin de l'Industrie minérale*, M. Chapoton a exposé par quels moyens il est parvenu à surmonter ces difficultés.

Certains cas particulièrement délicats ont exigé la construction de galeries à section circulaire (*fig. 117*), ou à profil ovale (*fig. 118*), lorsque les poussées latérales étaient moins à redouter.

L'épaisseur des murs variait de 50 à 75 cm.; la maçonnerie était faite en briques ou en micaschistes durs, avec mortier ordinaire.

Dans le type de la fig. 118, où les piédroits verticaux sont reliés par un radier en voûte renversée, il entrait $5^{m3},5$ de maçonnerie au mètre courant, et le prix était de 90 fr. le mètre, non compris le creusement de la galerie primitive de 2 m. $\times$ 2 m.

135. Substitution d'un muraillement à un boisage primitif. —

Dans les terrains ébouleux, il est nécessaire de placer, immédiatement après le creusement, un boisage provisoire. Il serait d'ailleurs imprudent de construire le revêtement en maçonnerie avant que le premier coup de charge ne soit donné, et que les terrains aient repris à peu près leur équilibre. A ce moment seulement, on pourra songer à remplacer le boisage provisoire par de la maçonnerie.

C'est donc une véritable reprise en sous-œuvre qu'il faut exécuter, en partant du fond de la galerie et en revenant progressivement en arrière.

On enlève d'abord un cadre, que l'on remplace immédiatement par une longueur correspondante de muraillement, en soutenant le garnissage primitif et en l'arrachant au dernier moment.

On procède ainsi de proche en proche, un cadre après l'autre. L'enlèvement d'un cadre se fait lui-même élément par élément.

On coupe les montants par le pied, pour enlever la semelle avec ses garnissages, et maçonner le radier. Puis on coupe progressivement ces mêmes montants par tronçons à mesure que les piédroits s'élèvent, tout en maintenant en place ce qui reste encore, ainsi que le chapeau, par des étais et poussards provisoires. On pose ensuite les cintres; on enlève le chapeau et on maçonne rapidement un bandeau de voûte.

L'exécution de ce travail est donc délicate et exige des ouvriers habiles, car il importe qu'à aucun moment le terrain cesse d'être soutenu par le garnissage et les étuis provisoires.

La charge s'exerçant sur la maçonnerie presqu'immédiatement, il faut employer du ciment à prise rapide.

136. Pose de la voie. — La pose de la voie est simple dans

les galeries qui comportent simplement des piédroits, et dont le sol est naturel. Il y a lieu cependant de prévoir une rigole d'écoulement pour les eaux. Si celle-ci doit occuper toute la base de la galerie, il peut être nécessaire, soit d'encastrer les traverses dans la maçonnerie, soit de les placer sur des bois spéciaux, le long de cette dernière (*fig. 125*). Ce système a l'avantage de ne pas compromettre la solidité des piédroits. Il est d'ailleurs rare que l'on ait besoin de ménager une rigole d'écoulement d'aussi grande section.

Dans les galeries qui comportent un radier en maçonnerie, la pose de la voie est un peu plus compliquée. On peut appuyer les traverses sur la maçonnerie, à leurs deux extrémités (*fig. 126*), le

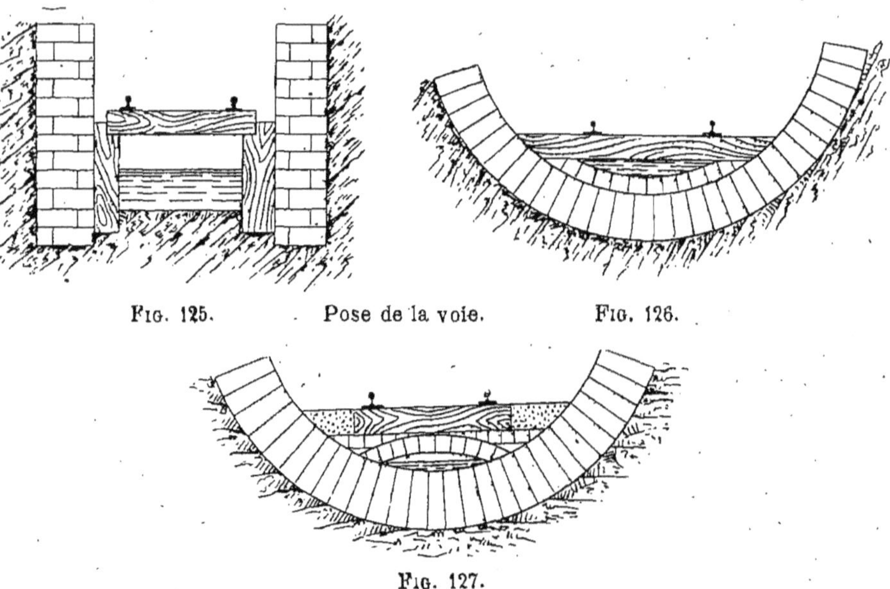

Fig. 125.   Pose de la voie.   Fig. 126.

Fig. 127.

fond formant rigole. On peut également établir une contre voûte (*fig. 127*). Dans ce cas il est nécessaire de ménager de place en place des regards pour l'observation et le curage de la rigole. L'inconvénient de ces dispositifs est de rendre les traverses solidaires des mouvements de la maçonnerie, aussi est-il préférable de les établir sur une assise de remblai. De toutes façons, l'entretien d'une rigole au fond du radier est une source d'ennuis.

137. Muraillement direct par poussage. — On a proposé divers procédés pour murailler immédiatement les galeries poussées dans des terrains inconsistants, lorsqu'on n'a pas à redouter les effets du premier coup de charge.

Le revêtement du front de taille et des parois est semblable à celui que nous avons décrit plus haut, en expliquant les procédés de creusement des galeries en terrains inconsistants.

Les palplanches sont en fer, soutenues par des cadres en fer. Elles sont toujours *engagées dans le terrain* d'une petite quantité, en avant du front de taille ; en arrière elles sont engagées *derrière la maçonnerie,* qu'on avance successivement, par reprises de 1 mètre environ, à mesure que les progrès de l'excavation permettent de démonter le cadre d'arrière pour le reporter en avant, à une petite distance du front de taille.

Les cadres en fer (*fig. 128*) sont constitués par deux pièces, afin de pouvoir être facilement démontés. Ils sont portés par une semelle

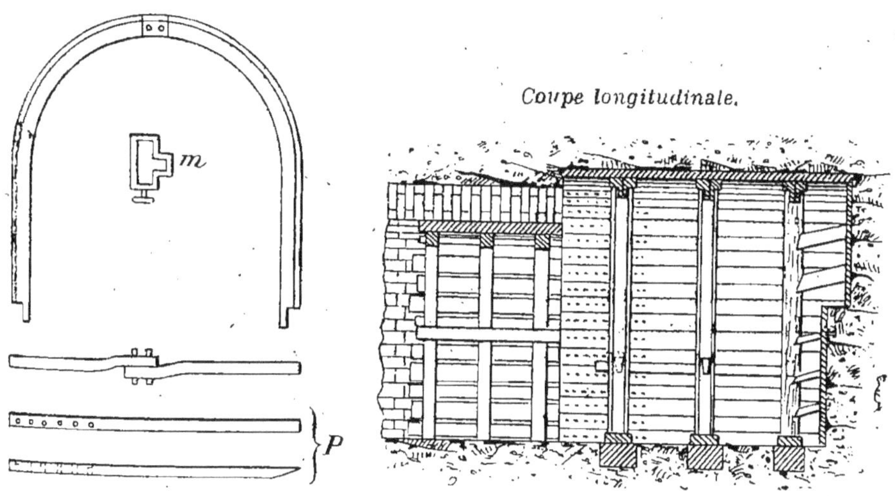

FIG. 128. — Cadre en fer.

FIG. 129. — Muraillement avec poussage.

formée d'une planche en fer, dans laquelle ils pénètrent par un collier représenté en plan sur le croquis *m*.

Cette planche est posée sur une autre semelle en bois qu'il suffit de river lorsqu'il s'agit de démonter le cadre.

La fig. 129 montre l'ensemble du travail.

Les trois cadres sont mis en place simultanément et maintenus parallèles par un entretoisement de deux tirants en fer qui traversent les nervures intérieures et sont clavetés à droite et à gauche de chacune d'entre elles.

Les palplanches en fer sont percées de trous dans lesquels on engage la pointe du levier en fer dont on se sert pour les faire avancer.

Ce mode de travail supprime la dépense de boisage nécessitée par le procédé habituel de soutènement. Mais il ne se prête pas, avec la même souplesse, à toutes les circonstances du travail de percement quand le terrain est difficile.

138. Soutènements mixtes. — Nous avons vu qu'on pouvait éviter la construction de voûtes, toujours difficile et coûteuse, en constituant le soutènement par des piédroits en maçonnerie portant des chapeaux en fer ou en bois.

Les voûtes ont en effet l'inconvénient d'exiger l'enlèvement d'une masse assez considérable pour leur logement.

Elles ne remplissent d'ailleurs entièrement leur rôle que lorsque la répartition des charges est à peu près régulière sur toute leur étendue, ce qui se rencontre rarement dans les travaux du fond.

Un soutènement mixte, du type représenté sur la fig. 130 s'oppose bien aux poussées de la couronne, mais il résiste moins bien aux fortes pressions latérales, quel que soit le profil adopté pour les murs. Dans ces conditions, l'application de ce système est limitée

Coupe transversale.

Fig. 130. — Soutènement en fer et maçonnerie.

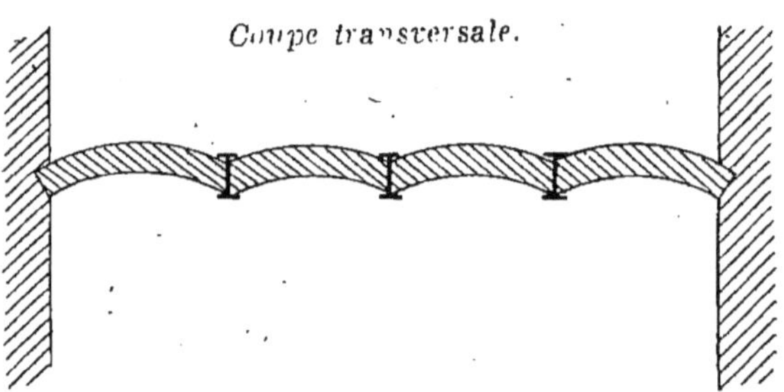

Fig. 131. — I fer et maçonnerie.

à des cas simples, par exemple lorsqu'on veut éviter l'accès de l'air par les parois.

On peut réaliser un autre mode de soutènement mixte au moyen d'un plancher en fer hourdé en maçonnerie (*fig. 131*).

Ce dispositif est employé pour maintenir la couronne des grands vides, tels que ceux des écuries ou des accrochages. Il permet d'éviter une grande emprise dans les terrains en couronne, comme ce serait nécessaire pour une voûte en maçonnerie d'une portée aussi considérable. Le plancher comporte une série de fers à $\mathbf{I}$ ou de rails placés par le travers, entre lesquels on construit de petites voûtes en briques.

139. Muraillement flexible. — Un muraillement rigide ne peut être adopté que dans deux cas : lorsque la maçonnerie, ne servant que de cloison, étanche à l'air ou à l'eau, n'a que de faibles pressions à supporter, ou bien lorsqu'on est assuré que la pression ultérieure ne dépassera pas une valeur maximum pour laquelle la maçonnerie peut être calculée avec sécurité.

Dans les autres cas, un muraillement absolument rigide serait rapidement disloqué, et même écrasé dans les parties les plus chargées, et il est nécessaire de recourir à un muraillement flexible.

Fig. 132. — Muraillement flexible.

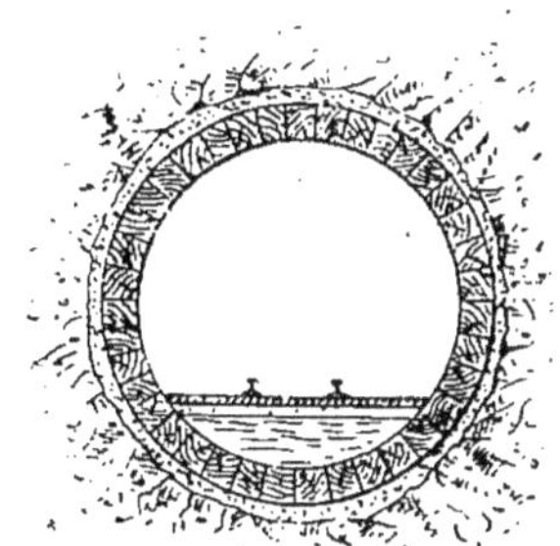

Fig. 133. — Voussoirs en bois.

Cette flexibilité peut d'abord être réalisée par la substitution de chapeaux en bois ou en fer aux voûtes maçonnées, et en limitant le rôle de la maçonnerie à la constitution des piédroits qui pourront souvent être en pierres sèches. Nous en avons donné plus haut des exemples.

On peut aller plus loin, en laissant aux piédroits la faculté de céder dans une certaine mesure à la charge. Il suffit d'intercaler, entre les assises de briques ou de moellons, des assises formées de pièces de bois, destinées à subir l'écrasement inévitable. On se servira dans ce but de lits de rondins ou de madriers, voire même de simples planches (*fig. 132*).

On peut par exemple intercaler des rangées de planches de 34 m/m. séparées par des assises de briques. Il importe que les bois ne dépassent pas au dehors de la maçonnerie et ne s'accrochent pas dans le garnissage, afin que rien ne s'oppose à leur changement d'épaisseur sous l'effet de l'écrasement.

Dans certains cas particulièrement difficiles, où une galerie à section circulaire s'impose, on a obtenu d'excellents résultats en substituant complètement le bois aux matériaux rigides (briques ou moellons), et en composant l'anneau par des voussoirs en bois dont les fibres sont normales aux parois (*fig. 133*).

Des voûtes de ce genre peuvent d'ailleurs être employées, même si la section n'est pas entièrement cylindrique.

Ces conditions particulières se rencontrent fréquemment dans les houillères de l'Aveyron ; c'est pourquoi les types de soutènement qu'on y rencontre sont intéressants. Nous en avons déjà cité ; nous en indiquerons encore ci-dessous un exemple remarquable, bien qu'il constitue en réalité un boisage et non un muraillement.

Les couches sont puissantes, disposées en chapelet ; l'exploitation y produit des mouvements considérables, d'abord violents, puis continus.

140. Boisage dodécagonal. — Sous le nom de *boisage dodéca-*

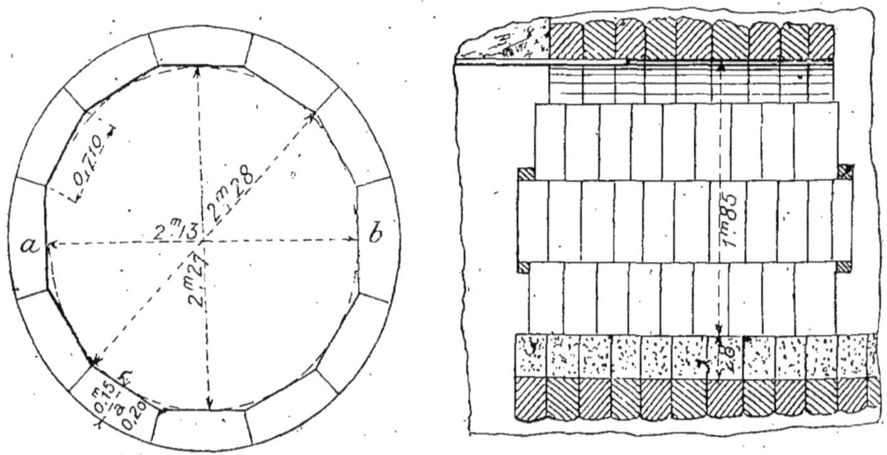

FIG. 134.   Boisage dodécagonal.   FIG. 135.

gonal, on emploie, pour résister à ces pressions, un soutènement particulier.

C'est une sorte du cuvelage dont les éléments sont des pièces de bois ayant pour longueur le côté du dodécagone, et taillés en bout suivant des plans rayonnants, de manière que leur jonction en les appuyant bout à bout, forme le polygone complet.

Les surfaces extérieure et intérieure sont ainsi polygonales et non plus courbes, ce qui facilite la taille économique des voussoirs (*fig. 134 et 135*).

Ces voussoirs sont en bois de chêne, bien sain, pris généralement dans les déchets de charpente ou dans les vieux bois dont on dispose.

Dans le sens de la longueur des génératrices du cylindre, les joints se recoupent comme une voûte en briques.

Pour une galerie à deux voies, le cercle inscrit intérieurement ayant un diamètre de 2^m,13, chaque voussoir présente une longueur de 71 cm. à la douelle, une queue de 15 à 20 cm. L'épaisseur ou largeur varie suivant les pièces de bois dont on dispose.

La pose des voussoirs se pratique par cintrée de 1 m. à 1^m,50 de longueur, en commençant par le radier comme pour la pose des rondins de garnissage dans le système du soutènement avec cerclage.

La fig. 136 montre comment on met en place les premières rangées de voussoirs du radier, après avoir préparé le sol à la courbure nécessaire. —

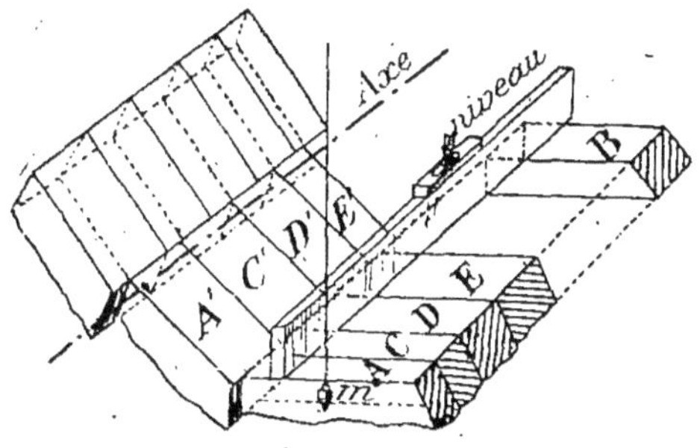

Fig. 136. — Pose du boisage dodécagonal.

De la bonne implantation de la première rangée résultera la régularité de toute la construction. Il importe donc que les voussoirs forment un plan parfaitement droit. S'il s'agit d'une galerie horizontale, on dressera l'emplacement et la pose à l'aide d'une règle et d'un niveau.

Le même outillage permet d'ailleurs de déterminer avec un niveau de pente la pose sous une pente fixée.

Les voussoirs formant la clef à la base sont placés horizontalement et symétriquement par rapport au plan diamétral vertical de la galerie; puis on détermine le centre du dodécagone, c'est-à-dire l'axe de la galerie, au moyen d'un fil à plomb tombant sur le milieu *m* du voussoir A.

Il est commode de clouer, sur la dernière cintrée complète, une planche horizontale dont l'arête supérieure marque le diamètre du contour polygonal ; on y pratique une encoche à la rencontre du fil à plomb, où l'on plante une pointe.

Le rayon du cercle inscrit, pour une galerie habituelle à une voie, est de 1ᵐ,06.

Le travail de boisage se poursuit symétriquement, de part et d'autre de la première rangée formant la clef inférieure,

On donne aux voussoirs successifs l'inclinaison convenable au moyen de règles dont la longueur est celle du rayon du cercle inscrit et que l'on fait pivoter autour du centre, en déterminant ainsi les différents sommets du polygone.

On s'assure que les arêtes rentrantes sont bien rectilignes en y appliquant une règle droite.

Les voussoirs inférieurs se maintiennent par eux-mêmes ; mais à partir du diamètre horizontal, les voussoirs de la partie supérieure tendent à tomber ; il est nécessaire de les maintenir à l'aide d'une planche clouée soit à la dernière cintrée du boisage, soit sur le dernier cadre du boisage provisoire posé antérieurement ; ce soutien est nécessaire jusqu'après la pose du voussoir formant la clef.

A mesure que l'ouvrier pose les pièces successives, il a soin de remplir très exactement, avec des remblais, le vide entre les voussoirs et le terrain.

Ce revêtement, très résistant suivant la normale à l'axe de la galerie, peut se déverser assez facilement suivant l'axe longitudinal ; aussi, pour toute sécurité doit-on l'appuyer fortement à ses extrémités, contre un anneau de maçonnerie ou une série de cadres jointifs.

Lorsque tous les voussoirs sont égaux en longueur, leur ensemble constitue, après assemblage, une courbe circulaire.

On peut obtenir une forme légèrement elliptique, en donnant aux pièces a et b du milieu (*fig. 134*) un peu plus de longueur.

L'application de ce soutènement peut se faire également dans les galeries courbes, à condition d'employer des ouvriers habiles, en raison de la nécessité des retouches à pratiquer sur les voussoirs placés à l'intérieur de la courbe.

Dans le cas d'une mine grisouteuse, il est indispensable de réserver, au toit de la galerie, près du front de taille, un coffrage provisoire de façon à empêcher toute accumulation de grisou en couronne du chantier.

141. Prix de revient. — Aux mines de Campagnac, quelques années avant la guerre, un voussoir de 70 ᶜ/ₘ en chêne neuf, servant pour une galerie à deux voies était estimé à un prix de revient moyen de 1 fr., 50 et on comptait 0 fr., 73 pour le voussoir de 57 cm. employé pour une galerie à une voie.

En chêne vieux, ces prix n'étaient que de 0 fr., 60 et 0 fr., 33.

En moyenne, suivant les proportions admises de chêne neuf ou vieux utilisés, le prix moyen était de 1 fr. et 0 fr., 53.

Les prix du mètre courant étaient les suivants :

Galerie à double voie (diamètre du cercle inscrit 2^m,66).

	Chêne neuf	Chêne vieux	Au prix moyen de 1 fr.
48 voussoirs.	72^f,	28^f,80	48^f
Main-d'œuvre de pose. . . .	20	20	20
	92^f	48^f,80	68^f

Galerie à simple voie (diamètre du cercle inscrit 2^m,13).

	Chêne neuf	Chêne vieux	Au prix moyen de 0^f,53
72 voussoirs.	52^f,60	23^f,45	38^f,20
Main-d'œuvre de pose. . . .	12	12	12
	64^f,60	35^f,45	50^f,20

142. Muraillement mixte. — Les revêtements spéciaux, comme le boisage dodécagonal, sont d'un emploi exceptionnel, et leur description nous a écarté de l'étude du muraillement rendu flexible par intercalation de bois. Ce dernier système se développe dans les régions où les terrains chargent beaucoup. On s'efforce, dans la pratique, de réduire autant que possible l'emploi des bois de grandes dimensions, en se servant de rondins coupés de faible longueur.

Dans quelques exploitations du bassin de la Ruhr, on a exécuté certains muraillements des parois de galeries, de plans inclinés, de montages, etc..., en bois et pierre, en remplacement des piles de bois employées auparavant, tout au moins pour la partie des parois qui correspond au charbon extrait.

Les bois ont 30 à 40 cm. de longueur ; ils sont débités dans de vieux bois et placés normalement aux parois, les fibres dans le sens transversal. L'intérêt d'un tel soutènement ne réside pas seulement dans la flexibilité, mais aussi dans le fait que les murs ne sont pas chassés à l'intérieur de la galerie sous la pression des remblais.

Il est encore possible d'obtenir une certaine flexibilité en entourant la maçonnerie avec de vieux bois. L'inconvénient de ce garnissage est d'exiger le creusement d'une plus grande section pour le loger ; on réserve donc ce procédé au soutènement des grandes excavations ou des galeries larges. C'est le cas de la figure 132.

143. Prix de revient du muraillement ordinaire d'une galerie. — Il est difficile de donner des précisions sur le prix de revient du muraillement. Les prix ont considérablement augmenté depuis la guerre, et ils variaient déjà beaucoup d'un endroit à l'autre.

Il fallait, avant la guerre, compter au moins 5 fr. le m³ pour les moellons rendus à pied d'œuvre et 20 fr. pour le mille de briques.

Un m³ de maçonnerie consomme deux à trois hectolitres de mortier, suivant la forme plus ou moins régulière des moellons et exige, en moyenne, 0,60 journée d'un maçon avec son aide.

Un m³ de maçonnerie de briques contient 500 briques, moins de deux hectolitres de mortier et une demi-journée de maçon avec son aide.

On pouvait compter le mortier à 1 fr. l'hectolitre, la journée d'un maçon et son aide à 10 fr. environ. On arrivait ainsi, pour le m³ de maçonnerie aux prix suivants :

	Moellons.	Briques.
Matériaux.	5ᶠ	10ᶠ
Mortier	3	2
Main-d'œuvre	6	5
Totaux	14ᶠ	17ᶠ

Une galerie en briques avec piédroits de 1ᵐ,20, épais de 0ᵐ,80 et voûte de 1 m. de rayon avec une brique 1/2 d'épaisseur revenait, sur ces bases, à 57 fr. le mètre courant (en doublant le prix de la main-d'œuvre pour la voûte).

Ce prix pouvait être sensiblement réduit, si les travaux souterrains fournissent des moellons utilisables.

Quoi qu'il en soit, c'est environ le triple du prix d'un boisage.

A l'heure actuelle ces prix sont considérablement augmentés.

§ 4. — MURAILLEMENT DES GRANDES EXCAVATIONS.

144. Généralités. — Nous avons déjà donné, à propos de leur creusement et de leur boisage, des indications sur le soutènement des grandes excavations, galeries à grande section, croisements, salles de machines, écuries, etc.., ; nous ne reviendrons pas sur ces questions générales, nous bornant à examiner l'application de la maçonnerie comme revêtement définitif.

Les principes appliqués se rapprochent beaucoup de ceux que nous avons étudiés pour les galeries. Mais le travail est plus délicat, en raison même de l'augmentation des dimensions. Les difficultés croissent naturellement beaucoup si les terrains sont mauvais.

145. Bifurcations-Embranchements. — Le point d'intersection est recouvert par l'établissement d'une voûte d'arête ordinaire, au-dessus de laquelle on bourre soigneusement le vide, avec des remblais, jusqu'au terrain en place.

Il est quelquefois plus simple et plus pratique de se borner à surhausser la voûte de l'une des galeries, sur une longueur de quelques mètres, et de faire en sorte que le muraillement de l'embranchement soit tout entier contenu dans la hauteur du piédroit de la première voûte.

C'est le système représenté sur la fig. 137. L'une des coupes est faite suivant l'axe de la galerie principale A, et l'autre suivant l'axe de la galerie secondaire B.

146. Accrochages d'un puits muraillé. — L'accrochage d'un puits muraillé se présente comme un tronçon de galerie qui va en s'élargissant et en s'élevant, à mesure qu'il se rapproche du puits, et qui se raccorde avec le muraillement de ce dernier.

La galerie est, en général, de section rectangulaire. Le raccordement avec le puits cylindrique présente donc un contour formé de deux lignes verticales et de deux axes de cercle horizontaux.

Nous reviendrons sur les divers genres d'accrochages et leur raccordement avec le puits dans le chapitre consacré au soutènement des puits (V⁰ partie).

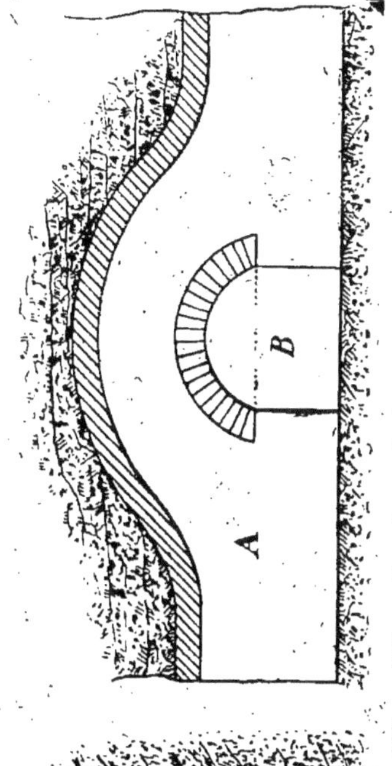
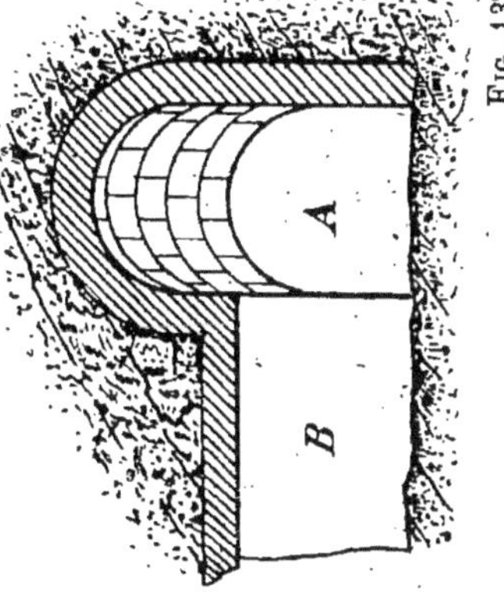

Fig. 137. — Bifurcation des galeries.

147. Salles de machines. — Ecuries. — Les salles de machines et les écuries ont, le plus souvent, la forme d'un tronçon de galerie de grande section. Lorsque la largeur n'est pas exagérée, on peut construire une voûte, mais si elle est trop grande, on se contente de piédroits en maçonnerie, le plafond étant formé de fers droits ou cintrés, recouverts d'un garnissage, ou bien de fer à **I** réunis par de petites voûtes.

Les dimensions des salles de machines varient avec l'encombrement de celles-ci. Il est à remarquer qu'on renonce de plus en plus à l'emploi de machines à vapeur dans le fond, qui nécessitaient des salles très grandes.

Les écuries ont en général 2^m,50 à 3 m. de hauteur, une longueur égale à 1^m,30 ou 1^m,40 multipliés par le nombre de chevaux à loger. Comme largeur, il faut compter la longueur du cheval, augmentée de la largeur de la mangeoire, et de l'allée de circulation soit en tout 4 m. environ, à l'intérieur des maçonneries. Ces dimensions ne sont pas considérables, et le revêtement ne présente donc pas de difficultés spéciales, au moins dans les terrains assez consistants.

On employait autrefois (par exemple pour l'extraction sur un plan incliné) des *manèges* actionnés par des chevaux. Ces appareils nécessitaient une chambre de forme spéciale, circulaire, de 2^m,50 à 3 m. de rayon, avec une hauteur de 1^m 60 le long de la paroi et de 3 m. au moins au centre. Une telle excavation n'était pas toujours facile à maintenir lorsque les terrains étaient mauvais. Mais l'emploi du manège est devenu tout à fait exceptionnel, aussi n'aura-t-on guère l'occasion de faire exécuter cet ouvrage de maçonnerie.

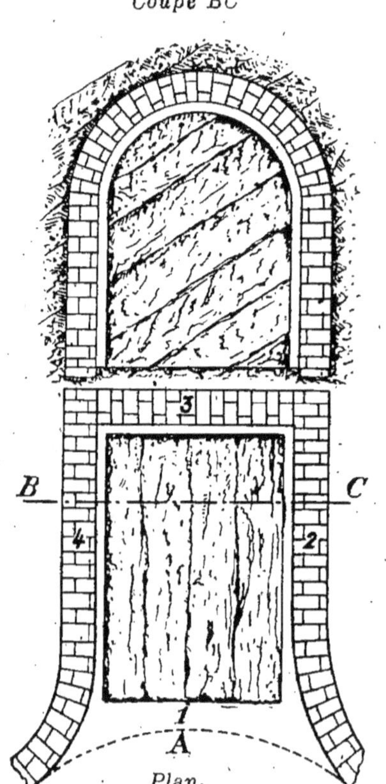

Fig. 138. — Exécution d'une maçonnerie en mauvais terrain.

148. Exécution d'une maçonnerie en mauvais terrain. —

En règle générale, on creuse toute l'excavation avant de la maçonner, ou tout au moins, comme dans les tunnels, on enlève tout le terrain jusqu'au niveau du pied de la voûte, en maintenant la couronne par un boisage soigné, jusqu'à la construction de cette dernière.

Il peut cependant arriver, dans de très mauvais terrains, qu'il faille exécuter toute la maçonnerie le plus tôt possible. On commencera donc par deux chantiers étroits, qui s'élèveront jusqu'au toit en gradins renversés, en faisant suivre la maçonnerie immédiatement par derrière, jusqu'à ce qu'elle soit terminée. On peut parfois s'aider en appuyant le boisage provisoire sur le massif resté intact. On n'enlèvera celui-ci qu'une fois la maçonnerie faite. On devra avoir soin, le cas échéant, de ménager dans cette dernière les vides nécessaires pour l'encastrement des pièces de fer ou de bois, que la présence du massif empêche de placer immédiatement.

§ 5. — Emploi du béton.

a) *Béton ordinaire.*

149. Éléments constitutifs. — Le béton est un composé de matières inertes en fragments plus ou moins gros agglomérés par un mortier servant de liant.

Ce mortier est formé de sable siliceux et d'un produit hydraulique : chaux hydraulique et, plus souvent, ciment artificiel (Portland) à prise lente.

Les matières inertes sont : des pierres cassées à arêtes anguleuses, graviers de carrière, graviers roulés par les eaux dans les rivières. Mais on peut employer aussi des mâchefers, scories, débris de briques ou de matériaux pierreux quelconques, surtout provenant de pierres dures.

Il existe des concasseurs-broyeurs permettant de briser des moellons à la grosseur voulue ; pour les matériaux d'épaisseur suffisante, les éléments du gravier doivent passer dans l'anneau de 6 cm. comme les matériaux d'empierrement.

Bien que les formes anguleuses soient favorables à l'adhérence du mortier, les graviers roulés à formes arrondies donnent d'excellents résultats.

On peut malaxer à bras, mais lorsque la quantité de béton à employer par heure est suffisante, il y a le plus grand intérêt à appliquer le malaxage mécanique qui donne un béton de composition plus régulière et plus homogène, de résistance notablement plus grande.

Les chiffres ci-dessous donnent une idée de la *composition* de quelques bétons :

Pour galeries : 2 parties de ciment, 1 de chaux, 30 de sables et scories.

Pour puits (béton comprimé) : 1 de ciment, 8 de scories, 9 de sable.

Pour fondations de machines : 1 de ciment, 6 de gravier.

On augmente notablement la résistance du béton en y incorporant des armatures métalliques sous diverses formes. On obtient ainsi ce que l'on appelle du *béton armé*.

150. Mode d'exécution du bétonnage. — Un soutènement en béton a sensiblement les mêmes formes qu'un soutènement en maçonnerie. Mais sa mise en œuvre étant faite par moulage, il est beaucoup plus facile de réaliser les profils les plus divers et de revêtir les parois d'une excavation quelconque en donnant à la section utile les dimensions et formes exactes que l'on désire.

En particulier l'anse de panier est applicable, en raison de la faible entaille qu'elle exige en couronne.

Toutefois, on n'emploiera le béton, le plus souvent, que pour l'exécution des voûtes et plus rarement pour les murs verticaux.

On commence par préparer un coffrage en planches jointives maintenues par des traverses en nombre suffisant pour constituer un ensemble solide et rigide, dessinant exactement la forme que l'on veut donner à chaque paroi.

Le béton est alors malaxé, sans trop d'eau ; un excès d'eau donne en effet lieu, pendant la prise, à un retrait susceptible de provoquer des fendillements. Le béton ainsi préparé est versé dans les moules et pilonné par couches peu épaisses, au moyen de dames en fonte. Pour permettre cette opération, le moule ou coffrage peut être monté par parties successives que l'on met en place à mesure que les parties déjà placées sont remplies.

Le pilonnage a pour effet de réduire notablement l'épaisseur de la masse en serrant énergiquement les matériaux, en même temps qu'il fait refluer l'eau à la surface, qui se recouvre d'un lait de ciment, même dans les bétons les plus secs avant l'emploi.

Pour une voûte, le coffrage comprend des cintres dont les fermettes peuvent être en bois ou en fer.

Dans ce dernier cas, on emploie des profilés quelconques, cornières, U, T ou même des rails légers. Ces fers sont faciles à assembler.

Il faut coffrer, en une fois, une assez grande longueur de galerie afin que, lorsque le bétonnage est achevé sur cette longueur, la prise soit assez avancée sur le béton coulé le premier pour qu'on puisse décintrer et se servir à l'avancement du matériel de coffrage.

A la rigueur, le ciment lent a suffisamment fait prise au bout de 48 heures pour permettre d'enlever le cintre d'une voûte, si celle-ci n'est soumise qu'à son propre poids sans surcharge provenant de l'extérieur. Mais il est préférable d'attendre 8 jours. Si l'on veut activer le décintrage, on doit employer du ciment à prise rapide.

Le fait que le béton remplit tout le vide jusqu'à la paroi de l'excavation, en épousant la forme des anfractuosités, permet de donner au massif une épaisseur plus réduite qu'avec la maçonnerie.

Lorsqu'on est forcé de soutenir le terrain par un boisage provisoire, ce boisage peut être noyé dans le béton définitif si l'on craint que son enlèvement ne provoque un éboulement. On doit toutefois éviter ce procédé, autant que possible, pour ne pas créer de points faibles dans le béton.

151. Procédé par injection. — Le procédé par injection consiste à placer d'abord dans le coffrage le mélange de gravier et de sable à l'état sec, et à injecter ensuite un lait de ciment pur, sous pression d'air comprimé, au moyen d'un tuyau souple prolongé par une lance.

Le béton est en quelque sorte exécuté sur place ; mais il est plus difficile de remplir ainsi tous les vides des matériaux et d'obtenir un béton bien homogène.

Un autre inconvénient réside dans la difficulté de réaliser un blocage serré et étanche à l'extrados de la voûte, en raison de la fluidité du lait de ciment et de la grande pression qu'on est obligé d'appliquer. Les cintres et leurs supports deviennent en outre coûteux et compliqués. Enfin le durcissement du béton ne se produit que lentement.

Ce procédé a donné de bons résultats pour le remplissage des vides qui subsistent derrière un muraillement en maçonnerie. Si ces vides sont restreints, on se contente d'y injecter du ciment. Au-dessus d'une voûte, l'espace libre peut être assez considérable pour qu'on fasse, au fur et à mesure de la construction de la voûte, un bourrage en sable et gravier, que l'on injecte de ciment.

Pour permettre l'injection derrière un mur, on ménage dans sa masse une série de trous servant à introduire la lance (*Procédé Portier*).

On peut aussi procéder en exécutant, à des distances de 1 à 2 m des éperons transversaux en maçonnerie remplissant l'intervalle entre le muraillement et le terrain. Les chambres ainsi ménagées sont remplies de fragments de pierres ou de remblais dans lesquels on pratique l'injection.

152. Flexibilité des soutènements en béton. — Les massifs en béton, homogène et sans armature, ne présentent aucune flexibilité.

Si on veut donner au revêtement une flexibilité suffisante, il est nécessaire de recourir à un soutènement mixte, en incorporant dans le béton des parties en bois (*fig. 139, 140, 141*).

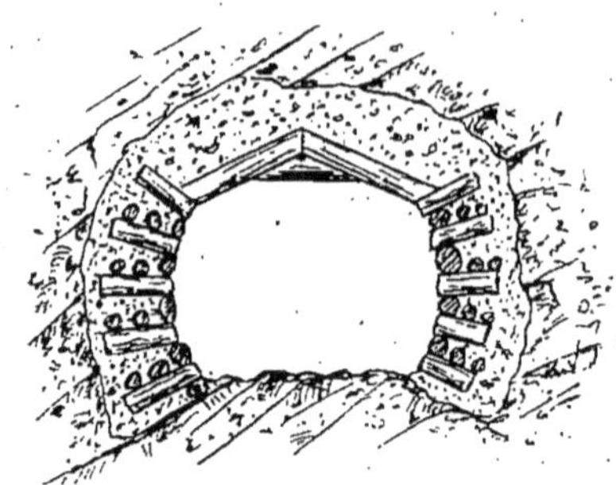

F.ɢ. 139. — Bétonnage avec bois interposés.

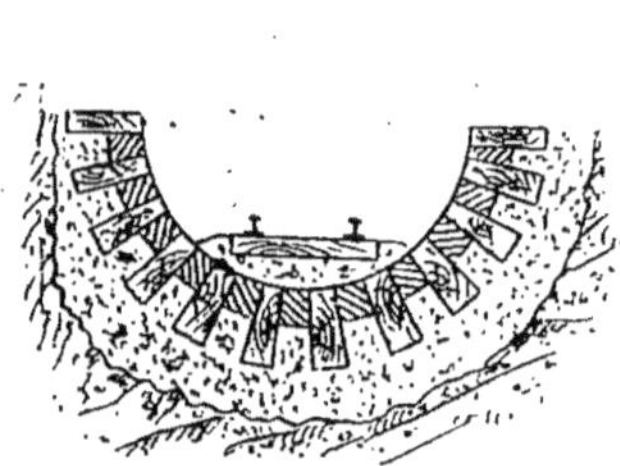

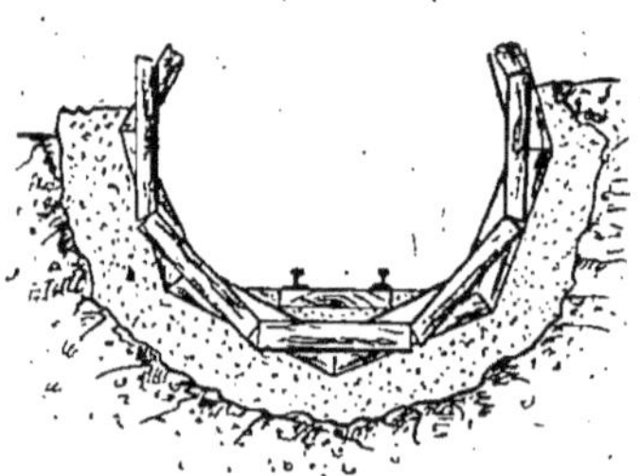

Fɪɢ. 140. — Circulaire.   Fɪɢ. 141. — Polygonal.

Soutènement mixte.

L'examen de ces figures permet de comprendre immédiatement le principe des différents systèmes qui peuvent être adoptés. Ils ne procurent jamais qu'une élasticité assez médiocre.

b) *Béton armé.*

153. Principe du béton armé. — L'introduction de barres d'acier dans une pièce en béton de ciment a pour effet de donner à tout l'ensemble des propriétés élastiques que le béton, pas plus que tout autre genre de maçonnerie, ne possède par lui-même.

La pièce peut dès lors résister, non seulement à la compression, mais à des efforts de traction et de flexion.

A la compression, la section du métal introduit en barres longitudinales équivaut à une section 10 fois plus grande de béton.

Pour une charge déterminée, l'épaisseur d'une muraille en béton armé sera donc notablement plus faible que si le béton était seul, ce qui permet d'agrandir la galerie, sans donner à l'excavation dans le terrain des dimensions excessives.

Il y a lieu de remarquer que le ciment protège parfaitement contre l'oxydation les fers noyés dans sa masse et leur assure une conservation presque indéfinie.

Dans la pratique courante, on emploie surtout des barres d'acier rondes d'un diamètre ne dépassant pas 40 $^m/_m$. Toutefois, lorsqu'on dispose de profilés, ou même de vieux rails, on peut également s'en servir en les noyant dans le béton.

154. Nature des efforts. — En principe, les ouvrages que l'on a à construire comprennent : des piliers supportant une charge dans le sens de leur longueur ; des murailles soumises surtout à des charges verticales, accessoirement à des poussées latérales qui tendent à les faire fléchir ; enfin des voûtes soumises à la fois à des compressions normales aux différentes sections, à des moments fléchissants et à des efforts tranchants.

155. Disposition des armatures suivant les efforts. — *a*) Dans une pièce comprimée en bout (*pilier*) l'armature est constituée par des barres longitudinales dont l'écartement est maintenu par des ligatures ou frettes qui entourent tout l'ensemble. Une pièce comprimée périt par extension de sa section transversale qui se gonfle jusqu'à ce que toute cohésion disparaisse entre les molécules.

On conçoit donc toute l'importance de l'influence des ligatures, puisqu'elles s'opposent à cette extension, d'autant plus efficacement que les frettes sont plus fortes et plus rapprochées ; on a été conduit à en former une hélice dont le pas est compris entre 1/7 et 1/8 de la plus petite dimension transversale de la pièce.

b) Un *mur*, chargé verticalement, et travaillant ainsi à la compression devra posséder une armature en barres verticales. Celle-ci est soumise en outre à la poussée du terrain qui tend à la faire fléchir. Si elle est maintenue par son pied et par sa tête, les barres verticales résistent efficacement à la flexion. Mais il sera bon de compléter l'armature au moyen de barres horizontales formant avec les barres verticales une sorte de quadrillage.

On constituera, de distance en distance, des appuis verticaux qui pourront être composés de fers à T ou de rails.

En dehors de ce type général, on peut d'ailleurs citer de nombreuses variantes.

Enfin, pour remplacer les ligatures dont nous avons indiqué le rôle, on aura soin de placer, à cheval sur les barres principales et traversant toute l'épaisseur de la muraille, des pièces secondaires qui prennent le nom d'*étriers*, à cause de leur forme à deux branches repliées.

c) Les *voûtes* comprennent de même une série de barres courbes parallèles au profil, des barres disposées suivant les génératrices du berceau, et des étriers transversaux destinés à rendre solidaires l'armature principale et la masse du béton, et à combattre les efforts tranchants.

Pour le revêtement d'une galerie, les parois et la voûte forment un seul ensemble rigide ; il est donc naturel d'adopter un profil en anse de panier.

156. Exemple d'un muraillement en béton armé. — Les charbonnages des *Mines de Béthune* (Pas-de-Calais) ont donné une grande extension à l'emploi du béton armé pour le soutènement des bowettes et bures de leurs exploitations.

Dans le but de parer à l'insuffisance d'ouvriers maçons pour murailler en temps utile certains tronçons de bowettes et pour éviter les difficultés provenant de ces retards, la Compagnie a substitué au revêtement habituel en maçonnerie de 50 cm. d'épaisseur, supportant des poutrelles en fer à double T de 11 kg. au mètre courant, un revêtement en béton armé de 15 cm. d'épaisseur dont l'exécution peut être confiée à de simples manœuvres, sous la conduite d'un seul ouvrier spécialiste.

Ce changement de méthode a procuré de sérieux avantages : rapidité et facilité du travail ; faible épaisseur du revêtement entraînant une réduction de 20 °/₀ dans les frais de creusement, par suite de la réduction des dimensions de l'excavation.

Dans une note publiée en 1907 par le Bulletin de l'Industrie minérale, M. Lombois a donné une description très complète de la méthode appliquée au revêtement d'une bowette dont la section mesurait 2^{m}20 $\times$ 2^{m}20 et sur quelques points 2^{m}90 de largeur sur 2^{m}60 de hauteur.

157. Coffrage. — Le coffrage servant de moule est en bois blanc. Il se compose de 10 panneaux formés chacun de 3 planches de 34^{mm}, sur une longueur de 5^m. Ces panneaux sont supportés par 4 cadres D à l'écartement de 1^{m}20 d'axe en axe (*fig. 142*).

Un cadre est formé des deux montants D, D, dont l'écartement est assuré par l'entretoise E (ou par deux poussards P). La traverse C est surmontée d'un cintre H. Des allonges F, percées de trous, peuvent glisser entre les flasques des montants.

Elles permettent de régler le niveau des sommets des montants et d'établir exactement la position des cintres H, quelles que soient les aspérités du sol. La base du cadre est d'ailleurs garantie de l'usure par des fourrures en tôle.

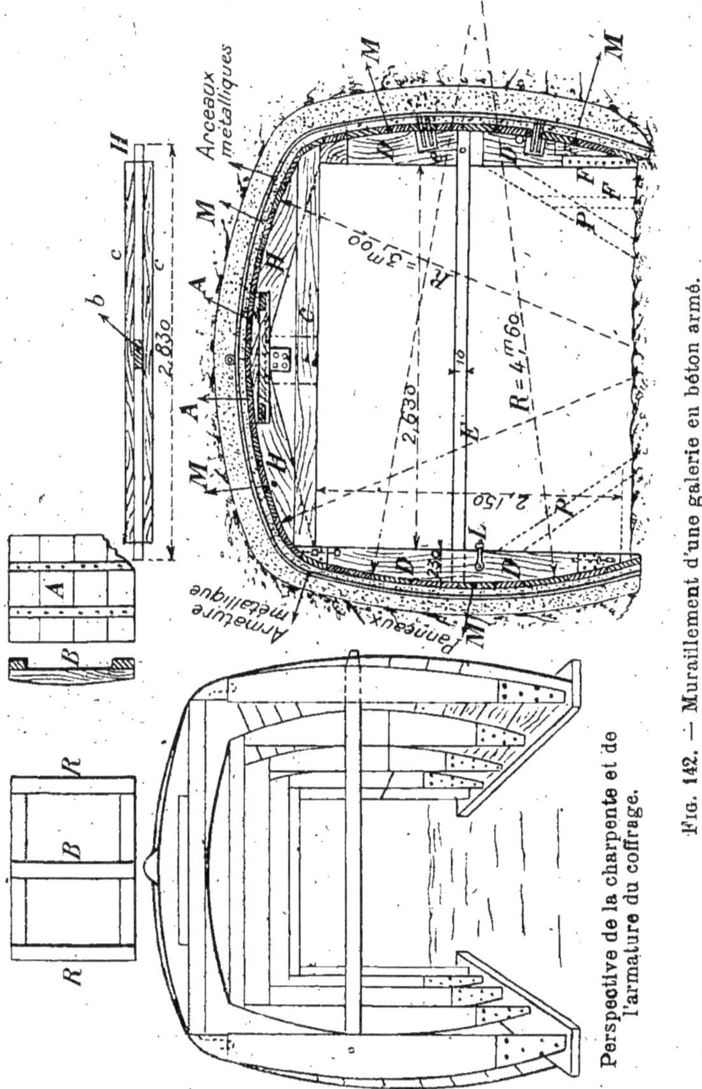

Fig. 142. — Muraillement d'une galerie en béton armé.

Pour un bétonnage de 5ᵐ de longueur, on commence par monter les 4 cadres bien verticalement. On les rend solidaires d'une façon invariable à l'aide de deux barres de fer plat en **T** disposées horizontalement et à mi-hauteur entre montants des cadres successifs.

L'armature métallique est composée d'arceaux en fer carré de $10\,^m/_m$, mis en place à une distance de $75\,^m/_m$, des bords extérieurs du coffrage. Le fer de cette armature est de section carrée, de $10\,^m/_m$ de côté. Les arceaux sont disposés normalement à l'axe de la galerie et à l'écartement de 80 cm. les uns des autres.

Chaque arceau se compose de deux parties, réunies au sommet de la voûte par un boulon. Chacune de ces parties est maintenue en place par quatre cales en bois O fixées aux montants et présentant, à une distance de $75\,^m/_m$, une encoche pour recevoir la tige.

Pour terminer le montage, on installe les deux panneaux de base, sur le sol, de chaque côté de la bowette.

Les cercles métalliques portent des étriers transversaux en fer ou en acier de $5\,^m/_m$ à deux branches. On y utilise également de vieux fils de fer, quel que soit leur diamètre. L'écartement des étriers est de 23 cm.

158. Bétonnage. — Le panneau inférieur étant seul en place,

on verse le béton en arrière et on le pilonne fortement. Quand cette partie du coffrage est bien remplie, on ajoute un nouveau panneau au-dessus du premier et l'on continue le bétonnage sur toute sa hauteur.

L'opération consiste donc à ajouter successivement des panneaux à mesure que le béton s'élève jusqu'à ce qu'il ne reste plus en couronne qu'un espace libre de la largeur d'un panneau.

Cet intervalle est alors coffré seulement sur une travée entre deux cadres, au moyen d'un rectangle en bois R dont le milieu porte un formeret B ; on place alors sur la moitié de ce rectangle un demi-voussoir A en contact avec un des derniers panneaux placés et on bétonne cette moitié. Le travail achevé, on place un deuxième demi-voussoir du côté opposé et on achève de bétonner le vide ainsi coffré entre les deux cadres.

On continue ainsi de proche en proche et en bétonnant par moitiés successives le vide entre deux cadres consécutifs.

Le *béton employé* pour la confection des piédroits de la voûte se compose d'un mortier de 1/3 de chaux du pays et de 2/3 de cendres de générateurs, le tout broyé au malaxeur. On y ajoute, par parties égales en volume, des schistes houillers brûlés, pris au terril et criblés en éléments de 5 à $40\,^m/_m$ de diamètre.

Ces schistes doivent être abondamment arrosés, pour éviter la dessiccation du mortier.

Le béton de la voûte est plus riche. On y ajoute du ciment Portland artificiel à prise lente présentant une résistance de 42 kg. au cm² pour les éprouvettes de ciment gâché pur. La proportion de ciment est de 100 à 125 kg par mètre courant de galerie, suivant la nature du terrain, son humidité et la rapidité de prise que l'on veut obtenir.

En terrain difficile, on augmente sensiblement la solidité en injectant dans les fissures un lait de ciment remplissant les vides qui pourraient subsister entre le terrain et le bétonnage; on se sert pour cette opération de trous ménagés dans le paroi de béton.

Ce lait de ciment est préparé en versant trois sacs de ciment dans une quantité convenable d'eau, dans un récipient cylindrique en tôle muni d'un agitateur. Pour l'injection, on le met sous pression en se servant de l'air comprimé de la canalisation générale.

La durée de la prise nécessaire à la résistance n'excède pas 15 jours, dans une galerie sèche et bien aérée. On peut se rendre compte de la prise par la résistance que le béton oppose à la pénétration d'une aiguille d'acier, dite aiguille de Vicat, de 1$^m/_m²$ de section.

La prise continue d'ailleurs lentement pendant une année environ.

On a souvent l'habitude de préparer le béton au jour, où il est plus facile d'organiser les installations mécaniques nécessaires. Ce malaxage doit être assez plastique pour faciliter l'enrobage des armatures. Arrivé au fond, il est rebrassé à la pelle sur des plaques de tôle, pour le rendre bien homogène.

Si cette pratique n'offre pas beaucoup d'inconvénients avec le béton de chaux hydraulique, il n'en est pas de même quand il contient une quantité notable de ciment. Le béton de ciment ne doit pas être employé quand il a subi un commencement de prise, et le délai d'emploi ne doit pas dépasser une demi-heure. L'opération de rebattage est d'ailleurs mauvaise après le commencement de la prise.

Il faut avoir soin, avant de couler le béton, de débarrasser les parois du terrain de toutes les parties effritées.

159. Prix de revient de l'ouvrage. — Les indications du prix de ce travail n'ont plus qu'un intérêt relatif, car les conditions sont sensiblement modifiées depuis quelques années. A titre documentaire, nous donnerons les chiffres suivants :

Le revêtement sur une longueur de 5 m., qui constituait une tâche, exigeait 8 h. 1/2 de travail d'une équipe composée de cinq ouvriers et d'un chef habile.

Par mètre courant de galerie le prix s'élevait à 25 fr. 64, se décomposant ainsi :

Main-d'œuvre. 11f,97
Matériaux.   .   .   : 13 67

Le coffrage, façonné avec du bois blanc coûtant 95 fr. le m³ revenait à 177 fr. 85 pour 5 m. (dont 32 fr. 25 de main d'œuvre).

En comptant que ce matériel devait être amorti en deux années, après 60 utilisations, le prix de revient du bétonnage était augmenté de 0 fr. 90 pour amortissement du coffrage, et s'élevait donc au total à 26 fr. 25 environ.

160. Remarques. — Après chaque décintrage, on fait disparaître les rugosités du béton, en frottant la surface au moyen d'un balai dur, puis on recouvre la paroi d'un enduit au mortier composé d'un volume de ciment à prise rapide pour deux de sable fin.

Le revêtement en béton armé procure, dans le cas présent, une économie de 40 % sur le soutènement en maçonnerie, par suite de la diminution des frais qu'exigerait le creusement nécessaire pour loger des murs plus épais.

161. Comparaison entre les revêtements en béton et en maçonnerie. — Ainsi qu'on l'a vu plus haut, les revêtements en béton exigent un déblai moins grand que les revêtements en maçonnerie, d'où résulte une économie notable ; mais l'un des principaux avantages du béton réside dans le blocage complet du revêtement avec le terrain avoisinant et dans l'étanchéité qui soustrait ce dernier à l'action de l'air.

En outre le béton est d'une exécution d'autant plus facile qu'elle n'exige pas d'ouvriers spécialistes.

Le revêtement en béton est tout particulièrement indiqué pour la construction des galeries dans lesquelles on pourrait craindre l'effritement des parois sous l'action de l'air et de l'eau.

Dans les terrains qui chargent, le béton donne de meilleurs résultats que la maçonnerie, son adhérence étroite avec le terrain assurant une répartition régulière des pressions, et la résistance à l'écrasement étant plus forte.

Les charges de sécurité sont en effet les suivantes :

Maçonnerie de briques au mortier de chaux.   .   .   par cm²   7 kg.
La même au mortier de ciment.   .   .   .   .   —   11 —
Béton, pilonné avec soin.   .   .   .   .   —   15 —

Toutefois, pour le béton, la proportion de ciment joue un rôle considérable sur la résistance (comme d'ailleurs sur la dépense).

On doit remarquer que le béton homogène, sans armature, présente, au point de vue de l'élasticité, le même inconvénient que la maçonnerie : il ne résiste pas aux efforts de traction et ne saurait être soumis à des flexions, ce qui interdit de l'employer en couvertures plates ou en voûtes de faible courbure.

Il se comporte encore plus mal que la maçonnerie sous des efforts violents et instantanés, analogues à des chocs, ce qui fait écarter son emploi dans les terrains où les pressions se font sentir par des coups de charge énergiques.

Les réparations sont plus difficiles avec le béton, d'abord en raison de sa dureté, uniforme dans toute sa masse, parce que les parties de remplacement en béton neuf se raccordent et se lient toujours mal aux parties anciennes.

Enfin le béton monolithe se prête mal à l'incorporation de matériaux compressibles destinés à permettre un affaissement lent de tout l'ouvrage, un mouvement partiel entraînant la désagrégation du béton dans les parties enrobant les éléments qui se déforment.

162. Comparaison entre le béton armé et la maçonnerie. —

La comparaison entre la maçonnerie ou le béton homogène et le béton armé conduit à des résultats tout différents, précisément parce que ce dernier possède la propriété qui manque aux premiers : l'élasticité qui lui permet de résister aux efforts de flexion, en même temps que l'incorporation du métal lui donne une résistance beaucoup plus grande.

Grâce à ces deux qualités, il est possible de réduire notablement les épaisseurs de revêtement, ce qui est un gros avantage, et réduit beaucoup les frais de creusement.

La flexibilité lui permet de céder aux mouvements lents, et sa grande résistance s'oppose au besoin aux coups brusques des terrains lourds.

On doit observer toutefois que, pour réaliser tous ses avantages, le béton armé doit être l'objet des plus grands soins dans l'exécution.

163. Résumé. —

Le muraillement s'emploie à la place du boisage ou du soutènement en fer lorsqu'on a besoin de garnir les parois d'une excavation d'un revêtement continu, étanche, et de grande résistance. Ce mode de soutènement a de plus l'avantage de fournir des parois lisses, qui n'opposent pas de résistance à la circulation de l'air ou de l'eau.

Le muraillement coûte beaucoup plus cher que le boisage, et nécessite le creusement d'une excavation beaucoup plus large. On ne l'adoptera donc que pour les ouvrages de longue durée, et qui ne risquent pas d'être écrasés par de trop fortes pressions.

Comme *matériaux*, on emploie les pierres sèches pour des murs destinés à maintenir les remblais, pour des piliers, parfois pour des piédroits de galeries, en complétant le soutènement par des chapeaux en bois.

Les moellons, lorsqu'on les obtient dans les déblais de l'exploitation, fournissent des matériaux bon marché pour l'exécution des maçonneries. Les briques sont très employées, et permettent de faire des murs ou des voûtes solides et moins volumineuses que les maçonneries en moellons. Les *mortiers* utilisés dans les mines doivent être à prise assez rapide ; on emploie surtout, pour les confectionner, de la chaux hydraulique, parfois du ciment.

Quel que soit le genre de maçonnerie adopté, il importe de ne pas laisser de vide entre elle et le terrain en place ; on bourre ces vides avec des remblais.

Les piédroits d'une galerie sont verticaux ou courbes, la couronne est soutenue par des bois, des fers, ou par une voûte. Ce dernier système ne peut être adopté que si la largeur de l'excavation n'est pas trop grande. Leur construction est d'ailleurs toujours délicate.

Dans certains cas, on est amené à adopter des voûtes incomplètes, ou au contraire à maçonner la galerie sur tout son pourtour. Lorsque la galerie doit servir au roulage, ou à l'évacuation des eaux, des dispositifs particuliers sont à prévoir pour la pose de la voie ou l'installation de la rigole d'écoulement.

Le muraillement immédiat, dans des terrains inconsistants, est rarement appliqué. On y est pourtant parvenu, au moyen de palplanches et de cadres en fer, suivis de près par la maçonnerie.

Pour donner au muraillement une certaine flexibilité, on y intercale des pièces de bois, et on dispose entre la maçonnerie et le terrain des vieux bois ou des fascines.

Ces dispositifs se sont surtout développés dans les bassins houillers où les terrains chargent beaucoup, par exemple dans la Ruhr ou dans l'Aveyron. Dans cette dernière région on a même adopté des galeries entièrement entourées de voussoirs en bois formant un soutènement très élastique.

L'emploi du *béton*, ordinaire ou armé, permet de donner à la section utile d'une excavation la forme et les dimensions exactes que l'on désire ; de plus le remplissage, jusqu'au contact du terrain, est beaucoup meilleur. On a besoin d'une épaisseur bien moindre, surtout avec le béton armé, ce qui diminue notablement les frais de creusement. L'exécution, au moins avec le béton ordinaire, est plus facile qu'avec la maçonnerie. La résistance est meilleure, mais il est difficile de donner de la flexibilité aux revêtements en béton ordinaire, ce qui présente des inconvénients dans les terrains lourds. Le *béton armé* (ou *ciment armé*) est au contraire assez élastique, et en même temps très résistant. Il faut cependant remarquer qu'il exige une exécution très soignée.

Le bétonnage se fait par pilonnage derrière un coffrage en planches jointives, parfois par injection.

Lorsqu'on adopte le béton armé, la confection des armatures doit être calculée de façon à résister aux efforts qui s'exerceront sur l'ouvrage : compression et poussées latérales. Les fers noyés dans le béton d'un mur sont dans une direction parallèle aux efforts principaux, reliés par des étriers qui s'opposent à l'extension de la section.

Pour une voûte, les armatures sont parallèles à la courbe, avec des fers parallèles aux génératrices du berceau et des étriers. L'ensemble de la voûte et des piédroits forme une masse rigide.

L'emploi du béton armé tend à se développer dans le soutènement des galeries et des grandes excavations, en se substituant aux autres modes de revêtement.

CINQUIÈME PARTIE

FONÇAGE ET SOUTÈNEMENT DES PUITS

CHAPITRE PREMIER

GÉNÉRALITÉS

¡SOMMAIRE

§ 1ᵉʳ. — DIMENSIONS ET DISPOSITION DES PUITS.

1. Importance du travail. — Les puits d'extraction, dans les grandes installations modernes, sont des ouvrages considérables dont la section atteint 25 ou 30 m², et dont la profondeur dépasse 1.000 mètres.

Leur creusement, à travers des terrains parfois très difficiles, leur soutènement et leur armement sont des travaux complexes, qui nécessitent des dépenses considérables, et qui doivent être étudiés avec le plus grand soin, car de leur conception plus ou moins judicieuse et de leur exécution dépendent souvent les résultats de l'exploitation. Un puits mal placé, de dimensions et de disposition intérieure mal comprises, ou nécessitant de grosses dépenses d'entretien, peut compromettre ces résultats, même dans un gisement riche, ou tout au moins augmenter, d'une façon déplorable et difficile à corriger, le prix de revient.

Même s'il s'agit de puits moins profonds, ne desservant que des quartiers peu étendus, et n'offrant pas de difficultés spéciales de creusement ou de soutènement, la création d'un organe aussi essentiel pour la vie de la mine exige de l'ingénieur qui en dirige les travaux beaucoup de méthode et d'attention.

2. Dimensions des puits. — La *profondeur* des puits dépasse parfois notablement 1000 m. Il existe dans les mines de cuivre des Etats-Unis plusieurs puits inclinés dépassant 1500 m. En Europe, les puits verticaux de 1000 m. ne sont plus une exception. En France, dans les mines de charbon, un puits de la Société de Ronchamp (Haute-Saône) a 1010 m., et dans le Nord il en existe deux ou trois qui atteignent ce chiffre ou s'en approchent de près. En Autriche, on a dépassé 1200 m. (mine de Pzibram) .

La difficulté que présente le fonçage d'un puits n'est d'ailleurs pas proportionnelle à sa profondeur, mais dépend davantage de sa section, de la nature des terrains et des venues d'eau à combattre.

La *section* est parfois très faible ; on a foncé des puits de 1 m. de côté, dont le creusement était évidemment économique, mais qui ne permettaient qu'une extraction très réduite, et entraînaient par conséquent une augmentation du prix de revient qui détruisait tout le bénéfice procuré, en apparence, par la réduction des frais d'installation.

Inversement, on peut citer des exemples de sections considérables. Pour les puits circulaires on a dépassé 6 m. de diamètre utile (28 m² de section). Parmi les puits rectangulaires le puits Engerth de Kladno (Bohême) a $4^m,40 \times 9\,m.$ $(40\,m^2)$ le puits de Wilkesbarre (Pensylvanie) : $3^m,43 \times 13^m,73$ $(47\,m^2)$. On a même entrepris aux mines d'or de Berezowski un puits de $7^m,85 \times 9^m,85$, qui s'est d'ailleurs effondré en cours de fonçage.

Comme dimensions couramment adoptées, pour des puits importants, on peut admettre 4 ou 5 m. de diamètre utile pour un puits circulaire, 3 m. ou 4 m. $\times$ 6 m. ou 8 m. pour un puits rectangulaire. Lorsqu'il s'agira d'assurer une extraction intensive, on pourra dépasser ces chiffres, mais il faut se rappeler qu'il faut augmenter les dimensions utiles du puits une fois achevé de toute la surface annulaire nécessaire pour loger le revêtement, ce qui donne une section totale très supérieure. Le béton armé, qui permet de diminuer l'épaisseur du muraillement, est donc avantageux lorsqu'on a besoin d'une grande section.

3. Forme de la section. — La *forme* du puits varie avec la nature des terrains et l'aménagement intérieur choisi. Il y a évidemment moins de place perdue dans un puits rectangulaire que dans un puits circulaire, mais, la première de ces deux formes est beaucoup moins favorable au point de vue de la résistance du revêtement. On ne pourra donc l'adopter que dans des terrains qui ne chargent pas trop. Le creusement et le revêtement sont simples.

Pour des recherches à faible profondeur ou pour l'établissement de communications ne devant pas durer longtemps, on emploie souvent des puits carrés et boisés.

On rencontre parfois des sections hexagonales ou octogonales, avec cadres en bois, ou encore des formes elliptiques. Ces dernières sont encore assez fréquentes dans les puits, primitivement rectangulaires, qui ont été agrandis.

Mais la forme circulaire est la plus couramment adoptée, surtout pour les puits à grande profondeur ou dans les terrains peu consistants.

4. Disposition des puits. — L'aménagement de la section est déterminé par les services que le puits doit assurer : extraction, descente de remblais, épuisement, circulation par échelles, etc...

Pour un puits important, les cages d'extraction sont disposées de façon à utiliser le mieux possible l'espace libre, tout en laissant assez de place pour les services divers : échelles, conduites de vapeur et d'air comprimé, conduites de refoulement des pompes, et autres installations, sur lesquelles nous reviendrons plus en détail dans la partie du Cours consacrée à l'Extraction.

Dans les puits destinés à extraire les produits à deux niveaux différents, tout en conservant un débit considérable, on installe quatre cages au lieu de deux. Il en est de même lorsqu'on ne fait l'extraction qu'à un seul niveau, mais qu'on veut éviter toute perte de temps pour la circulation des bois, des remblais, des pièces diverses. Dans ce dernier cas, les cages consacrées à ces services accessoires sont souvent de plus petites dimensions.

La disposition des cages et des compartiments pour les tuyauteries, les câbles, les échelles, peut varier suivant les cas. La fig. 143 en montre quelques exemples.

Les compartiments réservés à la circulation par échelles, aux tuyauteries, ou simplement à l'aérage sont appelés *goyots*. Lorsque le puits, étant unique, doit servir à la fois à l'entrée et à la sortie de l'air, une cloison étanche sépare le goyot d'aérage de la partie principale du puits, et la section du goyot doit être aussi peu encombrée que possible. Cette disposition est de plus en plus rare, car la destruction de la paroi, par suite d'un incendie ou d'une chute de cages, prive la mine de tout aérage. On s'arrange, presque toujours, pour avoir un puits d'entrée et un puits de sortie d'air.

Les cages sont guidées par des pièces de bois verticales, ou des rails, sur lesquelles coulissent des mains courantes. Les *guides* sont fixés de distance en distance sur des *moises* horizontales, qui s'encastrent dans le revêtement du puits. Les guides peuvent aussi être constitués par des câbles amarrés en haut et en bas du puits.

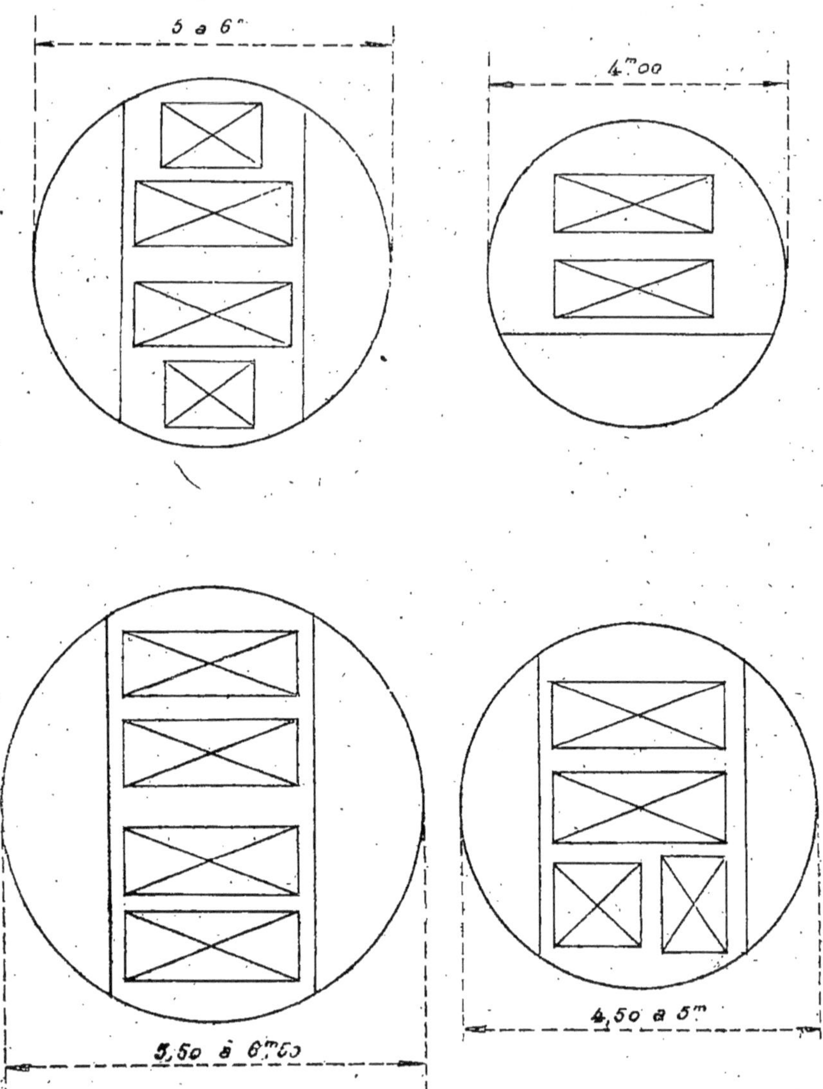

Fig. 143. — Aménagement des puits.

On verra plus loin (VIIIᵉ partie. *Extraction*) ces divers dispositifs ; il nous suffira pour le moment d'avoir donné une première idée de l'aménagement d'un puits, avant de décrire les méthodes de fonçage et de soutènement.

§ 2. — CLASSIFICATION DES MÉTHODES DE FONÇAGE.

5. Fonçage en terrains peu aquifères ou très aquifères. — L'une des principales difficultés que l'on a à surmonter pour foncer un puits provient des venues d'eau, souvent très importantes, qui tendent à envahir le chantier. Les méthodes adoptées seront donc toutes différentes suivant que les terrains sont secs (ou tout au moins ne donnent pas plus d'eau qu'il n'est possible d'en évacuer au moyen des pompes) ou que ces terrains sont au contraire très aquifères, soit que l'on ait à traverser des sables fortement imbibés, soit que des cassures amènent dans le puits des masses d'eau considérables.

Dans le premier cas, le travail de creusement se poursuit au fond du puits comme dans une galerie, et les questions les plus intéressantes à étudier sont celles qui concernent le revêtement provisoire ou définitif, l'enlèvement des déblais, l'épuisement.

Une distinction est cependant à faire entre les fonçages en terrains solides, et ceux qui se poursuivent dans les terrains ébouleux ou coulants. Pour ces derniers, la mise en place d'un revêtement protecteur devient délicate, et a donné lieu à des procédés spéciaux, tels que celui de la *trousse coupante*, qui ne peut s'appliquer dans le creusement des galeries comme l'emploi du poussage par palplanches ou par picotage.

6. Fonçage à niveau vide ou à niveau plein. — Lorsqu'on se trouve en présence de venues d'eau qui ne permettent plus l'épuisement par pompes, il faut arrêter ces venues avant de commencer le creusement ou bien en arriver à foncer le puits, comme un sondage, en le laissant se remplir d'eau.

Pour arrêter les venues d'eau, on peut protéger le chantier en constituant tout autour de lui une sorte de mur étanche, soit en congelant le terrain (procédé par *congélation*), soit en y injectant du ciment (procédé par *cimentation*). Dans ces divers procédés, le fond du chantier est sec. Le travail se poursuit à *niveau vide*.

Si on laisse le puits se remplir d'eau, le creusement se poursuit à *niveau plein*. Divers procédés peuvent être employés, suivant la nature des terrains : on peut d'abord travailler dans une cloche pleine d'air comprimé (procédé *Triger*), ou bien faire le creusement au moyen d'outils, sans ouvriers au fond du puits.

Dans les roches solides, non ébouleuses, on procède par percussion, au moyen de trépans de grandes dimensions (procédés *Kind et Chaudron* et dérivés). — Dans les roches ébouleuses, le creusement peut se faire comme dans le procédé Kind et Chaudron, sans revêtement des parois (procédé *Honigmann*). Il peut se faire, au contraire, avec descente continue du revêtement (muni à sa base d'une *trousse coupante*); les déblais sont enlevés par dragage, au moyen de sacs, de godets, d'excavateurs, ou désagrégés par une sorte de trépan et enlevés par des pompes spéciales (procédé *Pattberg*).

7. Classification. — En résumé, les diverses méthodes utilisées pour le fonçage des puits se classent comme l'indique le tableau ci-dessous :

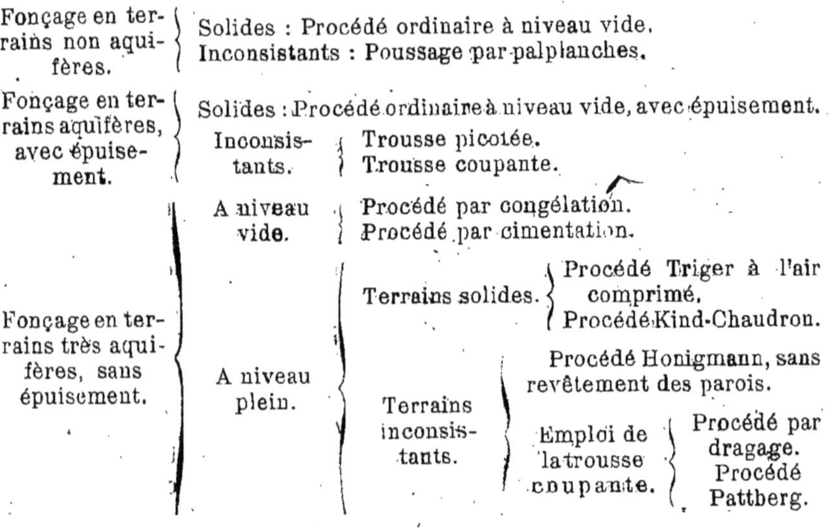

§ 3. — SOUTÈNEMENT DES PUITS.

8. En terrains peu aquifères. — Le soutènement des puits, en terrains peu aquifères, est un problème analogue à celui du soutènement des galeries. Pour des puits peu importants, lorsque les parois sont solides, on se contente parfois d'un revêtement en cadres de bois, mais la durée de ces derniers est toujours assez faible, aussi préfère-t-on employer la maçonnerie, qui ne nécessite que peu d'entretien. En terrains coulants, l'exécution de ce soutènement est parfois délicate, surtout pour raccorder les sections successives du muraillement.

9. En terrains peu aquifères. — Le revêtement des puits, dans la traversée des zones fissurées ou inconsistantes qui donnent des venues d'eau importantes, doit être parfaitement étanche. On peut employer un muraillement en maçonnerie, ou en béton, en prenant des précautions spéciales pour en assurer l'étanchéité. Mais on préfère, dans beaucoup de cas, constituer le revêtement au moyen d'anneaux en fonte, formant un *cuvelage* capable de résister à la pression de la colonne d'eau, souvent très considérable, et de s'opposer à toute infiltration. Autrefois, on employait fréquemment des cuvelages en bois, mais ils sont devenus assez rares.

La mise en place d'un cuvelage, surtout dans les procédés de fonçage à niveau plein, est une opération qui exige des dispositifs spéciaux, car il s'agit de masses d'un poids énorme, et il serait très difficile de rectifier la position d'un cuvelage mal installé.

10. Résumé. — Les puits sont des organes essentiels de l'exploitation d'un gisement ; leur durée est souvent très longue, et il est essentiel que leur installation soit faite avec assez de soin pour que leur service puisse être continu ; il ne faut pas que leur entretien gêne l'extraction des produits, ou que leur manque de solidité risque de compromettre l'aérage des chantiers ou de rendre dangereuse la circulation des mineurs.

Lorsque les terrains à traverser sont solides, et sans venues d'eau importantes, le fonçage d'un puits, même de grandes dimensions, est relativement simple. Mais lorsqu'on a à surmonter les difficultés du creusement dans des terrains inconsistants ou très aquifères, et surtout lorsque ces deux difficultés se présentent à la fois, le travail devient très délicat, d'autant plus que les puits atteignent parfois des dimensions considérables. Leur profondeur dépasse pour certains gisements, 1000 et même 1500 m. ; leur section peut atteindre 30 m² pour des puits circulaires, davantage même pour des puits rectangulaires. Ces derniers ne sont possibles que dans des terrains solides.

La forme circulaire est la meilleure au point de vue de la résistance contre les pressions, la seule possible dans les terrains qui chargent beaucoup, ou qui ont à supporter le poids d'une colonne d'eau élevée.

Les *méthodes de fonçage* varient suivant la nature des terrains. Lorsque ceux-ci sont peu aquifères, on travaille à *niveau vide* ; lorsque les venues d'eau sont très importantes, on ne peut les épuiser au moyen de pompes. On se protège contre elles en solidifiant les parois par congélation ou par injection de ciment.

On peut également faire le fonçage à *niveau plein*, c'est-à-dire en laissant le puits se remplir d'eau, en désagrégeant les terrains au moyen de trépans (procédé Kind-Chaudron) ou par dragage. Ces divers procédés à niveau plein se rapprochent des systèmes employés pour les sondages. Une méthode intermédiaire consiste à travailler sous l'eau, dans une cloche d'air comprimé (procédé Triger).

11. Sommaire de la Vᵉ partie. — Le problème du soutènement des puits est étroitement lié à celui du fonçage. Il est difficile de les séparer pour les exposer séparément, d'autant plus que les deux travaux de creusement et de soutènement se font simultanément dans divers procédés.

Nous commencerons par expliquer les méthodes employées pour le fonçage en terrains non aquifères (chap. II) ou en terrains aquifères avec épuisement (chap. III). Nous passerons ensuite à la description du *soutènement* dans les terrains peu aquifères (chap. IV) et avant de passer aux procédés de fonçage en terrains très aquifères, nous exposerons comment se fait le soutènement dans ces terrains (chap. V).

Nous décrirons ensuite les méthodes employées pour le creusement à niveau vide par congélation (chap. VI), ou par cimentation (chap. VII). Passant au travail à niveau plein, nous étudierons successivement les procédés Triger, Kind-Chaudron, Honigmann (chap. VIII) et ceux dans lesquels on retrouve l'emploi de la trousse coupante (chap. IX). Nous terminerons par quelques indications sur l'entretien, l'agrandissement ou l'approfondissement d'un puits (chap. X).

CHAPITRE II

FONÇAGE EN TERRAINS NON AQUIFÈRES

SOMMAIRE

§ 1. — INSTALLATION D'UN FONÇAGE.

12. Ensemble de l'installation. — Un fonçage de puits, à niveau vide, est un chantier d'abatage et comporte par conséquent tous les services accessoires nécessaires à son fonctionnement : fourniture de force motrice pour les appareils de creusement, évacuation des déblais et introduction des matériaux de toutes sortes (explosifs, bois et fers pour le soutènement provisoire, maçonnerie, béton ou cuvelage pour le soutènement définitif) circulation du personnel, aérage, éclairage.

Il faut donc que le puits soit surmonté d'un chevalement avec poulies, supportant les câbles d'extraction des récipients contenant les déblais et les matériaux ; ces récipients sont en général suspendus librement, parfois aussi guidés à la partie supérieure du puits ; dès que le fonçage s'approfondit, ils servent à la circulation du personnel. Dans le puits sont placées également les canalisations électriques, les conduites d'air comprimé ; dans les fonçages en terrains aquifères, nous devrons mentionner également les conduites de refoulement des pompes.

A la surface, à côté du chevalement se trouve le treuil d'extraction ; parfois deux treuils sont en service pour activer le travail.

L'installation est complétée par les chaudières, les compresseurs et les dynamos fournissant la force motrice et l'éclairage, le ventilateur assurant l'aérage du chantier si le puits est profond, les ateliers de réparation, les magasins, les bureaux, au besoin les locaux d'habitation pour le personnel employé au fonçage, enfin les voies pour l'évacuation des déblais, et le raccordement avec le chemin de fer.

Nous ne nous étendrons pas en détail sur tous ces organes, mais nous indiquerons en quelques mots leurs particularités et leur importance.

13. Chevalement et treuil d'extraction. — Le chevalement de fonçage est provisoire et doit être remplacé ultérieurement par le chevalement définitif. Il est donc nécessaire qu'il soit installé de façon à ne pas empêcher le montage de ce dernier. Il en est de même pour le treuil d'extraction, qui ne doit pas gêner la mise en place de la machine définitive. Dans ce but, on le place souvent dans une orientation perpendiculaire à celle de cette dernière. On peut également le mettre entre le puits et l'emplacement futur de la machine.

Le *chevalement* est généralement en bois, reposant sur un cadre en forts madriers entourant le puits et supporté par des dés en maçonnerie. Les pieds s'arc-boutent sur des massifs en maçonnerie.

Sa hauteur et son poids varient beaucoup suivant l'importance du fonçage. On dépasse rarement 20 m. ; pour le puits de Ronchamp (profondeur 1010 m.), le chevalement n'avait qu'une dizaine de mètres de hauteur. Lorsqu'on prévoit la descente de lourdes pièces de cuvelage en fonte, il faut une installation solide et stable.

Le *treuil d'extraction* est à vapeur, généralement à simple expansion, ou électrique, commandant le tambour d'enroulement des câbles par un pignon denté. Sa force est de 50 à 100 chevaux pour les fonçages de peu d'importance, 100 à 200 chevaux pour une grande profondeur.

Dans les procédés à niveau plein, le treuil n'a généralement pas à remonter de déblais, mais doit manœuvrer l'appareil de forage.

On ne doit pas le placer trop près du chevalement pour ne pas gêner les manœuvres autour du puits, et pour le mettre hors de la zone d'ébranlement du terrain, mais il ne faut pas exagérer la distance pour éviter les mouvements de fouettement du câble. On se tient en général entre 15 et 25 m.

Lorsqu'on veut faire la maçonnerie en même temps que le creusement, on installe parfois un deuxième treuil pour la descente des matériaux. Pour la pose des cuvelages il servira à suspendre les segments en fonte et à les amener en place.

Le second treuil sera disposé, soit en face du premier, de l'autre côté du puits, soit dans une direction perpendiculaire. Le chevalement portera alors quatre poulies au lieu de deux.

Les *câbles* sont en acier, ronds ou plats, ou en aloès (plats). Les câbles plats ont l'avantage de ne pas tourner sur eux-mêmes et de ne pas imprimer aux bennes un mouvement de rotation ; cet inconvénient ne se manifeste naturellement pas lorsque le puits est muni d'un guidage.

Les câbles doivent être essayés et surveillés, comme s'il s'agissait d'une installation définitive ; les pattes, c'est-à-dire les extrémités inférieures, sont coupées à intervalles réguliers.

14. Bennes d'extraction. — L'enlèvement des déblais se fait parfois dans des berlines attachées par les angles, ce qui permet de les déposer à la surface sur des rails et de les rouler au point où sont accumulées les terres extraites. Ce procédé peut être commode si l'on manque de place à l'orifice du puits, ou s'il s'agit du fonçage d'un puits intérieur. Mais le plus souvent on se sert de *bennes* (ou *cuffats*), c'est-à-dire de sortes de tonneaux à fond renforcé, solidement cerclés, munis de crochets à la partie supérieure. Des chaînes relient ces derniers au câble.

La fig. 144 représente une benne, dont la capacité est de 680 litres, en bois épais de 5 cm, cerclé en fer.

Son poids, vide, avec les chaînes et crochets est de 310 kg.

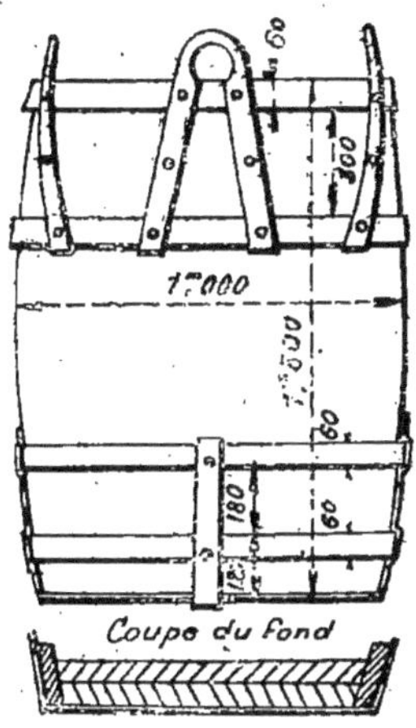

Fig. 144.
Benne d'extraction.

Pleine de moellons.	elle pèse.	850 kg.
— mortier	—	870 —
— déblais menus, secs .	—	950 —

On préfère parfois les bennes en acier, dont les parois sont plus minces, mais qui résistent moins bien aux chocs répétés, à moins d'être en métal assez doux.

On peut également donner aux bennes une forme rectangulaire, avec un faux fond incliné et un volet qui s'ouvre pour laisser échapper les déblais au déchargement. On évite ainsi d'avoir à retourner la benne pour la vider. Mais on est obligé de lui donner une plus grande hauteur à cause de la place perdue sous le faux fond incliné, ce qui est un inconvénient au point de vue du chargement dans le fond.

Pour vider les bennes qui remontent à la surface pleines de déblais, on peut les placer sur un chariot et les décrocher du câble pour les rouler à une certaine distance du puits. Une benne vide est accrochée à la place de celle qu'on enlève.

Pour éviter cette manœuvre, on préfère en général retourner la benne, sans la détacher, dans un wagonnet, ou mieux dans une glissière qui se termine au-dessus du wagonnet. Ce dernier dispositif permet un vidage plus rapide, et on n'est pas obligé de ramasser à la pelle les déblais tombés à côté du wagonnet.

Pour cette manœuvre, on élève la benne à une certaine hauteur au-dessus de l'orifice, puis on rabat les deux volets qui ferment complètement ce dernier et empêchent la chute de pierres dans le puits. On roule ensuite sur ces volets, qui sont munis de rails, une sorte de grand chariot, à fond incliné. En laissant redescendre la benne, on provoque son renversement ; les déblais glissent sur le fond et sont reçus dans un wagonnet, placé sur une voie en contre

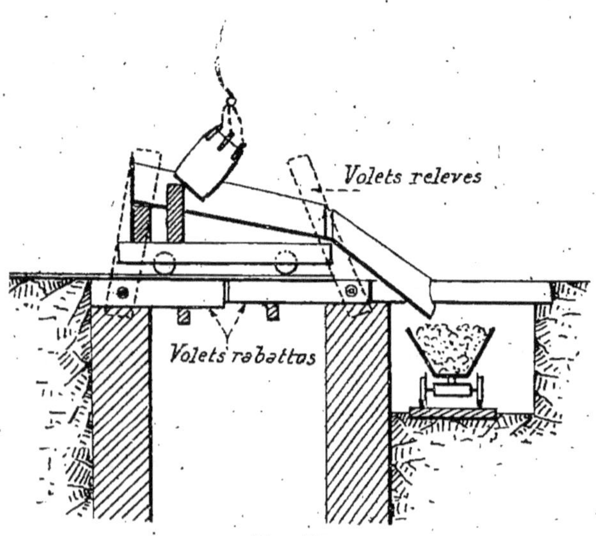

Fig. 145.

bas. La fig. 145 représente ce dispositif. On peut d'ailleurs en imaginer d'autres. Ce qu'on cherche à réaliser, c'est la rapidité des manœuvres, et en même temps la sécurité absolue au point de vue de la protection des ouvriers restés au fond du puits.

Dans ce but, l'orifice doit être continuellement maintenu fermé par les deux volets, percés seulement de fentes pour le passage du câble. Des précautions sont prises pour qu'aucune pierre, ni aucun outil ne restent sur les volets pendant le travail et ne risquent de tomber à travers les fentes. On n'ouvre le puits qu'au moment où la benne arrive à la surface. Au lieu de volet, on peut adopter une plate-forme roulante que l'on retirera pour dégager l'orifice.

15. Guidage des bennes. — Les bennes circulent librement dans le puits, tant que celui-ci n'est pas trop profond. Mais les mouvements de rotation et les oscillations du câble obligent à modérer la vitesse, en particulier au croisement des deux bennes montante

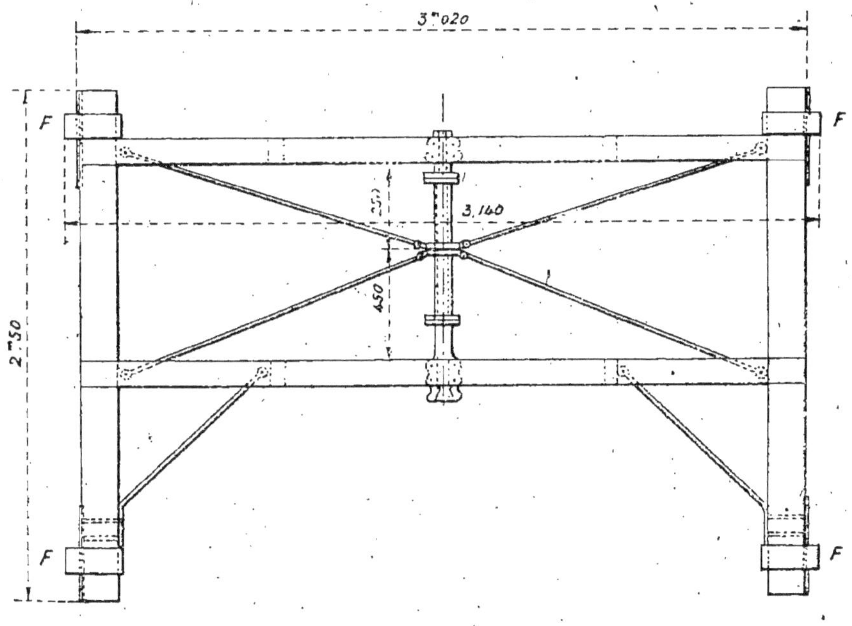

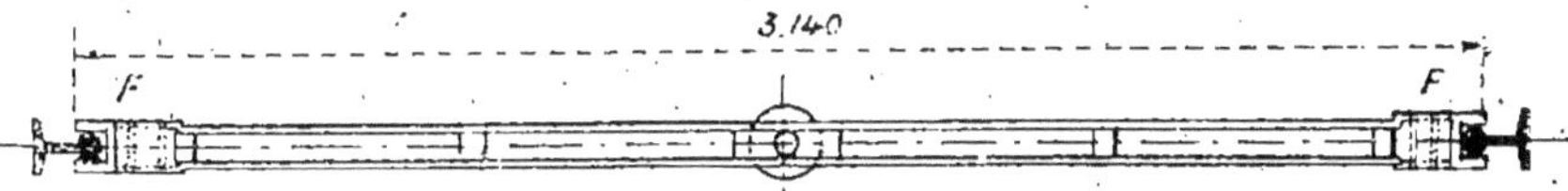

FIG. 146. — Cadre de guidage.

et descendante. Pour activer la circulation, on cherche donc à guider les bennes lorsqu'elles ont à parcourir une distance importante.

Si le fonçage se fait par reprises assez courtes, suivies du muraillement définitif, on peut installer de suite le guidage et utiliser ce dernier ; le plus souvent, on préfère poser des câbles guides fixés à la partie supérieure dans le chevalement, et à la partie inférieure sur un cadre tendeur encastré dans les parois ; au fur et à mesure de l'approfondissement du puits, le cadre tendeur est déplacé. Cette opération ne peut pas être répétée trop fréquemment. On se borne en général à changer le cadre tendeur lorsque le puits est approfondi à une quinzaine de mètres au-dessous du muraillement, et on l'installe à une dizaine de mètres au-dessus du fond ; si on le descendait plus bas, il risquerait d'être endommagé par les projections des coups de mine.

Pour pouvoir allonger ainsi les câbles, il faut leur donner une longueur suffisante, et enrouler sur des treuils, à la surface, la partie inutilisée ; à chaque descente du cadre-tendeur, on déroule la quantité de câble nécessaire.

La benne n'est pas munie de mains-courantes ; on place au-dessus d'elle, sur le câble, une sorte de cadre métallique (voir *fig. 146*) formé d'une armature reliant les mains courantes F. Le câble passe librement dans la tubulure centrale.

Le cadre vient reposer pendant la descente sur l'amarre qui termine le câble et à laquelle sont fixées les chaînes.

Le cadre-guide vient buter sur le cadre-tendeur des câbles-guides, ou sur la base de la ligne des guides définitifs déjà placés, et s'y arrête. La benne continue à descendre jusqu'au fond du puits.

Sur la fig. 146, les mains courantes embrassent un guidage en rails.

16. Circulation du personnel. — La descente et la remontée des ouvriers se font par les bennes, mais il est prudent d'installer un autre moyen de circulation, pour parer aux arrêts du treuil d'extraction, et pour permettre aux ouvriers de remonter rapidement en cas de danger pressant, par exemple de brusque venue d'eau.

La pose d'échelles est facile si le muraillement suit d'assez près le creusement. Dans le cas contraire, elle est souvent difficile. Aussi adopte-t-on parfois des échelles mobiles, reliant le fond à une série de plate-formes superposées, dont la plus basse est à une vingtaine de mètres au-dessus du fond ; cette échelle est suspendue à un câble enroulé au jour sur un treuil à main ou un treuil mécanique. Les ouvriers peuvent se réfugier sur ces plate-formes ; s'il est nécessaire de les remonter à la surface, on le fera au moyen du treuil.

Il est à remarquer que dans tous les cas, la partie inférieure de l'échelle doit pouvoir s'enlever pendant le tir des coups de mine. On emploie en général une échelle en câble d'acier avec barres de fer.

Pour protéger les hommes qui circulent dans les bennes, celles-ci doivent être pourvues d'un chapeau fixé sur le câble. Les mineurs se placent à l'intérieur de la benne ou debout sur les bords, se tenant aux chaînes. Ils doivent porter une ceinture de sûreté accrochée aux chaînes.

17. Aérage et éclairage. — Jusqu'à une trentaine de mètres de profondeur, il n'est pas nécessaire d'installations spéciales pour la ventilation du chantier. Mais au delà de cette profondeur, il faut un courant d'air artificiel pour évacuer les fumées des coups de mine et renouveler l'air. On dispose donc, le long de la paroi, une canalisation en tuyaux de tôle (*canars d'aérage*), soit cylindriques de 0ᵐ,50 à 1 m. de diamètre, soit ovales, fixés à la maçonnerie ou aux parois au moyen de pattes en fer scellées. On peut aussi suspendre cette canalisation par des colliers et des chaînes aux cadres de soutènement, ou aux moises déjà placées.

Il suffit en général d'un petit ventilateur de quelques mètres cubes à la minute. On adopte le plus souvent l'aérage aspirant, l'air frais descendant librement dans le puits et l'air vicié remontant par les canars.

Si l'on craint de rencontrer des couches grisouteuses, il faut installer des ventilateurs assez puissants et des canars assez larges pour assurer l'évacuation du gaz et le diluer fortement avec de l'air pur.

L'*éclairage* se fait au moyen de lampes électriques, ou de lampes à acétylène, suspendues au-dessus du chantier, et remontées au moment du tirage des coups de mine. Il est nécessaire que les hommes aient avec eux un certain nombre de lampes individuelles, pour ne pas se trouver dans l'obscurité en cas de défaillance de l'éclairage général. Ces lampes leur sont du reste indispensables pour examiner les coins du chantier qui resteraient dans l'ombre ou qui sont insuffisamment éclairés.

Dans les fonçages qui risquent de rencontrer du grisou, on emploiera des lampes de sûreté.

§ 2. — Fonçage en terrains solides.

18. Abatage. — L'abatage des terrains se fait comme dans les galeries, à la main ou mécaniquement. Dans le premier cas, on emploie la pioche et la pelle dans les terrains peu consistants (par exemple dans les terres ou les sables de la surface), le burin et la masse dans les roches plus dures, qui doivent être broyées par les explosifs.

Comme moyens mécaniques, on ne disposait autrefois que de perforatrices dont l'emploi nécessitait des affûts encombrants ; la mise en place et l'enlèvement de ceux-ci ralentissait le travail. Actuellement, on utilise les marteaux perforateurs, qui peuvent être d'un assez grand modèle puisqu'ils travaillent toujours de haut en bas, et que l'ouvrier n'a pas à les supporter.

Les coups de mine sont disposés en séries concentriques (*fig. 147*) : au centre trois ou quatre coups d'empiétage A pour broyer un cône, autour duquel on fait partir une première couronne de coups B, puis une troisième C qui donne au puits sa section définitive. Les coups A sont verticaux ou légèrement inclinés vers le centre. De même pour les coups B. Quant à ceux des parois, on les incline en sens contraire ; souvent on les charge moins pour ne pas broyer la roche plus qu'il n'est indispensable.

Si le puits a un grand diamètre, on peut faire une double couronne de coups d'empiétage.

Pour gagner du temps, on fore et on charge à la fois les coups d'empiétage et ceux de la première couronne, et on les tire simultanément, en munissant les seconds d'amorces à retard.

Les trous de mine ont une profondeur de 1 à 2 m. ; on a tendance à augmenter la profondeur, et à la porter à 3^m,50 ou 4 m. Mais les coups trop forts ont l'inconvénient d'abîmer davantage

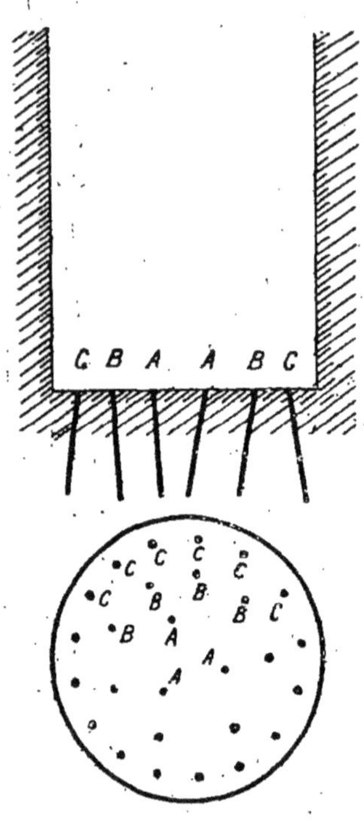

Fig. 147.

le revêtement provisoire du puits.

L'explosif le plus employé est la dynamite gomme ; la charge dépasse 2 kg. dans les trous de grande longueur, sauf pour les coups de parois. Si l'on craint la présence de grisou, on a recours aux explosifs de sûreté.

Le tirage se fait à l'électricité ; la mèche serait trop dangereuse en raison de la difficulté que présente la mise à l'abri des ouvriers, et du danger qui résulterait pour eux d'un arrêt du treuil d'extraction alors que la benne où ils ont pris place est encore au voisinage du fond.

La mise à feu est confiée à un seul ouvrier, et se fait de la surface. Aussitôt après le tir, dès que les fumées sont dissipées, le chef de chantier, avec un ou deux hommes, descend inspecter le fond du puits, l'état des roches et du soutènement provisoire, avant de laisser descendre le reste de l'équipe.

On procède ensuite à l'enlèvement des déblais, et à la rectification des parois, de façon à leur donner une forme régulière, en abattant les blocs qui dépassent. On place ensuite, s'il y a lieu, le revêtement provisoire.

19. Organisation du travail. — Les équipes sont composées d'un chef de poste et d'un certain nombre d'hommes (8 à 15 suivant le diamètre et la nature des terrains). Plus les terrains sont durs, et par conséquent plus il y a de trous de mine à forer, plus on peut augmenter le nombre des mineurs pour le forage ; dans les terrains tendres, il faut moins d'hommes : la vitesse d'avancement et l'effectif à employer dépendent plus de la rapidité d'évacuation des déblais au moyen des bennes que du forage des trous.

Les ouvriers travaillent en trois postes de 8 h. ou quatre postes de 6 h. suivant les conditions plus ou moins pénibles dans lesquelles doit se poursuivre le fonçage.

On tâche de conduire le travail de façon que les mineurs forent les trous, et qu'après le tirage ils aient le temps de déblayer et de consolider le chantier, afin de le remettre au poste suivant vide et ne présentant pas de dangers d'éboulements.

Les bennes qui remontent les déblais ne doivent pas être complètement remplies, pour éviter la chute d'une pierre ; même de petites dimensions, elle serait très dangereuse si le puits est profond. On doit, pour la même raison, vérifier le dessous des bennes et le débarrasser soigneusement des pierres qui y restent collées.

Les ouvriers disposent d'un système de signaux avec la surface pour demander, au moyen d'un code convenu, la mise en marche des bennes, ou l'envoi de matériaux. On se sert en général de sonneries mécaniques ou électriques.

La *verticalité* du puits doit être vérifiée avec soin au moyen d'un fil à plomb.

20. Avancements et prix de revient. — L'avancement moyen varie avec les terrains. On peut compter, dans le terrain houiller moyen, sur une vingtaine de mètres par mois lorsqu'il n'y a que peu d'eau, c'est-à-dire que celle-ci peut être évacuée dans les bennes d'extraction. Dans les marnes, on fera 30 à 40 m. par mois, dans les schistes argileux 25 à 35, dans les grès 20 à 30, dans les conglomérations 15 à 20. Ce sont là des chiffres moyens, susceptibles de baisser rapidement si les terrains exigent un revêtement provisoire plus soigné, ou si l'on rencontre des venues d'eau.

Au contraire, dans les terrains secs et consistants, on les dépasse parfois notablement et on peut arriver à 75 et même 90 m. dans un mois, en faisant le fonçage et le muraillement à la fois.

Le prix de revient est également très variable et dépend en grande partie du mode de revêtement adopté. S'il faut un cuvelage le prix est sensiblement augmenté, malgré la facilité plus grande de creusement.

Avant la guerre, on comptait 25 à 50 fr. le mètre cube comme frais de fonçage proprement dits.

La main-d'œuvre intérieure, explosifs compris, pour un puits de 5 m. ne dépassant pas 400 m. de profondeur revenait à 250-350 fr. le mètre courant, le revêtement provisoire 25 à 40 fr. Avec les frais d'installation, de force motrice, de surveillance, les manœuvres au jour, on arrivait à 800 ou 1000 fr., et avec le revêtement définitif à 1000 ou 1500 fr., davantage même pour les parties qui comportaient la pose d'un cuvelage métallique.

Au puits de Ronchamp (1), foncé de 1895 à 1900, en grande partie dans des grès rouges assez aquifères, avec un diamètre total de 4^m,60 et utile de 4 m., on a fait 200 m. par an, et le prix de revient par mètre a été le suivant :

De 0 à 500 m. (sauf la partie cuvelée) : 580 fr. 56 + 82,60 (guidage et moises) = 663 fr. 16.

De 500 à 1000 m. (sauf la partie cuvelée) : 635 fr. + 82,60 (guidage et moises) = 717,60.

Ces prix sont évidemment modérés.

Actuellement, même dans des conditions favorables, ils seraient beaucoup plus élevés.

21. Soutènement provisoire. — Le fonçage d'un puits se fait par *reprises* plus ou moins longues, en garnissant les parois d'un soutènement provisoire ; lorsqu'on a ainsi approfondi de 15 ou 20 m., 25 ou 30 dans les terrains solides, on procède au muraillement de cette section, et on reprend le fonçage. Dans certains cas, le muraillement se fait en même temps que le creusement, qu'il suit à une certaine distance. Dans des terrains solides et pour des puits peu importants, on pose parfois immédiatement le boisage ou le soutènement en fer définitif.

---

(1) Voir dans le *Bulletin de l'Industrie Minérale* (1903 — 1re, 2e, 3e et 4e livraisons). Mémoire de M. Poussigue sur le fonçage et l'installation du puits de Ronchamp.

Le *soutènement provisoire* se fait avec des cadres, qui seront enlevés pour la pose du revêtement définitif.

Si l'on emploie des cadres en bois, ceux-ci sont suspendus les

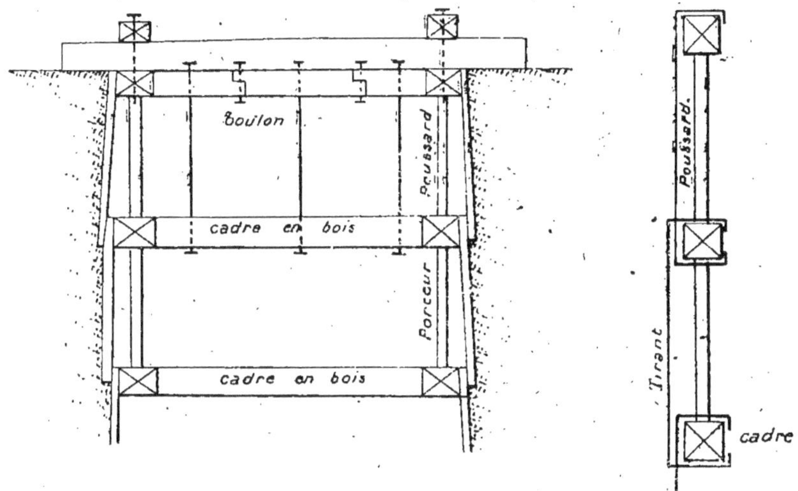

Fig. 148. — Soutènement provisoire par cadres en bois.

uns aux autres par des tirants en fer, et maintenus à leur écartement normal (0^m,80 à 1 m.) par des poussards en bois (*fig. 148*). Le cadre supérieur est suspendu à un châssis portant sur la surface du sol, ou encastré dans les parois, pour les reprises inférieures.

Les tirants sont des fers recourbés à leurs deux extrémités.

Les cadres, de forme polygonale, en bois rectangulaires, sont serrés contre le terrain à l'aide de coins, et le garnissage est complété par des planches.

Au lieu de relier les cadres par des tirants, on peut aussi les supporter par deux bois B encastrés dans les parois (*fig. 149*).

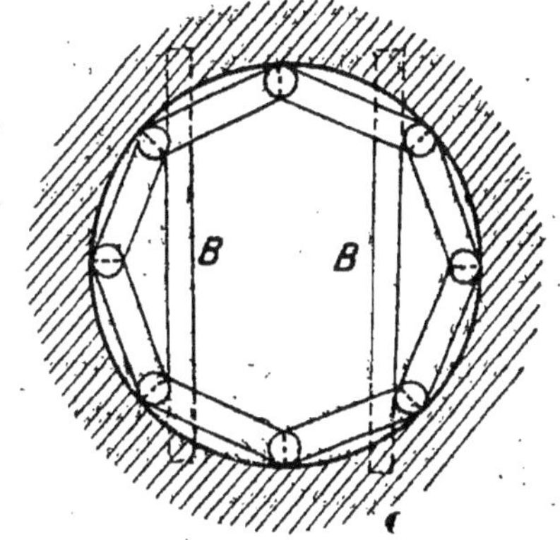

Fig. 149. — Cadres en bois.

Les angles doivent être assemblés avec soin pour éviter le desserrage. Les poussards P prennent leur appui au-dessus et au-dessous de ces assemblages, qu'ils contribuent ainsi à maintenir en place.

Les cadres en bois ont l'inconvénient de s'abîmer sous l'effet des coups de mine, et d'être sensibles à l'humidité ; aussi ne peuvent-ils pas resservir souvent. On préfère en général les soutènements provisoires métalliques, qui ont de plus l'avantage d'épouser la forme circulaire du puits. On les constitue par des anneaux en fers à I ou [, parfois en petits rails.

Ces anneaux sont formés de 4 segments, que l'on réunit entre eux par des éclisses ou des manchons ; dans les puits de grand diamètre, il faut les subdiviser en 5 ou 6 segments.

Les anneaux successifs sont reliés par des fers plats formant

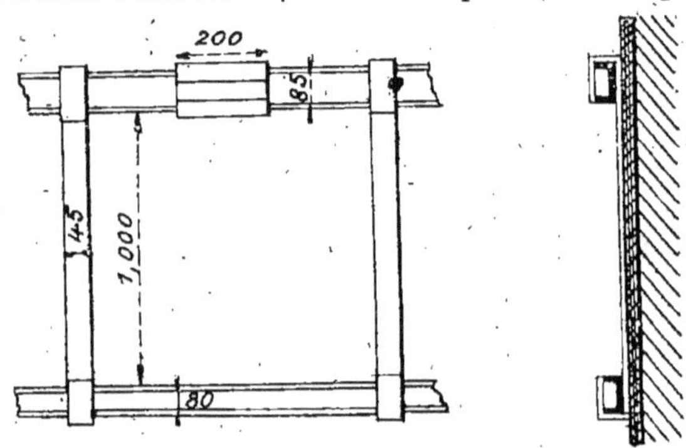

Fig. 150. — Revêtement métallique.

tirants, recourbés aux deux extrémités en crochets. Le garnissage est complété par des planches serrées contre le terrain.

Pour réunir les anneaux, on emploie également des fers boulonnés.

La mise en place et l'enlèvement de ce revêtement métallique est rapide ; il n'est pas aussi facilement endommagé par les coups de mine et peut resservir plus souvent. Les pièces déformées sont redressées à la forge.

On n'a donc besoin que d'un nombre limité d'anneaux et de tirants ; le prix de revient est inférieur à celui du revêtement par cadres en bois.

Nous verrons au chapitre IV l'exécution du soutènement définitif, que celui-ci ait lieu pendant les arrêts du creusement, ou simultanément avec ce dernier.

§ 3. — FONÇAGE EN TERRAINS INCONSISTANTS.

22. Terrains superficiels. — Le fonçage d'un puits commence souvent par la traversée de terrains meubles, terre végétale, sables alluvionnaires ou autres, sur plusieurs mètres d'épaisseur. On pousse, en général, le fonçage jusqu'à la première assise résistante, et l'on maçonne ces quelques mètres, de façon à donner à la tête du puits une direction bien verticale, et à l'établir assez solidement pour que les installations de surface ne risquent pas d'être ébranlées.

S'il n'y a que 6 ou 8 m. de sables peu consistants à traverser, on peut enfoncer des pieux, tout autour du puits, formant une sorte de mur, au centre duquel on creusera sans crainte d'éboulement. Mais ce procédé n'est pas d'une application fréquente, et devient inapplicable dès que la profondeur augmente.

23. Poussage avec palplanches. — Nous avons exposé, dans le 1er volume du cours, les procédés employés pour le percement des galeries en terrains ébouleux, au moyen de palplanches. Ce système s'applique au fonçage des puits ; mais il y a lieu de remarquer qu'en général on n'a pas besoin de recourir au bouclier, le front de taille découvert se trouvant sous les pieds des travailleurs. En outre, les pressions s'exercent d'une façon symétrique sur tout le périmètre, et non plus différemment, comme sur la couronne, les parements et le sol d'une galerie.

Partant d'un cadre A, on pousse obliquement, une série de palplanches, tout autour du puits, de manière à former un coffrage complet qui pénètre dans le terrain en avant du front de taille. L'obliquité est maintenue à l'aide de cales F.

Lorsque l'on a gagné ainsi une certaine longueur, on consolide les palplanches au moyen d'un cadre provisoire B.

Lorsqu'elles sont enfoncées d'une longueur égale à la distance entre deux cadres, on pose un cadre définitif à la place du cadre provisoire, en le réunissant au précédent par des poussards (marqués en P entre A et le cadre précédent C).

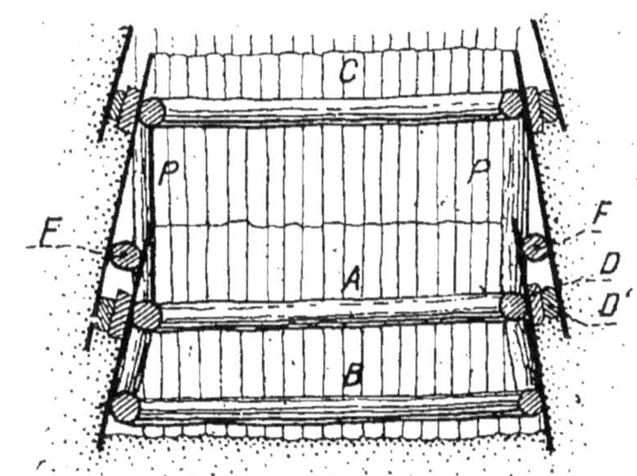

Fig. 151. — Poussage avec palplanches.

Les palplanches étant forcées obliquement dans le terrain, le nouveau cadre ne sera pas au contact avec elles, mais on assurera le serrage au moyen de coins (D, D'). La série suivante de palplanches sera engagée entre le cadre et ces coins.

On a pu réaliser par ce procédé des traversées de 40 à 50 m. de sables coulants ; mais la consommation de bois est énorme, le prix de revient élevé et l'avancement très lent.

Le poussage oblique a l'avantage de conserver le diamètre du puits pendant toute la traversée des terrains inconsistants, ce qui est précieux lorsque ceux-ci sont épais.

Si leur profondeur ne dépasse pas quelques mètres, on peut appliquer le *poussage vertical* ; les palplanches sont enfoncées verticalement, entre deux anneaux qui forment guide. L'inconvénient de ce système est la diminution de diamètre à chaque série nouvelle de palplanches, diminution qui peut atteindre 50 centimètres. Aussi ne peut-on l'adopter que si la couche de sables n'est pas trop épaisse, et qu'on peut employer des palplanches longues de 4 à 6 m.

Leur enfoncement se fait avec un mouton ou un vérin.

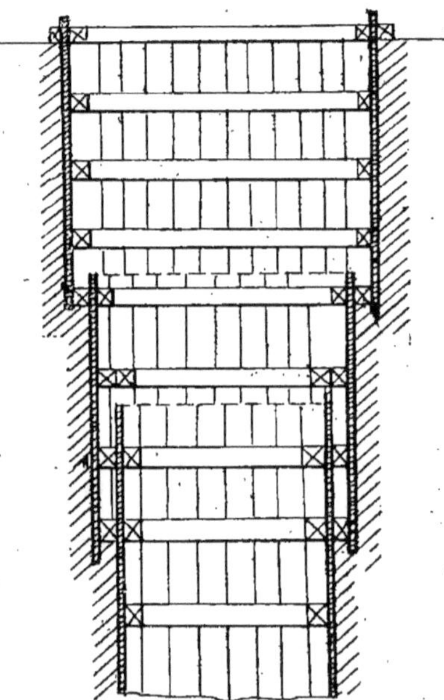

Fig. 152. — Poussage vertical.

Des cadres successifs sont placés au fur et à mesure de l'approfondissement, reliés entre eux par des tirants.

Au lieu de cadres en bois, on peut employer des anneaux en fer à U.

Avec des palplanches en fer, on peut creuser sur une plus grande hauteur (10 ou 12 m. par exemple) sans avoir à diminuer la section du puits.

Le poussage avec palplanches (obliques ou verticales) est toujours délicat. Le coffrage est difficile à maintenir jointif, la présence de blocs résistants dans le terrain empêche l'enfoncement. Enfin, il est difficile de conserver une direction générale rigoureusement verticale.

Lorsqu'on prévoit, surtout près de la surface, la traversée d'une grande épaisseur de terrains coulants, même sans eau, on préfère souvent adopter le procédé de la trousse coupante qui sera décrit au chapitre suivant.

24. Procédé Haase. — On a employé dans les mines de lignite de Saxe un système de palplanches métalliques qui permet de traverser, même à une assez grande profondeur, des assises de sables coulants, à condition que les venues d'eau ne soient pas trop fortes.

Les palplanches sont constituées par des tubes en acier, réunis latéralement par des assemblages qui les empêchent de s'écarter, et formant ainsi une véritable muraille tout autour du puits.

Les fig. 153 et 154 représentent deux types d'assemblages, celui de *Haase*, qui a été l'inventeur du procédé, et un système analogue formé de sortes de tubes rectangulaires, réunis par des fers à **I**.

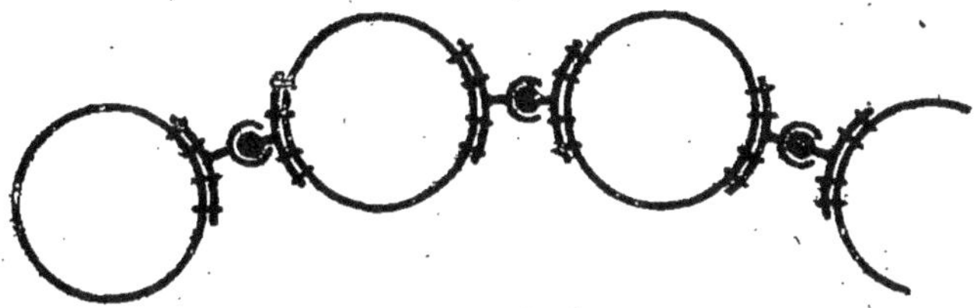

FIG. 153. — Palplanches Haase.

FIG. 154. — Palplanches Simon.

L'étanchéité et la solidité du système sont d'autant meilleures que les divers éléments sont plus enchevêtrés. Les sables ont ainsi un parcours plus compliqué à suivre pour filtrer à travers la paroi, et les tubes risquent moins de se séparer.

Dans le système Haase primitif, les tubes avaient 105 $^m/m$ de diamètre intérieur et 4 $^m/m$ d'épaisseur.

On les enfonce à l'aide d'une masse, ou d'un vérin, au besoin en introduisant à l'intérieur un trépan ou une tarière comme pour un sondage tubé. On peut ainsi traverser plus de 20 m. de sables, en allongeant successivement les tubes par tronçons de 4 m. assemblés au moyen de manchons.

Si l'épaisseur de la couche de sables dépasse 20 m., il faut enfoncer une deuxième série de tubes à l'intérieur de la première, ce qui réduit naturellement le diamètre du puits.

La difficulté principale que l'on a à surmonter, avec ce procédé, est de réaliser l'enfoncement vertical et bien parallèle des tubes. Si les sables contiennent des blocs plus durs, ceux-ci font dévier les tubes, bien qu'on ait soin de les guider par des cadres successsifs, notamment par deux cadres entre lesquels on les engage à la partie supérieure.

La difficulté augmente évidemment avec la section du puits et la hauteur de l'assise à traverser.

25. Résumé. — Le fonçage et le soutènement des puits sont relativement simples en bons terrains peu aquifères, et le travail se rapproche beaucoup de celui du creusement des galeries de grandes dimensions.

Il nécessite un armement puissant du chantier, surtout lorsqu'il s'agit de puits de grand diamètre et très profonds. Outre le chevalement et le treuil d'extraction, les installations au jour comprennent les chaudières, les compresseurs et dynamos pour la force motrice, au besoin un ventilateur, sans parler des ateliers, magasins, bureaux, voies ferrées, etc.

Elles doivent être disposées de façon à ne pas gêner les installations définitives.

L'extraction se fait en général à l'aide de bennes ou cuffats, c'est-à-dire de tonneaux solidement construits ; pour activer les manœuvres, on les guide, soit en se servant des guides définitifs placés dans les parties déjà maçonnées, soit au moyen de câbles allongés au fur et à mesure de l'avancement du fonçage.

La circulation du personnel se fait par ces bennes, mais il est bon de prévoir un deuxième moyen de remonter les hommes pour le cas d'avarie au treuil.

L'abatage se fait avec les explosifs, et l'emploi de marteaux pneumatiques pour le forage des trous de mine est très répandu. Le soutènement provisoire des parois se fait par des cadres en bois, réunis par des tirants, ou par des anneaux et tirants métalliques ; ce soutènement est enlevé lorsqu'on procède au revêtement définitif et peut resservir.

En terrains inconsistants, il faut recourir à l'avancement par palplanches, avec poussage oblique ou vertical ; ce dernier système a l'inconvénient de réduire la section, à chaque série de palplanches.

Pour traverser des assises peu épaisses de sables, on se sert, dans certaines régions, de tubes en acier (ronds ou rectangulaires) réunis par des assemblages, de façon à constituer un mur protecteur (*Haase*). Il est quelquefois difficile d'assurer l'enfoncement vertical de ce revêtement.

CHAPITRE III

FONÇAGE EN TERRAIN AQUIFÈRE AVEC EPUISEMENT

SOMMAIRE

§ 1. — FONÇAGE EN TERRAINS SOLIDES.

26. Généralités. — Il est rare, surtout pour des fonçages importants, que l'on puisse travailler au creusement sans avoir à se préoccuper des venues d'eau, et qu'on puisse se contenter d'assurer l'épuisement au moyen des bennes.

Le plus souvent, les terrains à traverser ne sont pas tous secs ou imperméables.

Les eaux de surface se sont en général infiltrées jusqu'à une profondeur notable avant de rencontrer une assise imperméable. Elles se sont accumulées dans des terrains peu consistants (sables par exemple) ou fissurés (calcaires, grès), formant soit des nappes souterraines, soit de véritables ruisseaux. Le puits en fonçage, lorsqu'il rencontrera ces terrains, tendra à se remplir d'eau, plus ou moins rapidement.

Les cas les plus variés peuvent se présenter, depuis celui de terrains peu aquifères, jusqu'à celui de sables coulants absolument imbibés.

L'épuisement est parfois une gêne plutôt qu'une difficulté. Mais il peut aussi constituer un problème très difficile à résoudre, qui

empêchait jadis le fonçage des puits lorsqu'on ne disposait encore
ni des moyens mécaniques perfectionnés, ni des procédés spéciaux
que l'on peut actuellement mettre en œuvre.

27. Importance des venues d'eau. — Les venues d'eau peuvent
atteindre des chiffres considérables ; on dépasse parfois notablement
mille mètres cubes à l'heure, même dans des terrains qui ne sont
pas coulants.

Au puits n° 2 de l'Escarpelle (Nord), on a atteint 3600 m³ à l'heure (1),
si bien que le fonçage à niveau vide a dû être abandonné.

De tels chiffres sont exceptionnels, mais on a pu réaliser des
fonçages, avec épuisement, avec 2700 m³ à l'heure (Compagnie d'Anzin, fosse Thiers).

Le plus souvent, les venues principales ne sont pas à grande
profondeur. On conçoit en effet que les eaux qui pénètrent dans les
assises souterraines rencontrent en général des couches imperméables avant d'avoir atteint une profondeur considérable.

Ainsi, dans le fonçage du puits de 1000 m. de Ronchamp, on n'a pas rencontré de venues notables au delà de 90 m. ; entre ce niveau et la surface,
on a pu, d'ailleurs, se contenter d'une pompe débitant 32 m³ à l'heure. A la
fosse n° 19 de Courrières, la venue, qui était de 476 m³ entre 5 m. et 13 m.,
n'était plus que de 90 m³ au-dessous de cette dernière cote.

Par contre, dans le bassin houiller de la Campine belge, les terrains aquifères descendent à une très grande profondeur, dépassant
600 m., ce qui rend le fonçage des puits particulièrement difficile.

Le gisement houiller franco-belge est recouvert de morts-terrains contenant plusieurs niveaux très aquifères, commençant au
voisinage de la surface, et descendant jusqu'aux argiles (appelées
dièves), qui surmontant les poudingues du *tourtia* situés eux-mêmes
au toit du houiller. Ces nappes souterraines ont reçu, dans la région
voisine de la frontière belge, le nom caractéristique de *torrent d'Anzin*.
Elles se retrouvent, plus ou moins aquifères, sur tout le bassin du
Nord et du Pas-de-Calais, et ont obligé à cuveler tous les puits. On
sait que les Allemands ont profité de leur existence pour noyer
toutes les mines entre Lens et la frontière belge, en faisant sauter
les cuvelages.

28. Fonçage et épuisement en terrains solides. — Lorsque la
venue d'eau n'est pas trop forte, le fonçage des puits en terrains so-

---

(1) Haton de la Goupillière et Bès de Berc. *Exploitation des Mines.*

lides et aquifères ne présente pas de différence essentielle avec les procédés employés dans les terrains secs.

Un puisard est creusé au milieu du chantier pour recueillir les eaux; et recevoir la crépine de la pompe. Nous n'avons pas à décrire ici en détail les installations d'épuisement. Nous en dirons un mot à la fin du présent chapitre, en renvoyant pour une étude plus complète à la IXᵉ partie du cours.

Le revêtement des parties aquifères nécessite au contraire des dispositifs spéciaux. Le principe et l'exécution de ces revêtements particuliers (*cuvelages*) seront exposés au chapitre V. Nous nous bornerons pour l'instant à décrire la pose de la *trousse picotée*, destinée à supporter le cuvelage.

29. Épuisement par un puits voisin. — Avant d'aborder cette description, signalons un procédé qui permet de simplifier l'épuisement et de faciliter le creusement, lorsqu'on fonce simultanément deux puits voisins. Ce cas est d'ailleurs assez fréquent dans les sièges modernes qui comportent deux ou même trois puits à faible distance.

Le premier puits ayant traversé la zone aquifère et atteint la roche imperméable, on perce dans celle-ci une galerie allant jusqu'à l'axe du puits en fonçage. Du fond de ce dernier, un trou de sonde est poussé jusqu'à la galerie, au sommet de laquelle il vient déboucher. La galerie est fermée par un serrement S en maçonnerie, suffisamment épais pour résister à la pression de la colonne d'eau s'élevant jusqu'à la surface.

Dans ce serrement sont ménagés une conduite en fonte C munie d'un robinet, et un trou d'homme T, normalement fermé par un tampon hermétique, mais permettant au besoin l'accès derrière le serrement.

En avant de ce dernier un mur M est élevé, formant bâtardeau. Entre ce mur et le puits se trouvent les pompes refoulant les eaux à la surface.

Le creusement du second puits peut dès lors se poursuivre à sec, les eaux descendant par le trou de sonde jusqu'à la galerie. Celle-ci forme un réservoir de grand volume, et les variations momentanées dans le débit de l'eau se font moins sentir sur la marche des pompes, qui est alors plus régulière. Enfin, le chantier de fonçage est débarrassé des installations d'épuisement et l'on n'a pas à se préoccuper de descendre progressivement les pompes au fur et à mesure de l'approfondissement. On réalise ainsi une sérieuse économie de temps et d'argent.

Ce procédé a été appliqué au fonçage du puits de Ronchamp.

Le serrement était d'ailleurs remplacé par un simple mur n'atteignant pas le haut de la galerie, derrière lequel plongeait le tuyau d'aspiration de la pompe.

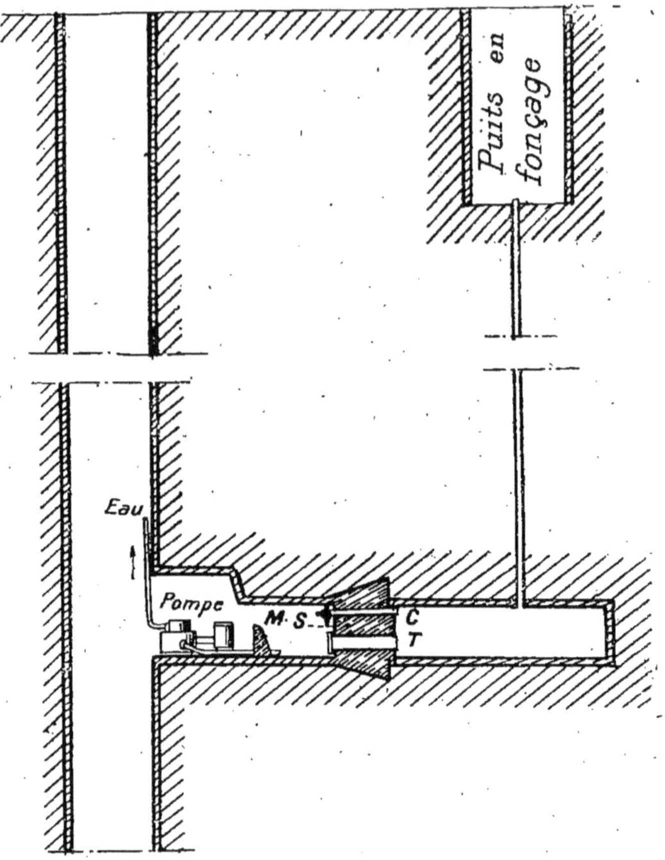

Fig. 155. — Epuisement par un puits voisin.

§ 2. — POSE D'UNE TROUSSE PICOTÉE.

30. Trousse picotée. — La trousse est l'anneau de base du revêtement étanche (*cuvelage*). Elle doit donc être placée dans un terrain imperméable, et aussi solide que possible.

Lorsque les terrains aquifères se continuent sur une grande hauteur, ou qu'on ne trouve pas de bancs consistants, la trousse aura à supporter un poids de cuvelage considérable. Mais, en général, les assises contenant des masses d'eau importantes sont séparées les unes des autres par des bancs imperméables. On en profitera pour y établir une trousse, de façon à ne pas donner au cuvelage une trop grande hauteur. La condition d'étanchéité est la plus importante à réaliser ; celle de la solidité de la roche ne vient qu'en seconde ligne.

Si la couche imperméable n'est pas assez épaisse et assez solide pour qu'on puisse interrompre le cuvelage sur une certaine longueur, on continue le fonçage jusqu'à une autre assise dans laquelle sera établie une nouvelle trousse et on élève le cuvelage jusqu'à la trousse précédente. Le raccordement d'un cuvelage avec la base d'une trousse est un travail délicat, sur lequel nous reviendrons plus loin.

Le revêtement peut être en bois, en maçonnerie, ou constitué par des pièces métalliques. La trousse est différente suivant les cas, mais sa pose et les précautions à prendre pour assurer son étanchéité offrent de grandes analogies.

Nous décrirons d'abord, avec assez de détails, la pose d'une trousse picotée en bois ; ce n'est pas le cas le plus fréquent, mais il montre bien en quoi consiste ce genre de travail.

31. Trousse en bois. — La trousse doit reposer sur une assise plane et solide. Dans le creusement du puits, sur plusieurs mètres avant d'arriver au niveau choisi pour la placer, on interrompt le travail aux explosifs et on n'emploie plus que le burin.

On élargit peu à peu le puits de façon à gagner l'épaisseur de la trousse et du picotage, qui est supérieure par exemple d'une ving-taine de centimètres à celle du cuvelage proprement dit.

On dresse la paroi sur 50 ou 80 cm., au moyen du burin, de façon à la rendre parfaitement plane ; on fait de même pour l'an-neau de roche sur laquelle reposeront les pièces de la trousse. Ces précautions sont indispensables pour obtenir un bon résultat. Si le terrain n'est pas d'une solidité parfaite, on place d'abord un anneau en forts madriers (*roulisse*), qui servira de base à la trousse. On a d'ailleurs parfois recours à cette précaution, même dans de bons terrains, pour être plus sûr de l'horizontalité de la base du cuvelage, mais on peut alors supprimer la roulisse lorsqu'on viendra, lors de la reprise suivante, raccorder le haut du cuvelage ou de la maçon-nerie et le dessous de la trousse.

La trousse proprement dite est constituée par un cadre en bois, dont la forme (polygonale ou circulaire) dépend de celle adoptée pour le cuvelage.

Le problème consiste à serrer énergiquement ce cadre contre le terrain, de façon à obtenir une base à la fois solide et parfaitement étanche pour le cuvelage. On y arrive de la manière suivante :

La trousse, une fois posée, ne touche pas à la paroi verticale du puits, et elle en est séparée par un vide de 60 ou 70^{cm} ; au moyen de coins assurant déjà un serrage assez énergique, elle est maintenue en place, et l'on vérifie avec soin son horizontalité et son centrage, opération qu'il y aura lieu de refaire au cours du picotage, pour éviter un déplacement de la trousse.

Entre cette dernière et la paroi, on glisse une série de madriers

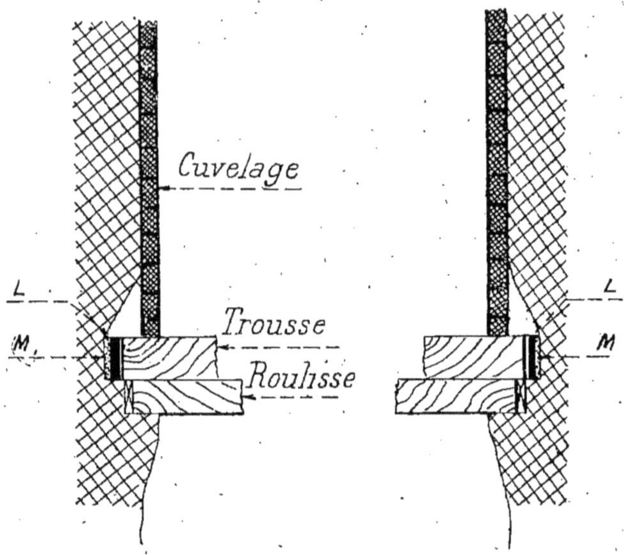

Fig. 156. — Pose d'une trousse picotée.

de 20 à 40^{cm} d'épaisseur (la *lambourde*), en bois tendre qui a reçu de distance en distance des traits de scie pour mieux épouser la forme de la trousse, lorsque celle-ci est circulaire.

Si les coins de serrage gênent pour placer la lambourde, on peut les supprimer après avoir coulé du ciment sur 10 ou 15 cm. de hauteur entre la trousse et la paroi. Mais on réduit ainsi la hauteur du bourrage de mousse et de picots.

Entre la lambourde et la paroi on remplit le vide avec de la mousse pilonnée à refus. Cette mousse doit être récoltée à l'avance, triée, débarrassée de la terre ou des cailloux qu'elle contenait, et séchée pendant plusieurs semaines.

Une fois la lambourde bien serrée au moyen de cette mousse, il faut réaliser un coincement plus énergique en comprimant la mousse de façon à la rendre tout à fait impénétrable à l'eau.

Pour/cela on introduit un ciseau entre la trousse et la lambourde et on écarte ces deux pièces pour introduire des coins en bois tendre.

Si l'on se contentait d'une seule série de coins, il se produirait à la longue un déversement de la trousse, par suite des pressions

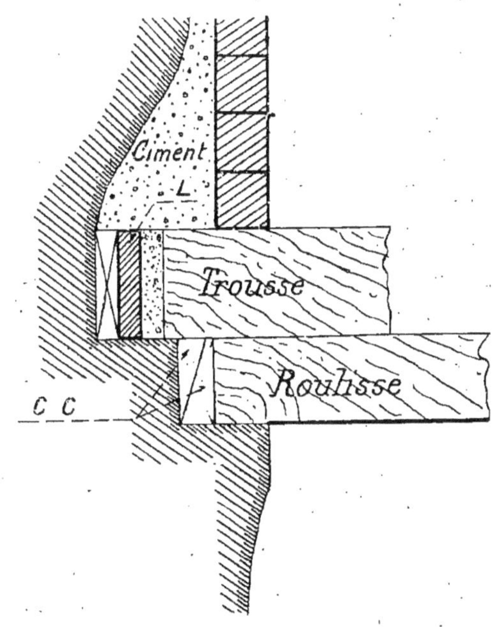

[Fig. 157. — Détail du serrage : C, coins ; L, lambourde.

qui s'exercent normalement à la face inclinée du coin. Il faut donc une double série de coins en sens contraire, dont les faces inclinées seront en contact, et dont les deux faces opposées seront bien parallèles au côté vertical de la trousse.

Après avoir introduit à fond la première série de coins, la tête en haut, on force entre la trousse et la lambourde une pièce en fer (*agrappe à picoter*) de forme pyramidale très allongée, à section carrée. Cette agrappe une fois enfoncée, on peut retirer un coin et le réintroduire la tête en bas en y accolant un deuxième coin placé la pointe en bas. On les enfonce à la masse, jusqu'au fond, et on recommence à côté, en enlevant et remettant l'agrappe pour dégager les coins de la première série encore isolés.

Il faut avoir soin de conduire ce travail avec régularité, en le faisant simultanément sur tous les segments de la trousse, les ouvriers étant placés à égale distance les uns des autres et progressant constamment dans le même sens. La même précaution doit être observée pour le picotage ; on évite ainsi le décentrement.

Au bout d'un certain temps, on ne peut plus introduire de coins ; on est dès lors assuré que le serrage, perpendiculairement à l'axe du puits, est complet. Mais on n'est pas certain qu'il le soit tangentiellement à la trousse et que par conséquent l'étanchéité soit complète.

32. Picotage. — Pour réaliser ce dernier serrage, on procède au *picotage*, c'est-à-dire à l'introduction de *picots*. Ce sont des bois taillés en pyramide très allongée, à section carrée, longs de 15 à 20 cm., de 10 à 15 $^{m}/_{m}$ de côté à la base ; on les fait en général en chêne, souvent durci au feu.

Au moyen de l'agrappe, frappée à coups de masse entre les coins, on crée un emplacement dans lequel on introduit un picot, qu'on enfonce jusqu'à refus. On continue le placement de picots jusqu'au moment où il devient absolument impossible de forcer l'agrappe, en un point quelconque.

Le nombre de picots qu'on peut ainsi introduire est souvent élevé : 1000 ou 1500 par exemple pour un puits de 4 m. de diamètre utile.

Une fois complétée par ce picotage, la trousse est devenue parfaitement étanche, d'autant plus que l'eau fera gonfler peu à peu les coins et les picots, renforçant encore le serrage.

On termine l'opération en coupant la tête des picots qui n'ont peut être introduits à fond, et en rendant parfaitement horizontale la surface supérieure de l'ensemble. Ceci est d'autant plus important qu'on ne place presque toujours une deuxième trousse sur la première, quelquefois même davantage si l'on a à craindre une forte pression d'eau. Le vide restant en arrière de la base du cuvelage sera comblé au moyen de la cimentation.

Nous verrons, au chapitre V, l'établissement du cuvelage.

33. Trousse en maçonnerie. — Lorsque le revêtement du puits est en maçonnerie (pierre, brique ou béton) on peut évidemment le faire reposer sur une trousse en bois semblable à celle que nous venons de décrire. Mais les joints entre la maçonnerie et le bois sont rarement étanches, et cessent de le devenir lorsque le bois s'use ou commence à pourrir.

On peut adopter une trousse métallique, qui ne s'use pas, mais l'étanchéité du joint n'est pas non plus satisfaisante. On préfère donc souvent exécuter la trousse elle-même en maçonnerie de pierres de taille (*fig. 158*).

On commence par dresser une sur-face bien plane, sur laquelle reposeront les voussoirs en pierre, taillés à l'a-vance, qui constituent la trousse (T). Ils sont mis en serrage contre le terrain au moyen d'une lambourde, de mousse, de coins et de picots, comme pour une trousse en bois. Cette opération ne doit s'exécu-ter que lorsque le mortier placé entre les voussoirs a fait solidement prise.

On a soin, souvent, de ne donner à la partie arrière des voussoirs que la moi-tié de la hauteur qu'ils présentent sur le devant ; le picotage n'a plus qu'une hau-teur moitié moindre ; le but de cette pré-caution est d'éviter les efforts de déver-sement sur les voussoirs, qui risqueraient de se briser car ils ne présentent pas l'é-lasticité des pièces en bois.

Dans ce cas on complète le remplis-sage derrière la trousse au moyen d'une couronne en ciment (C). Le vide subsis-

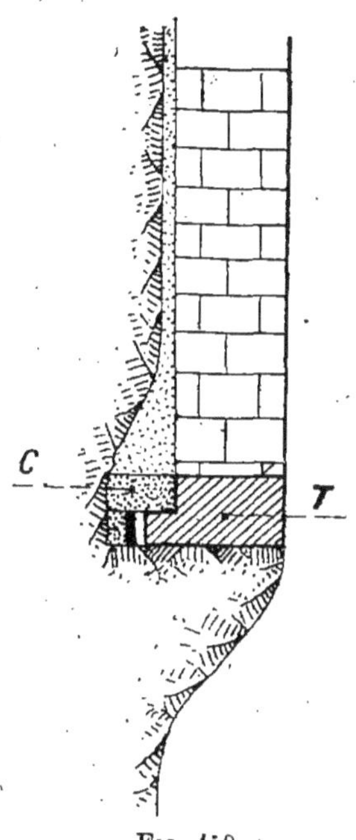

Fig. 158.
Trousse en pierres de taille.

tant au-dessus de cette couronne, derrière la maçonnerie du puits, est rempli avec du béton.

Comme pour les trousses en bois, le raccordement de la retraite suivante avec le dessous de la trousse demande des précautions spé-ciales. La corniche sur laquelle repose provisoirement la trousse doit être entaillée seulement par recoupes de petites dimensions pour ne pas ébranler la trousse.

De plus en plus, les cuvelages en maçonnerie ou en briques sont remplacés par des revêtements en béton armé, dont l'épaisseur peut être réduite. Les retraites successives se raccordent sans que la pose d'une trousse soit nécessaire, ce qui simplifie beaucoup le travail.

34. Trousse métallique. — Les trousses métalliques peuvent être adoptées pour servir de base à un revêtement en maçonnerie, et le sont toujours lorsqu'on adopte un cuvelage métallique. Leur emploi est donc fréquent et leur forme est variable suivant le type de cuvelage choisi.

Ainsi que nous le verrons au chapitre V, il y a deux types généraux de revêtement métallique, connus sous les noms de *cuvelage anglais* et de *cuvelage allemand*. L'un et l'autre sont constitués par des panneaux en fonte ou en acier, mais le premier a sa face tournée du côté du puits plane, les nervures de renforcement des panneaux étant à l'extérieur, tandis que le second présente les nervures vers l'intérieur du puits.

En outre les panneaux successifs sont simplement assemblés

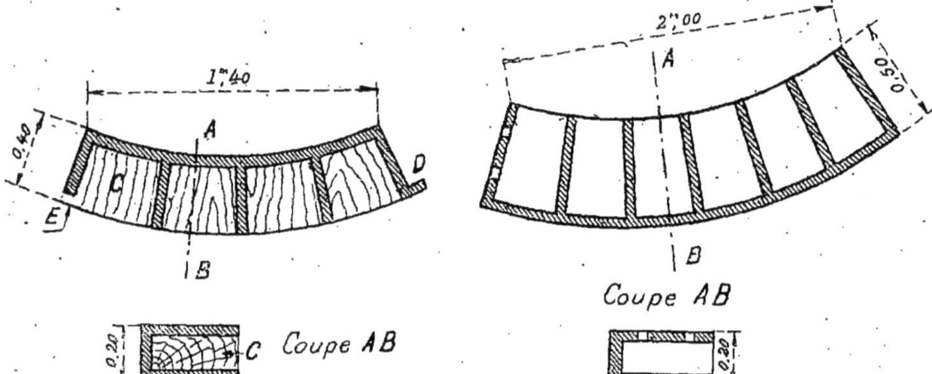

Fɪɢ. 159. — Trousse de cuvelage anglais.   Fɪɢ. 160. — Trousse de cuvelage allemand.

par juxtaposition dans le cuvelage anglais, tandis qu'ils sont boulonnés dans le cuvelage allemand.

Les trousses présentent donc des aspects différents, représentés sur les fig. 159 et 160.

35. **La trousse d'un cuvelage anglais** est formée de segments en fonte, longs de 1ᵐ,20 à 1ᵐ,50, larges de 30 à 70 cm., hauts de 15 à 30 cm. Des nervures radiales (cinq par exemple) déterminent des compartiments remplis au moyen de blocs en chêne exactement taillés d'après les dimensions de ces compartiments. A l'intérieur du puits, la trousse ne présentera donc qu'une paroi plane en fonte, tandis qu'à l'extérieur, on aura une surface composée en majeure partie par les blocs de bois, séparés par la tranche des nervures.

Les segments s'emboîtent au moyen de prolongements D, venus de fonte, qui se placent dans les logements E.

Pour mettre en place la trousse (*fig. 161*), on commence par préparer une assise bien plane, et on dresse au burin la paroi extérieure sur une certaine hauteur, ainsi que pour une trousse en bois.

Souvent on n'applique pas les segments directement sur la roche. On élève d'abord un anneau (ou *rouet*) en maçonnerie, sur lequel sont placés les pièces de la trousse.

Celles-ci ne sont pas exactement jointives ; il reste entre elles un vide de $1^m/_m$ ou $1^m/_m 1/2$ dans lequel on glisse une planchette de sapin. Le prolongement D du segment empêche celle-ci de dépasser le contour extérieur de la trousse.

Le picotage se fait à l'aide de coins et de picots, mais généralement sans lambourde et sans mousse. Il est poussé jusqu'au moment où les planchettes de sapin sont réduites à une épaisseur insignifiante.

Pendant ce travail, on place des arc-boutants pour empêcher le soulèvement des segments.

Au-dessus de cette première trousse, on en installe, toujours avec un picotage aussi soigné, une deuxième, plus longue que la précédente, qui déborde dans le puits de 15 ou 20 cm., et qui supportera le cuvelage proprement dit.

On a soin de faire alterner les joints verticaux des segments de ces deux trousses.

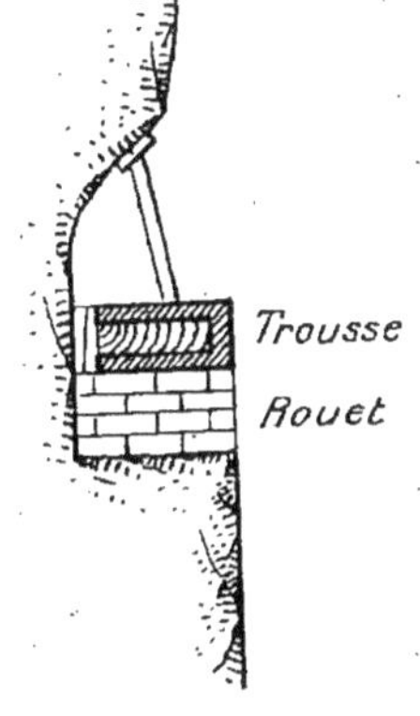

Fig. 161.
Pose d'une trousse dans
le cuvelage anglais.

36. La trousse d'un cuvelage allemand (*fig. 160*) est formée de segments de dimensions analogues à ceux de la trousse anglaise, mais souvent un peu plus longs ($1^m,50$ à 2 m.), réunis par de forts boulons entre eux et avec le premier anneau du cuvelage. Les compartiments tournés vers l'intérieur du puits ne sont pas remplis de blocs de bois. L'épaisseur des parois (35 à $50^m/_m$) est un peu plus forte que celle des anneaux de cuvelage.

Les segments sont séparés, non plus par des planchettes en sapin, mais par des feuilles de plomb de $4^m/_m$ environ, qui se réduiront à $3^m/_m$ après picotage.

On dresse au burin le logement de la trousse, soit qu'on applique directement celle-ci sur la roche, soit qu'on élève d'abord un rouet en maçonnerie ou en ciment. L'installation de ce rouet facilite le travail dans les terrains très durs, qu'il est difficile de rendre bien plans avec les burins, et rend plus sûre la stabilité de la trousse dans les terrains dont la solidité n'est pas parfaite.

Le picotage se fait comme pour la trousse anglaise, et on installe également une seconde trousse, séparée de la première par une feuille de plomb de 3 $^m/_m$ d'épaisseur.

Pendant toute la durée du travail, on s'assure qu'il ne se produit aucun déversement, ni aucun déplacement latéral. Avec les cuvelages métalliques, où les pièces d'appui des moises sont fixées à l'avance sur les anneaux, la position des divers segments de la trousse, qui entraîne celle des anneaux, n'est pas indifférente et doit être fixée avec précision.

La pose et le picotage de deux trousses (de l'un ou de l'autre type) demandent en général 3 ou 4 jours, une fois l'emplacement préparé.

37. Suppression du picotage. — On supprime parfois le picotage en se contentant d'un cimentage soigné derrière la trousse et le cuvelage. Ce procédé est indiqué lorsque la roche n'est pas très résistante et cède sous la pression du picotage, mais il donne rarement une étanchéité et une stabilité égales à celle que procure le picotage.

§ 3. — Fonçage en terrains inconsistants.

38. Poussage avec palplanches. — Lorsque le terrain, quoique inconsistant, n'est pas trop aquifère, on peut employer le creusement avec revêtement provisoire en palplanches, par l'un des procédés décrits au chapitre précédent : palplanches en bois verticales ou obliques, palplanches métalliques. Le travail est toujours plus délicat, car la présence de l'eau dans les terrains accentue la tendance aux éboulements et à l'envahissement du chantier par les sables.

Le revêtement doit donc être particulièrement soigné, aussi jointif que possible, et le creusement conduit avec précaution, pour ne découvrir qu'une surface très réduite. Le sol du chantier est recouvert d'un bouclier formé de madriers jointifs ; les vides sont bouchés avec de la paille, qui arrête les sables et laisse passer seulement l'eau. On peut aussi constituer le bouclier avec des cubes en bois, percés d'un trou vertical, par lequel l'eau peut passer.

On dispose au fond du puits un puisard, protégé également par des palplanches, dans lequel aspirent les pompes. Parfois on se contente d'enfoncer une caisse en tôle perforée qui forme réservoir.

Quant aux procédés qui emploient des palplanches métalliques (*Haase, Simon* ou analogues), ils permettent également de franchir un niveau aquifère et coulant, dont la hauteur n'est pas exagérée (20 m. environ).

Mais tous ces modes de creusement avec revêtement par palplanches sont inapplicables lorsque les venues d'eau sont trop fortes ou les terrains tout à fait coulants, ou bien encore lorsque l'épaisseur de ces derniers est trop forte.

Ils sont d'ailleurs toujours coûteux, aussi préfère-t-on actuellement recourir à des méthodes plus sûres : enfoncement d'une trousse coupante, congélation, cimentation. On limitera l'emploi du poussage à la traversée d'assises trop peu importantes pour justifier les installations spéciales que nécessitent ces divers systèmes.

39. Procédé Haniel et Lueg. — On a appliqué, en Allemagne notamment, dans les terrains pas trop ébouleux, ni trop aquifères, un procédé qui permet de supprimer le revêtement provisoire, et de mettre immédiatement en place le cuvelage définitif.

Il consiste à poser les anneaux du cuvelage en fonte au fur et à mesure que le puits s'approfondit. Il faut naturellement commencer par établir, au-dessus de l'assise ébouleuse, une trousse solide, fortement encastrée dans le terrain, capable de supporter le poids du cuvelage jusqu'au moment où ce dernier arrivera au terrain imperméable, dans lequel sera installée la trousse de base.

Si la traversée totale est trop grande, on profitera des bancs plus résistants pour y établir des trousses intermédiaires, appuyées et cimentées dans le terrain.

Les divers segments d'un anneau, et les anneaux entre eux sont réunis par des boulons, avec intercalation de feuilles de plomb.

§ .4. — PROCÉDÉ DE LA TROUSSE COUPANTE.

40. Principe de la méthode. — Tous les systèmes exposés jusqu'à présent pour le passage des zones ébouleuses et aquifères sont délicats et peu sûrs si la hauteur à traverser est grande et les venues d'eau considérables. En particulier, les revêtements provisoires en palplanches ne sont pas d'une résistance suffisante contre les mouvements de terrains, et la pose du revêtement définitif est souvent difficile.

Il existe un procédé dans lequel le soutènement définitif est poussé en même temps que l'approfondissement.

Il consiste à faire descendre le cuvelage, au fur et à mesure de l'avancement du fonçage, en le complétant par de nouveaux anneaux à la partie supérieure lorsqu'il s'est enfoncé d'une longueur suffisante. La *tour de cuvelage* s'allonge ainsi peu à peu, et le creusement s'exécute d'une façon continue.

Pour faciliter la descente de la tour, on la termine, à la base, par une *trousse coupante* (d'où le nom du procédé), formée d'une couronne métallique taillée en biseau, qui pénètre dans les terrains ébouleux à la façon d'un coin.

Au début, le poids de la tour n'est pas toujours suffisant pour qu'elle descende, et il faut exercer sur son sommet une pression plus ou moins énergique.

L'enlèvement des sables, à l'intérieur de la trousse, peut se faire à la main (fonçage à niveau vide) ou à l'aide de dragues, en laissant l'eau monter dans le puits (fonçage à niveau plein). Nous ne nous occuperons pour le moment que du premier cas.

41. Préparation du fonçage. — La partie supérieure du puits, jusqu'au niveau aquifère, est foncée par les procédés habituels, et on ne passe au travail à la trousse coupante que lorsque cet avant-puits est creusé et maçonné jusqu'à la tête des terrains ébouleux. Souvent ces derniers commencent à quelques mètres de la surface, mais il peut arriver qu'on puisse foncer une assez grande longueur de puits avant de recourir à la trousse coupante.

L'avant-puits devra être assez large pour qu'on puisse monter à l'intérieur la tour de cuvelage et qu'il reste encore un jeu suffisant pour que celle-ci ne risque pas de se coincer. Si la traversée des terrains coulants est longue, il est prudent de prévoir la possibilité de placer une seconde tour à l'intérieur de la première, si cette dernière ne peut être enfoncée plus loin, ou si on doit arrêter sa descente par suite d'une déviation impossible à corriger.

Dans certains puits foncés en Westphalie par ce procédé, on a été amené à employer plusieurs cuvelages successifs, placés l'un à l'intérieur de l'autre, pour atteindre la profondeur voulue. Ainsi, à Rheinpreussen I on a employé 7 cuvelages successifs pour une profondeur totale de 125 m. (1). Même avec des cuvelages en fonte, la réduction de diamètre est notable.

La trousse coupante à été fort employée en Westphalie. Jusqu'en 1900, sur 478 puits, 178 ont été approfondis en partie par ce procédé dont 6 ont dépassé la profondeur de 100 m. L'un d'eux a atteint 178 m.

Lorsque la profondeur augmente, les pressions qui s'exercent sur le cuvelage rendent de plus en plus difficile la descente de la tour. Le procédé n'est donc applicable que pour des profondeurs réduites. En tous cas, on est assez vite obligé de renoncer au creusement à niveau vide pour passer au travail à niveau plein.

---

(1) Heise et Herbst. *Exploitation des Mines.*

42. Trousse coupante avec cuvelage en bois. — Beaucoup de puits, dans le nord de la France et en Belgique, ont été exécutés avec cuvelage en bois, et ce mode de revêtement présente d'ailleurs dans certains cas des avantages qui le font conserver. Le passage du niveau aquifère, lorsqu'on a adopté la trousse coupante, a donc été réalisé avec une tour de cuvelage en bois.

Dans ce cas, la trousse (*fig. 162*) était elle-même en bois de chêne, taillée en biseau et recouverte d'une armature en forte tôle. On peut également employer une trousse en fonte.

La tour de cuvelage, dont la section était en général polygonale,

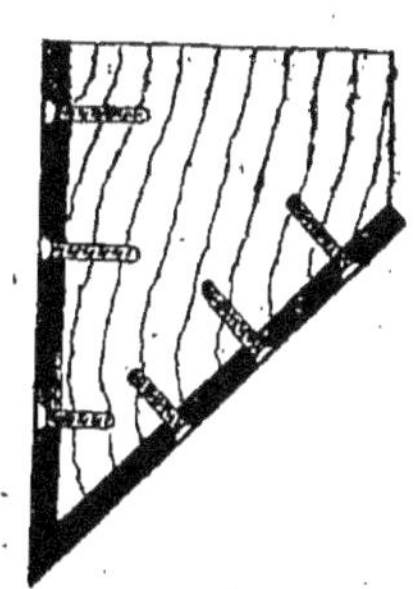

FIG. 162. — Trousse coupante
pour cuvelage en bois.

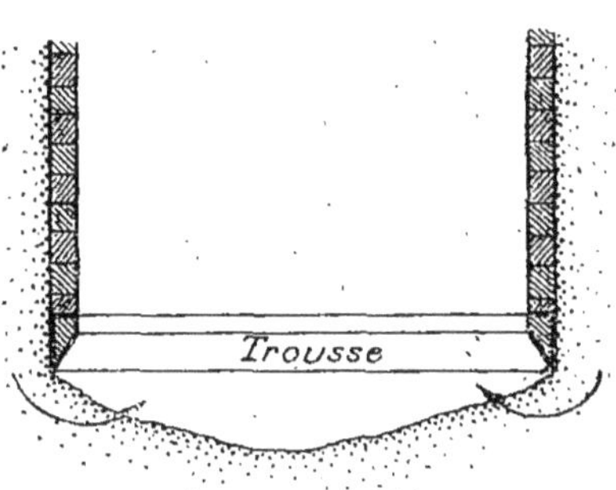

FIG. 163. — Conduite défectueuse
du fonçage.

s'élevait au-dessus de la trousse, les segments en bois étant solidement réunis par des pièces en fer.

La descente de la tour était assurée au moyen de vérins engagés sous des madriers encastrés dans le revêtement de l'avant-puits.

Les sables, à la base du fonçage, étaient chargés dans les bennes par les ouvriers, qui cherchaient à désagréger et à enlever les blocs plus compacts qui s'opposaient à la pénétration de la trousse.

Une précaution essentielle doit être observée pendant le creusement, quelle que soit d'ailleurs la nature de la tour de cuvelage. Il faut dégager le fond du chantier jusqu'au niveau de la base de la trousse, mais éviter que le centre du puits soit en avance sur la trousse. On risquerait de provoquer ainsi des mouvements dans la masse des sables (suivant les flèches), et de créer des vides derrière la base de la tour, ou sous une partie de la trousse. Il se produirait alors des éboulements qui disloqueraient la tour, ou une descente irrégulière de celle-ci, amenant une déviation impossible à corriger.

La verticalité de la tour est difficile à conserver, surtout lorsque la longueur augmente ; il faut à tout moment la vérifier à l'aide de fils à plomb et corriger immédiatement les déviations en agissant davantage sur certains des vérins.

Les tours en bois manquent de poids et de rigidité, aussi ne pouvait-on, le plus souvent, les conserver comme revêtement définitif. Une fois arrivé au terrain imperméable, on préférait poser une trousse picotée, et élever à l'intérieur de la tour un nouveau cuvelage en bois ou en maçonnerie.

43. Trousse coupante avec tour en maçonnerie. — Les tours en maçonnerie sont encore employées, au moins pour la partie supé-rieure des puits.

La trousse coupante (*fig. 164*) est en fonte, formée de segments circulaires, longs de 1^m,50 à 2 m., de section triangulaire (hauteur 60 cm. à 1 m. environ, largeur au sommet 60 cm. à 1 m. ou même davantage), renforcés par des nervures. Ces segments sont creux et on les remplit de maçonnerie ou de ciment qui se lie à la base de la tour. Les joints entre les segments sont garnis de feuilles de plomb.

Sur les nervures sont boulonnées des armatures verticales, nécessaires pour as-surer la liaison et pour consolider la maçon-nerie. Ces armatures sont formées de tiges

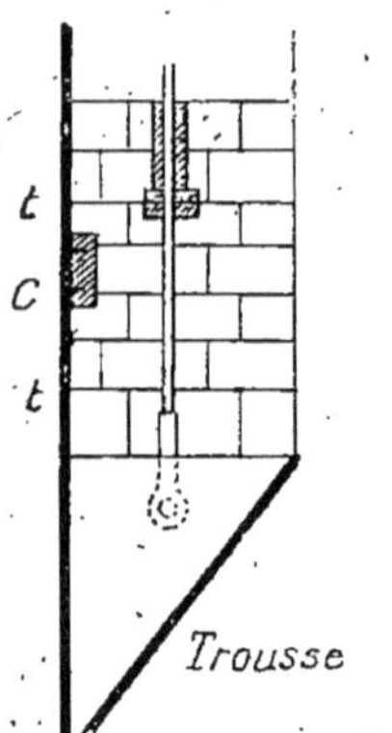

Fig. 164. — Trousse avec tour en maçonnerie.

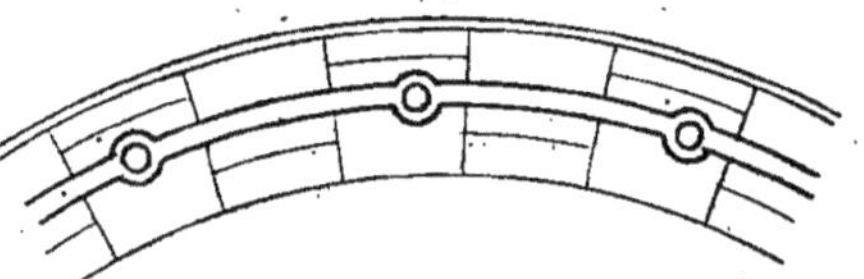

Fig. 165. — Armatures d'une tour en maçonnerie.

en fer, reliées entre elles par des fers plats noyés dans la maçonne-rie (*fig. 164 et 165*).

Pour que la surface extérieure de la tour soit bien lisse et offre le moins de résistance possible au frottement, elle est revêtue de tôles *t* clouées sur des cercles en bois *C*. Au lieu de tôles on peut employer un garnissage en ciment à prise rapide.

La maçonnerie est généralement en briques résistantes, réunies par un mortier solide et à prise rapide (par exemple une partie de ciment pour 2 de sable). On l'élève peu à peu à l'intérieur de l'avant-puits au-dessus de la trousse, qui a d'abord été installée parfaitement horizontale. Il faut donner à la tour une hauteur de plusieurs mètres avant de commencer à la faire descendre ; il doit rester naturellement entre la tour et la maçonnerie un vide de quelques centimètres, dans lequel on glisse de la paille sans la serrer.

Une tour en maçonnerie est plus lourde qu'en bois, ce qui facilite l'enfoncement et permet souvent d'éviter l'emploi de vérins. Les briques, dont la résistance à l'écrasement est faible, se prêtent d'ailleurs mal à cette action extérieure. Il est préférable, si la tour descend difficilement, d'activer l'affouillement sous la trousse.

On a pu, dans des cas exceptionnels, dépasser 80 m. d'avancement avec une tour en maçonnerie, mais en général, on ne peut compter dépasser une trentaine de mètres sans observer de déviations fâcheuses ou sans disloquer la tour ; dans ce dernier cas, on est obligé d'élever un nouveau cuvelage à l'intérieur de la tour, lorsque celle-ci a atteint la profondeur voulue et repose sur une trousse picotée placée dans les terrains imperméables.

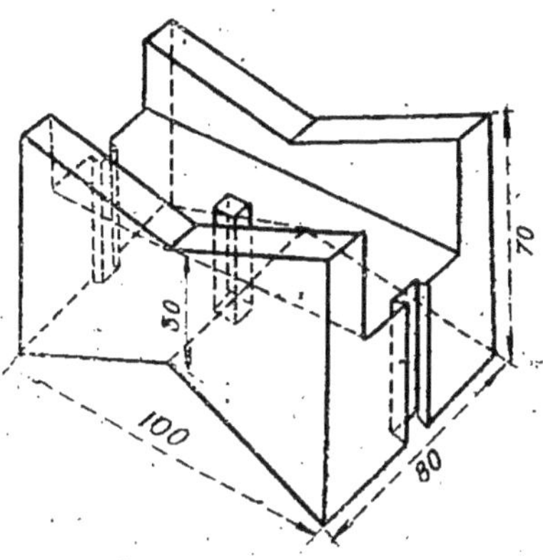

FIG. 166. — Claveau en ciment.

Le raccordement de la trousse coupante et de la trousse picotée sera décrit au chapitre V, consacré au soutènement en terrains aquifères.

44. Tour en béton armé. — Le béton armé se prête bien à la constitution d'une tour de cuvelage, car il présente une grande résistance sans qu'on ait besoin d'adopter une épaisseur aussi grande qu'avec la maçonnerie de briques.

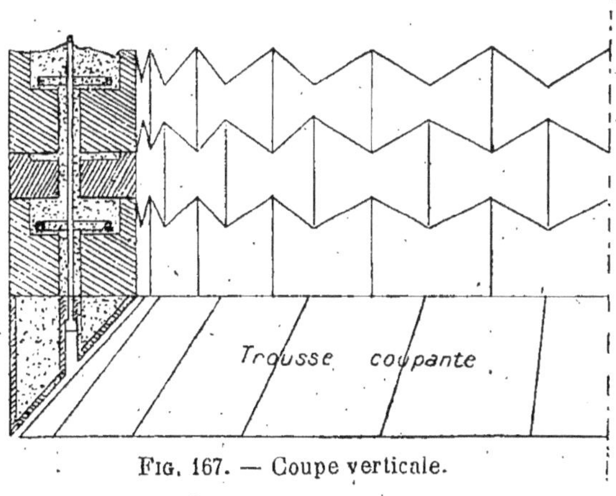

FIG. 167. — Coupe verticale.

On l'a employé en 1907 au fonçage du puits *Hautrage*.

La tour était formée de claveaux en ciment armé de 1 m.$\times$0^m,80 environ, hauts de 50 cm. en moyenne, s'emboîtant les uns dans les autres et renforcés par une armature en tiges de fer passant dans des trous préparés à l'avance. Une fois la tour montée, on remplissait tous les vides en y coulant du ciment.

La fig. 166 montre l'aspect d'un claveau avec ses rainures dans lesquelles s'engagent les tiges verticales.

La fig. 167 montre, en coupe verticale, la disposition de la trousse (en fonte, triangulaire), des armatures verticales et horizontales. Ces dernières sont constituées par des anneaux en fer rond, logés dans la partie supérieure du claveau et reliés par un treillis en fer feuillard.

La forme en zig-zag des joints horizontaux des claveaux assure une liaison parfaite des différentes pièces. Cette dernière est encore améliorée par le ciment coulé dans les vides. Aussi cette tour a-t-elle donné toute satisfaction. La descente s'est faite sans déviation sensible, et sans dislocation, malgré des chutes brusques qui ont atteint 50 cm.

On peut naturellement concevoir d'autres dessins pour les claveaux et et pour les armatures.

45. Trousse coupante avec cuvelage métallique. — Avec les cuvelages métalliques, la trousse est formée par l'anneau inférieur de la tour, que l'on termine par un biseau (*fig. 168*). L'épaisseur de ce biseau (ou *sabot*) est de 50 à 75^m/$_m$ s'il est en fonte, 40 à 60 ^{m}/$_m$ s'il est en acier.

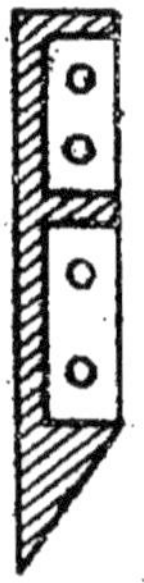

La fonte s'emploie pour les profondeurs qui ne dépassent pas une cinquantaine de mètres, et lorsqu'on ne craint pas de rencontrer de blocs durs dans les terrains.

Les sabots en acier sont moins cassants et plus résistants contre les efforts de flexion.

Si l'on doit atteindre de grandes profondeurs, le sabot aura parfois plus d'un mètre de longueur, et on le renforcera par des cercles en acier.

La paroi extérieure du cuvelage devant être lisse, on emploie le type allemand, à nervures dirigées vers l'intérieur du puits. Les panneaux qui composent les anneaux sont boulonnés, avec intercalation d'une feuille de plomb.

Fig. 168.
Trousse
coupante en
fonte.

L'adoption d'une tour métallique présente plusieurs avantages : épaisseur moindre à résistance égale, rigidité plus grande et moindres risques de dislocation qu'avec la maçonnerie ; on a donc moins à craindre les déviations. Une fois la tour arrivée à sa place définitive, on peut resserrer les joints pour rendre au cuvelage son étanchéité.

46. Descente de la trousse. — Le poids d'un cuvelage métallique est très inférieur à celui d'un cuvelage en maçonnerie (6 à 7 fois pour des fonçages ordinaires); on ne pourra donc compter sur le poids de la tour pour provoquer l'enfoncement de la trousse et il faudra exercer de fortes pressions sur le sommet du cuvelage. La fonte est d'ailleurs capable de résister à des efforts bien supérieurs à ceux que peut supporter la maçonnerie avant de s'écraser.

On produira ces pressions au moyen de vérins à vis ou de presses hydrauliques. Les premiers ne permettent guère de dépasser 30 ou

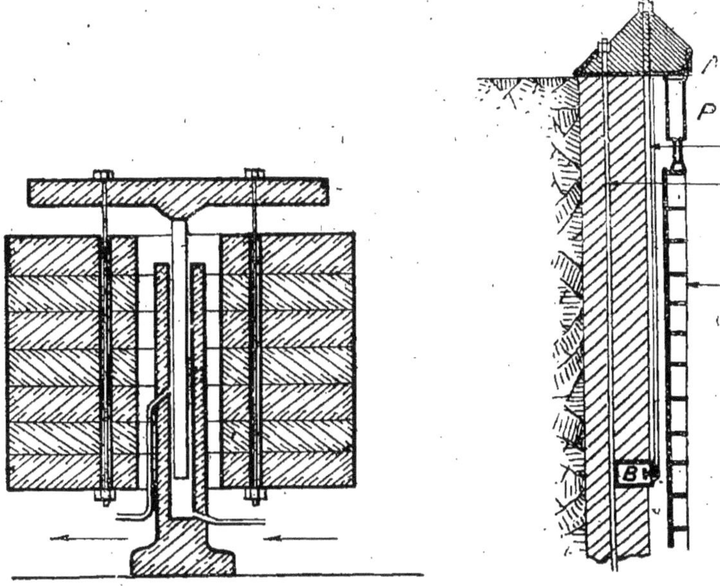

FIG. 169. — Accumulateur.   FIG. 170. — Anneau de pression.

40ᵗ, tandis que les secondes permettent d'arriver à 75 ou 100ᵗ, davantage même s'il le faut.

On installe donc au voisinage du puits une pompe de compression et un accumulateur; ce dernier est formé d'un piston plongeur sous lequel arrive l'eau sous pression et supportant, par sa tête, un balancier auquel sont suspendus des disques épais en fonte. De l'accumulateur, l'eau sous pression (500 ou 600 atmosphères) se rend à une série de presses réparties sur le pourtour de l'anneau supérieur de la tour.

Ces presses prennent appui, à la partie supérieure sous une armature solide, et leurs pistons plongeurs transmettent la pression au sommet de la tour, par des sabots ou de forts boulons liés à une couronne circulaire.

L'armature servant d'appui aux presses peut être constituée par une charpente métallique solidement ancrée dans un massif en maçonnerie entourant le sommet du puits.

Fréquemment, le fonçage a commencé par l'enfoncement d'une tour en maçonnerie, à l'intérieur de laquelle on descend le cuvelage métallique destiné à atteindre une profondeur plus grande. Dans ce cas, on pourra prendre la première tour comme appui, en plaçant au-dessus d'elle un anneau A débordant dans le puits, de façon à recevoir l'effort des pompes P (*fig. 170*). Celles-ci pressent sur le cuvelage C mais, par réaction, tendent à soulever l'anneau A. Ce dernier doit donc être solidement maintenu sur la tour en maçonnerie. On y arrive au moyen de tiges en fer *tt'* reliées les unes à un anneau B ancré dans la tour, les autres se continuant jusqu'à la trousse de cette première tour.

Grâce à ce dispositif, le sommet du puits reste libre, ce qui facilite les manœuvres.

47. Montage de la tour en fonte. — L'avant-puits est toujours en maçonnerie, au moins sur quelques mètres, soit qu'il ait été foncé par les procédés ordinaires jusqu'au niveau aquifère, soit qu'on ait d'abord employé une trousse coupante avec tour en maçonnerie. Pour passer à l'enfoncement d'une tour métallique, on commencera donc par monter, au fond de l'avant-puits, la trousse coupante, en prenant toutes les précautions voulues pour son horizontalité, dont dépend la verticalité de la tour.

Celle-ci est montée, en boulonnant successivement les divers segments des anneaux, et en s'élevant jusqu'au sommet de l'avant-puits ; ce travail se fait au moyen d'un plancher de manœuvre suspendu au câble d'extraction des bennes. Lorsque la tour est arrivée à la surface, on peut mettre en place les presses hydrauliques et commencer le fonçage.

Tout ce travail demande un soin minutieux, mais ne présente pas de grandes difficultés lorsque l'avant-puits est vide. Au contraire lorsqu'il a été foncé à niveau plein, il devient assez délicat et exige des précautions spéciales, que nous indiquerons en étudiant l'application du procédé de la trousse coupante au fonçage à niveau plein (chap. VIII).

Nous renvoyons également à ce chapitre pour l'étude des moyens de raccorder la base de la tour avec les terrains imperméables dans lesquels s'arrête le fonçage avec la trousse.

§ 5. — EPUISEMENT.

48. Généralités. — L'étude détaillée des moyens d'épuisement trouvera sa place dans la IXe partie du Cours, mais il est intéressant de donner dès à présent quelques indications sur l'épuisement des puits en fonçage.

Lorsque la venue d'eau est faible, on se contente de remonter l'eau dans les bennes, soit en la mélangeant avec les déblais, soit en utilisant des bennes uniquement consacrées à l'épuisement. Dans le premier cas, on peut évacuer 2 à 3m³ à l'heure (pour une profondeur de 200 à 300m.) dans le second, on arrive à 20 ou 25ᵐ³, mais à condition de disposer d'un treuil d'extraction indépendant de celui qui sert à l'enlèvement des déblais.

Pour des quantités d'eau plus fortes, il faut installer des pompes ou d'autres moyens mécaniques.

49. Pompes. — On employait autrefois fréquemment les *pompes à maîtresse-tige*, c'est-à-dire dans lesquelles le piston de la pompe (placée au fond) était commandé depuis la surface au moyen d'une longue tige mue par un balancier. Ces appareils ont rendu de grands services lorsqu'on ne disposait encore que de moteurs peu perfectionnés, mais ils sont abandonnés maintenant. On a eu recours ensuite à des pompes à vapeur placées sur des planchers, un peu au-dessus du chantier de fonçage, au besoin à plusieurs pompes étagées. Outre l'inconvénient de la pose et de l'entretien des colonnes de vapeur dans le puits, cette solution oblige à protéger les pompes contre les projections au moment du tir des coups de mine, et à les déplacer fréquemment pour leur faire suivre l'approfondissement du puits.

Avec des pompes ordinaires, on ne peut dépasser une trentaine de mètres de refoulement ; au delà il faut installer une deuxième pompe, aspirant dans le bac où refoule la première. Avec certains appareils tels que les pompes Rittinger (à piston creux et à double effet) on peut échelonner les pompes tous les 50 ou 75 m. Mais c'est encore une solution peu avantageuse lorsque la profondeur augmente.

Les pompes placées à poste fixe ont le grave inconvénient de devoir être déplacées fréquemment, car leur hauteur d'aspiration reste faible, et de ne pouvoir être rapidement enlevées si une brusque venue d'eau envahit le chantier.

On préfère donc suspendre la dernière pompe à un câble passant au jour sur un cabestan, ce qui simplifie considérablement les manœuvres de descente et permet de sauver la pompe en cas d'inondation du fond du puits. On peut également la relever au moment du tir des coups de mine.

Le perfectionnement des appareils a permis d'augmenter considérablement les hauteurs de refoulement et de disposer des pompes puissantes et relativement peu encombrantes. Avec la vapeur, on emploiera par exemple des pompes *Duplex* qui sont simples, robustes et demandent très peu d'entretien. Elles permettent de refouler plusieurs mètres cubes à la minute, à 200 m. de profondeur. La consommation de vapeur est élevée, et la présence de cette machine échauffe l'atmosphère du chantier, aussi préfère-t-on actuellement les pompes à moteur électrique.

Entre autres, on a inventé des modèles de pompes centrifuges à axe vertical, de grande puissance et de rendement satisfaisant, qui constituent une solution très remarquable du problème de l'épuisement de masses d'eau importantes à profondeurs croissantes. Il a fallu combiner des dispositifs spéciaux pour que la pompe centrifuge travaille dans des conditions de rendement comparables à des niveaux très variables ; on y est arrivé en prévoyant un accouplement différent des roues à aubes de la turbine, en parallèle ou en série, suivant la profondeur.

La hauteur de refoulement peut atteindre plusieurs centaines de mètres, le débit 5 à 6 m³ à la minute à 300 m., l'aspiration 6 ou 8 m. L'ensemble de la passerelle de manœuvre des vannes, du moteur de la pompe et de sa crépine, montés sur un cadre en fer pendu à un câble représente une hauteur de plus de 20 m. et un poids considérable.

50. Autres moyens d'épuisement. — En dehors des pompes, il existe des systèmes divers, que nous étudierons également plus en détail dans la IX° partie du Cours. Ce sont d'abord les *pulsomètres* dans lesquels la vapeur agit directement, sans piston, sur la surface de l'eau ; ce sont des appareils simples, peu encombrants, pouvant refouler l'eau à 50 m. avec une pression de vapeur de 8 kg., et marcher noyés ; mais ils consomment une grande quantité de vapeur. Ce sont aussi les *éjecteurs*, utilisant l'aspiration produite par un jet de vapeur à grande vitesse pour provoquer le mouvement de la colonne d'eau ; ils sont peu encombrants, mais pas très puissants et ne permettent guère de refouler à plus d'une trentaine de mètres.

Les *pompes Mammouth (fig. 171)* sont basées sur l'injection d'air comprimé à la base d'une colonne d'eau communiquant avec une autre également pleine d'eau ; cet air, mélangé à l'eau par émulsion, en provoque l'ascension, par suite de la différence de densité avec l'eau contenue dans la seconde colonne. Plus cette dernière sera haute, plus l'effet sera sensible et plus le refoulement sera grand.

Ces appareils ne fonctionnent que lorsqu'ils sont plongés pro-fondément dans l'eau et ne donnent jamais qu'un faible refoulement. Ils ne conviennent donc pas aux fonçages à niveau vide ; nous les signalons en passant, car on les emploie dans les fonçages à niveau plein, pour remonter les boues.

Indiquons enfin un système qui se rapproche de l'épuisement par les bennes, mais qui donne un débit beau-coup plus élevé. C'est le *système Tom-son*. De petites pompes aspirent l'eau dans le puisard et la refoulent dans des bacs cylindriques en tôle, dans lesquels viennent plonger des bennes à eau, également cylindriques et de grande capacité. Ces bennes sont mon-tées et descendues par un treuil d'ex-traction. Quant à l'ensemble formé par les pompes et les réservoirs, il est sus-pendu à des câbles et peut suivre l'approfondissement du puits.

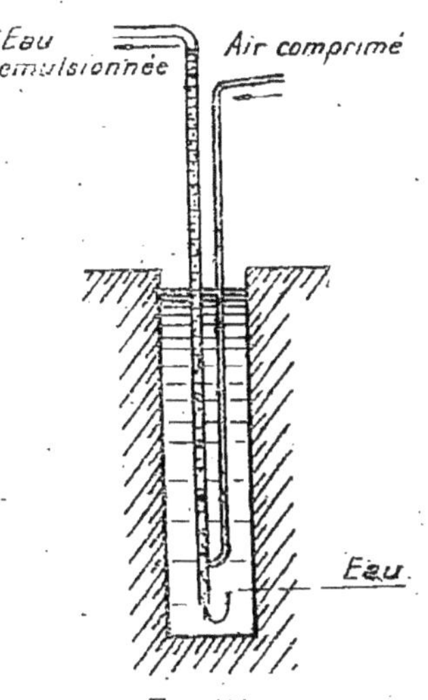

Fig. 171.
Schéma de la pompe Mammouth.

Ce système nécessite l'installation d'une machine d'extraction et d'un chevalement important, le guidage des bennes à eau (dont le volume est de 10 — 15 m³) la manœuvre de réservoirs et des pompes formant un ensemble très lourd — mais il permet d'épuiser plusieurs mètres cubes à la minute, à une profondeur de 500 ou 600 m. ce qui n'est pas possible avec des pompes, si perfectionnées soient-elles.

51. Résumé. — Le fonçage d'un puits devient beaucoup plus pénible et présente souvent de très grandes difficultés lorsque les terrains con-tiennent des quantités d'eau notables, et qu'il faut se préoccuper de leur épuisement. Leur importance peut être considérable, et dépasse parfois 2,000 ou 3000 m³ à l'heure. Des venues de plus de 1000 m³ ne sont pas rares.

Les niveaux aquifères sont fréquemment assez voisins de la surface, car les premières assises imperméables protègent les terrains inférieurs. Mais il arrive que les zones aquifères se continuent jusqu'à plusieurs centaines de mètres, rendant ainsi le travail à niveau vide impossible, lorsqu'on ne dis-pose pas de moyens d'épuisement très puissants, ou qu'on n'a pas recours à des procédés de protection comme la congélation ou la cimentation.

Dans les terrains solides on peut, en général, se contenter d'un revêtement provisoire pendant le fonçage ; une fois arrivé à une assise solide et imperméable, on établit les fondations du revêtement définitif étanche, qu'on élève ensuite jusqu'au haut de la zone aquifère. Ces fondations sont constituées par une *trousse picotée*, c'est-à-dire par un anneau, de bois, de maçonnerie ou de métal, solidement serré contre le terrain environnant à l'aide de coins et de picots, qui la maintiennent en place et assurent en même temps son étanchéité. La pose d'une trousse picotée exige un soin tout particulier.

Le revêtement, sur toute la hauteur de la zone aquifère, est constitué par un *cuvelage*, c'est-à-dire par une tour étanche en pièces de bois, en maçonnerie, en béton armé ou en fonte.

Dans les *terrains à la fois inconsistants et aquifères*, le revêtement étanche doit suivre l'avancement. L'emploi de palplanches n'est possible que sur une faible hauteur, et si les venues d'eau ne sont pas trop fortes.

On peut parfois construire immédiatement le cuvelage en fonte, en descendant, et en posant les anneaux au fur et à mesure du creusement (procédé *Haniel et Lueg*). Mais il est plus sûr de protéger constamment le chantier en faisant descendre la tour de cuvelage. Pour cela, on munit la base de cette dernière d'une *trousse coupante*, c'est-à-dire d'un anneau en biseau qui s'enfonce dans les terrains. Si la tour est en maçonnerie, son poids suffit à assurer sa descente. Si elle est en bois, ou en fonte, il est nécessaire d'exercer une pression sur la partie supérieure de la tour. Des précautions doivent être prises pour conserver la verticalité de la tour pendant sa descente et éviter sa dislocation. Avec le bois ou la maçonnerie, on est souvent obligé, une fois la tour arrivée à la base des terrains aquifères, de construire à l'intérieur du nouveau revêtement étanche. Avec un cuvelage métallique, dont on peut resserrer les joints, il est en général possible de le conserver comme revêtement définitif.

Le procédé de la trousse coupante est d'ailleurs souvent appliqué pour le fonçage à niveau plein. L'enlèvement des sables se fait alors, sous l'eau, au moyen d'excavateurs ou de dragues (voir chap. IX).

Les moyens d'*épuisement*, lorsqu'on travaille à niveau vide, varient suivant les quantités d'eau à extraire et la profondeur du chantier. Les pompes à maîtresse tige ou les pompes étagées étaient seules employées autrefois. On dispose actuellement de moyens beaucoup plus puissants et plus pratiques, notamment de pompes suspendues à vapeur ou électriques.

Les pulsomètres ou les éjecteurs rendent des services pour de faibles profondeurs et des débits peu considérables ; au contraire le système Tomson permet d'atteindre les grandes profondeurs même avec des venues de plusieurs mètres cubes à la minute.

CHAPITRE IV

SOUTÈNEMENT DÉFINITIF EN TERRAINS PEU AQUIFERES

SOMMAIRE

§ 1. **Puits boisés.** — Exécution du boisage. — Soutènement par cadres espacés ou jointifs. — Applications du boisage dans les puits.

§ 2. **Puits maçonnés.** — Conditions d'emploi. — Maçonnerie en pierres, en briques. — Evacuation des eaux. — Exécution du muraillement. — Banquettes. — Roulissé. — Reprise du fonçage. — Muraillement en terrain peu résistant. — Muraillement par petites reprises. — Vitesse d'avancement.

§ 3. **Emploi des planchers pour le muraillement.** — Planchers fixes. — Planchers mobiles — Fonçage et muraillement simultanés.

§ 4. **Accrochages.** — Disposition des accrochages. — Revêtements divers. — Accrochages maçonnés.

§ 5. **Emploi du béton ou du béton armé.** — Composition du béton. — Exécution du bétonnage. — Béton armé. — Revêtement avec pièces de béton moulées. — Revêtement d'un bure.

§ 6. **Revêtements métalliques.** — Revêtement discontinu. — Avantages et inconvénients. — Résumé.

§ 1. — Puits boisés

52. Généralités. — Le boisage d'un puits se fait au moyen de cadres, aussi la forme circulaire est-elle rarement applicable.

Une section carrée ou rectangulaire se prête particulièrement bien à la confection du boisage, et elle a l'avantage de ne présenter aucun segment inutilisé. Mais elle ne peut être adoptée que dans les terrains qui chargent peu, car les cadres n'offrent pas une aussi grande résistance que les pièces circulaires en bois ou en fer, ni qu'un anneau en maçonnerie.

On peut également donner au revêtement une forme polygonale, mais les cadres sont alors de véritables pièces de charpente, nécessitant un assemblage soigné ; on préfère le plus souvent recourir à la maçonnerie si l'on ne donne pas au puits la forme rectangulaire.

Le boisage est donc un mode de soutènement qui n'est guère appliqué que dans les puits de dimensions restreintes, dans des terrains qui ne sont ni trop ébouleux, ni sujets à de fortes pressions. Il est alors meilleur marché qu'un revêtement en maçonnerie, au moins lorsque la durée de l'ouvrage n'est pas telle qu'il faille prévoir la réfection du revêtement arrivé à limite de résistance.

Cette question de conservation des bois et de frais d'entretien est importante dans le choix du mode de revêtement: si le puits est humide, ou qu'on ne dispose pas de bons bois, à un prix raisonnable, il est préférable de faire la dépense d'une maçonnerie.

53. Exécution du boisage. — Les qualités de bois les plus employées sont le chêne, le pin ou le sapin, de préférence le chêne, parfaitement sain et débarrassé des parties moins résistantes.

Le choix des pièces doit toujours être fait avec la plus grande attention. Les réparations du boisage d'un puits sont délicates, et on ne dispose souvent pour les exécuter que de quelques heures entre la fin et la reprise de l'extraction. On doit donc chercher à les réduire au minimum. De plus les frais qu'entraîne un accident, ou simplement une interruption dans la marche de l'extraction se font immédiatement sentir sur le prix de revient, aussi y a-t-il avantage à consentir les dépenses nécessaires pour que le revêtement du puits soit aussi soigné que possible.

Les cadres de boisage peuvent se faire en pièces brutes ou équarries. L'assemblage se fait à mi-bois (*fig. 172*) ou à mi-bois renforcé (*fig. 173*), parfois même à queue d'aronde.

On tient compte, pour le dessin de ces assemblages, des pres-

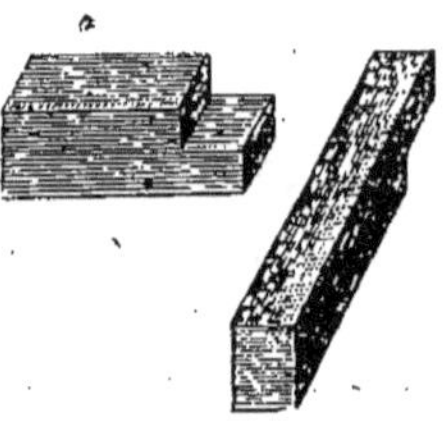

Fig. 172. — Assemblage
à mi-bois.

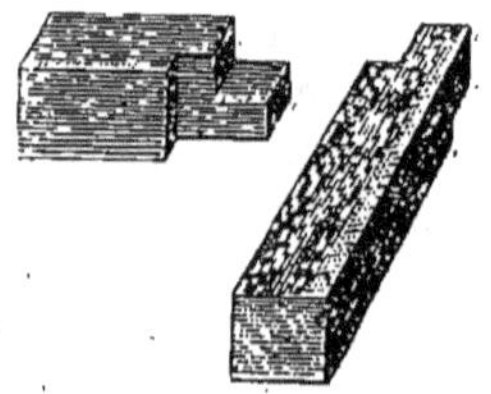

Fig. 173. — Assemblage
à mi-bois renforcé.

sions auquel l'ensemble est destiné à résister, aussi bien au point de vue de leur direction qu'à celui de leur importance.

Lorsque la section adoptée est rectangulaire, on a soin de placer le grand côté perpendiculaire à la direction des assises du terrain, c'est-à-dire à la direction principale des poussées.

L'épaisseur des bois et l'écartement des cadres sont fonction de la nature des terrains et de la grandeur des pressions. On peut parfois se contenter de cadres espacés, comme dans une galerie ordinaire, réunis par un garnissage destiné à empêcher le décollement et la chute de blocs de rocher. Lorsque le puits doit être armé d'un guidage pour la circulation des cages, il faut tenir compte des efforts et des secousses qui tendent à ébranler le boisage et à en amener la dislocation s'il est mal assemblé ou si le serrage contre le terrain est insuffisant.

Si les pressions sont considérables, on est amené à resserrer les cadres, jusqu'à les rendre jointifs, ou à les consolider par des arcs-boutants (*fig. 174*). Ces derniers sont établis parallèlement au petit

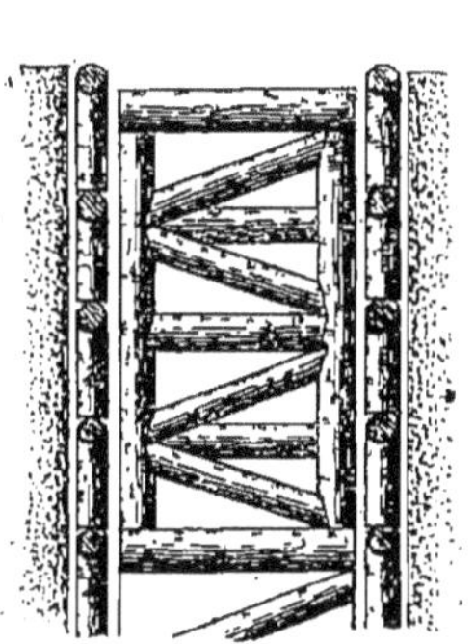

Fig. 174. — Boisage renforcé.

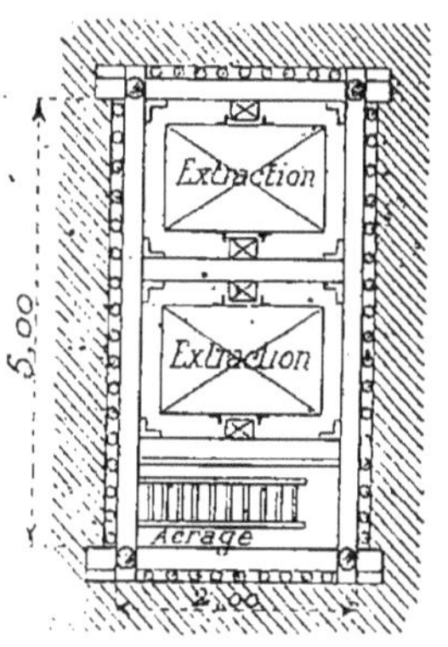

Fig. 175. — Disposition d'un puits rectangulaire.

côté, et divisent le puits en plusieurs compartiments dans lesquels circulent les cages et sont disposées les échelles, conduites d'air comprimé, d'eau, etc...

La fig. 175 montre l'aménagement d'un puits ainsi divisé en trois compartiments, dont l'un sert à la circulation par les échelles et à l'aérage.

Dans ce dernier cas, le goyot d'aérage est séparé du reste de la section par une cloison étanche en planches.

54. Soutènement par cadres espacés ou jointifs. — La fig. 176 représente la disposition du boisage d'un puits rectangulaire, soit avec des cadres espacés, soit avec des cadres jointifs.

Ces cadres se placent à l'aplomb les uns des autres, à une distance qui est de 1 à 2 m. dans des terrains solides, beaucoup moins si ces derniers sont mauvais.

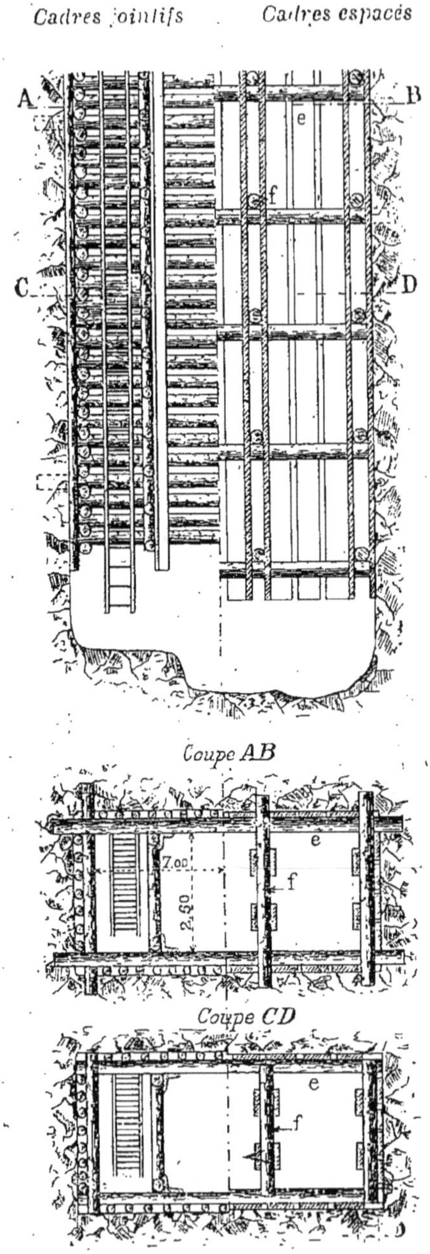

Fig. 176. — Boisage d'un puits rectangulaire.

Ils sont maintenus à l'écartement voulu par des montants (*porteurs*) disposés dans les angles, fixés aux cadres par des goussets cloués sur le cadre inférieur et sous le cadre supérieur.

Le garnissage est constitué par des rondins ou des planches, plus ou moins rapprochés, placés entre les cadres et la roche, serrés au moyen de coins qui empêchent tout glissement des cadres.

Pour mieux soutenir le boisage et le relier au terrain, on intercale de distance en distance des *cadres porteurs* dont les bois sont plus longs et encastrés dans le terrain. On évite ainsi la dislocation d'une partie étendue du revêtement en cas de rupture de l'un des cadres.

Si les terrains le permettent, on exécute le boisage par reprises successives, en montant depuis un cadre porteur bien ancré dans le terrain. Si les parois sont trop ébouleuses pour permettre de procéder ainsi de bas en haut, on suspend les cadres consécutifs, à l'aide de planches clouées sur le bois, en partant d'un cadre supérieur encastré dans la roche, et on serre soigneusement le boisage contre le terrain.

Dans les zones très mauvaises, on place les cadres les uns sur les autres, mais la consommation de bois devient considérable. Si, de plus, il y a des venues d'eau, il faut remplacer les pièces simplement équarries par de véritables voussoirs assemblés de façon à réaliser un revêtement étanche et à constituer un *cuvelage*. La section adoptée est alors polygonale, se rapprochant parfois beaucoup de la section circulaire (voir chap. V).

55. Applications du boisage dans les puits. — On trouve encore fréquemment des puits boisés dans les exploitations de mines métalliques, lorsqu'il s'agit d'installations de durée limitée. Au contraire, les puits des houillères ou des mines profondes ne présentent plus ce mode de revêtement, trop peu durable, se prêtant mal à la section circulaire, et dangereux en cas d'incendie.

Dans les puits souterrains, (*bures* ou *beurtiats*) on l'emploie encore, bien que dans certaines houillères on y ait totalement renoncé à cause du danger que constitue l'accumulation des poussières charbonneuses sur le boisage.

Lorsqu'on veut exploiter le charbon ou le minerai jusqu'au voisinage même du bure, on doit protéger le boisage par un garnissage épais en sacs de terre, en piles de bois ou en fascines. On peut ainsi ralentir l'effet des poussées jusqu'au moment où le puits pourra être abandonné.

§ 2. — Puits maçonnés.

56. Conditions d'emploi. — La section circulaire est celle qui présente la résistance la plus forte contre les mouvements du terrain. Il est difficile de boiser un puits circulaire, tandis qu'il est facile de constituer son revêtement par une maçonnerie, que celle-ci soit en pierres, en briques ou en béton. De plus la maçonnerie donne un soutènement continu, ce qui est nécessaire lorsque la roche est peu consistante.

Le danger de chute d'un bloc dans le puits est tel qu'on préfère recouvrir les parois d'un mur, même très mince, lorsque les assises ne sont pas homogènes et horizontales. En tout cas, le haut du puits est maçonné sur une certaine hauteur, car les terrains y sont toujours plus ou moins désagrégés.

Lorsque la poussée des terrains est notable, l'épaisseur doit naturellement être plus forte ; elle dépend à la fois de l'importance de cette poussée et du diamètre du puits. Elle varie en général de 0^m,30 à 0^m,50, parfois plus. —

Les revêtements les plus employés sont ceux en briques ; on utilise également les moellons, mais rarement les pierres de taille. En dehors de la forme circulaire, on rencontre la section ellipsoïdale, mais presque uniquement lors de l'élargissement d'un puits rectangulaire boisé.

57. Maçonnerie en pierres. — Les muraillements en moellons peuvent être un peu moins épais que ceux en briques, à condition d'employer des matériaux de première qualité, comme pierres et comme mortier.

La pierre doit être solide, sans plans de cassure, résistante à l'humidité et à la gelée. Cette dernière condition n'est indispensable que pour les puits d'entrée d'air, dans les régions où les hivers sont rudes.

Le mortier doit être hydraulique, à prise suffisamment rapide. Dans les terrains secs, on emploiera par exemple une partie de chaux hydraulique pour 2 à 3 de sable ; dans les terrains humides il faudra remplacer la chaux par du ciment, en totalité ou en partie. Si les venues d'eau sont considérables, le mortier de ciment est indispensable, malgré son prix élevé.

58. Maçonnerie en briques. — La maçonnerie en briques doit se faire, comme celle en moellons, avec des matériaux excellents, et avec un mortier hydraulique, à la chaux dans les terrains secs, au ciment dans les terrains humides.

L'épaisseur est en général de une brique et demie ($0^m,36$) ou deux briques ($0^m,48$). On doit éviter autant que possible les vides entre le mur et la paroi, et les remplir de morceaux de briques pris dans le mortier. Si on se contentait de les bourrer avec du remblai, on risquerait d'avoir une liaison insuffisante avec le terrain ; les eaux dilueraient ces remblais et créeraient de nouveaux vides.

On évite de disposer les briques de façon que leurs grands côtés soient toujours parallèles à la paroi. Il est préférable de placer ces briques normalement à la paroi (*fig. 177*) ou alternativement en rangs parallèles et perpendiculaires (*fig. 178* et *179*).

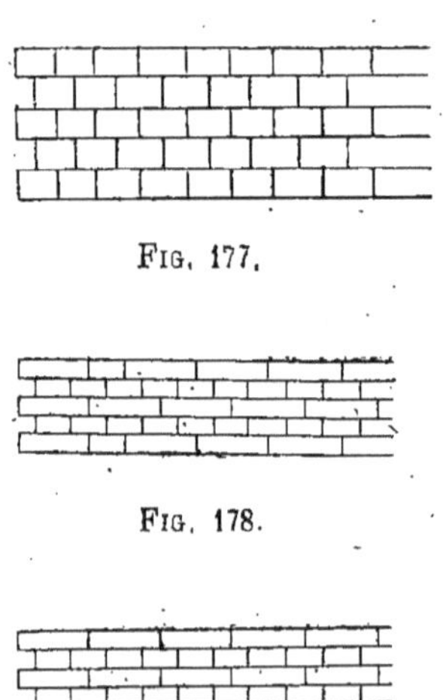

Fig. 177.

Fig. 178.

Fig. 179.

La disposition de la fig. 177 est dite *appareil à boutisses*, celle de la fig. 178 *appareil anglais*, celle de la fig. 179 *appareil à croisettes*. Cette dernière est un peu plus compliquée, les rangs 1 et 5 comportant l'intercalation d'une brique normale à la paroi, de façon à croiser les joints des rangs 1, 3 et 5.

59. Évacuation des eaux. — S'il y a écoulement d'eau le long

de la paroi, il gêne le travail en risquant de délayer le mortier avant qu'il n'ait fait prise. On a donc soin de placer, contre la paroi, tout autour du puits, une gouttière annulaire (*bachou fig. 180*), qui recueille cette eau. Un petit conduit la ramène ensuite vers le centre du puits.

On adopte d'ailleurs souvent un dispositif analogue sur la maçonnerie achevée; une gouttière en spirale recueille les eaux et les conduit à un réservoir logé dans une niche, d'où elles descendent au puisard par un tuyau.

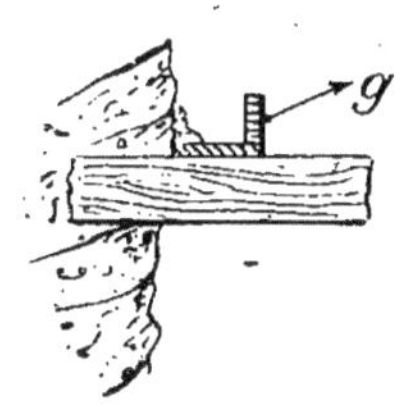

FIG. 180.
Bachou d'écoulement.

Si l'on craint, malgré les précautions prises, des suintements d'eau derrière le mur, avant que le mortier n'ait fait prise, on laisse libre une rigole entre la paroi et la maçonnerie, et on loge dans celle-ci un tuyau d'écoulement qui sera bouché ultérieurement, avec un tampon en bois, lorsque la prise du mortier sera complète.

Au lieu de ménager ainsi des tuyaux d'écoulement à diverses hauteurs, on se contente parfois de laisser un canal vertical derrière la maçonnerie, aboutissant, à la base de la reprise en construction, à un tuyau horizontal. Ce tuyau sera bouché lorsque la maçonnerie sera terminée et qu'on commencera le creusement d'une nouvelle reprise. S'il est nécessaire de maintenir l'écoulement pour ne pas charger prématurément la maçonnerie, on adapte à l'orifice une manche en toile qui conduit l'eau jusqu'au puisard, sans la laisser tomber en pluie sur la tête des ouvriers.

60. Exécution du muraillement. — Le muraillement d'un puits

s'exécute par reprises successives, maçonnées de bas en haut. On ne peut pousser le fonçage à fond et construire ensuite le soutènement, en une seule fois, que s'il ne s'agit que d'une faible profondeur, 100 m. au plus, et si les terrains ne chargent pas. Dans les conditions ordinaires, on risquerait, en attendant trop pour exécuter le muraillement, des dislocations du revêtement provisoire, amenant des chutes de pierres, ou tout au moins une réduction de la section qui obligerait à abattre de nouveau le rocher, en certains points, pour ramener le puits au diamètre voulu.

Les *reprises* (ou *retraites*) de muraillement seront plus ou moins hautes suivant la nature des terrains, 30 m. à 50 m. par exemple, parfois moins.

Généralement, le creusement est interrompu pendant le muraillement, et n'est repris que lorsque ce dernier a été poussé sur toute la hauteur jusqu'au contact de la base de la reprise précédente. Dans certains cas, pour activer le travail, on creuse une reprise en même temps qu'on muraille la précédente ; mais il faut alors prendre des précautions spéciales pour éviter les accidents dus à la chute de matériaux ou d'outils.

61. Emploi de banquettes. — Le poids du revêtement en maçonnerie devient très élevé lorsque la hauteur du puits est considérable. La base de la tour supporte donc une pression verticale exa-

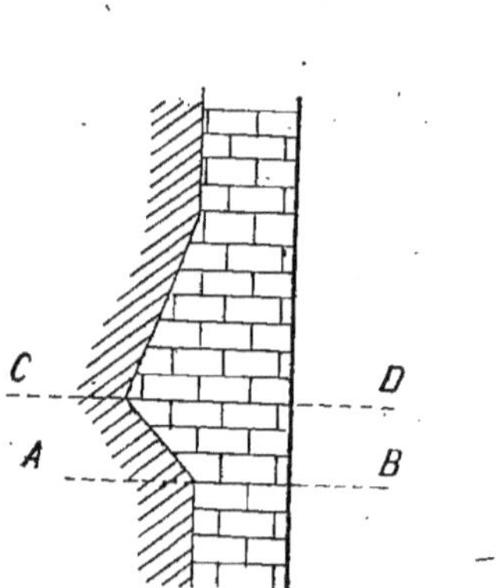
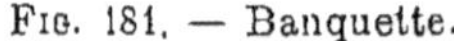

Fig. 181. — Banquette.

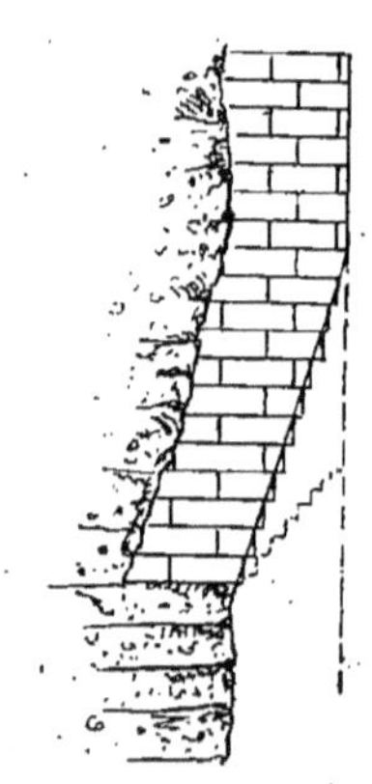

Fig. 182. — Assise évasée.

gérée, malgré le soulagement qu'apportent les poussées latérales des terrains, qui soutiennent en partie l'ouvrage.

Pour diminuer cette pression verticale qui risquerait d'excéder la résistance à l'écrasement des matériaux, on donne parfois à la maçonnerie une largeur plus forte, sur tout le diamètre, de distance en distance. Cet élargissement de la maçonnerie constitue une *banquette (fig. 181)*, qui reporte sur la roche une grande partie du poids du tronçon supérieur. Il faut naturellement que les banquettes soient établies dans des assises résistantes et soient bien liées au terrain.

De semblables banquettes sont établies à la base des reprises. Au lieu de leur donner la forme en double tronc de cône représenté sur la fig. 181

(la base est alors en AB), on peut leur donner une forme conique simple (base en CD). Mais cette solution est moins bonne si les terrains sont peu résistants.

Dans les deux cas, il faudra laisser, lors de la reprise du creusement, une console de rocher, haute de 2 m. ou 2^m,50 avant d'élargir le chantier jusqu'au diamètre normal, maçonnerie comprise.

On peut, au contraire, donner à la base de la reprise une forme évasée (*fig. 182*), augmentant la section d'une épaisseur égale à celle du revêtement, ce qui permet d'éviter le maintien d'une console. La reprise inférieure vient se souder contre cette base conique, qui donne donc une banquette conique simple.

Ce système n'est applicable que dans des terrains assez résistants.

62. Roulisse. — La base de la reprise de maçonnerie doit être

parfaitement horizontale et la pression doit se répartir sur toute la surface de l'anneau de rocher sur lequel repose l'ouvrage ; on commence donc par établir une *roulisse* ou *rouet porteur* AB (*fig. 183*).

La roulisse peut être constituée par un cadre en pièces de bois équarri, formant un polygone circonscrit au périmètre extérieur du puits, ou par deux ou trois séries d'épais madriers superposés, à joints recroisés, et fortement boulonnés. Ces madriers forment un anneau circulaire de même diamètre que la maçonnerie et de largeur au moins égale à celle de cette dernière.

Les pièces de bois se prolongent parfois par des *pattes* encastrées dans le rocher, afin de diminuer le poids portant sur la console, ce qui facilite son enlèvement lors du raccordement des deux reprises.

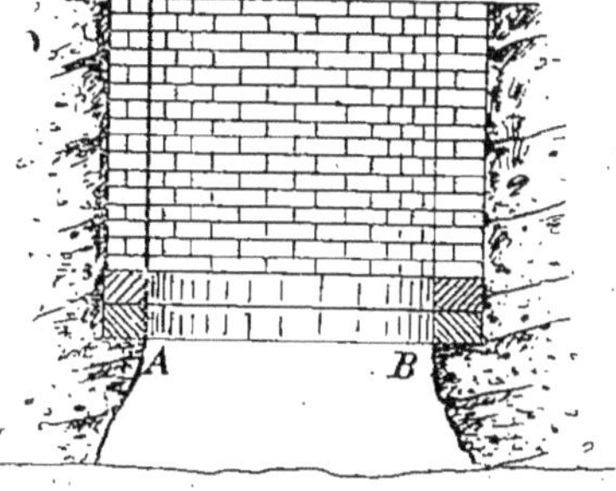

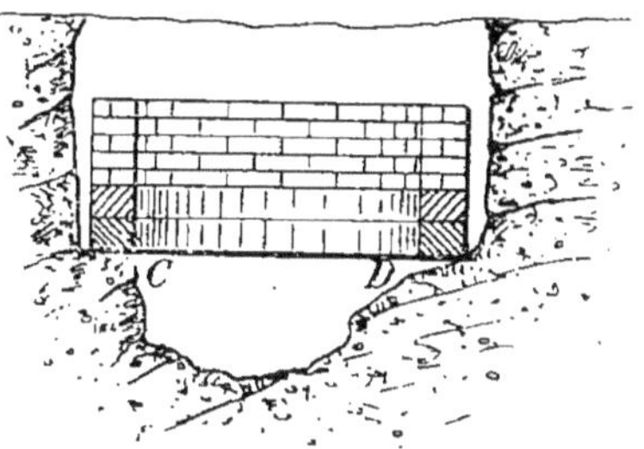

FIG. 183. — Travail de muraillement.

La roulisse est enclavée dans la maçonnerie définitive ; elle lui donne une certaine élasticité, mais elle a l'inconvénient d'être moins durable. Le bois finit par pourrir et les réparations nécessaires sont difficiles. Si on tarde trop à les faire, il se produira un écrasement de la roulisse et des fissures dans le revêtement.

On préfère donc souvent construire la roulisse en pierres de taille, à moins qu'on n'emploie le ciment. Les pierres sont taillées en forme de voussoirs, dont l'épaisseur est supérieure à celle de la maçonnerie. Lorsqu'on élèvera cette dernière, il restera donc un vide, qu'il faudra boucher soigneusement avec du ciment.

63. Reprise du fonçage. — Lorsque la partie foncée est muraillée, on reprend le fonçage, en laissant, ainsi que nous l'avons dit plus haut, une corniche haute de 2 m. à 2ᵐ,50 et on le continue jusqu'à une nouvelle assise solide, sur laquelle on placera une nouvelle roulisse. On recommencera alors à monter le muraillement.

La partie la plus délicate du travail est le raccordement du haut de la maçonnerie avec la roulisse de la reprise supérieure, car elle exige l'abatage de la corniche. On commence par creuser dans celle-ci des rainures verticales pour y loger des buttes en bois destinées à soutenir provisoirement la roulisse. Puis on creuse de manière à enlever la corniche sur une largeur assez grande pour pouvoir y élever des tronçons de maçonnerie. Ces derniers permettront de supprimer les buttes, et d'achever l'enlèvement du rocher puis le raccordement de la maçonnerie.

Lorsque le puits est muraillé jusqu'au fond, le revêtement présente donc l'aspect d'une suite d'anneaux cylindriques superposés, séparés par les roulisses. Au contraire, lorsqu'on a pu se contenter de banquettes de bases, le muraillement ne présente aucune discontinuité.

64. Muraillement en terrain peu résistant. — A mesure que le terrain devient moins résistant, on est conduit à augmenter le nombre des roulisses, ou à diminuer leur écartement. En même temps, on demande à un point d'appui supérieur la solidité qu'on ne peut plus trouver dans les assises inférieures.

On peut par exemple disposer à l'orifice du puits un grand cadre-porteur dont les madriers se prolongent et reposent sur le sol, soit directement s'il est très bon, soit plutôt par l'intermédiaire de semelles en madriers épais, couchés en travers des pièces. Un tel cadre est dit *à oreilles*.

On peut aussi (*fig. 184*) disposer une série de pièces en bois, encastrées dans le terrain normalement à la paroi et faisant saillie de 10 à 12 cm. à l'intérieur de la maçonnerie.

Les extrémités du cadre-porteur ou de ces corbeaux (dont le nombre dépend de la résistance du terrain) sont traversées par une tige verticale en fer rond, retenue par un écrou à la partie supérieure, et coudée à la partie inférieure. La patte ainsi formée s'engage sous une roulisse, et l'on met en charge en serrant l'écrou supérieur.

Les tiges sont formées d'éléments réunis par des écrous à lanterne ; on peut donc les allonger au fur et à mesure des progrès du fonçage. La première roulisse sera par exemple supportée par des tiges reliées à un cadre-porteur, la seconde par des corbeaux encas-

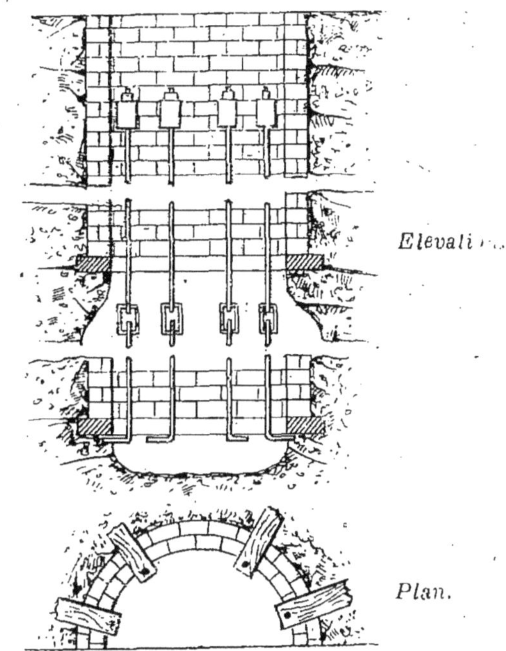

Fig. 184. — Muraillement en terrain peu résistant.

trés dans la partie supérieure de la maçonnerie. Lorsque la seconde reprise sera terminée et clavée sous la première roulisse, on pourra débarrasser cette dernière de ses tiges de support.

On continue ainsi en descendant jusqu'à la base du puits. Si celle-ci est en terrains solides, on y établit une roulisse capable de supporter tout l'ouvrage. Si la roche manque de résistance, on peut être amené à battre des pilotis comme fondations, ou à donner une large base à la maçonnerie.

65. Muraillement par petites reprises. — En général, on donne aux reprises une assez grande hauteur ; les parois du fonçage restent découvertes pendant un temps assez long, ce qui oblige à soigner le revêtement provisoire. Quant au muraillement, il ne peut se faire qu'à l'aide de planchers (voir le paragraphe suivant).

Lorsque les terrains sont assez bons pour qu'on puisse les laisser, pendant quelques jours et sur quelques mètres de hauteur, presque sans revêtement provisoire, on peut accélérer le fonçage du puits en opérant par petites reprises de 4 ou 5 m. Le creusement et le muraillement doivent naturellement être successifs ; l'économie de temps résulte de la suppression, ou tout au moins de la grande simplification du revêtement provisoire.

Les roulisses n'ont pas besoin d'être très fortes, mais elles se répètent fréquemment. Il faut que leur construction soit rapide.

Au fonçage du puits Gillier (mines de la Péronnière, Loire), elles étaient constituées par des anneaux en béton de $0^m,80$ de hauteur, alors que la maçonnerie entre roulisses ne mesurait que $2^m,70$. Au niveau de chacune d'elles, on élargissait le diamètre du creusement de $0^m,40$ environ. L'avancement réalisé a été de 86 cm. par jour, pour un diamètre de creusement de $5^m,10$ (fonçage et muraillement). C'est un résultat comparable à ceux qu'on peut obtenir par la méthode des longues reprises, avec creusement et muraillement simultanés.

66. Vitesse d'avancement du muraillement. — Lorsqu'on muraille sur toute la hauteur d'une reprise, on réalise des avancements moyens (pour la maçonnerie seule) de $2^m,50$ à 4 m. par jour ; on est arrivé parfois à dépasser 5 m.

En règle générale, c'est le travail de creusement qui règle la vitesse d'avancement du fonçage, car le muraillement est toujours beaucoup plus rapide, et peut suivre aisément les progrès du fonçage.

Il est difficile de donner des chiffres moyens pour le coût des muraillements, les prix de la main-d'œuvre et des matériaux ayant considérablement augmenté depuis 1914 et ne présentant pas encore un caractère de stabilité suffisante. Avant la guerre, on comptait que le muraillement, sur une épaisseur de deux briques, d'un puits de 3 à 6 m. de diamètre intérieur variait de 150 à 275 fr. environ. Dans ces chiffres, la dépense des matériaux intervenait pour 110 à 200 fr. celle de main-d'œuvre pour 50 à 74 fr.

La part de la main-d'œuvre est proportionnellement plus forte dans les puits à faible section.

§ 3. — EMPLOI DES PLANCHERS POUR LE MURAILLEMENT.

67. Planchers fixes. — Au fur et à mesure que la maçonnerie s'élève, il faut modifier l'emplacement du plancher du travail sur lequel se tiennent les ouvriers.

Un premier système consiste à profiter des moises de guidage, si elles sont posées en même temps qu'on fait la maçonnerie, ou, à défaut, des potelles qui les recevront ultérieurement, pour poser un certain nombre de bois supportant un premier plancher. On échafaude au-dessus de ce dernier, le long du mur, des planchers légers qu'on remonte progressivement.

Lorsqu'on a ainsi gagné une hauteur qui rend difficile le montage du plancher volant, on installe un nouveau plancher fixe et on recommence comme ci-dessus. Toutes ces manœuvres occasionnent des pertes de temps ; de plus, lorsque le plancher volant est à plusieurs mètres au-dessus du plancher fixe, il devient nécessaire d'installer; à 2 m. en dessous du premier, un autre plancher pour éviter les accidents. Enfin, le plancher fixe embarrasse le centre du puits, ce qui est gênant lorsqu'il faut installer des tuyaux de pompe ou lorsqu'on veut pratiquer le fonçage et le muraillement simultanés. On préfère donc, presque toujours, employer des planchers mobiles.

68. Planchers mobiles simples. — Lorsqu'on n'a pas à se préoccuper de laisser libre une partie de la section du puits, le problème est simple. Le plancher mobile occupe toute la surface à l'intérieur de la maçonnerie, sauf un jeu de quelques centimètres le long de cette dernière, nécessaire pour la circulation du plancher, et pour le passage des gaz qui pourraient se dégager au fond du puits et qu'il serait dangereux de laisser s'accumuler sous le plancher.

Celui-ci est suspendu par des chaînes au câble, qui s'enroule sur le treuil d'extraction ; on le soutient, une fois mis en place, par des chaînes accrochées à des câbles-guides spéciaux au moyen de mâchoires. Les déplacements du plancher se font en accrochant les chaînes au câble d'extraction.

Le plancher lui-même est constitué par un cadre en bois, ou en fers à T recouvert de planches. Pour éviter tout danger de mouvement inopiné du plancher, notamment en cas de répartition inégale de la charge constituée par les hommes et les matériaux, on le munit de verrous V (*fig. 185*) qu'on enfonce dans des logements laissés dans la maçonnerie. Si le plancher est suspendu à des câbles spéciaux le câble d'extraction est libre pour la circulation des hommes et la descente des matériaux. S'il est fixé à ce câble d'extraction au centre du puits, il faut disposer de bennes secondaires pour les matériaux.

Enfin, si l'on veut laisser libre le centre du puits, il faut donner au plancher une forme annulaire, ou le munir de volets qui peuvent se relever et se rabattre à volonté. Par l'emploi de planchers mobiles, on peut rendre plus rapide le muraillement, et faire, par exemple, 2^m,50 à 3 m. par 24 heures, au lieu de 2 m. avec des planchers fixes.

Par contre, on ne peut poser les moises en même temps qu'on

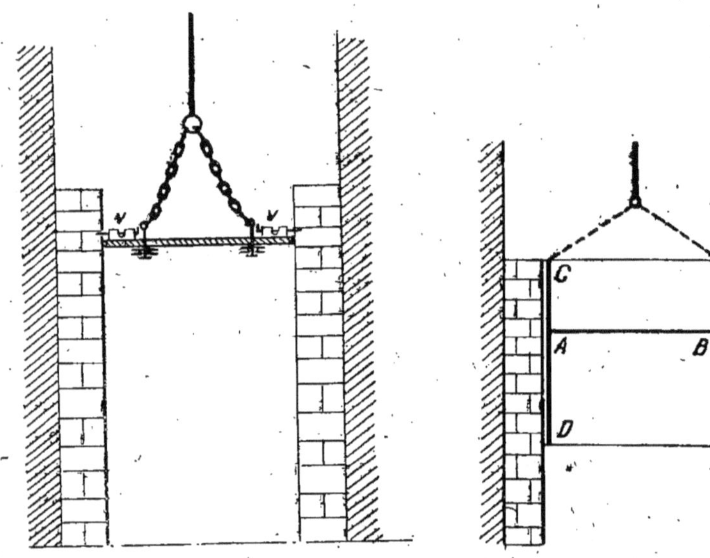

Fig. 185. — Plancher mobile simple.　　　Fig. 186. — Plancher-gabarit.

maçonne; il faut se contenter de faire les potelles où elles seront ultérieurement encastrées.

Le muraillement terminé, on remonte le plancher au jour, à moins qu'on ne le laisse dans le puits en le faisant tourner de 90° pour le placer verticalement.

La suspension au moyen d'un câble central empêche de faire passer un fil à plomb dans l'axe du puits; il devient plus difficile de s'assurer que le centre du muraillement correspond bien à l'axe du puits.

On peut parer à cet inconvénient en garnissant le plancher AB d'une paroi cylindrique, haute de 2 m. ou 3 m. (CD) qui forme gabarit (*fig. 186*) ; mais on préfère en général suspendre le plancher à des câbles excentrés et laisser libre un passage au centre du puits.

Ce dernier système est du reste indispensable lorsqu'on veut poursuivre le fonçage en même temps que le muraillement.

69. Fonçage et muraillement simultanés.

— Cette méthode permet un avancement sensiblement plus rapide, aussi est-elle souvent adoptée. Elle exige l'emploi de planchers plus compliqués.

Il faut assurer la desserte du chantier de fonçage, à travers le plancher de muraillement, tout en continuant à approvisionner les maçons, et empêcher la chute d'objets quelconques au fond du puits.

Le premier plancher construit dans ce but par *Galloway*, en Angleterre (*fig. 187*) se composait d'un plancher de travail P, protégé par un toit P', et percé, au centre, d'une ouverture O protégée par une gaîne de tôle tronc-conique G.

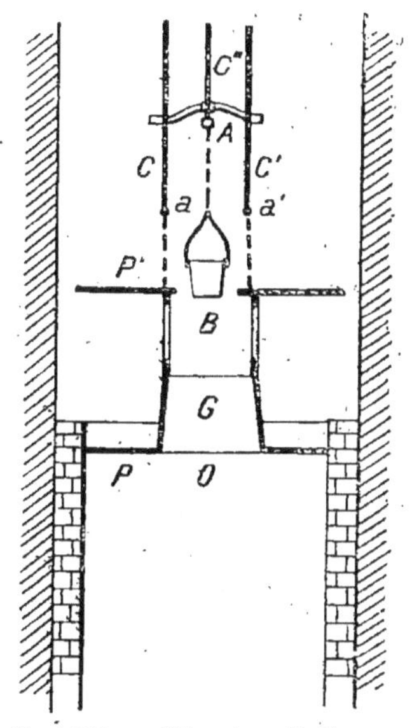

Fig. 187. — Plancher Galloway.

Les deux câbles de support *cc'* du plancher P servent en même temps de guides pour la benne B qui dessert le fonçage. Ce guidage est obtenu au moyen d'un bras A reposant librement sur l'anneau qui termine le câble d'extraction C″ et coulissant sur les câbles *c* et *c'*. La benne B est ainsi guidée jusqu'au moment où elle a franchi les ouvertures des deux planches P' et P. Le bras A reste sur les anneaux de base *aa'* des câbles-guides.

La gaîne tronc-conique protège les mineurs travaillant au fond du puits contre la chute de matériaux ou d'outils provenant du plancher des maçons.

La desserte du chantier de muraillement se fait au moyen d'une benne placée sur le côté du puits.

Ce type de plancher est fréquemment utilisé, plus ou moins, modifié et perfectionné suivant les conditions locales.

La fig. 188 représente par exemple un plancher employé en Allemagne.

Il est percé de plusieurs ouvertures, protégées par des gaines en tôle hautes de 1 m. au moins, destinées au passage des bennes d'extraction pour les matériaux de fonçage (c), pour les échelles (E) et pour les tuyaux d'aérage (T). De plus, un trou central permet le passage d'un fil à plomb. Des verrous V permettent de faire reposer le plancher sur la maçonnerie et d'empêcher qu'il ne s'incline.

Malgré tous les dispositifs adoptés pour éviter les risques d'accidents, la méthode de fonçage et muraillement simultanés exige

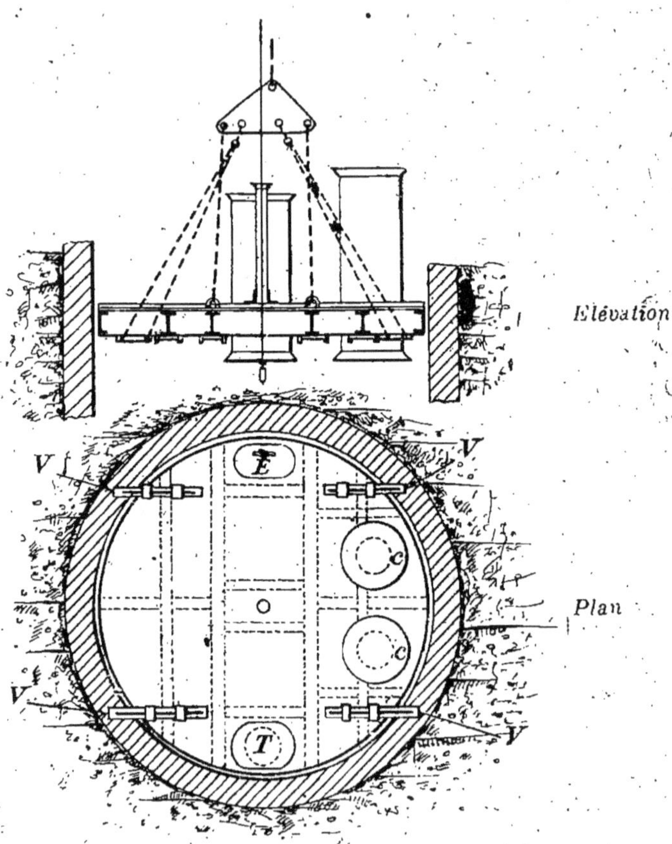

Fig. 188. — Plancher pour fonçage et muraillement simultanés.

une surveillance constante et minutieuse et l'observation de consignes très précises ; en particulier, il est nécessaire de s'assurer à tout moment du parfait état d'entretien du plancher, du câble, du treuil et de tous leurs accessoires.

§ 4. — ACCROCHAGES.

70. Disposition des accrochages. — L'*accrochage* ou *recette* est la jonction des galeries de roulage avec le puits. Il doit être disposé de façon à faciliter les manœuvres de chargement et de déchar-

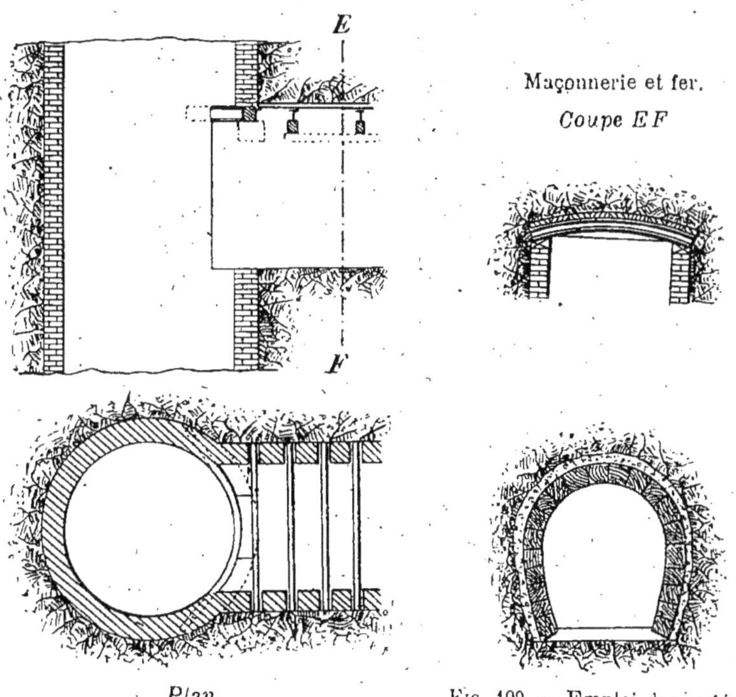

Plan.
Fig. 189. — Muraillement mixte.

Fig. 190. — Emploi des voûtes en bois.

gement des berlines dans les cages, la formation et l'évacuation des convois.

Un accrochage est à simple ou double voie, (parfois même avec une voie de manœuvre) suivant que la cage est à un ou deux rangs de berlines. Il peut, de même, être à un ou deux étages.

Il présente donc, le plus souvent, une largeur et une hauteur notablement plus grandes que celles d'une galerie ordinaire, et doit être construit très solidement pour éviter les accidents qui amèneraient un arrêt de l'extraction.

Enfin, il peut être disposé pour l'entrée et la sortie des berlines du même côté de la cage (*recette simple*) ou sur les côtés opposés, les berlines pleines entrant d'un côté et les vides sortant de l'autre côté de la cage (*recette double*, ou *passante*).

La partie la plus compliquée de la construction est le raccordement avec le puits.

Si celui-ci est boisé, et de section rectangulaire, le problème est assez simple ; le boisage du puits comporte au niveau de la recette un fort cadre supportant le revêtement des parois du puits, sur les parties qui ne sont pas découpées par l'orifice des galeries.

Si le puits est maçonné, la construction de l'accrochage varie d'après la nature du revêtement des galeries, et les dimensions de la recette.

71. Revêtements divers. — Le soutènement de la recette peut être fait de chapeaux encastrés dans des parements en maçonnerie (*fig. 189*), ces chapeaux étant des fers à T ou des rails légèrement cintrés. On rencontre aussi, dans de mauvais terrains, des accrochages revêtus de voussoirs en bois (*fig. 190*), qui ont l'avantage d'une certaine flexibilité.

72. Accrochages maçonnés. — Mais ces divers systèmes ne sont pas fréquents. Le plus souvent le soutènement est constitué entièrement au moyen de la maçonnerie.

Les fig. 191, 192, 193 représentent quelques types d'accrochages maçonnés.

Le raccordement d'un accrochage, de section rectangulaire, avec un puits cylindrique présente un contour formé de deux lignes verticales et de deux arcs horizontaux.

Lorsque les accrochages n'ont qu'une faible hauteur, on place, en lignes verticales, des pièces de bois de forte section, sur les faces externes desquelles viendra s'arc-bouter la maçonnerie du puits. L'écartement de ces montants sera maintenu par leur assemblage avec deux portions de coulisse, dont la plus basse formera le seuil de la recette et dont la plus haute, engagée par ses deux extrémités dans la maçonnerie, servira de chapeau pour supporter la maçonnerie supérieure. On la soulagera au besoin en la surmontant d'une voûte plus ou moins surbaissée, qui reportera la pression à droite et à gauche, dans la masse de la maçonnerie inférieure.

Si l'accrochage doit être très haut, on supprime les montants et on établit seulement la roulisse du dessus qui supporte la maçon-

Coupe verticale suivant l'axe des chambres.

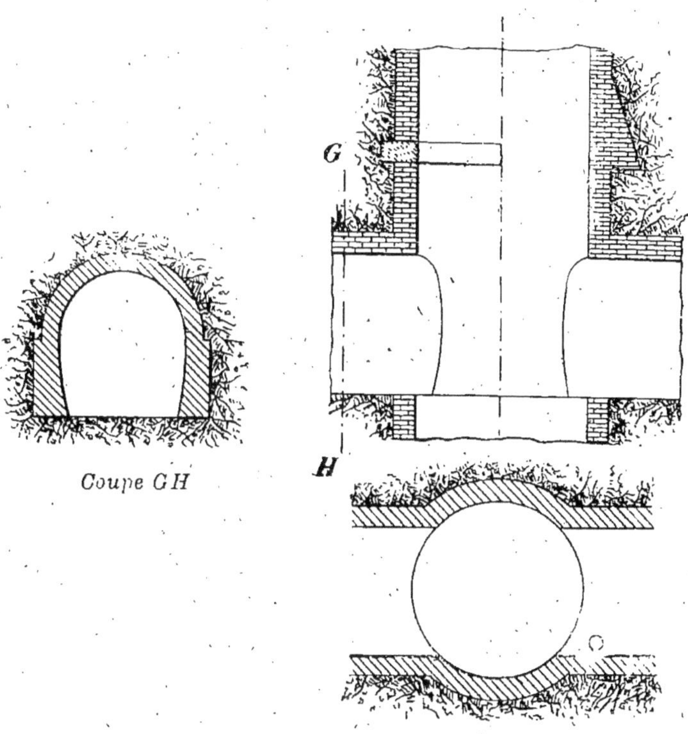

Fig. 191. — Muraillement d'un accrochage double.

nerie supérieure. Le raccordement entre la maçonnerie du puits et celle de la galerie se fait par un rampant R (*fig. 192*) qui s'arc-boute sur cette dernière.

Dans des terrains très solides, on peut ménager un passage tout autour du puits (*fig. 193*) en faisant reposer la partie supérieure du puits sur une voûte à double courbure. L'exécution d'un tel ouvrage, qui met à nu une grande surface de terrain, n'est possible que si les pressions sont faibles.

L'emploi du béton armé permet de construire des accrochages

de formes très variées et d'une résistance considérable, même dans des terrains de médiocre qualité.

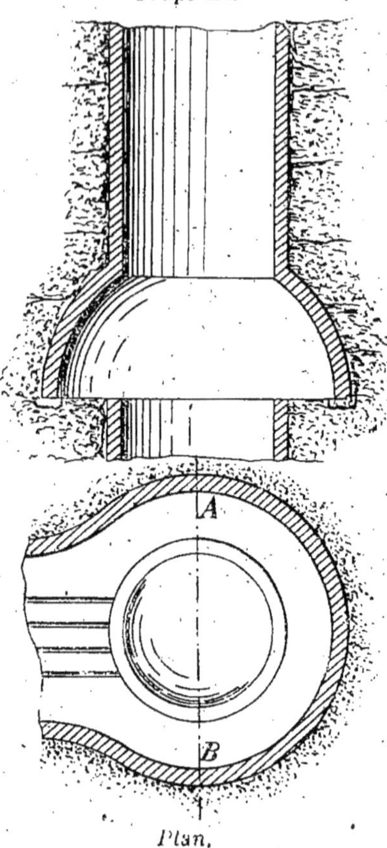

Fig. 192. — Raccordement d'un accrochage simple avec le puits.

Fig. 193. — Accrochage circulaire

§ 5. — Emploi du béton ou du béton armé

73. Revêtement en béton. — La résistance d'un revêtement en béton et la facilité de sa confection ont naturellement conduit à remplacer la maçonnerie en briques par ce nouveau procédé, même avant que l'invention du béton armé ne lui ait donné un développement aussi considérable qu'à l'heure actuelle.

Le béton présente sur la brique une série d'avantages :

L'épaisseur du revêtement nécessaire, d'après le calcul, serait au moins deux fois, sinon trois fois moindre ; en pratique on se contente de lui donner une épaisseur égale à la moitié, ou aux 2/3 de celle d'une maçonnerie en briques, soit 0,50 ou 0^m,60 si le revêtement en briques doit avoir 0^m,90.

Le prix de revient est très réduit : environ la moitié si l'on a adopté une épaisseur de béton égale aux 2/3 de la maçonnerie. La principale économie provient de la diminution de main d'œuvre ; celle qui résulte de la réduction du diamètre à creuser est également sensible.

Le travail est plus rapide et ne réclame pas d'ouvriers spéciaux ; il peut être exécuté par les mineurs qui font l'abatage. La liaison avec le terrain est meilleure et il n'existe pas de vides derrière le revêtement.

Lorsque le puits est humide, les briques finissent par s'altérer, si elles ne sont pas parfaitement cuites ; au contraire, l'humidité tend plutôt à améliorer le béton, si l'on a eu la précaution de le faire suffisamment gras, c'est-à-dire suffisamment riche en ciment.

Le béton présente cependant certains inconvénients : les venues d'eau, qui tendent à le délayer, sont gênantes pendant la construction et, si elles ont une pression élevée, elles refoulent le béton et créent des vides dans le revêtement. En outre, et c'est là le principal reproche qu'on puisse faire au procédé, la résistance n'est complète qu'au bout d'un certain temps. Si les poussées s'exercent avant que la prise ne soit suffisante, le revêtement se déforme ; il faut donc disposer un coffrage solide et le maintenir en place jusqu'à ce que la prise soit complète.

Enfin les réparations sont difficiles et le raccord d'une partie refaite avec l'ancien revêtement ne présente jamais une résistance comparable à celle d'un bloc monolithe.

74. Composition du béton. — Le béton se fait avec du gravier ou du laitier concassé. Le mortier est composé d'une partie de ciment pour trois de sable. Dans les parties aquifères où l'on a à craindre de fortes pressions d'eau, on augmentera la proportion de ciment.

75. Exécution du bétonnage. — Le revêtement du béton peut se faire par diverses méthodes :

1° Faire un coffrage en bois, ou en tôle, en pilonnant le béton dans le vide existant entre le coffrage et la paroi du puits.

2° Former le coffrage de plaques de béton moulées, constituant une chemise intérieure qui restera en place et derrière laquelle on coule le béton en masse.

La hauteur des reprises successives a une grande importance. Si elle est trop grande, il faut un revêtement provisoire soigné, des banquettes et des roulisses. On préfère souvent les retraites courtes, de 2 ou 3 m., qui n'exigent pas de boisage provisoire.

Le bétonnage a lieu presque sans échafaudage et on peut, la plupart du temps, se passer des banquettes grâce à l'adhérence du béton aux aspérités de la roche.

On peut par exemple procéder de la façon suivante (1).

Le coffrage est constitué par des plaques de tôle courbées, placées derrière des cintres en fer à ⌷, distants de 1 m. Les tôles de la moitié inférieure

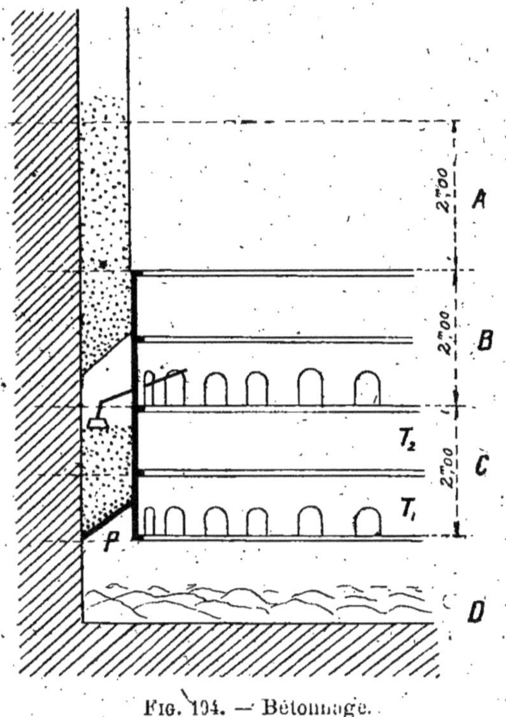

Fig. 194. — Bétonnage.

de chaque coffrage de 2m. sont percées d'ouvertures. On dispose de deux jeux complets suffisants pour 4 m. de puits et on décintre chaque anneau de béton au bout de 80 heures.

Supposons qu'on vienne de creuser et de bétonner une retraite B de 2 m. au-dessous de la retraite A (*fig. 194*). On creuse sur 2 m. (retraite C) et on enlève les déblais, puis on fore et on tire les premiers coups de la retraite D, en laissant les déblais sur place; de cette façon, lorsqu'on reprendra le fonçage, on n'aura pas de coups de mine à tirer au voisinage du coffrage de C.

On enlève ensuite le coffrage de A (moitié T₁), on le transporte en C, en le suspendant à celui de B. On place entre lui et la paroi des planchettes inclinées P sur lesquelles on commence le bétonnage en pilonnant par-dessus le rebord des tôles T₁. On monte ensuite la partie supérieure T₂ et on continue le bétonnage en pilonnant par les ouvertures de base du coffrage de B, jusqu'à

(1) Voir *Bulletin de la Société de l'Industrie minérale*, déc. 1910, Comptes-rendus mensuels p. 478.

raccorder avec le béton déjà consolidé de la retraite B, en enlevant les planchettes au-dessous de celui-ci.

Le temps employé pour le muraillement d'un anneau est de 14 heures environ.

Les venues d'eau doivent être captées au moyen d'un tuyau laissé dans le béton, aboutissant à un joint entre deux tôles ou à une ouverture spéciale. Quand le revêtement est terminé, on injecte du ciment par le tuyau.

Pour éviter l'adhérence du béton aux tôles, on enduit ces dernières de graisse ou de savon.

76. Béton. — La présence d'armatures en fer dans le béton aug-

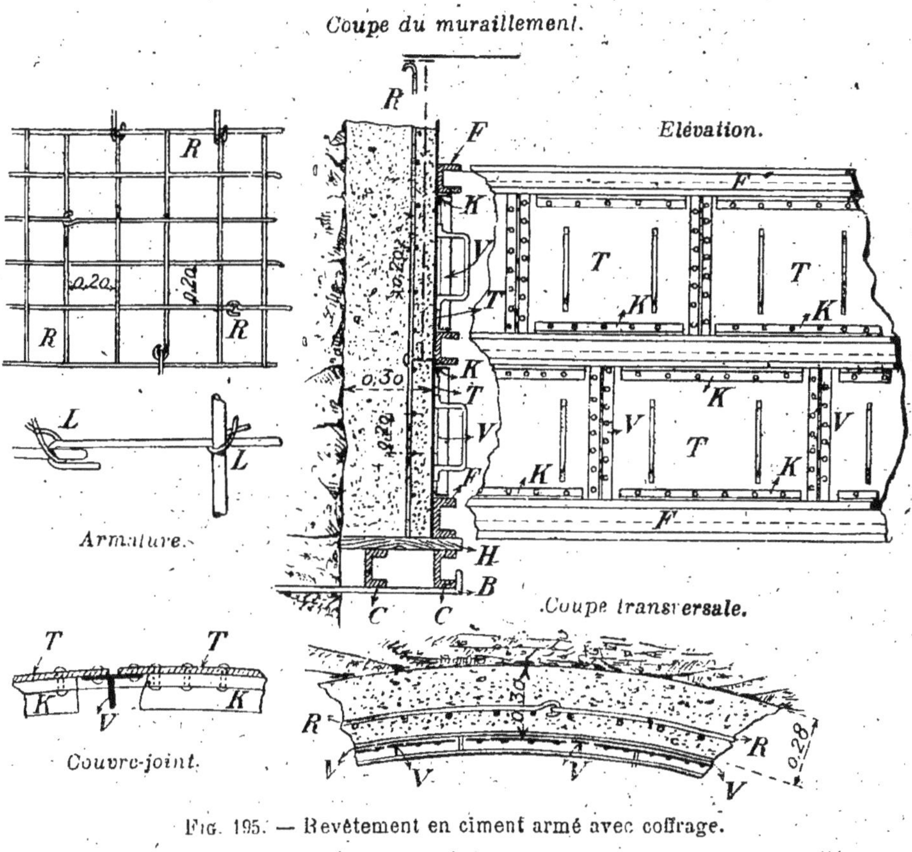

Fig. 195. — Revêtement en ciment armé avec coffrage.

mente considérablement la résistance, ce qui est surtout important dans les parties exposées à travailler à la traction.

Il semble que les pièces verticales de l'armature jouent un rôle plus utile que celles qui sont horizontales.

On peut constituer ces armatures par des tiges verticales terminées par des crochets et liées entre elles au moyen de fil de fer.

On procédera au bétonnage comme dans l'exemple que nous avons donné ci-dessus, mais on peut également employer toute autre méthode.

En voici, d'après M. Heise, un autre exemple, appliqué en Westphalie : Les reprises avaient une hauteur de 28 à 35 m. ; le revêtement provisoire était constitué par des cintres métalliques garnis de feuilles de tôle.

A la base de chaque reprise on établissait une roulisse annulaire H, en planches, reposant sur deux cintres en fer C (fig. 195). Ces cintres étaient maintenus par des broches B, enfoncées en consoles dans les parois. Le coffrage se composait de cadres F en fers à U, formés chacun de quatre segments, reliés par des panneaux cintrés en tôle encadrés de cornières.

Le cintre inférieur reposait directement sur la roulisse en planches. Sur l'aile supérieure de ce cintre on plaçait le panneau cintré, qui mesurait 75 cm. de largeur et 3 $^m/_m$ d'épaisseur.

Sur l'anneau ainsi formé, on plaçait ensuite un deuxième cerceau en fer à U, supporté par des cornières K, qui formait le cadre des panneaux de tôle sur leurs bords supérieurs et inférieurs. Des fers à T verticaux V servaient de montants raidisseurs et de couvre-joints. Tout l'ensemble était maintenu par des boulons et présentait une surface extérieure parfaitement lisse pour le bétonnage dont l'épaisseur moyenne était de 30 cm.

L'armature était composée de tiges R, en fer de 20 $^m/_m$ de diamètre et 5 m. de longueur, formant un réseau à mailles de 20 cm. de côté.

Les tiges étaient reliées par leurs extrémités recourbées en crochets, ligaturées ensemble en ces points et à la croisée des tiges perpendiculaires au moyen de fil de fer de 7 à 10 $^m/_m$.

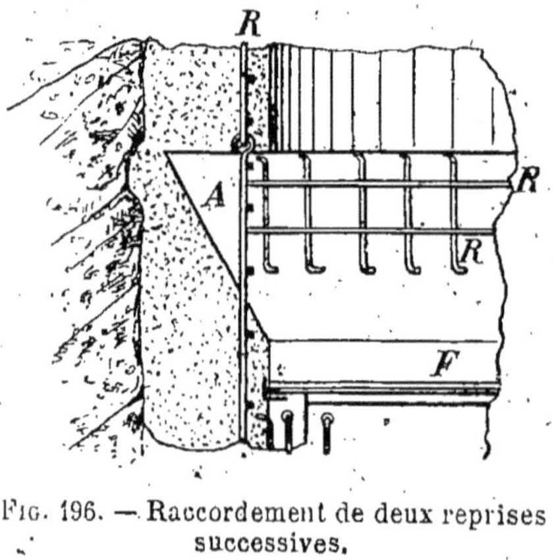

Dès qu'on avait monté un ou deux anneaux de coffrage et mis en place l'armature (à 10-12 cm. de ce dernier) on remplissait l'espace libre, sur une hauteur de 15 à 20 cm. avec du béton frais, que l'on pilonnait soigneusement.

A chaque reprise du travail, après les arrêts inévitables, on avait soin de gratter énergiquement la surface libre du béton avec un balai en acier, de la piquer et de l'asperger d'un lait de ciment, pour assurer une liaison aussi bonne que possible entre les deux surfaces de raccord.

Fig. 196. — Raccordement de deux reprises successives.

La fig. 196 représente le raccordement entre deux reprises successives. Après avoir terminé le bétonnage de la partie inférieure, on remplissait à la main, avec un ciment à prise rapide, le vide A qui restait entre les deux parties du bétonnage.

L'avancement journalier réalisé était d'environ 3 m ; un revêtement en maçonnerie, de résistance équivalente, serait revenu environ 35 % plus cher, non compris les dépenses entraînées par l'abatage d'un volume plus grand de rocher.

77. Exécution d'un revêtement avec pièces de béton moulées.

— Nous avons signalé plus haut la méthode qui consiste à remplacer le coffrage provisoire en bois ou en tôle par une chemise en plaques de béton moulées, qui restent en place et qui sont liées au terrain par le béton pilonné ou coulé derrière elles.

Ces pièces peuvent constituer un simple revêtement, destiné à maintenir le béton pendant qu'il se solidifie, mais elles peuvent au contraire former la partie principale du soutènement, tandis que le béton (ou le ciment) introduit entre elles et la roche est seulement

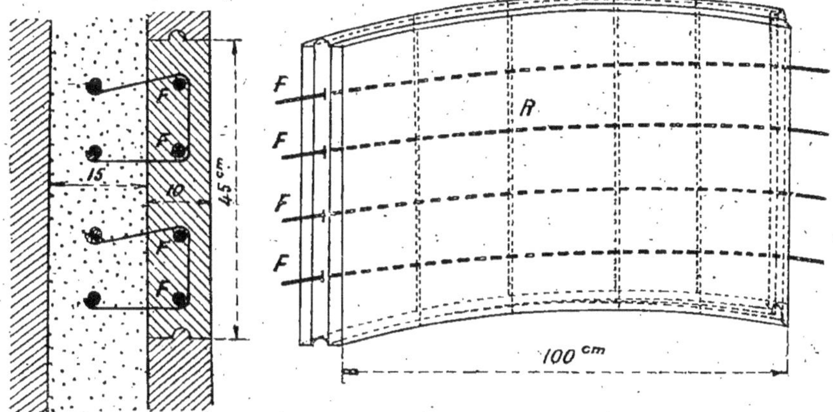

Fig. 197. — Revêtement avec pièces en béton moulées.

destiné à combler les vides et à assurer la liaison du mur et des parois. A l'extrême, ce procédé devient un muraillement avec blocs de béton, maçonnés comme on ferait avec des moellons naturels. Ce dernier mode de revêtement a été appliqué sur une partie du puits de Ronchamp.

L'emploi de plaques de béton moulées peut se faire, soit avec un bétonnage simple, soit avec la construction d'un revêtement en béton armé.

Le soutènement se fait par reprises successives, comme dans les méthodes précédemment décrites. A la base de chacune d'elles on place une roulisse en béton ou en briques-au-dessus de laquelle on monte les panneaux cintrés qui constituent la paroi intérieure du puits.

Ces panneaux peuvent avoir différentes formes, et l'armature disposée dans le vide entre elles et la roche est plus ou moins complexe. On a soin de relier les armatures des plaques avec celles du bétonnage par des tiges en fer de 7 à 10 mm. de diamètre (*fig. 197*).

Les plaques, cintrées suivant le diamètre du puits, auront par exemple 1 m. de longueur, 45 cm. de hauteur, 10 cm. d'épaisseur, et seront renforcées par un réseau en fil de fer de 10 mm. Des trous seront ménagés dans les joints verticaux pour y enfiler les extrémités des fils horizontaux F. Les armatures verticales R seront constituées par des fers plats dépassant la base de chaque anneau et venant se placer dans des logements ménagés à la partie supérieure de l'anneau inférieur.

Le bétonnage derrière ces plaques se fera par pilonnage au-dessus des anneaux, ou par injection de ciment à travers des trous de 150 ou 200 $^m/_m$ de diamètre ménagés dans les panneaux.

Les logements des moises ou des crampons de fixation des conduites sont également ménagés dans les plaques au moment de leur moulage.

Les joints entre les panneaux sont à rainures et languettes, pour assurer une meilleure liaison.

78. Revêtement d'un bure en béton armé. — Le béton armé a été adopté par la Cie de Béthune dans ses bures d'exploitation.

Le soutènement provisoire est en cercles de fer plat de 40×10 cm. formés de 3 ou 4 segments réunis par des boulons. Leur diamètre est de 8 cm. supérieur au diamètre intérieur du bure ; leur écartement variable avec les terrains, 75 cm. en général.

Le coffrage s'exécute en montant, par reprises de 4 m. de hauteur. Il est formé de planches jointives, appuyées en bas contre la roulisse et maintenues en haut par un cercle en fer.

Pour résister aux efforts de déformation de la masse de béton, on dispose à l'intérieur du coffrage des cercles en bois, distants de 1^m,35, formés de 6 à 8 pièces interchangeables.

L'opération de bétonnage n'offre pas de particularités spéciales. Le plancher mobile servant aux ouvriers est muni de 4 chaînes à crochets fixées à autant de chaînes pendantes qui prennent leur attache sur les sommiers de la tête du bure. En outre un câble de manœuvre permet le déplacement du plancher.

L'économie réalisée a été de 35 °/₀ par rapport à un muraillement en maçonnerie.

Le revêtement en béton a de plus l'avantage d'offrir très peu de résistance au courant d'air et de présenter une surface lisse sur laquelle il ne se forme pas de dépôts de poussières.

§ 6. — Revêtements métalliques.

79. Revêtement discontinu. — Nous avons vu que le revêtement provisoire des puits en fonçage se faisait fréquemment au moyen de cercles en fer, réunis par des tirants.

Ce mode de soutènement est parfois adopté à titre définitif et constitue alors un revêtement discontinu.

Dans les terrains aquifères, on forme le revêtement d'anneaux en fonte jointifs, fournissant un cuvelage étanche. Nous y reviendrons plus loin. Pour le moment, nous nous bornerons au cas d'un revêtement discontinu.

80. Constitution du revêtement. — Il est formé de cintres C (*fig. 198*), en fers à U, composés d'un certain nombre de segments boulonnés. L'âme a en général 20 à 30 cm. de hauteur, les ailes 5 à 10 cm. de largeur ; l'épaisseur est de 12 à 15 mm.

Ils sont reliés par des porteurs P constitués par des fers à U de petites dimensions, dont les extrémités sont recourbées et boulonnées sur les cintres. Au besoin, on place entre le revêtement et les parois un garnissage en bois ou en tôle, serré contre la roche.

De distance en distance les cintres C sont soutenus par des pièces encastrées dans la roche, de façon que le revêtement ne supporte jamais le poids d'un grand nombre de cintres.

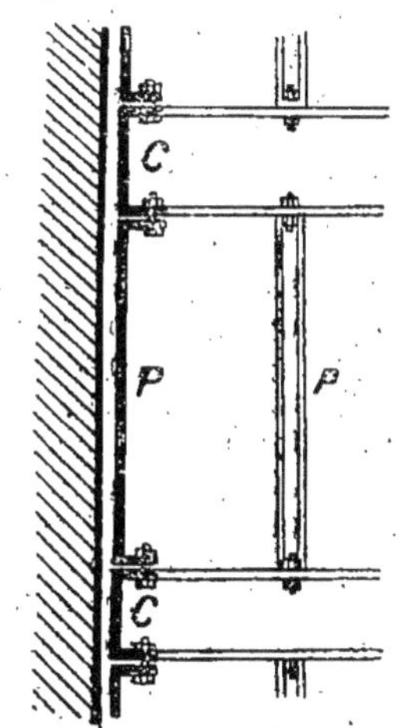

Fig. 198.
Revêtement en fer.

81. Avantages et inconvénients. — Le revêtement métallique (ou blindage), n'a pas l'élasticité du bois et risque de se déformer sous les fortes pressions. Il demande plus de surveillance que la maçonnerie. Par contre, il dure beaucoup plus longtemps que le boisage, en particulier dans l'air chaud et vicié des puits de retour d'air.

Les réparations sont faciles.

Mais le principal avantage réside dans l'épaisseur beaucoup moindre qu'il occupe et sur la diminution de frais d'abatage qui en résulte.

L'adoption du béton armé a permis de réduire l'épaisseur du soutènement, et a contribué à rendre plus rare l'emploi du revêtement métallique.

82. Résumé. — Le revêtement des puits en terrains peu aquifères peut se faire en bois, en maçonnerie ou en fer.

Le boisage, par cadres plus ou moins rapprochés suivant la grandeur des poussées s'emploie surtout dans les puits peu importants, de faible durée et qui ne sont pas soumis à des pressions exagérées. Il se prête bien au revêtement d'une section rectangulaire, mais difficilement à celui d'une section circulaire.

Il présente des dangers d'incendie et doit être déconseillé, même pour les bures intérieurs, dans les exploitations produisant des poussières susceptibles de s'enflammer.

La maçonnerie est d'un emploi très général, car elle fournit un soutènement solide, durable et qui couvre complètement les parois. On l'exécute rarement avec des pierres de taille, fréquemment en briques ou en béton.

Les matériaux doivent être particulièrement soignés, le mortier à prise rapide, les assises successives du muraillement disposées de manière à croiser les joints. Il ne doit pas rester de vides derrière la maçonnerie et les eaux doivent être évacuées.

Le muraillement se fait par reprises plus ou moins hautes. Dans de très bons terrains, on peut foncer 80 ou 100 m. avant de maçonner. Si les pressions tendent à écraser le revêtement provisoire et à déformer les parois du puits, on se contentera de reprises beaucoup plus courtes. On préfère même parfois opérer par petites reprises de 2 à 3 m.

La maçonnerie repose, à la base de chaque tronçon, sur une roulisse parfaitement horizontale et bien reliée au terrain, en bois ou en béton. Elle doit être établie dans une assise solide et étanche. Si la hauteur du muraillement est trop forte entre deux roulisses, on soulage la partie inférieure en construisant de distance en distance des banquettes qui reportent la pression verticale sur les terrains.

En terrains peu résistants, on peut être conduit à soutenir les tronçons inférieurs au moyen de tirants supportés par un cadre porteur au jour ou par une banquette encastrée dans une assise plus ferme.

Pour maçonner, les ouvriers se placent sur des planchers ; en général ces derniers sont suspendus dans le puits et remontés au fur et à mesure de l'avancement du travail.

Lorsqu'on continue le fonçage en même temps qu'on muraille la partie supérieure du puits, les planchers sont percés d'une ouverture au centre, et des précautions spéciales doivent être prises pour éviter toute chute, dans le puits, d'outils ou de matériaux des maçons.

Le revêtement en béton, ou en béton armé, se développe de plus en plus. Il peut être moins épais, sa construction peut être confiée aux ouvriers du fonçage, et il offre une résistance très satisfaisante. Il existe plusieurs systèmes de bétonnage depuis le pilonnage derrière un coffrage provisoire jusqu'à l'emploi d'une paroi en pièces de béton moulées derrière lesquelles se fera le bétonnage.

Le revêtement métallique discontinu, avec des cintres en fers à **U** reliés par des fers plus étroits n'est pas d'un emploi fréquent. Il a sur le boisage l'avantage de la durée et d'un moindre encombrement, mais il manque de flexibilité.

CHAPITRE V

SOUTENEMENT DÉFINITIF EN TERRAINS AQUIFÈRES

SOMMAIRE

§ 1. **Cuvelages en bois.** — Généralités sur les cuvelages. — Pressions. — Cuvelages en bois. — Epaisseur des voussoirs. — Avantages et inconvénients du cuvelage en bois. — Réparations. — Consolidation d'un cuvelage par la cimentation.

§ 2. **Cuvelages en maçonnerie et en béton.** — En maçonnerie. — En pierre. — En béton ou en béton armé. — Epaisseur des cuvelages maçonnés.

§ 3. **Cuvelages métalliques.** — Divers types de cuvelages. — Comparaisons. — Raccordement avec une partie maçonnée. — Exécution d'un cuvelage en descendant. — Cimentage. — Calcul d'un cuvelage métallique. — Cuvelages de forme spéciale. — Cuvelages pour grandes profondeurs. — Résumé.

§ 1. — CUVELAGES EN BOIS.

83. Généralités sur les cuvelages. — Les revêtements ordinaires que nous avons étudiés jusqu'à présent sont discontinus, comme les boisages et blindages, ou continus (maçonnerie, béton). Les seconds, seuls, peuvent être admis lorsqu'on a à traverser des assises aquifères. Encore doit-on, dans ce cas, tenir compte de la grandeur des pressions exercées par les eaux accumulées et les établir en conséquence, de façon à les rendre tout à fait étanches, c'est-à-dire à constituer un *cuvelage*.

Le bois et le fer permettent également de construire des revêtements étanches. Le bois était seul employé autrefois pour les cuvelages dans les terrains coulants ; à l'heure actuelle, les cuvelages métalliques sont les plus répandus.

Quel que soit d'ailleurs le type adopté, l'établissement d'un cuvelage est un des travaux les plus délicats de l'art des mines. Sa mise en place est souvent pénible, et les conséquences qui résulteraient de son manque d'étanchéité ou de solidité seraient très graves pour l'exploitation desservie par le puits ; une rupture amènerait l'envahissement des chantiers par les eaux accumulées dans les assises aquifères, et l'existence même de la mine pourrait en être compromise, sans parler des dangers courus par les ouvriers travaillant dans les niveaux inférieurs de l'exploitation.

84. Pressions sur les cuvelages. — La pression à laquelle doit résister le cuvelage est mesurée par la hauteur de la colonne d'eau s'élevant depuis le point considéré jusqu'au niveau hydrostatique au voisinage de la surface. Mais si on se bornait, pour calculer l'épaisseur à donner à un cuvelage, à cette seule base, on risquerait des accidents dont nous venons de signaler les conséquences.

Il faut d'abord prendre une marge de sécurité très large, pour tenir compte des mouvements de terrains et des poussées plus ou moins brusques qui en résultent.

Il existe une autre cause qui peut augmenter sensiblement la pression de la colonne d'eau ; c'est la présence des sables lorsque la nappe aquifère est formée de terrains coulants. Il peut d'abord se produire des effondrements et des coups de bélier qui expliquent des ruptures constatées sur des cuvelages pourtant largement calculés. Mais, de plus, des expériences ont prouvé que le rapport entre la pression exercée par un sable aquifère et celle qu'aurait exercée un égal volume d'eau, peut atteindre 1,7. Ce chiffre, qui caractérise l'accroissement de pression dû à la présence du sable, correspond à un mélange aquifère de poids spécifique égal à 1,75. Pour un poids spécifique supérieur, la pression semble diminuer. En pratique, il n'est pas certain que les sables coulants se comportent au sein de la terre comme dans les expériences à la surface, mais il résulte cependant de ces constatations que pour le calcul d'un cuvelage dans les sables coulants, il est prudent de multiplier la pression hydrostatique par le coefficient 1,7.

85. Cuvelages en bois. — Un cuvelage en bois est formé d'anneaux successifs, polygonaux ou plus rarement circulaires, constitués chacun par une série de voussoirs taillés avec soin, de manière à être parfaitement jointifs et à former un ensemble étanche.

Les voussoirs sont préparés à l'avance, leurs faces exactement dressées. On a eu soin, après les avoir disposés à l'atelier pour s'assurer l'exactitude de leurs dimensions, de numéroter les assises ᵃacune d'elles les voussoirs, pour qu'il n'y ait plus, au fond, ᵃtes lors du montage du cuvelage.

ᵃsition en cadres semblables, juxtaposés de telle sorte que
tous lᵃ ᵃs horizontaux soient l'un au dessus de l'autre, ne réalise pas ᵃaison impeccable. On préfère donc parfois faire chevaucher ᵃts ; le cuvelage est dit *lozingué*.

La tour est établie à la base sur une trousse picotée, dont on a vu plus haut la construction. Les anneaux sont placés successivement en montant, chaque surface de séparation étant d'abord soigneusement rabotée.

Malgré ces précautions, les joints ne sont pas tout à fait étanches et il faut les calfater avec de l'étoupe goudronnée.

Cette opération porte le nom de *brandissage* et se fait avec un ciseau ou *brandissoire* qui ouvre le joint sur 25 ou 30 mm. de profondeur pour permettre l'introduction de l'étoupe.

Il existe toujours des vides entre le cuvelage, dont le contour extérieur est polygonal, et la paroi, à peu près circulaire ; on remplit ces vides avec du béton, qui assure la liaison et améliore l'étanchéité. De plus, ce garnissage, en empêchant les circulations d'eau, facilite l'enlèvement d'un voussoir détérioré et son remplacement.

Le cuvelage est monté ainsi jusqu'au contact de la trousse picotée de la reprise précédente, en enlevant, le cas échéant, la corniche de rocher laissée en place au moment de la reprise du fonçage.

La pose de la dernière assise de voussoirs présente une difficulté : leur face externe est plus large que leur face interne. Lorsqu'il ne reste plus qu'un voussoir à placer, on ne peut le faire entrer normalement dans l'espace qui reste. Il faut ménager un vide dans la paroi, de façon

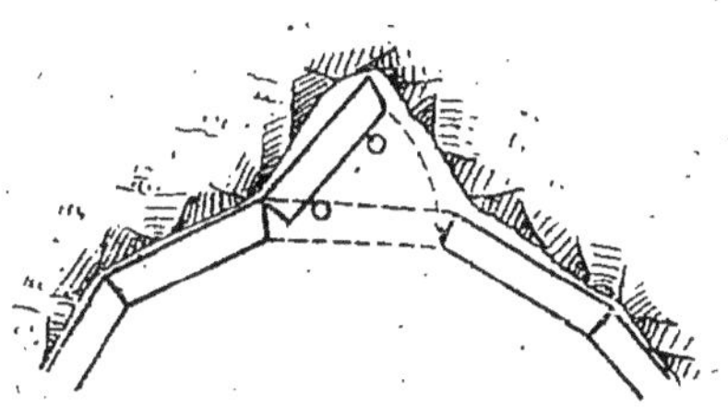

Fig. 199.
Mise en place du dernier voussoir.

à l'introduire en biais, et à le faire tourner ensuite à l'aide de poignées, que l'on enlèvera après l'avoir amené en place (*fig. 199*).

Ce vide devra être comblé par une injection de ciment.

Les voussoirs sont en chêne dur et sans défaut, qui offre une résistance à l'écrasement bien supérieure au sapin.

Celle-ci atteint 800 à 1000 kg. par centimètre carré pour du chêne et ne dépasse guère 500 kg. pour le sapin. Ces chiffres se rapportent d'ailleurs à des bois neufs et diminuent sensiblement lorsque le bois est resté un certain temps au contact de l'air et a commencé à s'altérer.

Aussi doit-on rester loin de ces limites, et ne pas dépasser une pression de 75 à 90 kg. par cm² pour le chêne, 60 à 75 pour le sapin.

Le calcul montre que les chiffres de 90 et 75 kg. conduisent à considérer comme admissible l'emploi d'un cuvelage en bois pour résister à une colonne d'eau de 900 m. ou de 750 m. de haut. Même en tenant compte des réserves indiquées ci-dessus (n° 84) pour le calcul dans une nappe de sables coulants, on est encore en présence de pressions inconnues dans la pratique pour ce type de cuvelage.

86. Epaisseur des voussoirs.

— Le calcul précis de l'épaisseur à donner aux voussoirs est assez compliqué. Pour le simplifier, on peut admettre, par suite de la faible longueur de ces pièces, qu'elles travaillent uniquement à la compression suivant leur axe, en négligeant les efforts de flexion (1).

En désignant par H la profondeur en mètres, par ρ le rayon, en mètres, du cercle inscrit et par R la résistance limite admissible, en kg. par m², on a la formule :

$$e = \frac{1000\,H\rho}{R - 1000\,H}$$

Pour $\rho = 1^m,5$ R $= 900000$ et H $= 100$ m. on a :
$e = 19$ centimètres, alors que le calcul exact, en tenant compte du nombre n de voussoirs, et des effets de flexion donnerait $e = 26$ cm. pour $n = 24$. Au fur et à mesure que le nombre de voussoirs augmente, le nombre exact se rapproche de 19 cm.

En réalité, on détermine le plus souvent l'épaisseur des voussoirs, par analogie avec des cuvelages existants, en ayant soin de rester bien au-dessus des limites théoriques.

Dans le cas d'un cuvelage de section rectangulaire, l'épaisseur nécessaire devient absolument prohibitive dès que la pression augmente. Ainsi pour un puits mesurant 5 m. $\times$ 3 m. à l'*extérieur* du cuvelage, il faudrait (pour H $= 100$ m. et R $= 900.000$) une épaisseur de 96 cm. ce qui réduirait la section utile à un chiffre inadmissible (2). On serait donc amené à faire travailler le chêne à plus de 90 kg. par cm². En réduisant l'épaisseur à 50 cm., on a déjà R $= 5.300.000$ (530 kg. par cm²), beaucoup trop près de la charge limite théorique. On doit donc renoncer à l'emploi de cuvelages en bois pour les puits rectangulaires lorsque la pression d'eau est un peu élevée.

Même avec la forme polygonale, lorsque le diamètre et la pression d'eau sont tels qu'il faille dépasser 25 cm. d'épaisseur pour les pièces, on préfère renoncer aux cuvelages en bois, en raison de la difficulté de se procurer, à des prix admissibles, des pièces de bois de qualité suffisante.

---

(1) HABETS, *Cours d'exploitation des mines.*
(2) HATON DE LA GOUPILLIÈRE et BÉS DE BERC, *Exploitation des mines*, tome I, p. 817.

87. Avantages et inconvénients du cuvelage en bois. — Le cuvelage en bois a l'avantage d'être élastique, et de se prêter ainsi, dans une certaine mesure, aux mouvements de terrains. Lorsqu'il se produit des fuites, il est possible de rétablir l'étanchéité en calfatant à nouveau les joints. Le remplacement des pièces abîmées peut se faire assez aisément. Par contre, la réfection complète d'un cuvelage est difficile, et on préfère souvent le remplacer, s'il est usé, par un cuvelage nouveau en fonte ou en maçonnerie.

Le cuvelage en bois a donc gardé des partisans, surtout lorsqu'il s'agit de puits traversant des terrains sujets à des mouvements irréguliers et à de fortes poussées, comme dans le nord de la France. Mais il n'est plus applicable pour de grandes profondeurs, et il faut alors recourir à la fonte ou à la maçonnerie.

88. Remplacement d'un voussoir. — Pour remplacer un voussoir, on installe des tirants pour soutenir les voussoirs supérieurs; puis on perce à la tarière, au-dessous de la pièce à remplacer, un trou destiné à faire baisser la pression d'eau derrière celle-ci et à diminuer les risques de brusque venue d'eau par le vide qu'on va créer, venue qui se produirait si la couche de béton existant derrière le cuvelage se rompait. Une fois le travail ainsi préparé, on enlève, en le détruisant à la hache, le voussoir avarié, et on le remplace par un neuf. Comme pour la pose du dernier voussoir de l'anneau supérieur sous une roulisse, il faut creuser un logement qu'on bouchera en y injectant du ciment.

89. Conservation des pièces de cuvelage. — On doit toujours conserver en magasin un certain nombre de pièces de cuvelage pour effectuer les réparations urgentes. Elles sont placées dans un endroit frais, humide et à l'abri du soleil. On les arrose de temps à autre pour éviter qu'elles ne gauchissent en se desséchant.

90. Consolidation d'un cuvelage par la cimentation. — Le bétonnage derrière les anneaux de cuvelage ne donne qu'une protection limitée, en raison de la faible épaisseur du garnissage ainsi constitué, en particulier sur les angles des voussoirs. Un procédé plus efficace a été imaginé par M. Portier, et appliqué pour la première fois aux mines de Courrières. Il consiste à injecter derrière le cuvelage un lait de ciment, à prise lente, pour obturer toutes les fentes du terrain, et constituer tout autour du puits un mur étanche, qui arrête les eaux et renforce en même temps le revêtement.

Cette injection se fait méthodiquement, en perçant dans le cuvelage des trous par lesquels on introduira le ciment. Pour se mettre à l'abri des venues d'eau par ces trous, on commence par visser dans un voussoir, à l'endroit choisi, un gros robinet à clef, percé d'un canal rectiligne de 16 à 17 mm. de diamètre ; c'est à travers ce canal que l'on introduira la tarière ; dès qu'elle a percé dans la nappe aquifère, on la retire et on ferme la clef pendant qu'on visse au robinet le tuyau d'arrivée du lait de ciment. Celui-ci est préparé au jour, dans des bacs en tôle. La hauteur depuis la surface jusqu'au robinet étant (sauf dans le cas exceptionnel de puits artésiens) supérieure à celle de l'eau derrière le cuvelage, il suffira d'ouvrir le robinet pour que le ciment pénètre dans le trou en refoulant l'eau. Au besoin on installe des pompes pour augmenter la puissance du refoulement.

La colonne de descente du ciment, lorsqu'on ouvrira le robinet, se remplira d'eau jusqu'au niveau hydrostatique ; il est donc nécessaire de prévoir à la partie supérieure un robinet pour l'évacuation de l'air. Quand l'eau a atteint dans la colonne son niveau normal, on n'a plus qu'à y laisser couler le lait de ciment. Celui-ci est préparé par délayage du ciment, réduit en poudre très fine ; la consistance à lui donner dépend de la vitesse avec laquelle il s'écoule dans la colonne ; on la diminue au fur et à mesure que cette vitesse se ralentit.

Lorsque le trou n'absorbe plus de ciment, on enlève le robinet, et on recommence en un autre point, en pratiquant ainsi plusieurs injections sur le pourtour du puits, d'abord à la partie supérieure du cuvelage, puis en descendant peu à peu vers le fond.

Ce procédé, très simple en principe, a reçu un grand nombre d'applications, et s'est développé rapidement, en France et à l'étranger. Nous y reviendrons à propos de la méthode de fonçage des puits par cimentation, qui est basée sur le même principe.

§ 2. — CUVELAGES EN MAÇONNERIE ET EN BÉTON.

91. Cuvelages en maçonnerie. — Le revêtement en maçonnerie est continu, et tant qu'il n'est pas fissuré par les poussées des terrains, il est étanche, à condition toutefois que le mortier soit de bonne qualité et bouche bien tous les joints.

En particulier les briques, qui sont généralement employées pour le muraillement, ne sont pas imperméables, et c'est le mortier qui procure l'étanchéité. Il faut donc que l'eau ne puisse jamais circuler, en filtrant à travers les briques, sans être arrêtée par une couche de mortier ; celle-ci, de plus, doit être assez épaisse pour résister à des pressions élevées.

Il en résulte que les cuvelages en briques doivent comporter des joints, en mortier hydraulique, plus épais que dans les maçonneries ordinaires. Comme cette protection resterait insuffisante, il est bon de prévoir, derrière la maçonnerie, une couche de béton, épaisse de plusieurs centimètres, formant un cylindre continu qui arrêtera les venues d'eau, ou mieux encore, des injections de ciment dans les terrains environnants.

Au début de la construction, lorsque le cuvelage vient d'être monté, on peut ainsi obtenir un revêtement étanche, mais la maçonnerie a le défaut d'être rigide. Sous l'effet des poussées des terrains elle tendra toujours plus ou moins à se disloquer. Il se produira des fissures, par lesquelles les eaux pénètreront, et dont la réparation est difficile.

Le muraillement du cuvelage se fait comme il a été expliqué au chapitre précédent, par reprises plus ou moins hautes reposant sur des roulisses. Mais la présence de l'eau occasionne des difficultés particulières, lorsqu'on ne travaille pas à l'abri d'un mur de terrain congelé ou cimenté.

Les eaux qui jaillissent par les fissures de la roche, et celles qui coulent le long des parois doivent être captées, sinon le mortier serait délayé avant d'avoir fait prise.

Il faut commencer par supprimer le plus grand nombre possible de venues d'eau en les recevant dans des gouttières qui se déversent au centre du puits ; on peut alors procéder au muraillement et au remplissage des vides, derrière le revêtement, avec du béton. Mais il faut encore empêcher l'eau qui coule le long des parois de s'accumuler sur le béton. On ménage un canal vertical qui la recueille et la conduit à la base de la reprise, où un tuyau, ménagé dans la maçonnerie, la ramène dans le puits.

Au fur et à mesure que le muraillement s'élève, il faut supprimer les gouttières placées devant les fissures importantes. On les remplace par des tuyaux noyés dans la maçonnerie.

Lorsqu'on opère par fonçage et muraillement successifs, on peut laisser noyer le puits, au-dessous du plancher de travail. Quand le cuvelage sera terminé, on n'aura qu'à augmenter le débit des pompes pour dénoyer le puits. Les tuyaux d'écoulement ainsi découverts sont hermétiquement bouchés.

Tant que le mortier n'a pas fait prise, on constate encore des suintements, qui doivent disparaître ensuite peu à peu ; s'il en reste encore, c'est que l'ouvrage n'est pas étanche et présente encore des fissures. On cherchera à les supprimer par des injections de ciment.

92. Cuvelages en pierre. — Contrairement à la brique, la pierre est imperméable par elle-même. Il est donc bien plus facile d'obtenir un revêtement étanche, qui ne demandera pas de réparations, sauf s'il se produit des dislocations par suite des mouvements de terrains. S'il se forme des fuites, il suffira de calfater ou de picoter les joints.

Malheureusement, le muraillement en pierres de taille revient extrêmement cher. On préfère donc employer des moellons artificiels, analogues à ceux qui ont été adoptés au puits de 1000 m. de Ronchamp, et qui étaient fabriqués avec le mélange suivant :

Sable lavé. . . . . 440 litres.
Gravier lavé. . . . . . . 660 kg.
Ciment . . . . 8 sacs.

Le mortier employé doit naturellement être un mortier de ciment, à prise rapide.. On réalise avec ces moellons artificiels une certaine économie. Malgré tout, la construction de cuvelages maçonnés reste exceptionnelle.

93. Cuvelages en béton ou béton armé. — Les revêtements en béton, qui sont homogènes, et ne présentent aucun joint par lequel l'eau risque de filtrer, sont parfaitement étanches, à condition d'être construits avec des produits de première qualité, et un mortier hydraulique à prise rapide. L'emploi du béton armé donne une résistance très supérieure contre les poussées, et permet de réduire l'épaisseur.

La construction, par contre, est difficile dans les zones très aquifères, car les venues d'eau risquent, malgré toutes les précautions prises, de délayer le ciment.

Si la construction se fait dans un terrain asséché par congélation ou par cimentation, on peut obtenir un cuvelage excellent, au point de vue étanchéité, car le mortier peut faire prise dans les meilleures conditions. De plus, le terrain cimenté forme barrière contre la pression des eaux.

Les fuites, lorsqu'il s'en produira, seront supprimées par des injections de ciment.

94. Epaisseur des cuvelages maçonnés. — La forme circulaire des cuvelages maçonnés est plus favorable que celle des cuvelages polygonaux en bois, mais la résistance des matériaux employés (sauf des pierres de taille) est inférieure à celle du bois.

Les charges limites admissibles, en kg. par centimètre carré sont les suivantes (d'après Haton et Bès de Berc) :

Briques et mortier de première qualité . . . . . 24 kg.
Pierres de taille grès des Vosges. 50
    —   calcaire dur 80
    —   granit. 100
    —   porphyre 140
Moellons artificiels en béton après 3 mois. . . . 14
    —   — après 2 ans 30
Revêtement en béton 35

La formule pratique servant au calcul de l'épaisseur est la suivante :

$$e = \frac{p\,\mathrm{HD}}{2(\mathrm{R} - p\mathrm{H})}$$

Où p est le poids en kg. du mètre cube du liquide ($p = 1,000$ pour l'eau 1,7 au maximum pour les sables coulants).

  H la hauteur de la colonne d'eau en mètres

  D le diamètre intérieur du puits » »

  R la résistance admissible pour la matière employée, en kg. par mètre carré.

Cette formule donne un chiffre faible et il est prudent de prendre une épaisseur un peu plus forte.

On voit que pour un cuvelage en briques ($\mathrm{R} = 240000$), si $\mathrm{H} = 100^{\mathrm{m}}$, et $\mathrm{D} = 5^{\mathrm{m}}$, on aurait :

$$e = 1^{\mathrm{m}},80$$

en suppposant $\qquad p = 1.000$

C'est un chiffre inadmissible. En réalité, les cuvelages en briques ou en béton (sans injection de ciment) ne sont possibles que si H est faible, 40 ou 50^{m} au plus. Avec les pierres de taille ou le ciment armé, on pourrait aller plus loin, mais sans atteindre cependant une grande hauteur. Par contre, la consolidation des terrains par l'injection de ciment, en obstruant les fissures et en empêchant la pression de l'eau de s'exercer sur la maçonnerie, rend acceptable ce mode de revêtement pour des profondeurs bien supérieures et les fait souvent préférer aux cuvelages métalliques.

§ 3. — CUVELAGES MÉTALLIQUES:

95. Généralités. — Les cuvelages métalliques sont les plus répandus ; ils étaient les seuls admissibles pour les grandes profondeurs avant l'invention des procédés de cimentation. Ils sont constitués par des anneaux successifs en fonte, composés chacun d'un certain nombre de segments, parfois même d'un seul tronçon cylindrique. Les divers éléments du cuvelage sont boulonnés et les joints rendus étanches par divers procédés.

Les anneaux formés d'une seule pièce, lourds à manœuvrer, impossibles à descendre dans le puits au-dessous d'une partie déjà achevée, ne s'emploient que dans les procédés où le cuvelage est enfoncé depuis la surface, et construit par adjonction d'anneaux à la partie supérieure (procédés de la trousse coupante, Kind et Chaudron et analogues).

96. Divers types de cuvelages. — Nous avons déjà signalé, à propos de la mise en place des trousses picotées, les deux types principaux de cuvelages : type *anglais* à nervures extérieures et type *allemand* à nervures intérieures (voir n° 34).

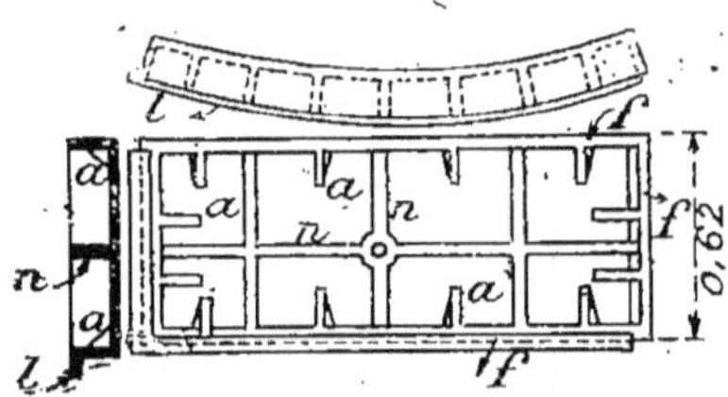

Fig. 200. — Cuvelage anglais.

Les panneaux du *cuvelage anglais* (fig. 200) n'ont qu'une hauteur de 60 à 70 cm. avec une longueur de 1ᵐ,20 à 1ᵐ,50. Des nervures *n*, placées sur la face externe, les renforcent. Au centre du panneau, à la croisée de deux de ces nervures, est placé un trou, qui sert à passer des chaînes ou une barre de fer pour descendre la pièce dans le puits ; une fois le cuvelage mis en place, ce trou permettra l'écoulement des eaux, jusqu'à l'achèvement du garnissage et au picotage des joints. En outre des nervures, les panneaux portent des saillies triangulaires a qui renforcent les angles formés par le fond et les côtés. Les faces destinées à former joints sont laissées rugueuses. Deux des côtés (un grand et un petit) ont des rebords pour assurer l'emboîtement des différentes pièces.

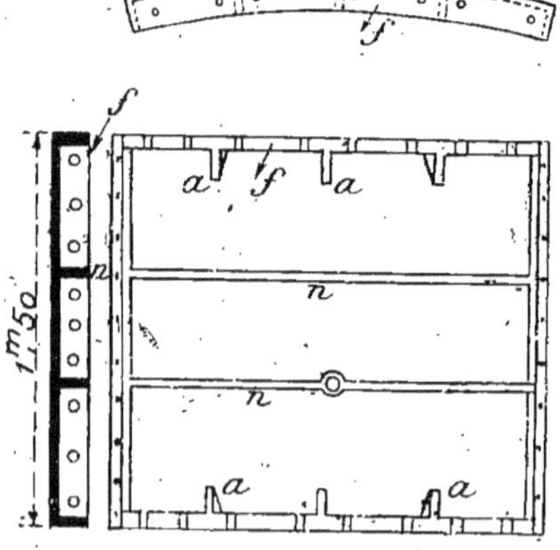

Fig. 201. — Cuvelage allemand.

On monte le cuvelage en assemblant d'abord sur la trousse picotée les segments d'un même anneau horizontal puis en élevant l'anneau suivant. Pour assurer l'étanchéité des joints, on y place des planchettes en sapin, de quelques millimètres d'épaisseur.

Le cuvelage une fois installé jusque sous la trousse de la reprise supérieure, et les vides en arrière de la tour bouchés avec du béton, au besoin en injectant du ciment pour compléter le remplissage, il reste à rendre les joints étanches. On y parvient en y pratiquant, en descendant du haut vers le bas, un picotage soigné. Il faut en même temps boucher les trous du centre des panneaux avec des chevilles en bois, et les picoter également.

La fig. 202 montre l'aspect d'un cuvelage anglais mis en place et picoté.

PLAN DU CUVELAGE EN PLACE

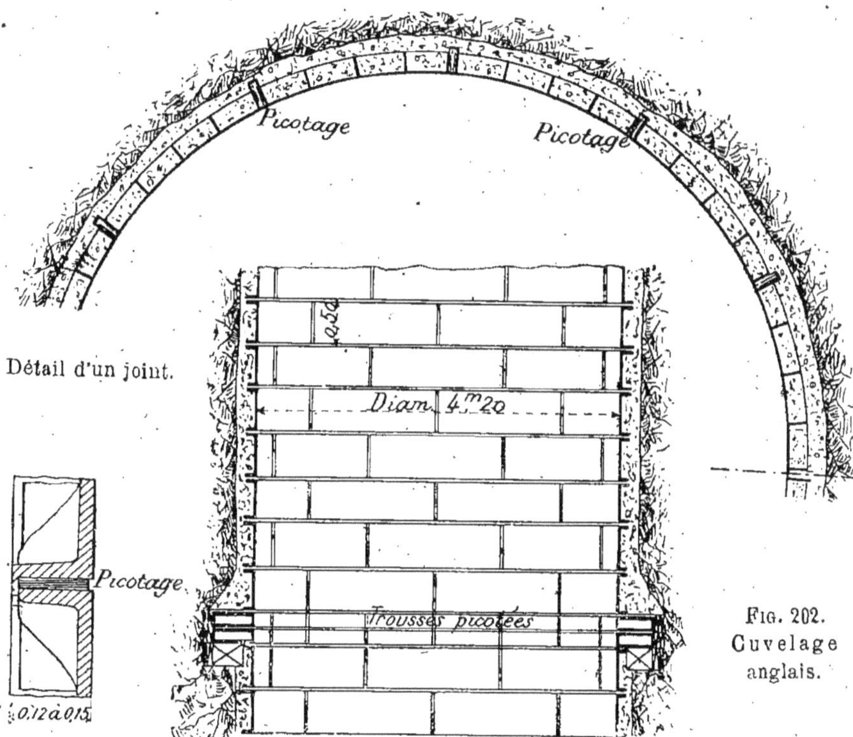

Fig. 202.
Cuvelage
anglais.

Le *cuvelage allemand* se fait avec des panneaux plus grands que le cuvelage anglais (*fig. 201*) : 1m,50 de hauteur sur 1m,50 de largeur.

La face externe est lisse tandis que la face concave porte des nervures *n* et des renforts triangulaires pour soutenir les collets. Ces derniers ont leur surface polie après le moulage, et sont percés d'ouvertures pour le logement des boulons qui assurent l'assemblage des divers panneaux d'un anneau et des anneaux successifs.

Pour assurer l'étanchéité de ces joints, on y place des feuilles de plomb, qui s'écrasent lorsqu'on serre les boulons et se réduisent par exemple de 4 à 3 $^m/_m$. En même temps, cette compression fait déborder les feuilles de plomb hors des joints. Il faut les refouler entre les pièces de fonte. Les trous des boulons sont percés à l'avance dans ces feuilles.

Ce garnissage est suffisant pour empêcher l'eau de cheminer sur toute la longueur du joint, mais pas toujours de suinter par les trous de boulons. On supprime ces fuites en plaçant autour de la tige du boulon, contre le trou, des bagues en plomb entourées d'une bague conique en acier, qui écrasera le plomb lors du serrage des boulons.

Le cuvelage repose à sa base sur une trousse picotée et est élevé progressivement. Les vides entre lui et la paroi sont remplis de béton. Il faut, pour terminer l'ouvrage sous la trousse supérieure, un anneau spécial, fondu suivant la hauteur à garnir. L'étanchéité des joints horizontaux de cet anneau supérieur est obtenue au moyen d'un picotage, au-dessus et au-dessous si le jeu est un peu grand, ou mieux à la partie supérieure seulement.

On peut supprimer ce raccord avec picotage en employant sous la trousse un anneau à recouvrement (*fig. 203*). L'étanchéité du joint est obtenue par le serrage d'une bague en caoutchouc C au moyen d'un boulon qui la fait déborder en la comprimant entre le haut de l'anneau inférieur et un cercle métallique.

La disposition B, avec joint étanche à l'extérieur, a l'avantage d'être d'autant plus hermétique que la pression de l'eau est plus forte.

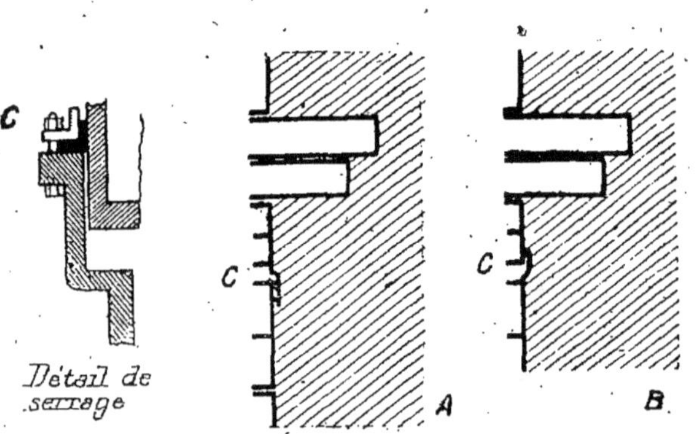

Fig. 203. — Anneaux à recouvrement.

Mais ces deux modes de raccordement obligent, pour pouvoir introduire le dernier segment de l'anneau inférieur, à lui donner une longueur inférieure, et à disposer ensuite dans l'intervalle une sorte de coin. On préfère donc employer un anneau de hauteur réduite.

97. Comparaison des deux types de cuvelages. — Le cuvelage anglais, dont les collets sont laissés bruts de fonderie, est meilleur marché comme fabrication ; d'autre part les joints sans boulons donnent une certaine élasticité à l'ensemble. Mais en dehors de ces avantages, il a des inconvénients qui lui font en général préférer le cuvelage allemand, surtout pour les grandes profondeurs.

La pose, en particulier par suite des picotages, est plus longue et plus coûteuse. Ces dépenses supplémentaires de main-d'œuvre absorbent l'économie provenant de la fabrication, sans parler des frais entraînés par la plus grande durée de l'ensemble du travail de fonçage et revêtement.

L'étanchéité est moins bonne qu'avec le cuvelage allemand. D'autre part, la pose ne peut se faire qu'en montant, ce qui est un sérieux inconvénient dans les terrains qui gonflent rapidement.

La surface extérieure lisse du cuvelage allemand facilite le bétonnage derrière les anneaux. Au contraire, l'absence de nervures internes, dans le système anglais, oblige à prévoir, pour la pose des moises de guidage, des sabots venus de fonte. Outre la complication qui en résulte pour la fabrication des pièces, ce dispositif oblige à une plus grande précision dans la mise en place des anneaux.

98. Raccordement d'un cuvelage avec une partie maçonnée. — Le cuvelage n'est placé que dans la traversée des assises aquifères. Dans les terrains qui ne donnent que peu d'eau, on se borne à un revêtement en maçonnerie ou en béton. Le raccordement entre le cuvelage et la partie maçonnée doit être bien étanche ; on y arrive au moyen d'un bétonnage soigné.

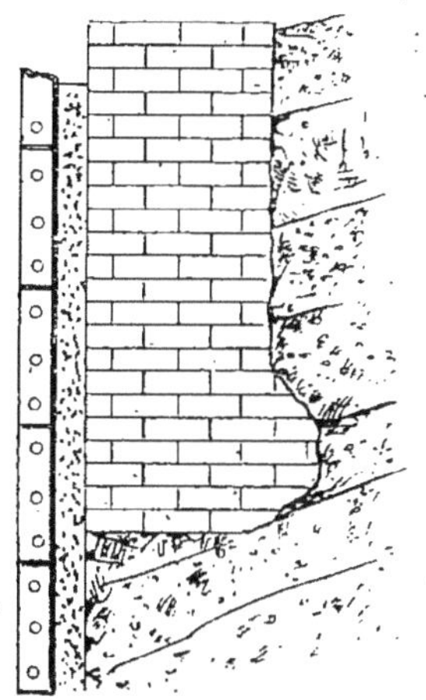

Fig. 204.
Raccordement d'un cuvelage
et d'une partie maçonnée.

Le mode de raccordement le plus simple consiste évidemment à faire déborder le haut du cuvelage devant la base de la maçonnerie et à continuer le bétonnage entre les deux revêtements (fig. 204). Mais on est alors obligé de donner au cuvelage un diamètre réduit et cette diminution de diamètre est fâcheuse. Elle est toutefois inévitable lorsque la descente du cuvelage s'est faite à l'intérieur de la tour maçonnée, avec montage des anneaux à la surface, comme dans le procédé Kind et Chaudron (voir chap. VIII).

Si le cuvelage a été monté, à niveau vide, au-dessous de la reprise maçonnée, et qu'on a voulu garder le même diamètre intérieur, il faut entamer la base de la maçonnerie pour y faire la place du sommet du cuvelage, et ménager derrière ce dernier un vide pour le bétonnage.

Si le muraillement repose sur une trousse picotée, on fera le raccordement de la base de celle-ci et du haut du cuvelage, par le même procédé que pour l'achèvement d'une reprise de cuvelage sous la reprise supérieure, ainsi qu'il a été expliqué au n° 96.

99. Exécution d'un cuvelage en descendant. — Certains terrains, tels que les schistes argileux et ébouleux, ne peuvent être découverts, au cours du fonçage, que pendant peu de temps, car ils exigent un soutènement provisoire trop complet, et sous l'action de l'humidité, ils gonflent et réduisent la section creusée. On a donc été amené à les cuveler en descendant, en partant d'une trousse picotée ou d'une roulisse soigneusement encastrée dans le terrain.

La fig. 204 bis fait comprendre la façon de procéder.

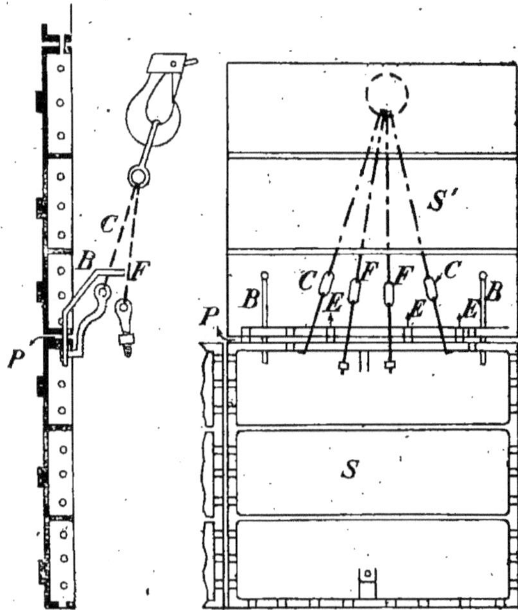

FIG. 204 bis. — Pose d'un cuvelage en descendant.

Le panneau S est suspendu, pour la descente, à 4 chaînes, dont deux C se terminent par des crochets prenant sous le collet supérieur ; les deux autres F terminées par des tiges filetées, engagées dans des trous de boulons et maintenues par des écrous, sont des chaînes de sûreté. Lorsque le panneau a été amené devant son emplacement, ces chaînes de sûreté sont dégagées, et le panneau n'est plus soutenu que par les crochets.

On le met alors à sa place sous l'anneau S' et on enfile, dans deux des trous de boulons qui doivent correspondre, des broches B qui serviront de guides jusqu'au moment où le panneau S sera bien exactement en place et où l'on pourra le boulonner à l'anneau S'. On enlèvera ensuite les crochets et les broches.

Le joint entre les deux anneaux est rendu étanche par l'interposition d'une feuille de plomb. De même pour les joints verticaux entre les divers panneaux.

On attend, pour serrer à fond tous les boulons, que les panneaux d'une même assise soient assemblés.

Lorsqu'on a ainsi placé une série d'anneaux, on passe au cimentage derrière le cuvelage.

100. Cimentage. — Il faut commencer par boucher le bas de l'espace annulaire existant entre le terrain et l'assise inférieure. On y introduit des coins que l'on serre par un picotage. On verse ensuite derrière le cuvelage un lait de ciment très dilué, par des entonnoirs fixés à des ouvertures spéciales *o* pratiquées dans les panneaux. Le ciment s'accumule au fond et y fait prise, tandis que l'excès d'eau s'échappe par des ouvertures dans les anneaux supérieurs.

On continue ainsi jusqu'à ce que le terrain n'absorbe plus rien. On enlève alors les entonnoirs et on bouche les trous avec des chevilles en bois ou avec des bouchons filetés.

Au fur et à mesure que le cuvelage s'allonge, le poids suspendu aux boulons des joints supérieurs augmente, et il ne tarderait pas à en provoquer l'arrachement. On supporte donc, pendant le cimentage, le bas du cuvelage par des pièces de bois appuyées au fond du puits. Lorsque le ciment a fait prise, il soulage en partie les anneaux supérieurs. Mais on obtient un meilleur résultat en donnant à certains des anneaux un diamètre plus grand, et en leur faisant jouer ainsi le rôle de trousses porteuses.

A la base du cuvelage suspendu, lorsqu'on arrive au terrain imperméable, on établit une trousse picotée.

L'emplacement de cette dernière doit être déterminé de telle

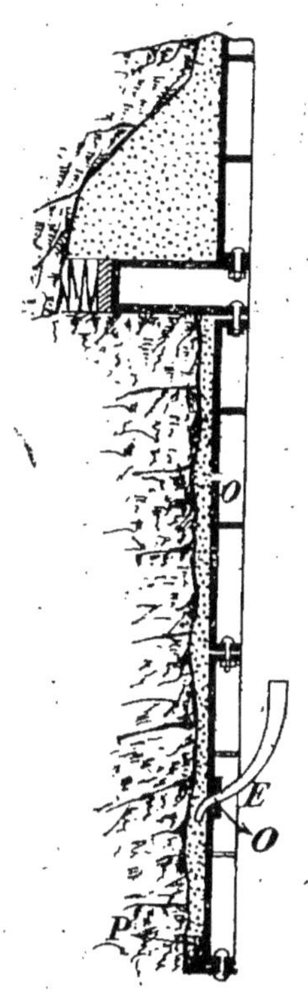

Fig. 205. — Cimentage.

sorte que le dernier anneau vienne s'appliquer sur elle et qu'on puisse les boulonner l'un sur l'autre. Au besoin on picote le joint sous la trousse, ou entre les deux trousses s'il en existe deux superposées.

Il peut arriver que les joints soient trop lâches pour être ainsi garnis. On procède alors à un picotage entre les deux anneaux inférieurs du cuvelage après avoir rempli, par un bétonnage serré, le vide au-dessus de la trousse, derrière le dernier anneau. Le béton ainsi placé formera une paroi contre laquelle seront serrées les extrémités des picots placés ultérieurement entre les deux derniers anneaux. Ce bétonnage peut se faire avant la pose de l'avant-dernier anneau, et on le complète, après la pose de celui-ci et le picotage, par une injection de ciment qui comble les vides entre le bétonnage au-dessus de la trousse et celui qui a été pratiqué précédemment derrière les anneaux supérieurs.

101. Calcul d'un cuvelage métallique.

— Dans le calcul de l'épaisseur à donner à un cuvelage métallique, il y a lieu de tenir compte des efforts de compression, dûs à l'action de la colonne d'eau accumulée derrière l'ouvrage, mais aussi des efforts de flexion, dûs à l'irrégularité des poussées des terrains sur le pourtour du puits. Ainsi que nous le verrons plus loin, ces derniers sont importants, et malheureusement impossibles à déterminer par le calcul.

La résistance de la fonte à la compression est très supérieure à celle du bois ou de la maçonnerie. Elle atteint en effet 70 à 75 millions de kilogrammes par mètre carré, ce qui permet d'admettre au moins le chiffre de 10.000.000 kg., avec une marge de sécurité suffisante.

La formule précise de l'épaisseur à donner au cuvelage, tenant compte de tous les éléments du problème, est peu employée, et on lui substitue, dans la pratique, diverses formules plus simples. L'une d'elles est la même que pour la maçonnerie.

$$e = \frac{p\mathrm{HD}}{2(\mathrm{R} - p\,\mathrm{H})}$$

Où p = poids spécifique du liquide (de 1000 pour l'eau à 1700 pour les sables coulants).

H = hauteur de la colonne aquifère, en mètres.

D = diamètre intérieur du puits   »   »

R = résistance admissible de la fonte, en kg. par mètre carré.

Comme R est beaucoup plus grand que pour la maçonnerie, on simplifie souvent la formule, et on pose simplement :

$$e = \frac{p\mathrm{HD}}{2\mathrm{R}}$$

pour $p = 1000$ D $= 5$ m. ;   H $= 1000$ et   R $= 10.000.000$
  on a $e =$ 25 millimètres.
  pour   H $= 200$ m. 50   »
                                H $= 300$ m. 75.   »
                                H $= 400$ m. 100   »

avec une approximation très suffisante.

On voit que, pour de faibles valeurs de H, on serait conduit à des épaisseurs de 10 ou 20 mm. seulement. Mais il est difficile de garantir l'homogénéité et la régularité absolue de pièces moulées aussi minces, alors que la longueur et la largeur sont très supérieures à l'épaisseur. On évite donc de descendre au-dessous de 20 ou 25 mm. d'épaisseur pour les anneaux supérieurs.

On formera le cuvelage de plusieurs tronçons d'épaisseur constante, sur 20 ou 30 m. de hauteur, en augmentant progressivement cette épaisseur au fur et à mesure que la profondeur augmente.

Il existe un assez grand nombre de formules pratiques composées de deux termes, le premier représentant l'épaisseur minima, le second la quantité dont elle doit s'accroître suivant la profondeur. Par exemple, la formule de Chaudron :

$$e = 0,020 \times \frac{50}{H} + 0,0001 \, HD$$

qui donne, pour H $= 100$ et D $= 5$: 60 m m., chiffre notablement plus élevé que celui auquel nous sommes arrivés tout à l'heure, car elle est basée sur une résistance maxima R $= 5.000.000$ kg.

Une autre formule, du même genre, fréquemment utilisée, est celle d'Evrard :

$$e = 0,009 + 0,000065 \, HD$$

qui conduit aux chiffres suivants (pour D $= 5$ m.).

H $= 100$ m.	$e =$ 41 $^m/_m$,5
H $= 200$	$e =$ 74
H $= 300$	$e = 106$ $^m/_m$,5
H $= 400$	$e = 139$

En fait, on ne dépasse pas 100 ou 120 $^m/_m$ pour les grandes profondeurs.

Les *efforts de flexion*, provenant des mouvements de terrain qui s'exercent inégalement sur les deux côtés du puits, font travailler la fonte à l'arrachement, pour lequel la limite de résistance de la fonte est beaucoup plus basse que pour la compression. Tandis que cette dernière atteint 75 millions de kg. par mètre carré, elle ne dépasse pas 15 millions de kg. pour la première. Or, avec les diamètres de puits et les hauteurs d'eau que l'on observe dans la pratique, on ne risque pas d'arriver à la limite de résistance à la compression, tandis qu'on peut arriver à dépasser la résistance à l'arrachement.

Les constatations faites sur des ruptures de cuvelage le montrent nettement. Le cuvelage commence par se déformer, et finit par se déchirer, d'abord à l'intérieur. Avant la rupture, on observe d'ailleurs que les joints ne travaillent pas tous également, et que certains d'entre eux laissent filtrer de l'eau.

102. Cuvelages de forme spéciale. — Il convient donc d'éviter autant que possible de provoquer des mouvements de terrains susceptibles de soumettre le cuvelage à des efforts de flexion dangereux. On y parviendra en augmentant la largeur des stots de protection et en conduisant l'exploitation de façon à réduire au minimum la dislocation des terrains. Comme, malgré tout, on n'est jamais sûr d'empêcher la production de ces mouvements, on a cherché les moyens d'augmenter la résistance des cuvelages sans accroître exagérément l'épaisseur.

Le meilleur moyen consiste à donner au cuvelage une forme ondulée (*fig. 206*). L'encombrement des panneaux, perpendiculairement à la paroi, augmente un peu, ce qui n'a guère d'inconvénient car il reste faible, mais on peut arriver à tripler la résistance par rapport à la forme ordinaire.

Fig. 206.
Cuvelage ondulé.

On pourrait également remplacer la fonte par l'acier coulé, dont la résistance à la compression n'est pas plus élevée, mais dont la résistance à l'arrachement est quatre fois plus élevée. Mais le prix des pièces en acier coulé est beaucoup plus grand qu'en fonte, ce qui rend cette solution inadmissible dans la plupart des cas.

103. Cuvelages pour grandes profondeurs. — La hauteur de 300 m. a déjà été dépassée pour un certain nombre de cuvelages et on est obligé d'envisager des chiffres plus élevés encore dans certaines exploitations, notamment dans la Campine belge, où l'épaisseur des mort-terrains aquifères dépasse 600 à 700 mètres. L'épaisseur du cuvelage devrait alors devenir considérable. Or, il est difficile de couler des plaques de fonte trop épaisses sans obtenir de soufflures. On a donc été amené, comme pour parer aux efforts de flexion, à employer des cuvelages de profil spécial, cintré ou ondulé.

Une autre solution a été proposée par *Tomson* pour les puits de grand diamètre (*fig.* 207).

Après avoir foncé le puits, sur toute sa section, à niveau plein, on y descendrait, non pas un cuvelage unique, mais plusieurs cuvelages de petit diamètre, divisant ainsi la section en trois ou quatre tubes consacrés à l'extraction (A et B), à la circulation par échelles et aux canalisations (C) et à l'aérage (D).

Les vides entre ces tubes et les parois seraient remplis de béton avant épuisement de l'eau dans les tubes.

Ce système avait été étudié pour un puits en Westphalie, mais on a pu s'en passer, les venues d'eau étant restées très faibles.

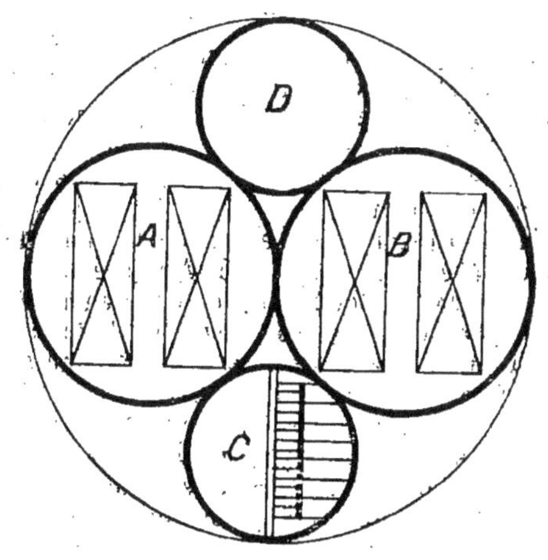

Fig. 207. — Cuvelages Tomson.

104. Résumé. — Le soutènement des puits, en terrains très aquifères, se fait au moyen d'un revêtement continu et étanche, qui porte le nom de cuvelage.

Il peut être en bois, en maçonnerie ou béton, ou en fonte.

Les cuvelages en bois ont été uniquement employés autrefois, et gardent encore des partisans, en raison de leur élasticité et de la facilité avec laquelle on peut les réparer. Mais ils ne sont pas applicables aux grandes profondeurs.

Ils sont constitués par des voussoirs en chêne exactement taillés et assemblés en assises successives, reposant à la base sur une trousse picotée. L'étanchéité des joints est obtenue par leur calfatage avec de l'étoupe goudronnée. Les vides derrière le cuvelage sont remplis de béton. L'injection de ciment (procédé Portier) améliore beaucoup l'étanchéité et protège le cuvelage, en obstruant toutes les fissures des terrains.

Le chêne a une résistance à l'écrasement de 800 à 1000 kg. par cm², quand il est neuf, mais celle-ci diminue quand le bois commence à s'altérer, aussi ne doit-on pas dépasser 90 kg. par cm². Le calcul montre que l'emploi des revêtements en bois n'est admissible que pour des profondeurs assez faibles, dès que le diamètre du puits atteint 4 m. ou 5 m.

Les cuvelages en maçonnerie sont étanches et résistants si on les fait en pierres de taille. Mais le prix en serait trop élevé. Les briques, couramment employées, ne sont pas imperméables, et l'étanchéité n'est due qu'au mortier et au bétonnage derrière la maçonnerie. D'ailleurs leur résistance à la compression est faible, aussi ne peut-on adopter ce mode de revêtement que pour de faibles profondeurs. La construction est difficile lorsqu'on travaille en présence de venues d'eau importantes, car le mortier risque d'être délayé avant d'être consolidé, si l'on a pas pris des précautions spéciales.

Le béton et le béton armé donnent des revêtements étanches, mais ne peuvent résister à des compressions considérables.

Les cuvelages métalliques sont seuls admissibles pour les grandes profondeurs si on n'a pas aveuglé les venues d'eau par cimentation. Ils ont l'inconvénient d'être rigides, ce qui oblige à les calculer largement s'il y a à craindre des mouvements de terrains, mais ils sont résistants, beaucoup moins encombrants, et très étanches si les joints sont soignés. Ils sont constitués par des anneaux formés de panneaux assemblés, reposant à la base sur une trousse picotée, au besoin encastrés de distance en distance dans le terrain au moyen d'anneaux porteurs d'un diamètre plus large. Comme pour le cuvelage en bois, les vides derrière les anneaux sont bouchés avec du béton.

Il existe deux types de cuvelages : *l'anglais*, à nervures extérieures, et joints assemblés sans boulons, *l'allemand* à nervures intérieures et joints boulonnés ; ce deuxième type est généralement préféré car il est plus facile comme montage, plus étanche, et peut se poser en descendant.

Les cuvelages se construisent le plus souvent en montant, par reprises successives. Dans les terrains peu consistants et qui gonflent sous l'action de l'eau, on les place parfois en descendant ; outre l'avantage de contenir la poussée des terrains, ce système a celui d'aveugler les venues d'eau au fur et à mesure qu'on les découvre.

La fonte a une résistance à la compression de 7.500 kg. par cm², et on peut la faire travailler à 1.000 kg. Si l'on n'avait à tenir compte que des efforts de compression, on pourrait se contenter d'épaisseurs réduites, même pour une hauteur d'eau de 200 ou 300 m. Mais il faut se prémunir contre les efforts de flexion, qui font travailler le métal à l'arrachement, conditions dans lesquelles la limite de résistance est beaucoup plus vite atteinte. On cherche à renforcer les cuvelages dans les terrains qui exercent des pressions sensibles, en leur donnant un profil renforcé, par exemple un profil ondulé. Les mêmes précautions doivent être prises pour les grandes profondeurs, par suite de la difficulté d'obtenir des pièces de fonte épaisses et sans défaut. L'acier coulé donne des résultats très supérieurs contre les efforts d'arrachement, mais il est extrêmement coûteux.

En tous cas, lorsqu'on doit installer un cuvelage, il importe d'exiger une fabrication parfaite contrôlée par des essais sérieux de la qualité du métal, et d'exécuter le montage de l'ouvrage aussi soigneusement que possible.

CHAPITRE VI

FONÇAGE DES PUITS PAR CONGÉLATION

SOMMAIRE

§ 1. **Principe du procédé.** — Historique.

§ 2. **Exécution des sondages et tubage.** — Disposition des sondages. — Installations de surface. — Exécution des sondages. — Tubes de congélation.

§ 3. **Production du froid.** — Principe de l'opération. — Liquide réfrigérant. — Liquide producteur de froid. — Comparaison de l'ammoniaque et de l'acide carbonique. — Calcul de la quantité de froid nécessaire. — Calcul de l'épaisseur à donner à la muraille de glace. — Limite d'application du procédé.

§ 4. **Application du procédé.** — Marche de la congélation. — Fonçage. — Pose du cuvelage. — Enlèvement des tubes congélateurs. — Exemples. — Procédé par reprises successives. — Procédé Schmidt.

§ 5. **Résultats obtenus avec le procédé par congélation.** — Avancements. — Prix de revient. — Résumé.

§ 1. — PRINCIPE DU PROCÉDÉ.

105. Principe. — Le procédé de fonçage des puits par congélation consiste à solidifier la masse aquifère dans laquelle doit se faire le fonçage, en la refroidissant énergiquement au moyen d'un liquide à très basse température qui circule dans des tubes logés eux-mêmes dans une série de sondages.

On dispose ces sondages suivant une couronne concentrique à l'emplacement prévu pour le puits, et de diamètre supérieur. Sous l'effet du liquide réfrigérant, il se forme un mur de terrain solide et étanche, qui isole la masse dans laquelle on effectuera le creusement et le revêtement du puits. Ce mur de glace doit être poussé, en une seule fois, ou par reprises successives, jusqu'aux assises imperméables, dans lesquelles on établira la base du cuvelage. Celui-ci une fois terminé, on pourra laisser dégeler le terrain, sans crainte de voir l'eau envahir le chantier. La masse centrale dans laquelle on creuse est, en fait, congelée elle-même, sauf parfois à la partie supérieure.

Le creusement se fait donc à niveau vide, et sans avoir à épuiser d'eau, en dehors de celle qui peut provenir de quelques fissures dans le mur protecteur.

On a pu, par cette méthode, aborder la traversée de niveaux aquifères de plusieurs centaines de mètres de hauteur, avec une certitude presque absolue. Dans la pratique, il y a bien des circonstances imprévues qui rendent difficile l'application du procédé, et qui ont parfois conduit à un échec, mais il a cependant constitué un progrès très remarquable sur les systèmes antérieurement connus.

106. Historique. — L'idée de profiter de la congélation des terrains aquifères pour le fonçage des puits a été mise en pratique, il y a déjà longtemps, en Sibérie, où les hivers sont excessivement rigoureux. Le terrain y est parfois congelé jusqu'à une vingtaine de mètres de profondeur. En allumant des bûchers pour le dégeler sur une certaine hauteur, qu'on déblaye, puis en laissant le froid congeler à nouveau le fond pour arrêter les venues d'eau et consolider les parois avant de rallumer un nouveau bûcher, on arrivait à creuser un puits permettant d'explorer le sol jusqu'à 20 m. environ. Mais il s'agissait là de l'utilisation d'un phénomène naturel.

Au contraire, en 1862, on a fait un essai de congélation artificielle des terrains au pays de Galles. En 1883, cette méthode a été pour la première fois appliquée rationnellement pour le fonçage d'un puits en Saxe. Son inventeur, *Pœtsch*, plaçait dans la masse aquifère une couronne de tubes verticaux, contenant à l'intérieur un tube plus étroit ; le liquide réfrigérant descendait par le tube intérieur et remontait par l'espace annulaire. On arrivait ainsi à congeler toute la masse à traverser. Le procédé a gardé le nom de son inventeur, mais il a reçu des perfectionnements successifs qui l'ont rendu à la fois plus pratique et plus sûr.

Au début, la couronne de tubes avait un diamètre inférieur à celui du puits. La présence des tubes gênait pour le creusement ; de plus il se formait un cylindre de glace dont le diamètre n'était pas beaucoup plus grand que celui du puits, et dont les parois, lorsque la partie centrale était enlevée, ne présentaient plus une résistance suffisante.

On n'a pas tardé à placer les tubes à une distance de l'axe supérieure au diamètre prévu pour le puits (y compris son cuvelage). On y gagne de travailler sans être gêné par leur présence, et de provoquer la formation d'un mur protecteur beaucoup plus épais.

Le procédé, ainsi modifié, s'est développé, non seulement en Allemagne, mais dans les autres pays. Un grand nombre de puits, dans le bassin franco-belge, ont été foncés par cette méthode, dans la traversée des morts-terrains aquifères.

Dans le nord de la France, les nappes aquifères sont parfois très abondantes, mais leur hauteur n'est en général pas très considérable. Au contraire, dans la Campine belge, dont l'exploitation n'est encore qu'à la période de préparation, on a rencontré des morts-terrains aquifères très profonds. A Beeringen, on a ainsi réalisé en 1919 une passe de congélation de 500 m. De tels résultats ne sont possibles qu'avec des liquides réfrigérants de température extrêmement basse.

§ 2. — EXÉCUTION DES SONDAGES ET TUBAGE.

107. Disposition des sondages. — Nous avons vu que les sondages étaient disposés suivant une couronne de diamètre supérieur à celui du puits. Le premier problème à résoudre consiste donc à reconnaître les terrains à congeler, pour savoir quel nombre de trous doivent être percés, et jusqu'à quelle profondeur ils devront être poussés. Il est en effet essentiel de constituer un mur d'épaisseur suffisante, mais il serait coûteux de multiplier à l'excès les sondages et de les faire pénétrer dans les assises imperméables.

Cette reconnaissance des terrains doit permettre de se rendre compte de la nature des bancs successifs, et de l'importance des venues d'eaux. Une masse de sables coulants simplement imbibés d'eau, se congèlera plus facilement que des terrains durs, fissurés et parcourus par des sources ou de véritables rivières souterraines.

S'il existe à la base des terrains à congeler un banc parfaitement imperméable, ou si les venues d'eau ne se rencontrent qu'à une assez grande distance au-dessus des assises imperméables, l'anneau de glace protègera suffisamment le puits pour qu'on puisse se passer de la congélation de sa partie centrale. Au contraire, si on rencontre au-dessous des terrains coulants des assises assez solides et peu aquifères pour pouvoir être franchies sans congélation, mais donnant cependant des venues d'eau qui risqueraient d'envahir le fond du chantier lors du fonçage dans les sables, il faudra congeler toute la masse des sables jusqu'au centre.

Il faut également se rendre compte de la composition des eaux ; on a rencontré des difficultés spéciales pour traverser des terrains contenant des eaux salines, dont le point de congélation est très bas.

Ces divers renseignements sont souvent fournis par les sondages de reconnaissance sur lesquels on s'est basé pour choisir l'emplacement du puits, sinon il faudra exécuter un sondage d'étude.

En tous cas, le premier sondage destiné à la congélation sera poussé jusqu'à une profondeur suffisante dans l'assise au-dessus de laquelle on compte s'arrêter pour qu'on soit certain de la qualité de la roche. Le fond de ce sondage, jusqu'au toit de cette assise sera bétonné, et les autres trous arrêtés à ce niveau.

Les sondages sont disposés à une distance plus ou moins grande des parois du puits (1 m. au moins, 2 3 m. dans certains cas) suivant l'épaisseur de l'anneau à congéler (*fig. 208*).

Par exemple pour un puits de 5ᵐ,80 à l'extérieur du cuvelage, on aura 30 sondages sur un cercle de 9 m. de diamètre.

En règle générale, les sondages doivent être placés à environ 1 m. les uns des autres, lorsqu'on se borne à une seule série.

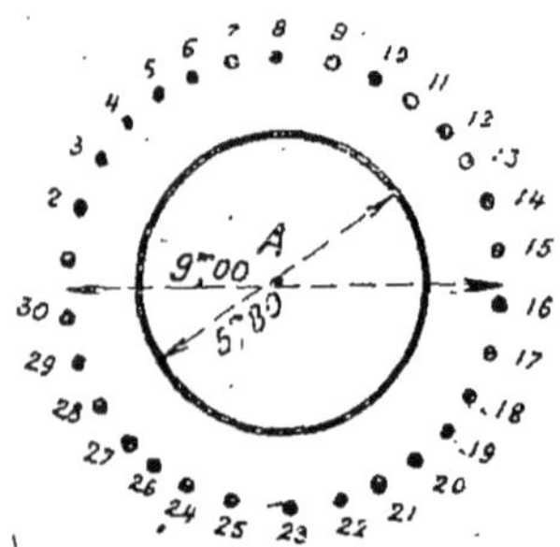
Fig. 208.
Disposition des sondages.

En plus de cette couronne extérieure, on perce un trou au centre du fonçage, de manière à pouvoir congeler le fonds du puits, à la base de la partie aquifère, et à empêcher ainsi les venues d'eau si l'assise inférieure n'est pas tout à fait étanche.

Dans certains fonçages à grande profondeur, on ne se contente pas d'une seule série de sondages. Ainsi, à Beeringen, pour congeler un banc de sables coulants, entre 608 et 622 m. de profondeur, on a disposé les sondages (commencés à —583 m.) en trois cercles concentriques de 5, 10 et 15 m. de diamètre, sur lesquels étaient répartis respectivement 10, 20 et 30 sondages. Mais c'est là un cas exceptionnel, sur lequel nous reviendrons plus loin.

108. Installations à la surface. — En général, les sondages partent de la surface. On commence par creuser un avant-puits, profond de quelques mètres, et de diamètre supérieur à celui de la couronne de sondages. Cet avant-puits est maçonné et son fond doit naturellement être au-dessus du niveau hydrostatique. Il est surmonté du chevalement qui servira aux opérations de fonçage, et qui est constitué de façon à être utilisé comme tour de sondage.

A côté du chevalement se trouve le treuil de fonçage et les installations annexes nécessitées par ce travail, ainsi que l'usine productrice de froid, qui sera décrite au paragraphe suivant.

109. Exécution des sondages. — On exécute en général deux ou trois sondages à la fois, le plus souvent par le procédé au trépan, qui est le plus sûr au point de vue de la verticalité. C'est en effet là une condition absolument essentielle de la réussite du procédé. Si les trous vont en divergeant, soit dans le sens des rayons du puits, soit tangentiellement, les distances entre eux, à un niveau donné, deviennent très différentes de celles qui ont été choisies. Au lieu d'une circonférence régulière, on n'aura plus, dans une même section horizontale, que des trous placés d'une façon quelconque, les uns beaucoup plus près et les autres beaucoup plus loin des parois, parfois presque au contact et parfois écartés de plusieurs mètres (*fig. 209*). Lorsqu'on fera circuler le liquide réfrigérant, on n'obtiendra plus un refroidissement régulier des terrains et le mur de glace ne formera plus un anneau d'épaisseur constante. En certains points, il y aura surépaisseur, ou apport d'une quantité inutile de froid, en d'autres points, au contraire, ce mur sera dangereusement aminci et pourra même être interrompu, laissant passage à l'eau.

Même en surveillant de près l'exécution des sondages et en s'efforçant de les maintenir verticaux, on évite rarement des déviations et on est par-

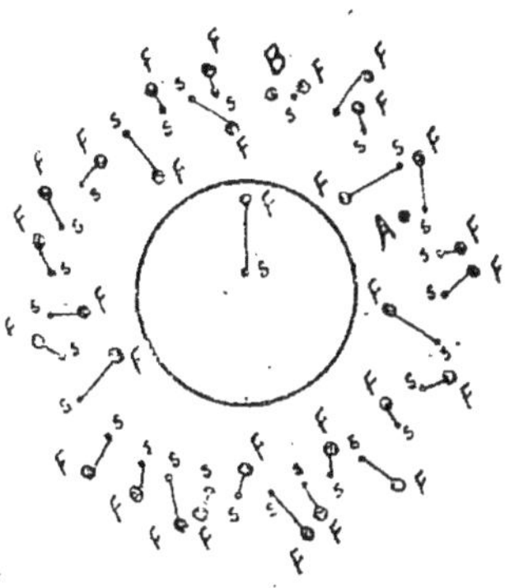
FIG. 209.
Déviation des sondages.
S position à la surface.
F position au fond.

fois obligé d'ajouter des trous supplémentaires pour renforcer des zones où se sont produits des écartements dangereux (par exemple en A et B sur la fig. 209. Si on négligeait ces précautions, on aurait de grandes chances de voir le chantier, à une certaine profondeur, envahi par les eaux.

Il faut donc suivre avec les instruments de mesure, tels que les stratamètres, les déviations des sondages, et les corriger si possible. On arrive malgré tout fréquemment à des déviations de 2 ou 3 % de la hauteur. Avec des sondages placés à 1^m,50 ou 2 m. des parois, il n'est donc pas rare d'avoir des trous qui pénètrent dans la section à creuser. Lorsqu'on les rencontre, on y supprime la circulation de liquide réfrigérant, à condition que les sondages voisins soient assez rapprochés pour maintenir une épaisseur suffisante de terrain congelé.

110. Tubes de congélation. — Les trous de sonde sont poussés, si possible, sans tubage provisoire, au besoin en consolidant les parois par cimentation. Mais si on a dû y poser un tubage provisoire, on l'enlève avant d'introduire les tubes de congélation, destinés à la circulation du liquide réfrigérant. On ne peut en effet compter sur l'étanchéité des tubes ordinaires, malgré le soin apporté à les fermer à leur base par un bouchon de plomb ou de ciment ; en outre ils peuvent avoir subi des déchirements, par lesquels le liquide se perdrait dans les terrains.

Les tubes de congélation proprement dits sont en acier, d'un diamètre intérieur de 10 à 20 cm. Lorsque les sondages sont profonds et qu'il a fallu placer un ou deux tubages provisoires, leur section est plus faible au fond qu'au voisinage de la surface. On donnera donc aux tubes de congélation un diamètre plus réduit à la base qu'au sommet. C'est d'ailleurs là un avantage au point de vue de la congélation. En effet, le liquide est amené au fond par un tube intérieur et remonte dans l'espace annulaire ; si cet espace est plus faible à la base, la vitesse du courant y sera plus grande et le liquide perdra moins du froid qu'il apporte : la congélation en sera d'autant meilleure.

L'épaisseur des tubes est de 5 à 6 $^m/_m$. Quant au tube d'arrivée du liquide, il a 4 à 5 $^m/_m$ d'épaisseur, 30 à 40 $^m/_m$ de diamètre intérieur. A la base, il est ouvert (*fig. 210*). A la partie supérieure, il traverse la pièce de fermeture du haut du tube extérieur et se raccorde par le tube en plomb P et la vanne V, à la conduite A d'arrivée du liquide.

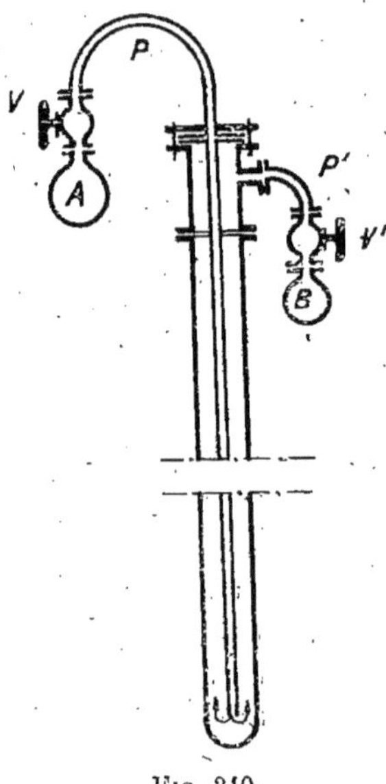

Fig. 210.
Tube de congélation.

Quant au tube extérieur, il se termine au sommet par une pièce portant une tubulure latérale en plomb P' conduisant à la vanne V' et à la conduite B d'évacuation du liquide.

Les conduites A et B sont annulaires et passent au sommet des différents sondages. Les tuyaux P et P' étant en plomb, il est facile de faire les raccordements.

Les assemblages des tronçons successifs des tubes congélateurs doivent être soignés, pour éviter les fuites. On adoptera donc l'assemblage par vis ou par manchons filetés.

L'inconvénient des pertes de liquide est double, sans parler des dépenses qu'elles entraînent. Tout d'abord, on risque de voir la vitesse du courant de liquide se ralentir et le refroidissement être moins énergique dans la partie de la couronne occupée par le sondage défectueux. Mais de plus, lorsque le liquide se répand dans les ter-

rains, il en empêche la congélation ; il se forme donc une zone mal
consolidée, ou même une interruption de l'anneau de glace, par
laquelle se produira une venue d'eau.

En dehors même des joints, le tube ne doit présenter aucun
point par lequel des suintements puissent se produire. Il convient
donc d'essayer tous les tubes à la presse hydraulique, à une pression
notablement supérieure à celle qu'ils auront à supporter une fois mis
en place. On ne se contente pas de ces essais à l'atelier. Chaque fois
qu'on a vissé un nouveau tube sur la colonne, on fait agir l'eau sous
pression dans cette dernière, et on vérifie qu'il n'y a aucune fuite.

Lorsqu'on aborde les grandes profondeurs, par exemple 400 ou
500 m., la colonne aura à supporter une pression d'au moins 40 ou
50 atmosphères ; il faudra l'essayer à 60 ou 70 atmosphères. Pour la
partie supérieure des sondages, on pourra se contenter de 15 ou
20 atmosphères.

Un autre risque d'accidents provient de l'action du liquide réfrigérant sur les tubes. Sous l'action du froid, le métal se contracte ;
la diminution de longueur qui en résulte peut être notable lorsqu'il
s'agit de sondages profonds, et de liquides à très basse température,
40 ou 45° par exemple. Si le tube n'est pas encore fixé au terrain, et
peut jouer dans le trou de sonde, cette contraction n'occasionne pas
de dégâts, mais il arrive le plus souvent que la congélation a soudé
les tubes au terrain en certains points avant que la contraction ne
soit totale. Il risque alors de se produire des déchirures, notamment
dans les joints. Pour les éviter, on disposera de distance en distance des *assemblages extensibles* permettant à deux tronçons successifs de coulisser d'une certaine longueur à l'intérieur l'un de l'autre ;
une sorte de presse étoupe assurera l'étanchéité de cet assemblage.

**111. Tubes congélateurs n'agissant qu'à une profondeur don-
née.** — Il est inutile de congeler la partie centrale du puits, dans
la partie supérieure, et on peut le plus souvent se borner à former
un plancher solide à la base du fonçage pour éviter l'irruption
d'eaux passant sous l'anneau protecteur, lorsque celui-ci ne repose
pas sur une assise imperméable.

Pour éviter que la congélation ne se produise sur toute la hauteur d'un tube, on dispose à la hauteur voulue au-dessus du fond
un bouchon B, traversé par le tube d'arrivée A qui descend jusqu'au
fond du tube congélateur. La partie supérieure du tube est remplie
de sciure de bois C ou d'une autre matière calorifuge (*fig. 211*).

Il faut dans ce cas placer un deuxième tube intérieur D pour
la remontée du liquide.

On peut supprimer le bouchon et maintenir le niveau du liquide en xy par de l'air comprimé. Cette dernière solution peut être appliquée dans un tube quelconque, après sa mise en place, à condition d'y introduire le second tube D. Elle permet de compléter la congélation au fond d'un sondage alors qu'elle est jugée suffisante sur le reste de la hauteur.

Inversement, si on veut activer la congélation à la partie supérieure d'un tube, on n'a qu'à retirer le tube intérieur de manière qu'il se termine au niveau voulu. Tout le liquide remplissant le fond du tube est mis ainsi en dehors de la circulation et n'agit plus sur les terrains dès qu'il s'est mis à leur température.

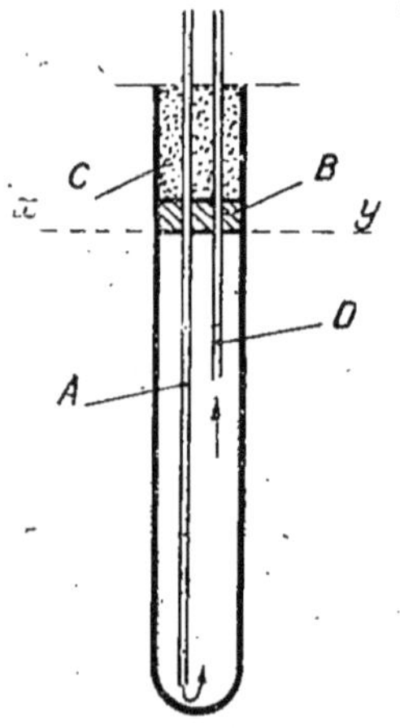

Fig. 211. — Tube de congélation n'agissant qu'à la partie inférieure.

§ 3. — Production du froid.

112. Principe de l'opération. — Le liquide réfrigérant qui circule dans les tubes congélateurs est amené à une température très basse par le froid que produit l'évaporation d'une solution dont le point d'ébullition est lui-même très bas. Cette évaporation enlève les calories nécessaires au liquide réfrigérant, qui s'est réchauffé pendant sa circulation dans les sondages, et le refroidit à nouveau.

Pratiquement, l'opération consiste à faire passer le liquide réfrigérant, avant de le renvoyer dans les tubes congélateurs, autour d'un serpentin où se fait l'évaporation du liquide producteur de froid.

Il y a donc deux courants distincts, formant chacun un cycle fermé (*fig. 212*) : le premier A est celui du liquide réfrigérant qui se charge d'un certain nombre de calories dans le terrain, sur le parcours abc, et les abandonne en df au contact du cycle B, parcouru

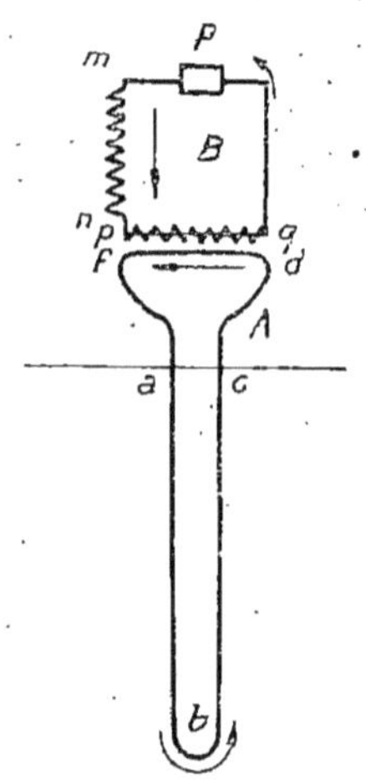

Fig. 212.
Schéma des échanges de température.

par le liquide producteur de froid. Ce dernier est comprimé à l'état gazeux par une pompe P, condensé ensuite dans un serpentin mn ou *condenseur* où il est débarrassé de la chaleur provenant de la compression, puis détendu dans le serpentin pq, où il s'évapore, et ramené ensuite à la pompe P pour y être recomprimé.

Il est possible de calculer exactement les quantités de chaleur mises en jeu dans ces opérations, et par conséquent le nombre de calories enlevées au terrain à congeler.

113. Liquide réfrigérant. — Comme liquide réfrigérant (cycle A), on a employé d'abord une solution à 25 °/₀ environ de *chlorure de calcium*, qui ne se congèle qu'à —40°. Après le passage autour du serpentin où se fait l'évaporation du liquide producteur de froid, sa température est généralement de —20° environ. Après sa circulation dans les sondages il s'est réchauffé de quelques degrés, 4 ou 5 par exemple. Ce réchauffement est d'autant plus sensible que la profondeur des sondages est plus grande et que la congélation du terrain est moins avancée. On peut régler l'intensité de ce refroidissement en agissant sur la vitesse de circulation du liquide autour du serpentin et sur celle de la machine frigorifique.

En fait, la circulation du liquide réfrigérant ne doit pas être trop rapide ; à la base des tubes au fond des sondages, on ne dépasse guère 1ᵐ,25 par seconde. On peut plus facilement agir sur la marche de la pompe qui commande le circuit producteur de froid. Il est à remarquer que pendant le creusement du puits, lorsqu'il ne s'agit plus que de maintenir congelés les terrains constituant l'anneau protecteur, on peut se contenter d'une température un peu moins basse pour le liquide réfrigérant — 16 à — 18° par exemple.

La solution de chlorure de calcium a un inconvénient : elle produit des dépôts dans les tubes congélateurs, et même des obstructions. Aussi préfère-t-on souvent le *chlorure de magnésium* à 25 °/₀ Mg. Cl², qui se solidifie à — 33°.

Enfin, si des températures très basses sont nécessaires, on peut employer l'*alcool*, qui ne se solidifie qu'à — 112°. Mais ce produit est beaucoup plus cher que les solutions salines, aussi est-il rarement utilisé.

La circulation du liquide réfrigérant est obtenue au moyen d'une pompe. Il passe d'abord dans une conduite annulaire au-dessus des divers sondages ; les tubes congélateurs sont tous reliés à cette conduite, et le liquide y descend par le tuyau central, pour remonter entre ce dernier et le tube extérieur. En revenant à la surface, il est recueilli par un deuxième collecteur annulaire qui l'amène au réfrigérant, puis à la pompe.

Les tubes congélateurs étant en parallèle, la température est la même dans chacun d'eux. Dans le tuyau de descente, la déperdition de chaleur est faible, car la vitesse du courant est assez grande, et les parois sont entourées du liquide qui remonte, presque à la même température. La solution arrive au fond presque avec sa température minima, ce qui est une condition favorable à la congélation des terrains.

114. Liquide producteur de froid. — Le liquide utilisé pour la production du froid est de *l'ammoniaque* ou de *l'acide carbonique*. Ainsi que nous l'avons vu, il est à l'état gazeux dans une partie du circuit, entre le moment où il s'évapore dans le serpentin placé au milieu du liquide réfrigérant, et celui où il passe dans le condenseur.

La fig. 213 montre schématiquement la suite des opérations.

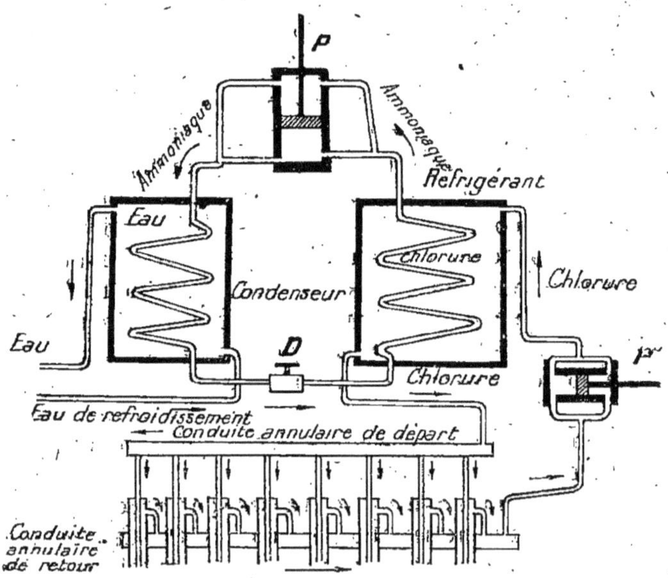

FIG. 213. — Schéma de la circulation des liquides.

Le gaz ammoniac arrive à la pompe P détendu, à un cinquième d'atmosphère par exemple, et refroidi à une vingtaine de degrés au-dessous de zéro. Il est comprimé à une dizaine d'atmosphères, ce qui a pour effet d'élever sa température à + 80° environ. Il est alors envoyé dans le *condenseur*, où il passe dans un serpentin placé dans un courant d'eau froide circulant en sens contraire. Le refroidissement peut également être réalisé par une pluie froide. A la sortie du condenseur l'ammoniaque n'est plus qu'à + 15° environ, et se trouve à l'état liquide, mais toujours à la même pression. Le liquide traverse alors le détendeur D, à orifice de sortie très étroit, qui le met brusquement en communication avec le serpentin de l'appareil réfrigérant, où la pompe P réduit la pression à $\frac{1}{5}$ ou $\frac{1}{4}$ d'atmosphère. Sous l'action de cette brusque détente, l'ammoniaque se volatilise et sa température tombe au-dessous de — 30°. Le serpentin baigne dans le courant de liquide réfrigérant, et lui emprunte les calories nécessaires à l'évaporation de l'ammoniaque. Le gaz revient à la pompe P et le même cycle recommence.

Pour éviter toute perte de chaleur par rayonnement, l'appareil réfrigérant est entouré de calorifuge.

Lorsqu'on emploie de l'acide carbonique au lieu d'ammoniaque, le fonctionnement de l'appareil producteur de froid reste le même, mais les pressions sont différentes = 70 à 80 atmosphères à la sortie de la pompe P et 8 à 10 atmosphères à l'entrée.

115. Comparaison de l'ammoniaque et de l'acide carbonique. — L'*ammoniaque* est plus facile à liquéfier, puisqu'à 15° il suffit de 7 atmosphères, ce qui permet de se contenter, dans la pratique, d'une dizaine d'atmosphères.

A la pression d'une atmosphère l'ébullition ne se produit qu'à — 17°. Grâce à la détente, on obtient facilement une température sensiblement plus basse, avec laquelle on peut amener le liquide réfrigérant à — 20° ou —22°.

L'ammoniaque est plus cher que l'acide carbonique, mais son odeur fait remarquer tout de suite les fuites. Par contre, elle a l'inconvénient d'agir sur l'huile de graissage ; on doit veiller à séparer l'huile dont l'ammoniaque s'est ainsi chargée, et qui risquerait de produire des obstructions. On intercale un séparateur d'huile entre la pompe et le condenseur.

L'*acide carbonique* exige des pressions beaucoup plus élevées, puisque vers 20° il ne se liquéfie que sous une soixantaine d'atmosphères ; en pratique il doit être comprimé par la pompe à 70 ou 80 atmosphères.

La pression dans l'appareil réfrigérant, ainsi qu'on l'a dit plus haut, est de 8 à 10 atmosphères. La température d'ébullition correspondante est de — 40° environ, ce qui permet de refroidir beaucoup plus énergiquement le liquide réfrigérant.

Une pression aussi élevée ne peut être obtenue en une seule fois, sinon l'élévation de température serait exagérée ; on opère donc une compression à deux échelons, avec refroidissement intermédiaire. Le gaz en sort avec une température de 80° ou 90°, et doit être ramené à 10 ou 15° au plus dans le condenseur.

Les pertes, à ces hautes pressions, sont plus fréquentes qu'avec l'ammoniaque, d'autant plus que l'acide carbonique n'a pas d'odeur. Il faut donc surveiller avec soin la marche de l'installation frigorifique, éviter les obstructions qui produiraient une détente des gaz, et s'assurer que les températures et les pressions sont bien conformes, en tous les points du circuit, à celles qui correspondent à une marche normale.

116. Circulation d'eau. — Si la quantité d'eau de refroidissement dont on dispose est limitée, il faudra établir un circuit fermé, avec une pompe de circulation et un réfrigérant pour abaisser la température de l'eau avant de la renvoyer dans le condenseur. Il faut cependant remplacer l'eau perdue par évaporation.

Si l'on est à proximité d'une rivière ou d'un canal, on bénéficiera d'une réserve d'eau fraîche, et on n'aura pas besoin de réfrigérant.

La consommation d'eau, pour un puits de 5^m,50 de diamètre intérieur, avec congélation sur une hauteur de 200 m., est d'une cinquantaine de mètres cubes à l'heure.

117. Calcul de la quantité de froid nécessaire. — Le calcul de la quantité de froid à produire pour congeler les terrains reste toujours assez approximatif, car on est obligé de faire un certain nombre d'hypothèses sur la proportion d'eau et de corps solides (sables ou roches) à refroidir. Les chaleurs spécifiques de ces éléments sont en effet différentes : 1 pour l'eau, 0,5 pour la glace, 0,2 pour les terrains. Il faut tenir compte du nombre de *frigories* absorbées par la congélation de l'eau (79 frigories pour un kilogramme d'eau à 0°).

Supposons que le terrain à congeler contienne par mètre cube 1.600 kg. de parties solides et 400 kg. d'eau (donc voisin de la saturation) et que sa température soit de + 15°.

Il faudra pour amener ce mètre cube de + 15° à — 10° =

Pour l'eau : $400 \times 15 + 400 \times 79 + 400 \times 0,5 \times 10 = 39.600$ frigories.

Pour le terrain : $1.600 \times 0,2 \times 25 = 8.000$ frigories.

Au total : 47.600 frigories.

Si l'on veut congeler par exemple un cylindre de 10 m. de diamètre et 100 m. de hauteur, il faudra : $7.850 \ m^3 \times 47.600 = 373.668.000$ frigories.

Mais il faut en réalité augmenter considérablement ce chiffre pour tenir compte des pertes par rayonnement ou par conductibilité. La principale est celle qui provient du refroidissement des terrains autour du cylindre à congeler. On devra donc augmenter d'au moins 75 %/₀ le nombre de frigories théoriquement calculé, et le porter à 660.000.000. Si les terrains contiennent des eaux salines, ce nombre peut même n'être pas suffisant.

Connaissant le chiffre global, on en déduira la quantité de frigories à produire par heure. Si l'on veut que la congélation soit achevée en 110 jours, la machine frigorifique devra fournir par jour $\dfrac{660.000.000}{110} = 6.000.000$ frigories, c'est-à-dire 250.000 à l'heure.

On ne peut se contenter d'une seule machine, qui risquerait de subir des arrêts. D'autre part, pendant la période de fonçage, il faut encore entretenir le refroidissement, mais il n'est plus nécessaire que de fournir un nombre de frigories beaucoup moindre, 100.000 par exemple.

On installera donc trois machines de 150.000, 100.000 et 100.000 frigories-heures, la première et l'une des secondes étant normalement en marche et la troisième en réserve. En cas d'avarie à la grosse machine, on produira encore 200.000 frigories à l'heure, c'est-à-dire que la congélation ne sera pas beaucoup plus lente. Pendant le fonçage, une des deux petites machines sera seule en service.

La force motrice nécessaire est d'environ 50 chevaux par 100.000 frigories-heures.

Aux grandes profondeurs, où la température des terrains atteint 35°, 40° ou même davantage, la quantité de frigories nécessaires augmente très sensiblement pour une même hauteur à congeler.

118. Calcul de l'épaisseur à donner à la muraille de glace. — Les calculs précédents supposent qu'on a eu à congeler un cylindre de 10 m. de diamètre.

En réalité, on a rarement besoin de solidifier entièrement le terrain, et on cherchera plutôt à constituer un anneau protecteur, d'épaisseur suffisante, dont la partie centrale pourra rester à une température voisine de 0° ; l'essentiel est d'avoir une muraille de glace assez épaisse autour de la section qu'occupera le puits.

Il est d'ailleurs à remarquer que si ce dernier n'a qu'un diamètre faible et que la muraille doit avoir une grande épaisseur; l'effet du refroidissement se fera sentir jusqu'au centre de la section et la congèlera. En effet, les pertes par conductibilité sont beaucoup plus fortes vers l'extérieur de la couronne de sondages, et la muraille de glace s'épaissit plus vite vers l'intérieur.

La détermination de l'épaisseur à congeler dépend de plusieurs facteurs, dont quelques-uns sont malheureusement mal connus : diamètre du puits, nature des terrains, profondeur, résistance à l'écrasement de la masse congelée.

Le calcul théorique est analogue à celui d'un cuvelage.

Si D est le diamètre de la section à creuser (*fig. 214*), E l'épaisseur de l'anneau de terrain congelé, R la résistance limite de ce dernier, P la pression,

$$\text{On a :} \qquad E = \frac{P \cdot D}{2 (R - P)}$$

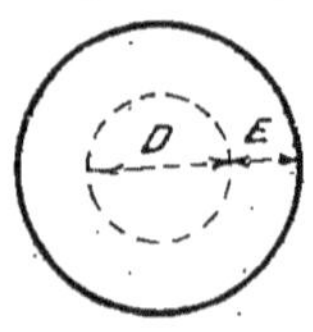

FIG. 214.

La pression P est égale à la profondeur en mètres (au-dessous du niveau hydrostatique) multipliée par le poids spécifique 1000 dans l'eau pure, par 1.700 dans les sables boulants (d'après les expériences citées dans le chapitre précédent).

Quant à la résistance limite R, elle est évidemment très variable suivant les cas, et impossible à déterminer autrement que par des expériences faites sur des mélanges analogues à ceux qu'on aura en réalité à congeler.

De telles expériences ont été poursuivies dans un grand nombre de mines lorsqu'on y a entrepris des fonçages par congélation.

Les résultats obtenus ont permis de formuler quelques règles générales :

Les sables quartzeux purs, saturés d'eau, présentent la résistance la plus élevée, qui augmente lorsque la température du bloc congelé s'abaisse. On évaluait cette résistance (par cm²) à 20 kg. environ à 0°, 110 ou 120 kg. à — 10°, 180 kg. à —20°.

Des essais récents, exécutés à Beeringen (1) semblent prouver que le sable congelé n'est pas cassant, mais au contraire franchement plastique. Sous l'effet de la pression, la muraille se déformera et refluera vers l'intérieur.

Signalons tout de suite qu'il en résulte plusieurs conséquences intéressantes : les tubes congélateurs, entraînés dans le mouvement, se déforment et se déchirent, laissant écouler la solution qui dissout la masse congelée ; d'autre part, dès que le cuvelage est placé, il est mis en pression, et non pas seulement au moment où on laisse le dégel se produire.

La résistance à la déformation croît d'ailleurs lorsque la température s'abaisse.

Pour obtenir la même déformation, il a fallu, à Beeringen, une pression par cm² de 40 kg. à — 10°, 60 kg. à —20°, 80 kg. à — 25°.

On peut dire que chaque degré d'abaissement de température permet une augmentation de la pression de 2 kg. par centimètre carré.

---

(1) Voir *Annales des Mines*, 11° série, tome IX, p. 5.

Le sable utilisé dans ces essais contenait, en poids 8 °/₀ d'argile, 65 °/₀ de sable quartzeux et 27 °/₀ d'eau (saturation). Avec du sable plus argileux, les résultats ont été plus favorables aux pressions de 40 — 50 kg. moins bons pour les fortes pressions (80 — 90 kg.).

Avec de la glace pure, la déformation est beaucoup plus rapide. L'*interprétation de ces essais* montre qu'on ne peut calculer l'épaisseur à donner à la muraille, comme on le ferait pour un cuvelage qui se déforme peu et se déchire lorsqu'on atteint la résistance limite.

Il faut faire un certain nombre d'essais, avec des épaisseurs congelées plus ou moins grandes, et des températures variables, pour rechercher quelles sont les déformations produites, et choisir l'épaisseur et la température de façon que les mouvements des parois soient assez lents pour qu'on puisse poser le cuvelage sans être obligé de recommencer l'élargissement de la section. Avec un refroidissement insuffisant la muraille congelée reste plastique. En employant une température suffisamment basse, et en congelant sur une épaisseur suffisante, on obtient un anneau protecteur qui ne bouge presque pas. Le problème consiste donc à trouver l'épaisseur et la température telles que cet anneau congelé joue pratiquement le rôle d'un cuvelage provisoire.

Il est important de noter que les déformations sont d'autant plus accusées et se produisent à des pressions d'autant moins élevées que la hauteur découverte est plus grande. Il est donc prudent de placer le cuvelage en descendant, si les pressions sont élevées.

C'est ainsi qu'à Beeringen, les essais ont prouvé qu'avec une épaisseur de muraille de 3ᵐ,80, une hauteur découverte de 1ᵐ,41 et un diamètre au creusement de 8 m. il fallait que le sable gelé ait une température qui ne s'élève pas au-dessus de — 20°. — Les déformations à prévoir, d'après les essais, étaient les suivantes (pression : 63 kg. par cm²) :

Température — 15°	Diminution du diamètre après 100 heures	.	1 m.
	Soulèvement du fond » » »	. .	923 ᵐ/ₘ
Température — 19°,5	Diminution du diamètre après 99 heures .	.	226 ᵐ/ₘ
	Soulèvement du fond » » »	. .	345 ᵐ/ₘ
Température — 26°	Diminution du diamètre après 100 heures .	.	53 ᵐ/ₘ
	Soulèvement du fond » » »	. .	64 ᵐ/ₘ

Il en résultait que la température de —15° était insuffisante, celle de —20° acceptable et que celle de — 25° donnait une sécurité complète.

119. Limite d'application du fonçage par congélation. — Ainsi qu'on le voit d'après les considérations ci-dessus, l'abaissement de température joue un rôle considérable dans la résistance du terrain congelé. Avec une température de —10° ou —15°, on arrive rapidement, dès que la profondeur, (et par conséquent la pression), augmente, à des déformations telles que le fonçage du puits devient impossible. Les mouvements des terrains tordent et rompent les tubes congélateurs, la muraille protectrice se dégèle et les eaux font irruption dans le chantier.

Au contraire, en abaissant suffisamment la température du liquide réfrigérant, pour maintenir la masse congelée à —20° ou —25°, on a pu aborder des profondeurs de plus de 600 m. En réduisant encore cette température, tout en augmentant l'épaisseur de la muraille congelée, on pourrait sans doute atteindre 800 ou 1.000 m.

Mais il peut se présenter des conditions spéciales, autres que l'accroissement de la profondeur, qui contrarient l'emploi de la congélation et obligent à y renoncer.

Tout d'abord, citons la difficulté, dans certains terrains, d'assurer la *verticalité des sondages*, ce qui risque, malgré l'emploi des basses températures, de rendre impossible la formation d'un mur assez épais sur tout son pourtour.

Ensuite, l'existence de *courants souterrains* dont la température est élevée si la profondeur est considérable, et qui ne sont immobilisés que si le froid est assez intense pour provoquer la formation d'un mur de glace dans les fissures où ils circulent.

Enfin, et c'est là le principal danger, la présence de solutions salines. Ces dernières ont un point de congélation d'autant plus bas que leur teneur en sels est plus élevée.

Avec du chlorure de sodium le point de congélation est de :

— 1°,52 pour 2 % de Na Cl,   — 3°,78 pour 5 %.   — 7°,44 pour 10 %,
— 14°,44 pour 20 %   — 19°,07 pour 27 %

Si l'on refroidit une solution de Na Cl, la glace pure se sépare de la solution restante qui s'enrichit peu à peu, jusqu'à la teneur de 27 %, où elle se solidifie complètement à — 19°,07 comme un liquide pur (point eutectique). Il faut donc arriver à cette température de. — 19° pour obtenir la congélation d'une masse imbibée d'eau salée.

La présence d'autres sels : Mg Cl, gypse, Ca Cl^2 abaisse encore la température du point eutectique.

Il est ainsi arrivé, dans le fonçage d'un puits du Hanovre qu'une petite venue d'eau très chargée en sels de potasse n'a pu être arrêtée malgré l'emploi d'un refroidissement à — 45°. Le puits a finalement été noyé et on a dû recourir à un autre procédé de fonçage.

§ 4. — APPLICATION DU PROCÉDÉ.

120. Marche de la congélation. — Un fois la machine frigorifique mise en marche et le courant de liquide réfrigérant établi dans les sondages, il faut surveiller le débit et la température du liquide à la sortie de chacun des sondages pour s'assurer qu'il n'y a pas d'obstruction ni de fuites. Si possible, on place des thermomètres dans des trous de sonde spéciaux forés dans les terrains, au voisinage des sondages de refroidissement. Si la congélation doit être réalisée à faible profondeur, on évite de provoquer la formation de courants d'eau par l'établissement d'un puits d'alimentation trop près du fonçage, ou par pompage dans ce dernier.

Si l'on s'aperçoit que la congélation est en retard dans l'un des tubes, on y augmente le débit de liquide réfrigérant.

La durée de la congélation a été évaluée d'après les calculs et les essais préliminaires ; elle dépend du volume à solidifier, et de la quantité de froid qui passe dans le terrain par 24 heures. Elle est parfois de quelques semaines seulement, et peut au contraire atteindre plusieurs mois. Il est difficile d'être sûr qu'aucun incident imprévu n'a empêché la congélation de se produire normalement, aussi la continuera-t-on plutôt pendant un temps un peu plus long que ne l'indiquent les calculs.

Au début du refroidissement, chaque sondage s'enveloppe d'un cylindre congelé, sur toute la hauteur (*fig. 215*). Ces cylindres augmentent régulièrement, et sont en général un peu plus larges à la base qu'au sommet, car le fond des tubes, où arrive le liquide réfrigérant, est un peu plus

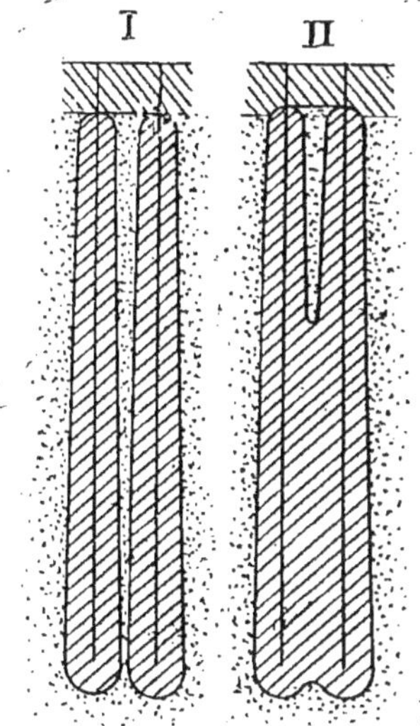

Fig. 215.
Formation de la masse congelée.

froid que la partie supérieure. Il y a seulement amincissement dans les derniers mètres par suite des pertes par rayonnement vers le bas.

Au bout de quelque temps, tous ces cylindres viennent se souder les uns aux autres et il se forme un anneau solide tout autour de l'emplacement du puits qui ne tarde pas, le plus souvent, à se fermer à la base. Il ne reste plus, dans la partie centrale, qu'un cône effilé encore libre ; on constate que le niveau hydrostatique y est un peu plus élevé, car la congélation y refoule les eaux.

Lorsque la muraille est ainsi formée, elle continue à augmenter, mais plus rapidement vers l'intérieur du puits, car les pertes sont bien moins sensibles. L'accroissement d'épaisseur vers le centre est d'environ 65 % plus rapide. Mais on n'attend pas, en général, que la partie centrale soit congelée jusqu'à la surface pour commencer le fonçage. On profite ainsi de sa moins grande dureté, et la muraille protectrice, à la partie supérieure, est suffisamment solide pour résister aux pressions, relativement faibles au voisinage de la surface.

121. Fonçage. — Le fonçage du puits ne présente pas de particularités spéciales, en dehors de certaines précautions dans l'emploi des explosifs. On évitera les charges trop fortes, et surtout les coups dirigés contre les parois. On peut employer des explosifs plus puissants que la poudre noire, mais on doit les choisir parmi ceux qui ne gèlent pas trop facilement, surtout lorsqu'on opère à très basse température. Les explosifs au nitrate d'ammoniaque sont donc indiqués.

L'avancement, dans les sables congelés, est analogue à celui qu'on peut réaliser dans des grès moyennement durs.

122. Pose du cuvelage. — Si les conditions de pression et de température sont telles que l'anneau protecteur travaille loin de sa résistance limite (c'est-à-dire du moment où les déformations deviennent très rapides), on pourra procéder au revêtement par longues reprises, comme dans des terrains solides. Le cuvelage (en bois, maçonnerie ou fonte) sera alors placé en montant, en partant d'une trousse picotée.

Au contraire, si les pressions sont très fortes et qu'on n'a pu employer de températures suffisamment basses, il ne faut découvrir le terrain que sur une faible hauteur. Le cuvelage (qui sera alors forcément en fonte), sera placé en descendant.

Ainsi que nous l'avons vu plus haut (n° 118), le cuvelage est en pression, dans ce cas, dès sa pose. Au contraire, si l'on a pu opérer par grandes reprises, dans un terrain sans mouvements sensibles, la pression ne se fera sentir franchement qu'au moment du dégel. Il peut alors être utile de ne laisser le ramollissement de la masse se faire que lentement, et même de laisser le puits se remplir d'eau pendant le dégel derrière le cuvelage.

L'exécution de maçonneries ou de bétonnages se fait souvent avec un mortier à l'eau salée, pour éviter que ce dernier ne gèle sans faire prise, ce qui provoquerait la séparation de l'eau et du mortier, et enlèverait toute solidité à l'ouvrage. Grâce à cette addition, le ciment et le béton font prise à basse température. Cependant, certains essais semblent prouver que le béton ordinaire à l'eau douce se conserve au froid sans perdre ses qualités. On peut donc l'employer pour le garnissage derrière le cuvelage. La prise se fera au moment du dégel.

123. Enlèvement des tubes congélateurs. — Lorsque le fonçage et le revêtement sont achevés, on cherche à retirer les tubes congélateurs, qui présentent une grande valeur. On n'attend pas que le dégel se soit complètement produit, car il dure souvent plusieurs mois.

.On préfère le provoquer autour des tubes en y envoyant un courant d'eau chaude à la place du liquide réfrigérant. On a parfois employé un courant de vapeur, mais ce procédé est inapplicable si les tubes sont trop longs et la température du terrain trop basse. Il se forme des condensations; l'eau qui se dépose gèle et bouche les tubes.

Les trous laissés dans le terrain sont bouchés avec du ciment. Cette précaution est essentielle, car la présence de ces vides, entourés de sables dégelés, provoquerait des mouvements de terrains qui rendraient, entre autres inconvénients, plus difficile l'enlèvement des tubes voisins. On a même proposé d'effectuer le cimentage en même temps que l'arrachement du tube, en dessoudant le base de celui-ci et en coulant un lait de ciment au fur et à mesure que l'on remonte le tube.

124. Exemples. — Pour bien faire comprendre l'application du procédé par congélation, nous citerons deux exemples, l'un déjà ancien (fonçage du puits n° 1 d'Auboué, mine de fer en Meurthe-et-Moselle) l'autre récent (fonçage du puits de Beeringen, en Campine belge).

A *Auboué* (1) le puits à foncer (1899-1900) avait un diamètre utile de 5 m., et une profondeur de 136^m,20, dont 126 m. environ furent faits par congélation, l'avant-puits mesurant 10^m,50.

Le diamètre de l'avant-puits était de 7^m,30 et celui du fonçage de 5^m,65.

La couronne de sondages pour la congélation avait 6^m,50, et comportait 20 sondages partant du fond de l'avant-puits. Il se produisit des déviations

---

(1) Voir *Annales des Mines*, 9e série, tome XVIII, page 379.

qui obligèrent à abandonner 7 de ces trous et à en foncer 11 nouveaux, répartis sur un cercle de 7 m. de diamètre. Enfin un trou fut foré au centre du puits, destiné à assurer la remontée des eaux refoulées par la dilatation de l'anneau congelé. Les tubes placés dans les sondages avaient 120 $^m/_m$ de diamètre extérieur et 5 $^m/_m$ d'épaisseur ; les tubes intérieurs, servant à la descente du liquide réfrigérant, avaient 42 $^m/_m$ de diamètre extérieur et 4 $^m/_m$ 1/2 d'épaisseur. Les deux machines frigorifiques à l'ammoniaque pouvaient produire chacune 79.250 frigories à l'heure. Le débit du liquide réfrigérant (chlorure de chaux) était de 36 mètres cubes à l'heure, soit 1500 litres pour chacun des 24 tubes utilisés. La vitesse du courant était dans ces derniers d'environ 50 centim. à la seconde.

La période de congélation fut de 100 jours. Le fonçage prit 216 jours (environ 60 centimètres par jour), la pose du cuvelage 47 jours, le muraillement du puisard 48 jours. En y ajoutant 53 jours d'arrêts causés par une rupture de tubes qui avait amené une venue d'eau, on arrive pour le fonçage complet à 364 jours, ou 464 avec la congélation, mais non compris le temps pris par les sondages.

Depuis cette époque, les profondeurs atteintes par les fonçages avec congélation ont dépassé à plusieurs reprises 400 m. La mise en exploitation du nouveau bassin de la Campine belge a donné l'occasion de réaliser de nouveaux progrès. Le houiller est en effet surmonté de morts-terrains aquifères sur plus de 600 m. de profondeur.

A *Beeringen* (1) il a fallu ainsi traverser 622 m. de stérile, dont 378 m. de sables boulants coupés de bancs d'argile et 244 m. de crétacé. La craie était aquifère de 378 à 480, avec sources jaillissantes; le niveau piézométrique des eaux étant de 13 m. plus élevé que le sol. De 480 à 608 elle était sèche, mais de 608 à 622 il y avait 14 m. de sables boulants aquifères.

On commença par foncer les 500 premiers mètres, en congelant le terrain, depuis la surface, jusqu'à cette profondeur. C'était déjà là un record, mais la partie la plus intéressante fut la traversée des sables boulants de 608 à 622, dans lesquels la pression à prévoir était de 63 atmosphères.

Le fonçage des 500 premiers mètres ne se fit pas sans de grandes difficultés, des ruptures de la muraille congelée se produisirent, dues à des défauts de verticalité des sondages et aux fausses idées anciennement admises sur la façon dont se comporte un anneau de terrains congelés. Avant d'attaquer le passage de l'assise inférieure de sables boulants on procéda à une série d'essais sur une réduction au 1/20 d'un puits placé dans les mêmes conditions. Ce sont ces

____

(1) Voir *Annales des Mines*, 11ᵉ série, tome IX, page 5.

essais qui ont permis de faire les constatations signalées plus haut. Ils amenèrent à conclure qu'il fallait congeler entièrement, en l'amenant jusqu'à — 25°, un tronc de cône ayant 17^m,30 de diamètre moyen dans les sables.

On donna à ce cône une hauteur de 55 m., de — 583 à — 638, les sables s'étendant de — 608 à — 622. Après évidemment de 8 m. de diamètre, il restait un anneau protecteur de 3^m,80 d'épaisseur au moins.

Le nombre de frigories nécessaires était de 477.500.000 environ, soit en 100 jours 199.391 frigories-heures.

De 572 à 580 le diamètre du puits fut porté de 6^m,60 à 10^m,50 et ce diamètre fut maintenu entre 580 et 583, pour constituer une vaste chambre maçonnée destinée au montage des canalisations d'arrivée et de sortie du liquide réfrigérant à la tête des sondages.

Les sondages furent disposés en trois couronnes concentriques, de 5 m., 10 m, et 15 m. de diamètre moyen dans les sables, comportant respectivement 10, 20 et 30 sondages, soit 60 au total. La tête de ces sondages était à 583 m., et ils allaient en divergeant en profondeur.

Pour y arriver, le creusement fut repris à 8^m,80 à 584 m. et élargi jusqu'à 10 m. à 588^m,50, en laissant un tronc de cône central. Dans l'espace annulaire furent placés 60 tubes guides destinés à donner la direction aux sondages, engagés à la base dans une potelle cimentée ; à l'intérieur on engageait un second tube-guide poussé jusqu'à 604 m.

Un 61e sondage vertical était placé au centre du puits pour l'évacuation des eaux de la partie centrale, au moment de la congélation, et pour l'observation des températures.

Les sondages de la couronne médiane furent poussés jusqu'à 638 m., ceux des couronnes intérieure et extérieure pénétraient seulement de quelques mètres dans le houiller, car il était inutile d'avoir un anneau protecteur épais au-dessous des sables boulants.

Ils furent forés au trépan à travers les sables et les 8 premiers mètres de houiller, c'est-à-dire jusqu'à 630 m., puis à la couronne de diamant de 630 à 638 m. Les machines de sondage étaient au jour et leur mouvement communiqué aux tiges de sonde par 3 colonnes d'équilibre descendant à l'intérieur du puits.

Les tubes-congélateurs furent placés dans les trous, et exactement centrés, avec des presse-étoupes formant joints entre ces tubes congélateurs et les tubes guides. La pose de ces presses-étoupes exigea la formation d'un joint provisoire par la congélation, sur un mètre de hauteur, de l'eau contenue entre les deux tubes.

La couronne intérieure de sondages était à l'intérieur de la section à creuser et a cessé par conséquent, pendant le fonçage, de contribuer au refroidissement.

Le froid fut mis sur le puits n° 1 le 5 mars 1919. Le 31 mars l'observation du sondage central permettait de constater la fermeture du mur de glace. Le 7 avril la masse était complètement prise.

Des mouvements des marnes au-dessus des sables, dûs à la congélation, amenèrent des ruptures de tubes dans les sondages, et il fallut poser des tubes congélateurs de secours. Le creusement, commencé le 16 juin, atteignit le houiller le 26 octobre.

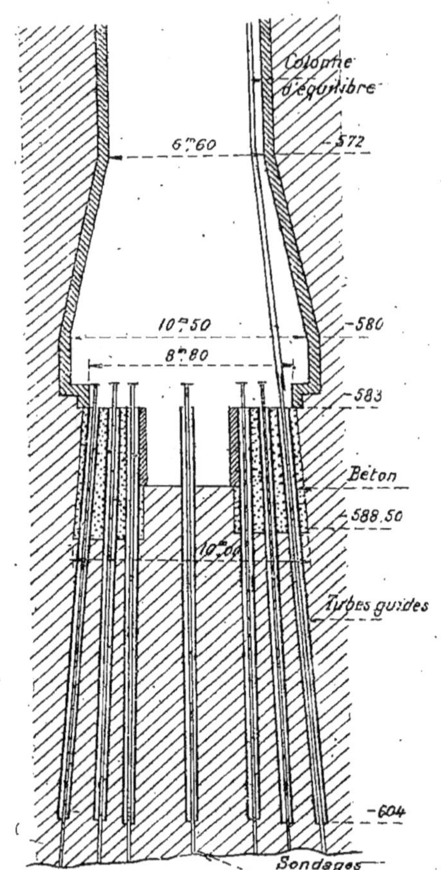

Fig. 216. — Schéma de l'installation entre 572 et 604.

Le cuvelage a été placé en descendant, par panneaux de 1 m. de hauteur, en cimentant immédiatement derrière les anneaux. Ce revêtement est double dans les sables boulants. Le cuvelage extérieur, épais de 120 $^m/_m$, va de — 603 à — 631. Le cuvelage intérieur, épais de 150 $^m/_m$, de — 644 à —593 a pu être placé en montant.

Ce fonçage, un des plus remarquables qui aient été réalisés par congélation, a eu à surmonter de nombreuses difficultés, prévues ou imprévues, mais il est fertile en enseignements sur les conditions d'emploi du procédé aux grandes profondeurs.

125. Procédés par reprises successives. — Le système adopté à Beeringen comportait en somme deux reprises successives de congélation, l'une de 0 à 500 m.

de profondeur, l'autre 583 à 638. Mais on était, à 593, dans des marnes imperméables. Divers procédés ont été inventés, antérieurement. pour opérer par reprises successives dans une masse de sables de plusieurs centaines de mètres de hauteur. Le succès de la congélation, sur 500 m. en une fois, prouve que l'on n'aura que rarement à recourir à ces procédés. Toutefois il peut être intéressant de les signaler, bien qu'ils n'aient pas encore fait leurs preuves.

Dans le système proposé par *Unger* (*fig. 217*) une fois arrivé à 200 m. de profondeur, grâce à une première congélation assurée par les sondages A, on place à la base du cuvelage C un faux fond B destiné à se protéger contre une venue d'eau. Ce faux fond porte, au voisinage des parois, des trous verticaux par lesquels on fait passer une nouvelle couronne de tubes congélateurs D, destinés à congeler

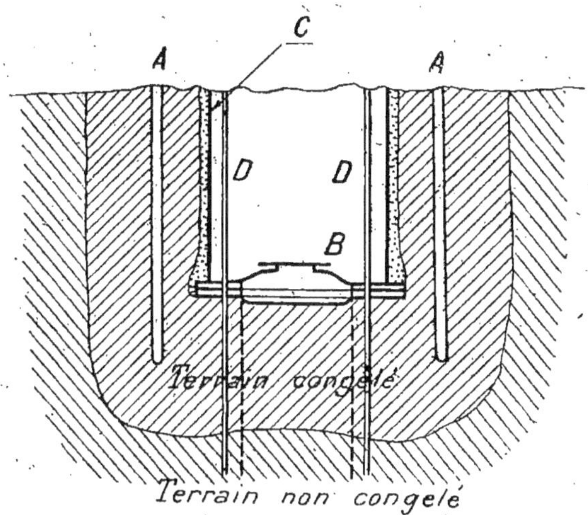

Fig. 217. — Procédé Unger.

le terrain sur une nouvelle tranche de 200 m. On reprend ensuite le fonçage, mais le diamètre du puits, à chaque reprise est sensiblement diminué, ce qui est un sérieux inconvénient.

Pour y remédier en partie, on a proposé de loger la colonne de tubes D derrière le cuvelage, dans le bétonnage, qui doit alors être plus épais. Ce système réduit moins le diamètre, mais il oblige à augmenter l'épaisseur de l'anneau de glace si on ne veut pas l'affaiblir et il n'est pas certain que les tubes ainsi noyés dans le béton ne subiraient pas des déformations et des ruptures impossibles à réparer.

Une dernière solution consiste à fermer le fonds du puits par une couche de ciment dans laquelle sont noyés des tubes-guides, placés obliquement ; à travers ces tubes, on fore les sondages pour la reprise suivante et on y place les tubes congélateurs. Ce procédé, qui a été mis en pratique en Westphalie pour passer d'un fonçage ordinaire à un fonçage par congélation, évite la diminution de diamètre du puits, car les premiers mètres au-dessous du fond provisoire peuvent être rapidement élargis, après le creusement de la partie inférieure au diamètre normal, avant que la muraille de glace ne soit dégelée.

Il n'est pas sans rapports avec celui qui a été appliqué à Beeringen.

126. Procédé Schmidt. — Pour obtenir de très basses températures, on a cherché à faire la vaporisation directe de l'acide carbonique ou de l'ammoniaque dans les tubes congélateurs eux-mêmes. Mais les premiers essais n'ont pas réussi, car la détente se produisait dès l'entrée dans les tubes et les vapeurs dont la vitesse est ralentie n'entrainent pas de particules liquides. Or l'échange de températures, avec des vapeurs sèches, se fait très mal et les terrains se congèlent difficilement.

M. Schmidt (1) a proposé de grouper en série 4 ou 5 tubes congélateurs, au lieu de disposer en parallèle les courants qui les parcourent. La vitesse des vapeurs serait ainsi suffisamment augmentée pour qu'il y ait entraînement de particules liquides. Le refroidissement serait beaucoup plus intense qu'avec les vapeurs sèches. La vitesse la plus favorable serait de 1 à 3 m. par seconde pour l'acide carbonique, 10 à 15 m. pour l'ammoniaque, à la sortie des tubes congélateurs.

En fait, l'emploi de solutions salines, avec des machines frigorifiques bien conçues permet d'arriver à des températures suffisamment basses.

§ 5. — Résultats obtenus avec le procédé par congélation.

127. Avancements. — Pour évaluer la vitesse moyenne d'avancement avec le procédé par congélation, il faut additionner les temps pris par l'ensemble des opérations : sondages, congélation, fonçage et revêtement du puits. La durée, absolue et relative, de chacune de ces phases du travail est très différente suivant les conditions locales.

On peut naturellement forer simultanément deux ou trois sondages, mais le nombre de ces derniers augmente avec le diamètre du puits ainsi qu'avec la profondeur, qui oblige à constituer une muraille plus épaisse. Le temps consacré à l'ensemble des sondages n'augmenterait pas proportionnellement avec la profondeur, si leur nombre restait constant, car on peut compter, en général, sur le forage de 15 à 20 m. par 24 heures pour chaque sondage, et ce sont les arrêts qui absorbent souvent une bonne partie du temps total. Mais comme le nombre des sondages augmente, il faut compter au moins deux fois plus de temps pour l'exécution des sondages et la pose des tubes congélateurs lorsque la profondeur est double.

---

(1) Voir la *Revue Noire*, 31 décembre 1905.

En fait, pour un puits de 5 m. de diamètre utile, il faut compter au moins 4 mois pour une profondeur de 200 m. et 10 mois pour 400 m.

La durée de la congélation dépend de la nature des terrains et de la puissance des installations frigorifiques. On peut l'évaluer à 2 ou 3 mois pour des profondeurs de 200 — 400 m. On cherche en général à renforcer suffisamment les machines frigorifiques pour gagner du temps.

La durée du fonçage proprement dit et de la pose du cuvelage croissent à peu près proportionnellement avec la profondeur = 20 à 25 m. par mois.

En tenant compte de tous les travaux, on peut dire que la vitesse moyenne est d'une dizaine de mètres par mois. Elle s'est améliorée avec les progrès des installations, puisqu'on ne comptait guère que 6 — 8 m. par mois vers 1900, et qu'on estime actuellement qu'on doit pouvoir atteindre 12 ou 13 m.

D'après les résultats obtenus dans le Limbourg hollandais, M. Stegemann, d'Aix-la-Chapelle, évaluait en 1912, comme suit, les avancements réalisables dans les terrains analogues à ceux du bassin hollandais.

Profondeur	100^m	200^m	300^m	400^m
Diamètre utile	4^m,5	5^m	5^m,5	6^m
Diamètre à congeler . .	6^m,5	8^m	10^m	12^m
Nombre de sondages . .	25	33	44	54
Longueur totale des sondages.	2,750^m	6.930^m	13.640^m	22.140^m
Temps nécessaire pour les sondages . . .	1 mois 1/2	4 mois	7 mois	12 mois
Puissance frigorifique de l'installation . . .	250.000 frig.	500.000 fr.	750.000 fr.	1.000.000 fr.
Temps nécessaire à la congélation. . . .	1 mois 1/2	2 mois	2 mois 1/2	3 mois
Fonçage et pose du cuvelage	6 mois	10 mois	15 mois	20 mois
Durée totale.	9 mois	16 mois	24 mois 1/2	35 mois
Avancement moyen par mois	12^m,2	13^m,1	12^m,7	11^m,7

128. Prix de revient. — Le prix de revient du fonçage par congélation a considérablement augmenté, comme celui de tous les autres travaux, depuis 1914. Les moyennes résultant des chiffres d'avant la guerre n'ont donc plus qu'une valeur relative ; elles seraient actuellement beaucoup plus élevés. Le prix de revient par mètre courant augmente rapidement avec la profondeur. En 1912, on l'évaluait, dans les conditions données dans le tableau ci-dessus, aux chiffres suivants :

Profondeur 100ᵐ	Diamètre utile des puits 4ᵐ,50	Prix par mètre 3.000ᶠ
— 200	— — 5 ,00	— 4.000
— 300	— — 5 ,50	— 5.700
— 400	— — 6 ,00	— 7.500

Mais la proportion des divers éléments qui composent ce prix moyen est variable :

Ainsi si l'on passe de 100 m. (puits de 4ᵐ,50) à 400 m. (puits de 6ᵐ,00), on trouve :

	100ᵐ	400ᵐ
Installation de forage	10 %	1,5 %
Exécution des sondages	28	43
Installation frigorifique	7	2,5
Congélation	7	6
Fonçage et cuvelage	48	47
	100	100

Dans des terrains différents de ceux du bassin hollandais, on obtient une répartition des dépenses toute autre. L'exécution des sondages jouera souvent un rôle moins important, tandis que la congélation (installation et refroidissement) reviendra plus cher. En valeur absolue, les chiffres de 3.000 à 7.500 cités ci-dessus étaient très en dessous de ceux généralement admis en 1912, à plus forte raison sur ceux qui seraient obtenus actuellement.

129. Résumé. — En congelant, par un refroidissement énergique, les terrains aquifères que doit traverser un puits en fonçage, on peut effectuer le creusement à niveau vide, et poser le cuvelage pièce par pièce, au lieu d'être obligé de recourir aux procédés souvent délicats du fonçage à niveau plein.

Pour obtenir cette congélation, on fore un certain nombre de trous de sonde, disposés suivant une couronne de diamètre supérieur à celui du puits et on y fait circuler un liquide à très basse température. Il se forme un cylindre de glace, au centre duquel on fait le fonçage, sous la protection d'un anneau de terrain solide qui joue le rôle d'un cuvelage provisoire.

Dans certains cas on a dû installer plusieurs couronnes concentriques de tubes congélateurs. Dans l'exécution des sondages, il faut veiller tout particulièrement à leur verticalité pour éviter l'existence de points faibles dans la muraille congelée. Au besoin on fore des trous supplémentaires pour remplacer ceux qui ont subi des déviations exagérées.

Les tubes congélateurs sont en acier, de 100 à 200 ᵐ/ₘ de diamètre, et leurs joints doivent être tout à fait étanches. Ils sont fermés à la base et contiennent un second tube de 30 à 40 ᵐ/ₘ de diamètre, par lequel le liquide descend jusqu'au bas pour remonter ensuite dans l'espace annulaire entre les deux tubes.

A la partie supérieure, deux conduites annulaires de départ et de retour du liquide passent au-dessus des sondages, de façon que le courant se partage également entre ces derniers.

La rupture d'un tube congélateur dans le terrain est un accident assez fréquent ; le liquide se mélange alors au terrain et en empêche la congélation.

Comme liquide réfrigérant, on emploie des solutions salines, au chlorure de calcium ou au chlorure de magnésium, dont le point de congélation est suffisamment bas. On les fait passer autour d'un serpentin dans lequel circule de l'acide carbonique ou de l'ammoniac gazeux à très basse température. On arrive ainsi à donner à la solution une température de — 20° ou — 25°. Pour les fonçages à grandes profondeurs ou dans des terrains contenant des eaux salines difficiles à congeler, on a recours à des solutions incongelables à — 40° ou — 45°.

Le mode de refroidissement du liquide est indépendant du principe même de la méthode. En fait on utilise surtout la détente brusque de l'ammoniaque ou de l'acide carbonique, préalablement comprimés puis liquéfiés dans un condenseur avant de passer au détendeur.

Après avoir refroidi la solution saline les gaz, retournent au compresseur ; on a donc un cycle fermé pour le producteur de froid comme pour le liquide réfrigérant.

Nous avons dit que l'anneau de terrain congelé jouait le rôle d'un cuvelage provisoire. On calcule souvent l'épaisseur à lui donner par la même méthode que pour un cuvelage en maçonnerie, en tablant sur une résistance limite théorique de 110 à 120 kg. par centimètre carré pour cet anneau. En réalité, ce dernier ne se comporte pas comme une maçonnerie. Le sable congelé a une résistance d'autant plus grande que sa température est plus basse, mais il reste plastique. Lorsque les pressions sont faibles, et la température suffisamment basse, les déformations sont insignifiantes ; au contraire, sous une forte pression, l'anneau protecteur se déforme et la section libre se réduit. Plus les pressions sont fortes, plus il faut que la température soit basse pour que les mouvements puissent être considérés comme négligeables pendant la durée du creusement et du revêtement du puits. A très grandes profondeurs, on ne peut découvrir les parois que sur une faible hauteur et il faut poser le cuvelage en descendant.

On devra donc, au moins lorsqu'on opère en présence de fortes pressions, amener la masse à une température très basse. A Beeringen pour un diamètre de creusement de 8 m., à plus de 600 m. de profondeur, il a fallu descendre à — 25°.

Le procédé de fonçage par congélation a déjà permis d'atteindre, à niveau vide, et en présence de venues d'eau importantes, des profondeurs considérables. Le principal obstacle qui puisse le mettre en échec est la présence d'eaux salines, qui ne se congèlent qu'à très basse température.

La vitesse d'avancement réalisable est de 8 à 12 m. par mois, tous travaux compris : forage des sondages, congélation, creusement et pose du revêtement. Les travaux de préparation, avant le commencement du fonçage proprement dit, absorbent un tiers du temps total, parfois même la moitié.

CHAPITRE VII

FONÇAGE DES PUITS PAR CIMENTATION

§ 1. — PRINCIPE DU PROCÉDÉ.

130. Historique. — On a vu, au chapitre V, une première application des injections de ciment dans un terrain fissuré, pour obstruer les vides et aveugler les venues d'eau. Il ne s'agissait, dans cette opération, réalisée en 1899 par M. Portier, ingénieur aux mines de Béthune, que de réparer un cuvelage qui menaçait ruine. Les applications de ce procédé dans les autres mines éveillèrent bientôt l'idée de se servir de ces injections dans les terrains aquifères pour faciliter le fonçage des puits à niveau vide.

Dès 1904, la Compagnie de Béthune l'appliquait au fonçage de nouveaux puits ; depuis cette date, le procédé s'est généralisé, aussi bien en France qu'à l'étranger, tantôt pour arrêter des venues d'eau qui menaçaient de compromettre le creusement d'un puits opéré par un des procédés à niveau vide, tantôt pour constituer une masse solide, sur toute la hauteur des terrains aquifères, avant d'en aborder le creusement.

Le procédé est encore assez nouveau, malgré ses nombreuses applications, pour qu'il reste encore des perfectionnements à y apporter, notamment pour le fonçage dans les sables boulants, mais il s'est substitué, dans bien des cas, au procédé par congélation.

131. Principe de la cimentation. — Si l'on fore, autour de l'emplacement d'un puits à foncer (*fig. 218*), un certain nombre de sondages A,B,C.....H, et que dans chacun d'eux on injecte un lait de ciment sous pression, ce lait de ciment s'écoulera dans les fissures que les sondages ont recoupées ; la vitesse du courant du mélange diminuant à mesure qu'il s'éloigne du sondage, le ciment, au bout d'un certain temps, se séparera de l'eau et se déposera. Peu à peu, les fissures se boucheront et il se formera autour de chaque sondage une masse imperméable.

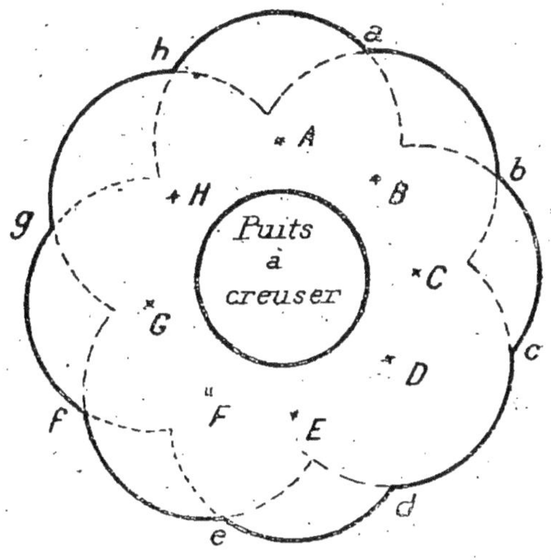

Fig. 218. — Principe de la cimentation.

La forme et l'étendue de la section ainsi transformée en une sorte de monolithe variera d'après l'importance des cassures et leur direction. Si on suppose les fissures régulièrement réparties, et peu inclinées, on aura autour de chaque sondage un cylindre. Ces cylindres se rejoindront et finalement la masse consolidée et rendue étanche aura le contour extérieur figuré en *abcdefgh*. Lorsqu'on y foncera le puits, celui-ci sera protégé contre la nappe aquifère par une muraille de contour irrégulier, qui empêchera les venues d'eau si toutes les fissures ont été obstruées et si les bouchons ainsi formés par le dépôt du ciment sont assez solides pour résister à la pression de la colonne d'eau et aux mouvements des terrains.

Cet anneau protecteur a, sur celui qui est formé de terrain congelé, le grand avantage d'être durable et de former un véritable cuvelage.

La formation d'une telle muraille dépend donc d'une part de la nature des terrains, et d'autre part de la façon dont le ciment s'est déposé.

132. Terrains auxquels peut s'appliquer la cimentation. — Les terrains qui se prêtent le mieux à la cimentation sont les roches solides et fissurées, dans lesquelles le lait de ciment peut circuler et former des dépôts qui s'épaississent peu à peu jusqu'au moment où le ciment fait prise. Les roches elles-mêmes étant imperméables, l'ensemble ne laissera plus passer les eaux.

Il en est de même des roches ébouleuses, non argileuses, à grain grossier, qui laissent passer l'eau sans que celle-ci entraîne en bloc les éléments qui les composent.

Par contre, les sables boulants, qui sont entraînés par le courant d'eau chargée de ciment sont très difficiles à consolider. Sous la pression du courant d'injection, les sables sont refoulés. Il se déposera du ciment sur les parois du sondage, ou des vides ainsi créés ; les eaux, débarrassées du ciment par leur filtration dans les sables, se frayeront un chemin, jusqu'au moment où le revêtement de ciment les empêchera de pénétrer dans la masse. La circulation s'arrêtera alors, mais il n'y aura plus de colmatage, et la couronne solide, autour du puits ne se constituera pas. La distribution se fait d'ailleurs très irrégulièrement dans ce terrain.

Nous verrons par quels procédés ingénieux on est arrivé à parer à cette difficulté, et à réussir, au moins dans certains cas, des cimentations dans les sables.

La présence de terres argileuses est également un obstacle à l'application du système. Elles sont entraînées par le courant et forment des bouchons imperméables, lorsqu'on n'a pas utilisé pour l'injection une pression suffisamment élevée.

133. Processus de prise d'un ciment. — Le ciment est formé d'éléments alumineux et silico-calcaires ; dans le lait injecté, ces éléments sont hydratés, et entraînés par le courant d'eau. Au moment de la prise, il y a cristallisation des divers éléments entre eux, en présence d'un excès d'eau. Lorsque ce dernier est faible et que le mélange n'est pas trop agité, la cristallisation se fait dans les meilleures conditions, et le ciment, après sa prise, présente une grande dureté. Au contraire, s'il y a trop d'eau, et que de plus le mélange est brassé par sa circulation dans les sondages, la cristallisation est contrariée, et le ciment est moins dur. Il peut même se produire des séparations entre les éléments, une sorte de classement par densité qui modifie la constitution du lait primitif.

En effet, le mécanisme du dépôt dans les fissures est le suivant : les grains de ciment les plus gros se déposent les premiers et forment un bouchon, à travers lequel les eaux peuvent encore filtrer ; derrière ce barrage le ciment s'accumule, et pour éviter un arrêt de la circulation, il faut augmenter la pression jusqu'au moment où l'eau ne peut plus se frayer un passage. Le ciment qui n'a pas encore fait prise, mais qui refoule les eaux, forme sur une grande épaisseur un barrage qui ne contient que son eau d'hydratation ; sa cristallisation se produira dans des conditions bien plus satisfaisantes que ne le fait un mélange contenant un grand excès d'eau, immobilisé par défaut de pression derrière un mince barrage de ciment débarrassé de l'eau.

§ 2. — DESCRIPTION DU PROCÉDÉ.

134. Disposition des sondages. — Les sondages sont disposés suivant une couronne concentrique à la section à creuser, mais d'un diamètre supérieur : 8 m. par exemple pour un puits de 5 m., 7 m. pour un puits de 4 m.

Le nombre des sondages sera plus faible qu'avec le procédé par congélation. On se contente souvent de 8 ou 10 pour une couronne de 8 m. de rayon. Il est difficile de fixer *à priori* le nombre nécessaire, car l'étendue de la cimentation autour d'un sondage varie considérablement avec la nature des terrains.

La partie supérieure de ces sondages doit être tubée et rendue bien étanche, car l'injection doit se faire sous pression, ce qui oblige à fermer la tête des sondages. On peut par exemple disposer un tube T, long de 5-6 m. (*fig. 219*), soigneusement relié au terrain par un garnissage en béton.

On ne risque pas, grâce à ce dispositif, de voir le lait de ciment, sous l'effet de la pression, ressortir du trou de sonde en traversant le terrain.

On fore ensuite le trou S, qu'on pousse jusqu'au niveau voulu, et qu'on évite de tuber dans le terrain

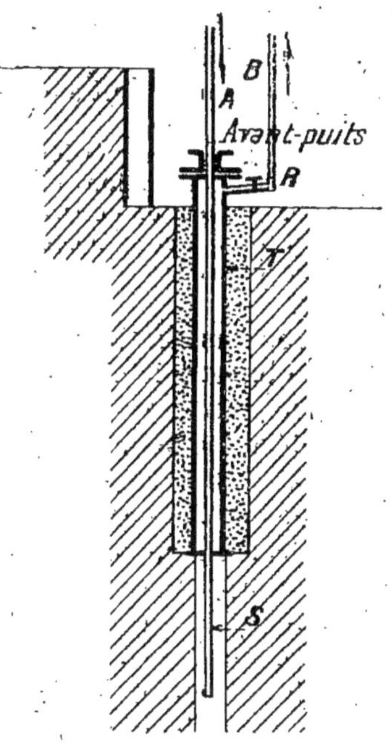

FIG. 219. — Tête d'un sondage.

aquifère pour ne pas gêner la pénétration du lait de ciment.

Lorsque les assises à cimenter sont très voisines de la surface, on risque de voir le ciment remonter jusqu'au jour à travers les terrains, dès qu'on veut élever la pression d'injection. Il peut alors être utile de constituer, par une cimentation préalable des terrains, une sorte de plancher étanche, assez épais pour résister à ces fuites. Lorsque les injections ne commencent qu'à une profondeur notable, ou sous des assises imperméables, ce danger n'est plus à redouter.

Les sondages peuvent être exécutés par un procédé quelconque, mais il faut prendre des précautions, lorsqu'on est en terrain argileux, pour éviter la formation de boues argileuses et leur refoulement dans les fissures. Ces boues risqueraient en effet de gêner la pénétration du ciment.

On évite donc de créer une surpression de l'eau dans le trou, lorsqu'on opère au trépan ; avec le forage à la couronne de diamants avec remontée des débris par courant d'eau, on n'exagère pas la pression indispensable pour produire l'entraînement des boues.

Avant de procéder au cimentage, on lessive les sondages. Le mieux est d'évacuer les eaux boueuses par aspiration ; en tous cas, on termine par une injection prolongée d'eau claire, pour chasser les boues qui pourraient encore rester, et pour nettoyer les fissures.

Par contre si la pression des eaux dans les terrains est telle qu'il y ait naturellement formation d'un courant vers le trou de sonde avec jaillissement à la surface. on ne risque pas de voir les boues pénétrer dans les fissures, et il n'y a pas d'inconvénient à employer le sondage par rotation. De même si les assises à traverser ne sont pas argileuses.

135. Installations pour la cimentation. — En général, on se borne à injecter le mélange dans le trou lui-même. Le courant s'établit sans remontée de l'excès de ciment, jusqu'au moment où, malgré l'élévation de la pression, le trou refuse d'absorber. L'installation d'un tube d'amenée A descendant jusqu'au fond du trou et d'un branchement de sortie B (*fig. 219*) permet de continuer à faire passer un courant même lorsque les fissures sont presque obstruées et que l'absorption est presque nulle. Pour cela, le robinet R placé sur la conduite de sortie reste fermé tant que le sondage absorbe bien ; mais lorsque l'absorption devient trop lente, on ouvre progressivement le robinet et le lait de ciment continue à descendre. On améliore ainsi la fin de la cimentation.

Pour les injections à faible pression, il suffit de faire le mélange d'eau et de ciment en brassant ce dernier dans un bac, et en le laissant s'écouler dans les sondages grâce à la pression provenant de la différence du niveau entre la tête du sondage et le plan d'eau dans les terrains. Mais si celle-ci est insuffisante, ou si l'on veut exercer une plus forte pression, il faut installer une pompe pour refouler le liquide ; on choisira un appareil robuste, dont les soupapes puissent supporter l'usure produite par les grains de ciment, et ne risquent pas de s'obstruer. Les soupapes à boulets en acier et siège en bronze donnent de bons résultats à cet égard.

Au fonçage du puits *Edouard-Agache* des mines d'Anzin (1), on a préféré installer une pompe comprimant de l'eau claire, et on faisait passer cette dernière dans un sas où elle entraînait un coulis de ciment préparé séparement. Ce mélange descendait au fond des sondages par un tube de 100 $^m/_m$ de diamètre et 2 $^m/_m$ d'épaisseur percé, de distance en distance, de fenêtres pour assurer la distribution du coulis lorsque les orifices inférieurs sont obstrués.

Le dosage et la préparation du lait de ciment ont une grande importance si l'on veut conduire le travail d'une façon méthodique. On se borne parfois à vider les sacs de ciment dans un courant d'eau en indiquant aux ouvriers le temps qui doit être employé à la vidange d'un sac ; mais on est à la merci d'une négligence et le dosage varie constamment, même si le temps total employé pour un sac dans l'eau est bien celui qu'on avait fixé. Mieux vaut disposer deux bacs, dans l'un desquels on fera le dosage aux proportions voulues pendant que l'autre se videra. Un brassage constant du coulis ainsi préparé empêchera le ciment de se déposer au fond du bac.

136. Ciment. — Le ciment employé doit être moulu très fin. On se sert en général de ciment Portland, qui ne fasse pas prise trop rapidement, afin que l'absorption par les terrains puisse continuer assez longtemps.

Par exemple un ciment finement bluté ne laissant aucun résidu sur tamis de 324 mailles par cm², seulement 1,2 °/₀ sur le tamis à 900 mailles et 16 °/₀ sur le tamis à 450 mailles donnera un mélange homogène et qui n'aura que peu de tendance à se classer par grosseur et par densité.

La proportion d'eau et de ciment dans le coulis varie suivant les terrains. Si les cassures sont larges, on emploie pour commencer un lait très épais, à 30 ou 40 °/₀ de ciment, au besoin même à 50 °/₀. Lorsqu'on ne se trouve plus en présence que de fissures minces, ou pour achever la cimentation, on baisse peu à peu la proportion jusqu'à 10 °/₀, 5 °/₀ et moins encore. Avec un lait très clair, et de très hautes pressions, on arrive ainsi à colmater des fentes presque capillaires.

137. Pression d'injection. — Au début de l'injection, lorsque les fissures sont encore largement ouvertes, il suffit que la pression soit supérieure à celle des eaux dans le terrain. On peut donc souvent commencer sans pompe, lorsque la tête de la canalisation est au-dessus du niveau hydrostatique.

---

(1) Voir *Annales des Mines*, 10ᵉ série, tome XIII, page 347.

Pour achever la cimentation, lorsque les dépôts déjà constitués forment résistance au passage du courant, et pour faire passer le lait dans les fentes très fines, il faut augmenter progressivement la pression.

On est arrivé, dans certains cas, à 280 kg. par centimètre carré.

Il faut se rappeler que la pression hydrostatique, dans les sables boulants, peut atteindre une valeur beaucoup plus considérable que dans une colonne d'eau claire.

Outre l'avantage de provoquer le remplissage des fissures très étroites, les hautes pressions produisent un serrage énergique du bouchon de ciment contre les parois de la roche.

138. Conduite de la cimentation. — Le plus souvent, on procède successivement à la cimentation dans chacun des sondages et on ne passe au suivant que lorsque le précédent n'absorbe plus rien. On peut reprocher à cette méthode, qui est évidemment la plus simple, de provoquer la fermeture de cassures, à proximité d'un sondage voisin, et de gêner l'action de ce dernier, alors qu'elle serait peut-être plus complète si elle ne trouvait pas son champ d'action déjà en partie obstrué.

Au fonçage du puits *Edouard-Agache*, la cimentation se faisait simultanément dans les sondages, ce qui nécessite une installation plus compliquée et une surveillance attentive de l'opération.

Quel que soit le système adopté, il est essentiel d'éviter les arrêts au cours de la cimentation, qui provoqueraient la formation de bouchons dans les sondages. C'est pourquoi les pompes doivent être robustes, et on ne doit pas les laisser s'encrasser. Il est bon d'avoir une pompe supplémentaire pour parer aux défaillances de celles qui devaient assurer le service.

La cimentation peut être poursuivie par *passes longues* ou *courtes*. Dans le premier cas, le sondage est poussé jusqu'à la base des terrains à consolider et le lait de ciment pénètre dans les terrains sur toute la hauteur ainsi découverte. Mais si les cassures sont nombreuses, la vitesse du courant se ralentira exagérément, il se produira des obstructions à proximité du sondage. La cimentation s'arrêtera avant de s'être poursuivie sur une longueur suffisante.

On préfère donc procéder par *passes courtes* : on fore le trou sur quelques mètres seulement dans les terrains aquifères, et on les cimente à refus. On reprend ensuite le forage sur une nouvelle longueur de 5, 6 ou 8 m. avant de reprendre l'injection.

La cimentation est ainsi beaucoup meilleure dans les terrains très fissurés, mais à chaque reprise du forage, on a à traverser une certaine hauteur de terrain cimenté, ou tout au moins le bouchon qui s'est déposé au fond du trou.

Les *quantités de ciment* que peuvent absorber les sondages sont essentiellement variables suivant les cas ; il arrive qu'un trou n'ait pas recoupé de cassures et n'absorbe rien du tout, au contraire, on passe parfois plusieurs dizaines de tonnes de ciment.

La conduite de la cimentation est, en principe, très simple ; en réalité l'expérience et l'habileté du conducteur des travaux y jouent un grand rôle, car suivant les variations de teneur du coulis, celles de la pression, ou de la hauteur des passes, on obtiendra des résultats plus ou moins satisfaisants.

139. Etendue de la cimentation et durée de la prise du ciment. — La distance à laquelle le ciment se répand dans le terrain dépend de l'importance des cassures aussi bien que de la manière de conduire le travail. On a parfois constaté des cheminements à grande distance, plus de 50 m. dans des cassures larges, même avec des pressions peu élevées.

Les fissures étroites ont naturellement tendance à se boucher plus près du sondage, à moins que l'injection ne soit faite à très haute pression.

Quant au temps nécessaire pour la prise du ciment, on l'évalue en général à 3 ou 4 jours, mais nous avons vu plus haut que l'emploi de hautes pressions facilite la prise. Dans ces conditions, la consolidation est souvent acquise en moins de 24 heures après la fin de l'injection.

La cimentation une fois terminée, on peut procéder au creusement comme dans un terrain ordinaire. Mais, même si les venues d'eau sont devenues insignifiantes, on pose toujours un cuvelage, car on n'est jamais certain de la solidité du remplissage des cassures ; de plus des mouvements ultérieurs des terrains risquent de les rouvrir ou d'en créer de nouvelles.

140. Précautions à prendre dans certains terrains. — Il peut arriver que les roches contiennent des éléments chimiques qui gênent la prise du ciment ; on y remédie en ajoutant au lait de ciment des substances convenablement choisies.

La nature physique des terrains est également, dans nombre de cas, un obstacle à la réussite de la cimentation. Les roches poreuses, celles qui contiennent de l'argile, les sables boulants ne peuvent être rendus étanches par les procédés ordinaires. Une méthode, brevetée par M. *Albert François*, a permis d'obtenir des résultats très satisfaisants, par exemple dans les grès rouges du Yorkshire, poreux et recoupés de plus par des fissures remplies de sable parfois argileux, et très ébouleux par places. La cimentation ordinaire n'avait amené qu'une réduction de 50 °/₀ dans les venues d'eau.

M. François eut l'idée d'injecter, avant la cimentation, par le même sondage, ou par des sondages différents, des solutions à teneurs convenables de sulfate d'alumine et de silicate de soude. Ces substances circulent dans les fissures et dans les pores de la roche, réagissent l'une sur l'autre en produisant un sulfate de soude soluble et un silicate d'alumine insoluble et colloïdal. Le premier disparaît dans les terrains, tandis que le silicate colloïdal imprègne les matières pulvérulentes et agit comme un lubrifiant par rapport au lait de ciment qu'on injecte ensuite.

Ce dernier pourra dès lors circuler aisément dans les fissures et les obstruer, tandis que les pores de la roche sont, au moins partiellement, bouchés par les dépôts de silicate colloïdal.

L'ensemble du terrain est ainsi rendu à peu près étanche, surtout si l'on emploie l'injection de ciment à haute pression.

Dans les grès rouges du Yorkshire, on supprima ainsi au moins 90 °/₀ des venues d'eau, et on aurait pu aller plus loin.

Cet ingénieux procédé permet d'étendre la cimentation à des terrains qui semblaient jusqu'à présent réfractaires à ce mode de consolidation.

141. Cimentation au fond d'un puits. — Au lieu de procéder à la cimentation au moyen de sondages pratiqués depuis la surface, on peut opérer *par retraites successives* en commençant les sondages au fond du puits, et en approfondissant ensuite ce dernier, à travers le terrain cimenté, jusqu'au moment où on approchera des assises encore aquifères, et où il faudra reprendre le fonçage d'une nouvelle série de trous.

Ce système est applicable dans plusieurs cas :

1° Pour traverser une hauteur de terrains trop grande pour pouvoir être cimentée en une fois.

2° Pour continuer, après cimentation, un fonçage poursuivi jusque là par la méthode ordinaire à niveau vide, mais dans lequel on est arrêté par des venues d'eau trop fortes.

3° Pour traverser une assise fissurée et aquifère, à une profondeur telle que le percement de trous de sonde depuis la surface devienne trop onéreux.

4° Enfin, pour compléter les résultats d'une congélation insuffisante ou aveugler une venue d'eau provenant de la réouverture d'une cassure mal obstruée par la cimentation primitive.

Lorsqu'on connaît exactement la position des cassures, ou que celles-ci sont peu nombreuses et ne donnent pas beaucoup d'eau, on peut se borner à percer, avec une sondeuse à main, quelques trous $S_1 S_2 S_3 S_4$, poussés jusqu'à la cassure ; dès que l'eau jaillit, on y enfonce des tubes $T_1 T_2 T_3 T_4$ entourés de corde pour constituer un joint entre eux et le terrain (*fig. 220*). Chaque tube est fermé par un robinet, auquel on adapte une conduite branchée sur la canalisation C, placée dans le puits, par laquelle le lait de ciment descend du jour sous pression.

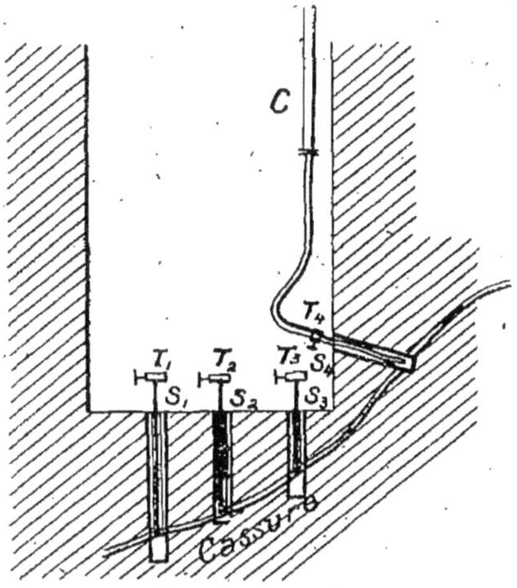

On arrive ainsi à obstruer la cassure et à pouvoir reprendre le fonçage sans être gêné par les venues d'eau.

Si la pression de l'eau est

Fig. 220. — Cimentation en partant du fond du puits.

forte, il devient dangereux d'attendre le moment où le trou de sonde a percé dans la cassure pour y enfoncer le tube destiné à l'injection. On peut disposer d'abord un tube-guide cimenté, à l'intérieur duquel la tige de sonde, d'un diamètre très réduit, passe en traversant un presse-étoupe. Un branchement spécial, débouchant dans le tube-guide au-dessous du presse-étoupe, et maintenu fermé jusqu'au moment de l'injection, permettra d'introduire le ciment lorsque la tige de sonde aura percé dans la cassure.

Quand on doit prévoir la cimentation complète du terrain, au-dessous du fond du puits, sur toute la hauteur d'une reprise (par exemple une vingtaine de mètres), il faut disposer régulièrement une série de trous de sonde partant du fond du puits. On peut les faire verticaux, ou au contraire inclinés, s'écartant tangentiellement vers l'extérieur (*fig. 221*).

Les sondages ont donc des directions différentes, ce qui diminue les risques de passer à côté d'une cassure sans la rencontrer.

Le forage se fait à l'aide de sondeuses légères placées au fond du puits. Le lait de ciment est préparé à la surface, et descend dans une canalisation le long des parois du fonçage.

Lorsque le cimentage est terminé, on procède au creusement,

depuis le niveau AB jusqu'au niveau A'B', qui doit être plus élevé que
le fond des trous de sonde, afin de ne pas risquer de venues d'eau
en fin de creusement, et on pose le cuvelage. On commence ensuite
une nouvelle série de sondages, disposés comme les précédents et partant du niveau A'B', et on continue ainsi jusqu'au moment où l'on a traversé toute la zone aquifère.

Pour être complètement à l'abri des venues d'eau, on peut disposer au bas des puits un faux fond, relié au cuvelage, et percé d'ouvertures dans lesquelles s'engagent les tiges de sonde. Nous en verrons plus loin un exemple.

142. Avancements et prix de revient. — Le procédé de fonçage par cimentation est trop récent, et surtout il est appliqué dans des conditions trop différentes suivant les cas pour qu'on puisse donner des chiffres moyens d'avancement. La durée de la cimentation est en général assez *courte*, en tous cas, plus rapide que celle de la congélation ; c'est l'exécution des sondages qui prend le plus de temps, mais il est à remarquer qu'ils sont moins nombreux que dans ce dernier procédé.

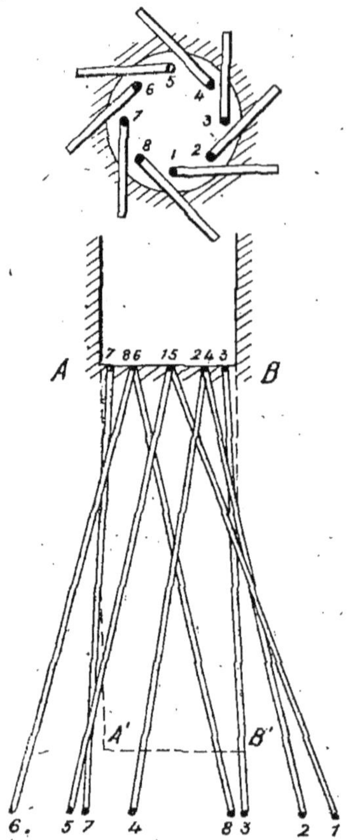

FIG. 221. — Sondages inclinés partant du fond du puits.

Le prix de revient, dans les terrains qui se prêtent à la cimentation, est notablement inférieur à celui du fonçage par congélation, ou à ceux des fonçages à niveau plein. Mais les chiffres calculés d'après les travaux exécutés avant 1914 n'ont plus de valeur en 1920.

§ 3. — Applications du procédé.

143. Puits Edouard-Agache (Compagnie d'Anzin). — Nous avons déjà cité le fonçage par cimentation du puits *Edouard-Agache* de la Compagnie d'Anzin, qui a été exécuté en 1907. Nous allons donner quelques détails complémentaires sur ce travail, qui a été conduit avec beaucoup de méthode (1).

Les morts terrains avaient une épaisseur de 115 m., dont 47 m. de craie très aquifère (de 6 — à — 53) très fissurée et même ébouleuse sur les 10 m. supérieurs. Le fonçage à niveau vide aurait exigé un épuisement de 300 mètres cubes à l'heure, qui aurait asséché tous les puits ménagers environnants. Le procédé par congélation ne pouvait être adopté par suite du voisinage de la prise d'eau du chemin de fer qui créait dans les terrains des courants d'eau importants. Le procédé par cimentation fut préféré au fonçage à niveau plein.

Le siège d'extraction comportait deux puits : n° 1 de 5 m., n° 2 de 3^m,80 de diamètre utile. Pour le premier on fora 8 sondages de cimentation sur un cercle de 8 m. de diamètre, pour le second 6 sur un cercle de 6^m,65. On a vu plus haut que la tête de ces sondages, jusqu'à 6 m. de profondeur, c'est-à-dire jusqu'au plan d'eau, comportait un tube-guide relié au terrain par un bétonnage soigné.

Les sondages furent faits uniquement au trépan et poussés jusqu'à — 53, puis lessivés au moyen d'une pompe aspirante élévatoire descendue jusqu'au fond.

Dans la traversée des 10 m. de craie ébouleuse, les sondages étaient garnis de tubes percés de nombreux trous de 25 $^m/_m$ de diamètre, pour soutenir les parois sans empêcher le passage du lait de ciment.

Des tubes de 100 $^m/_m$ de diamètre et 2 $^m/_m$ d'épaisseur, destinés à la descente du ciment, étaient placés dans les sondages jusqu'à 4 m. du fond. Chacun d'eux était garni, à 12 m. et 24 m. de profondeur, de fenêtres rectangulaires.

L'injection a été faite simultanément dans tous les sondages autour d'un même puits.

La cimentation ne dura que deux jours au n° 2 et absorba 147.300 kg. de ciment, et trois jours au n° 3 (202.700 kg.).

La pression d'injection n'était que de quelques kilogrammes. Malgré cela, les assises à cimenter étaut très rapprochées de la surface, on a constaté un soulèvement de la croûte de tuf et d'argile qui les surmontaient, soulèvement qui s'est manifesté jusqu'à 50 m. du puits et a été accompagné d'apparitions de ciment au jour.

Le fonçage prouva que les terrains étaient parfaitement transformés en monolithe, même pour la craie ébouleuse — Les faibles

---

(1) Voir l'article de M. SACLIER. *Annales des Mines.* 10ᵉ série, tome XIII, p. 347.

fissures qui n'étaient pas obstruées n'ont donné que des venues d'eau insignifiantes.

Le creusement et le cuvelage n'ont pris pour chacun des puits que 3 mois pour les 80 premiers mètres, soit 90 ^{cm} par jour, et le prix de revient a été sensiblement inférieur à celui qu'on aurait obtenu par tout autre procédé.

144. Puits de la Compagnie de Béthune. — La *Compagnie de Béthune*, de 1904 à 1907, a cimenté les terrains, dans lesquels ont été foncés les puits 11, 11 *bis* et 7 *bis* ; ces travaux ont été les premiers exécutés en France par ce système.

Les morts-terrains, au puits 7 *bis* (foncé en 1906-07) étaient épais de 142 m. : en haut 52 m. de craie fissurée (plan d'eau à — 28), puis 44 m. de craie marneuse bleue appelée « bleus » donnant également beaucoup d'eau. Il fallait donc arriver à la profondeur de 96 m. pour trouver une assise imperméable.

Six sondages furent forés, sur un cercle de 7^m,30 de rayon, au trépan dans la craie fissurée, à la tarière dans les bleus. Dans chacun d'eux fut placé un tube d'injection, de 40 $^m/_m$ de diamètre intérieur, qu'on enfonçait plus ou moins. A la partie supérieure, ce tube passait à l'intérieur d'un tube de tête, de 300 $^m/_m$ de diamètre intérieur, entouré de béton et fermé en haut par un presse-étoupe. Une conduite de retour était branchée sur ce tube de tête. La pompe permettait une pression de 20 à 25 kg.

Lá cimentation se faisait par retraites successives de 5 m., dans chaque sondage l'un après l'autre, avec les précautions voulues pour empêcher une obstruction prématurée, ou la prise du tube d'injection au fond du trou (1). La quantité totale de ciment consommée a été de 75^T,7 dans les craies et 79^T,7 dans les marnes.

Le creusement a permis de faire les constatations suivantes : de nombreuses cassures ont été rencontrées dans la craie, toutes bien remplies de ciment gris-noir, homogène et résistant, notamment une faille de 3 à 11 cent. d'ouverture, inclinée à 60°.

Dans les bleus les cassures étaient moins nombreuses, mais également bien remplies, entre autres, vers 65 m. de profondeur une série de fissures horizontales très rapprochées, de 1 à 3 m. d'ouverture.

A 87 m. de profondeur la venue d'eau totale n'était que 1$^m3$,2 à l'heure, tandis qu'elle avait été, dans un puits voisin, foncé précédemment sans cimentation, de 173^{m3}.

---

(1) *Bulletin de la Société de l'Industrie minérale*, 4ᵉ série, tome IX, p. 109, note de M. LOMBOIS.

Le creusement et le revêtement du puits ont donc pu se faire rapidement, en employant les explosifs comme dans un terrain sec.

145. Puits 3 *ter* de Liévin. — *Le puits 3 ter de la Compagnie de Liévin*, entrepris en 1904 par procédé ordinaire, avec pompes d'épuisement, était arrivé à — 35 m, dans la craie aquifère à partir de — 14 m. La venue d'eau constatée à ce niveau était de 240^{m3} à l'heure et elle augmentait de 80^{m3} par mètre d'avancement. On résolut alors de renoncer au procédé par épuisement et de cimenter les assises à traverser (1).

Dans ce but, on décida de placer un faux fond étanche à la base du cuvelage posé, de faire des injections de ciment, sous ce faux fond, au moyen de sondages partant du fond du puits, et de foncer ainsi, par retraites successives de 20 m. environ précédées chacune d'une cimentation.

Le faux fond était en acier coulé, d'un diamètre utile de 6 m et capable de résister à une pression de 20 kg. par centimètre carré. Il était percé de 8 ouvertures, réparties sur une circonférence de 3^m,60 de diamètre, munies de tubulures de 0^m,40 de diamètre.

On commença par placer le faux fond à la base du cuvelage — à 29^m,30 et on pratiqua une première injection dans l'espace resté libre au-dessous. On fora ensuite une série de trous de sonde de 23 m., jusqu'à un banc de meule dur et compact. Ces trous mesuraient de 14 à 7 cm. de diamètre, on les lessivait et les injectait, avec un lait à 5 % de ciment descendant de la surface dans un tube de 50$^m/_m$ jusqu'au faux fond puis de 30$^m/_m$ jusqu'au fond du trou.

Après avoir laissé le ciment se consolider, on démonta le faux fond, et on fonça le puits d'une vingtaine de mètres, pour replacer le faux fond à — 49^m,25.

Le creusement montra que le cimentage avait été meilleur dans les cassures verticales que dans les horizontales. La venue d'eau, qui n'était que de 4^{m3} à l'heure au haut de la reprise, atteignait 150 ^{m3} à la base.

La deuxième reprise fut traitée comme la première, et le fonçage put se continuer sans nouvelle installation du faux fond, les venues d'eau ayant diminué en profondeur.

Ce travail, très remarquable en raison de la nouveauté du procédé, ne donnait donc encore que des résultats très inférieurs à ceux que les perfectionnements récents permettent d'obtenir. Nous

____

(1) *Annales des Mines*, 10e série, tome XII, p. 493, note de M. Morin.

citerons un dernier exemple, plus récent, qui montrera les progrès réalisés dès 1909.

146. Puits 19 de Courrières. — La *Compagnie de Courrières* (1) avait entrepris le fonçage par congélation d'une nouvelle fosse (n° 19). Par suite de circonstances diverses, la congélation se fit mal et des venues d'eau importantes, plus de 500^{m3} à l'heure, furent constatées dès qu'on pénétra dans le terrain aquifère. On se décida alors à pratiquer la cimentation méthodique des terrains sur une hauteur d'une douzaine de mètres, afin d'immobiliser suffisamment la nappe d'eau pour que la congélation puisse enfin se produire.

L'avant-puits avait un diamètre de 8^m,20 et contenait la couronne de sondages de la congélation (25 trous sur une circonférence de 7^m,50 de diamètre).

12 trous de sonde furent répartis sur une circonférence de 10 m. de diamètre, plus rapprochés à l'est qu'à l'ouest, les venues d'eau s'étant surtout manifestées de ce côté.

Pour constituer d'abord, sur 3 à 4 m. de hauteur, au voisinage immédiat de la surface un bloc cimenté permettant de pousser l'injection sous pression jusqu'à 11 m., on fit une première série d'injections à pression nulle, puis à très faible pression, limitées à la profondeur de 4 m.

On continua par une série d'injections à 7 m. et une autre à 11 m., toutes deux sous pression. Des dispositions spéciales étaient prises pour empêcher le retour du ciment dans le fond de l'avant-puits.

L'ensemble de ces opérations permit de faire pénétrer dans le terrain 673 tonnes de ciment, sans qu'on eût à constater de fuites importantes soit vers la surface, soit vers l'avant-puits. La pression atteignit 10 kg. pour certaines injections à 7 m., 12 et même 15 kg. pour celles à 11 m.

On activa ensuite de nouveau le fonctionnement de la machine frigorifique, ralenti pendant la cimentation, et après six semaines de refroidissement, on reprit le creusement, qui se poursuivit sans encombre. Les terrains furent trouvés parfaitement cimentés et congelés.

147. Reprise des mines sinistrées pendant la guerre de 1914-1918. — On sait qu'avant de battre en retraite, les Allemands ont fait sauter les cuvelages de *toutes* les fosses de la partie du bassin houiller français qu'ils occupaient depuis 1914. 220 fosses ont été

---

(1) *Annales des Mines*, janvier 1920, note de M. GUERRE.

rendues inutilisables par cette destruction systématique. Dans la plupart les cuvelages, crevés au niveau de la nappe aquifère, ont laissé les eaux envahir les mines. Sur certains des puits, comme au n° 8 de Béthune ou au n° 3 de Meurchin, les explosions ont formé d'immenses entonnoirs dans lesquels se sont effondrés la tête du puits, la recette supérieure et le chevalement. La remise en état de ces fosses était un problème extrêmement difficile. Avant de penser au dénoyage des travaux, il fallait interrompre les communications ainsi établies avec la nappe aquifère. Grâce à la cimentation, il fut possible d'isoler les puits ainsi détruits, et de commencer à les vider sans avoir à craindre des venues d'eau impossibles à épuiser, puis de réparer les cuvelages.

Sur les fosses dont toute la partie supérieure avait été bouleversée, la cimentation permit en outre de consolider les terrains pour rétablir la recette au jour, le chevalement et les bâtiments.

Lorsqu'il n'y avait qu'à aveugler les communications entre le puits et le niveau aquifère, on se trouvait dans des conditions assez semblables à celles d'un fonçage par cimentation. On forait une couronne de trous de sonde depuis la surface jusqu'aux assises imperméables et on y faisait l'injection du lait de ciment, en général par passes courtes, de quelques mètres seulement.

Sur certains puits, on fora (au trépan, ou avec une sondeuse Raky) 16 trous disposés sur une couronne de 15 m. de diamètre.

Sur d'autres, les sondages, forés avec une sondeuse rotative légère, très facile à déplacer, n'avaient que 48 $^m/_m$ de diamètre et étaient au nombre de 19, sur deux couronnes concentriques, l'une de 20 m., l'autre de 25 m. de diamètre (procédé François).

A la fin de 1920, la cimentation était terminée dans la plupart des concessions du Pas de Calais, et le dénoyage a pu commencer. Certains puits ont exigé l'injection de plus de 1000^T. de ciment.

148. Résumé. — Le fonçage des puits à travers des terrains aquifères par cimentation de ces derniers est un procédé récent, mais qui a pris un développement considérable, et qui remplace dans beaucoup de cas le procédé par congélation.

L'injection du ciment se fait dans une série de sondages partant soit de la surface, soit du fonds du puits lorsque le procédé n'est appliqué qu'après fonçage d'une certaine hauteur par un procédé différent.

Les sondages, à la surface, sont disposés sur une circonférence (ou parfois sur deux) de diamètre supérieur à celui du puits. Leur nombre est inférieur à celui que nécessite la congélation. Ils ne sont pas tubés, si possible, dans la zone à cimenter ; si les terrains sont trop ébouleux, le tubage est percé d'ouvertures permettant le passage du lait de ciment.

Ce dernier est introduit directement dans le trou, ou conduit jusqu'au fond par un tube de faible diamètre. L'injection se fait au début sous une pression réduite, que l'on élève progressivement, au moyen d'une pompe, au fur et à mesure que la pénétration du ciment dans les fissures devient plus difficile. On utilise actuellement, dans certains cas, des pressions très élevées qui assurent l'obstruction des fissures très fines, et qui semblent de plus favoriser la prise du ciment dans de bonnes conditions.

L'opération se fait en bloc sur toute la hauteur des terrains, ou par courtes passes en descendant.

Le ciment employé doit être bluté aussi fin que possible. Le coulis peut être plus épais au début de l'opération, lorsque le mélange trouve des cassures larges, dans lesquelles il circule facilement, mais à la fin il est plus clair, pour pouvoir circuler dans les fissures minces, déjà presque bouchées par le ciment déjà déposé.

Tous les terrains ne se prêtent pas également bien à la cimentation. Les roches solides, imperméables et simplement fissurées présentent les meilleures conditions, tandis que les roches poreuses, celles qui contiennent de l'argile et surtout les sables boulants se cimentent difficilement. Le dépôt s'y fait mal, la circulation du lait de ciment est prématurément arrêtée ; le remplissage ne peut acquérir une épaisseur et une solidité suffisantes.

On est cependant arrivé, par l'injection préalable de solutions choisies, à préparer le terrain, et à colmater les pores des roches de telle façon qu'on peut appliquer la cimentation à des terrains que le procédé ordinaire est incapable de rendre étanches.

Au lieu de faire les sondages en partant de la surface, on peut être amené à les commencer au fonds d'un puits déjà foncé sur une certaine profondeur. C'est le cas, par exemple, lorsqu'on a entrepris un fonçage avec épuisement, ou par congélation, et que des venues d'eau inattendues obligent à renoncer à ces procédés. Il en est de même lorsque l'épaisseur des terrains aquifères est telle que l'on préfère opérer par reprises successives, en cimentant chaque fois sur 20 ou 25 m. de hauteur avant de creuser le puits.

On s'est parfois servi, dans ce cas, pour se protéger contre l'irruption d'une masse d'eau, d'un faux fond, que l'on adapte à la base du cuvelage déjà posé, et à travers lequel on fore les sondages. Mais on peut souvent s'en passer.

Le procédé par cimentation est encore dans la période des perfectionnements, mais il a déjà rendu de grands services, et c'est grâce à lui qu'il a été possible d'entreprendre, dans le nord de la France, la remise en état des mines détruites pendant la dernière guerre.

CHAPITRE VIII

FONÇAGE A NIVEAU PLEIN

SOMMAIRE

§ 1. — GÉNÉRALITÉS.

149. Principe du fonçage à niveau plein. — Les méthodes qui ont été décrites jusqu'à présent comportaient le fonçage du puits par des ouvriers travaillant au creusement dans des conditions analogues à celles des autres travaux souterrains, galeries ou tunnels par exemple.

Les venues d'eaux qui auraient pu empêcher le fonçage de se poursuivre étaient épuisées au moyen de pompes ou supprimées par congélation ou par cimentation. Dans ces deux cas, le travail des mineurs n'offre que peu de différences, aussi avons-nous groupé ces divers systèmes sous le nom de procédés *à niveau vide.*

Il existe une autre méthode, qui était même la seule applicable autrefois lorsque les venues d'eau étaient importantes. C'est de laisser le puits se remplir d'eau et de l'approfondir par des moyens mécaniques manœuvrés depuis la surface. C'est le fonçage *à niveau plein.*

Il y a enfin un moyen de travailler en présence de l'eau, sans l'épuiser et sans aveugler les venues. C'est de la refouler au moyen de la pression de l'air comprimé. Cette méthode peut donc être rapprochée des premières, puisque le creusement y est aussi exécuté par les mineurs, mais nous la décrirons avec les autres procédés à niveau plein, car les conditions de travail sont anormales, et celui-ci se poursuit sinon dans l'eau, tout au moins à son contact immédiat.

Signalons toutefois que la classification que nous avons choisie n'est pas adoptée par tous les auteurs. On groupe souvent sous le nom de procédés à niveau bas ceux qui comportent l'épuisement des eaux rencontrées, et de procédés à niveau plein tous ceux qui la suppriment, aussi bien par congélation, cimentation ou action de l'air comprimé que par creusement dans l'eau par des moyens mécaniques.

150. Avantages de la suppression de l'épuisement. — Laissant provisoirement de côté l'emploi de l'air comprimé, qui est très spécial, et d'ailleurs inapplicable dès que la profondeur au-dessous du plan d'eau dépasse 30 ou 35 m., voyons les conséquences de la suppression de l'épuisement sur la conduite du fonçage.

Tout d'abord, on évite l'acquisition et les frais de fonctionnement de pompes puissantes, coûteuses et encombrantes lorsqu'il s'agit de venues considérables. On a par contre à prévoir des installations particulières, d'un prix élevé, bien qu'elles puissent servir plusieurs fois.

L'épuisement de masses d'eau importantes a souvent des répercussions qui se font sentir dans un périmètre étendu ; on risque de tarir les puits alimentaires dans les environs du fonçage, ce qui est particulièrement sensible dans les régions minières, généralement très peuplées.

D'autre part, on active la circulation des eaux souterraines, et on provoque la formation d'une véritable rivière qui vient déboucher dans le puits par les cassures des terrains. Cette rivière entraîne les parties meubles, et amène la création de cavités, notamment dans les roches ébouleuses ou les sables.

Ces cavités, au bout d'un certain temps, occasionneront des mouvements de terrains, de brusques affaissements qui se feront sentir, plus ou moins brutalement, contre le revêtement du puits. Des ruptures de cuvelages ont été ainsi provoquées dans diverses circonstances.

Ces inconvénients sont évités lorsqu'on supprime l'épuisement par congélation ou par cimentation, mais avant l'invention de ces procédés, ils ont parfois décidé les ingénieurs à recourir au fonçage à niveau plein, même lorsqu'ils disposaient de pompes capables d'assurer l'épuisement des venues d'eau constatées.

151. Procédés à niveau plein. — Comme nous le verrons plus loin, le creusement d'un puits, au moyen d'outils manœuvrés depuis la surface, se rapproche du travail de forage d'un trou de sonde de grand diamètre. Mais le poids des pièces à manœuvrer, notamment du cuvelage à placer, impose une série de dispositifs particuliers.

Nous aurons ainsi à étudier le procédé primitif dû à *Kind* et *Chaudron*, et les perfectionnements qui y ont été apportés, tant pour le fonçage dans les terrains solides que pour la traversée de sables boulants.

Nous verrons ensuite, dans un chapitre spécial, l'emploi de la trousse coupante conjugué avec le creusement sous l'eau soit au trépan, soit simplement par dragage dans les sables. Nous terminerons par une comparaison entre les diverses méthodes de fonçage en terrains aquifères.

§ 2. — PROCÉDÉ TRIGER A L'AIR COMPRIMÉ.

152. Généralités. — Le procédé Triger consiste à appliquer au fonçage d'un puits le système de la cloche à plongeurs, fréquemment employé pour les travaux dans les rivières ou les ports.

Cette méthode a été pratiquée pour la première fois, par son inventeur, en 1839, dans un puits de 2 m. de diamètre, et suffisamment perfectionné depuis cette date pour pouvoir être appliqué à des sections beaucoup plus larges.

Le fond du puits constitue une chambre de travail, dont les parois sont formées par le cuvelage, et dont le plafond doit être parfaitement étanche. Cette chambre est remplie d'air comprimé, qui s'oppose à l'entrée de l'eau, et permet par conséquent de poursuivre à la main l'approfondissement du puits.

Le revêtement est presque toujours constitué par une tour munie à sa base d'une trousse coupante et le travail des ouvriers se borne à assurer la descente de la trousse, et le chargement des déblais.

La chambre doit être constamment pleine d'air comprimé, sinon elle serait immédiatement envahie par les eaux. On ne peut donc penser à la laisser communiquer avec l'atmosphère, même pendant un court espace de temps, pour l'entrée et la sortie des ouvriers et pour celle des bennes chargées de déblais. Il faut qu'elle soit surmontée d'un *sas à air*, espace clos et étanche pourvu de portes ouvrant l'une vers la chambre et l'autre vers l'air libre. Ces deux portes ne doivent jamais être ouvertes simultanément.

Ce sas peut être indépendant du cuvelage, installé au sommet du puits, ou bien lié au cuvelage, soit qu'il participe à son mouvement de descente, soit que sa position reste toujours la même, et qu'on ajoute un anneau entre lui et le cuvelage chaque fois que ce dernier s'est approfondi d'une hauteur correspondante.

153. Fonçage avec sas indépendant.

— Si le cuvelage est posé par anneaux successifs ajoutés au-dessous de la partie déjà en place, sans trousse coupante, le dispositif est très simple, ainsi que le montre la fig. 222.

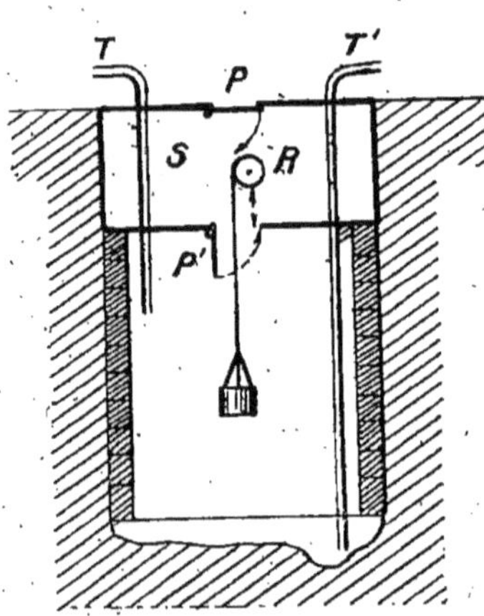

FIG. 222. — Fonçage avec sas fixe.

Le sas S est installé à la partie supérieure, au-dessus du cuvelage, solidement ancré dans le sol et surchargé de pièces en fonte pour résister à l'effort de soulèvement par l'air comprimé. Il est percé de deux portes P et P′ (ouvrant du côté de l'air comprimé) pour le passage des hommes et des bennes de déblais. Comme les deux portes ne peuvent être ouvertes à la fois, les bennes doivent d'abord être montées dans le sas par le treuil R placé dans ce dernier, et reprises ensuite, à travers la porte P, par un autre treuil lorsque la porte P′ aura été refermée. Ces portes sont garnies de cuir pour assurer l'étanchéité.

Le sas est traversé par le tuyau T qui amène l'air comprimé dans la chambre et par la conduite T′ de refoulement de l'eau qui a pu s'accumuler au fond du puits. Généralement, la pression de l'air comprimé suffit à faire monter l'eau dans cette conduite. Au besoin, en introduisant un peu d'air à la base de celle-ci, on produit une émulsion qui provoque l'ascension de l'eau. Le tuyau à air comprimé porte un clapet qui se ferme automatiquement si la pression de la machine fléchit.

154. Sas fixe au sommet d'une trousse coupante.

— La mise en place d'un cuvelage au fond du puits, même si elle se fait par anneaux de faible hauteur, a l'inconvénient de découvrir le terrain sur une plus grande surface. De plus, les ouvriers placés dans l'air comprimé ne peuvent fournir un travail pénible. Il est donc préférable d'allonger le cuvelage par la partie supérieure, en le munissant à la base d'une trousse coupante. C'est le procédé généralement appliqué. Mais le sas peut être soit fixe soit solidaire du cuvelage.

La fig. 223 représente schématiquement la disposition d'un
sas fixe, au haut d'une trousse coupante. On voit, comme sur la

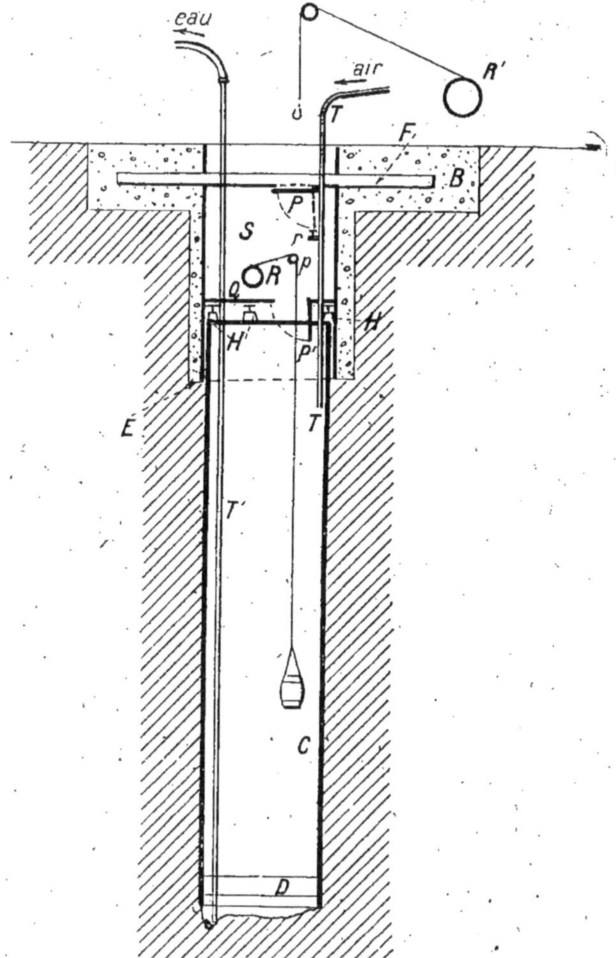

Fig. 222 bis. — Sas fixe dans un fonçage à la trousse coupante.

figure précédente, le sas S', avec ses deux portes P et P', les tuyauteries T pour l'air comprimé et T' pour l'eau.

On remarquera l'ancrage du sas dans un massif de béton B au
moyen de pièces en fer F.

Les produits sont remontés successivement par le treuil R placé dans le sas, puis par le treuil R' placé à la surface. Si le treuil R est muni d'un moteur à air comprimé, il faut que son tuyau d'échappement sorte du sas et débouche au jour.

La tour du cuvelage C, terminée à la base par la trousse coupante D, peut coulisser à l'intérieur du sas. Son enfoncement est obtenu au moyen de presses H prenant appui sous le plancher Q. Leur pression, de bas en haut vient s'ajouter à celle de l'air comprimé pour tendre à soulever le sas et rend d'autant plus nécessaire un ancrage soigné de ce dernier, et son alourdissement à l'aide de pièces de fonte.

Ce système ne répond qu'à l'un des deux desiderata indiqués plus haut. Le cuvelage est bien allongé par la partie supérieure, mais ce travail se fait encore dans l'air comprimé. Bien que moins difficile, il est encore pénible, en raison du poids des pièces à manœuvrer.

On doit du reste chercher à réduire au minimum le nombre des ouvriers placés dans l'air comprimé, à cause des dangers que présente pour leur santé une surpression de 2 ou 3 atmosphères.

Un autre inconvénient du sas fixe est le risque de fuites par l'espace annulaire E existant entre le haut du cuvelage et l'anneau qui prolonge le sas. Malgré tout le soin avec lequel cet espace est bourré de chiffons ou de mousse, on ne peut éviter des pertes d'air comprimé qui grèvent le prix de revient.

155. Sas solidaire du cuvelage. — Le meilleur système consiste donc à rendre le sas solidaire du cuvelage ; on le place à une certaine hauteur au-dessus du fond, au sommet d'une colonne servant à la circulation des ouvriers ou des déblais.

Suivant la position du sas par rapport à la surface, les déblais seront ensuite déversés soit sur un plancher intermédiaire et remontés au jour par un treuil, soit sur des wagonnets à la surface. Pour que cette seconde solution soit applicable, il faut que le sas reste toujours au-dessus du niveau de la recette supérieure, par conséquent que la colonne soit allongée au fur et à mesure de la descente du cuvelage. C'est un travail supplémentaire, mais il est compensé par plusieurs avantages : tout d'abord il n'est plus besoin que d'un treuil placé dans le sas, au lieu de deux. D'autre part, lorsque les ouvriers sortent de l'air comprimé, ils sont physiquement affaiblis pendant un temps plus ou moins long, et il vaut mieux qu'ils n'aient pas à gravir des échelles pour sortir du puits. Avec un sas peu éloigné de la base du cuvelage, cette circulation finit par devenir longue et pénible si le puits a atteint une profondeur notable.

La fig. 223 représente une installation de ce genre, avec sas au-dessus du sol.

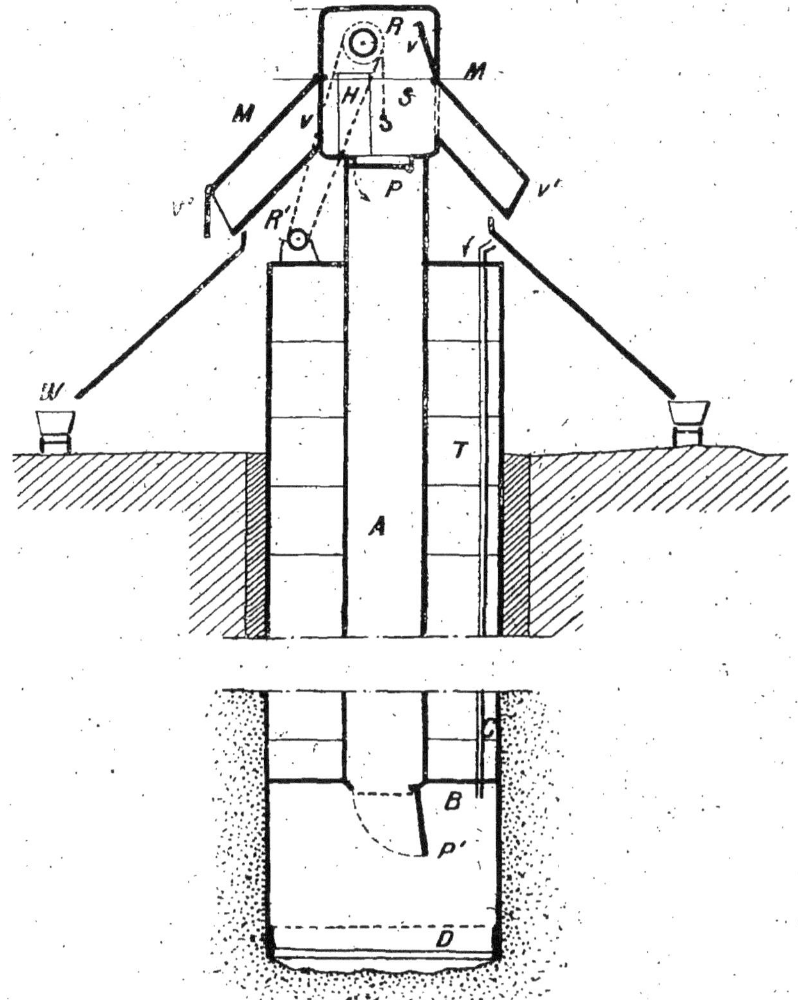

FIG. 223. — Fonçage avec sas solidaire du cuvelage.

Au bas du cuvelage C, à une distance suffisante au-dessus de la trousse coupante D, se trouve un solide plancher B, parfaitement étanche, au centre duquel aboutit la colonne A qui monte jusqu'au sas S. Cette colonne est garnie d'échelles pour la circulation du personnel et elle est fermée à la base par une porte P'.

Toute la partie du cuvelage, au-dessus du plancher B, est à l'air libre ; le tuyau T amène l'air comprimé dans la chambre de travail.

A la partie supérieure, à une certaine hauteur au-dessus du cuvelage se trouve le sas, fermé par la porte P et contenant la poulie R destinée à l'enlèvement des déblais, et mise en mouvement par un moteur R' placé à l'extérieur.

L'entrée des ouvriers dans le sas se fait par une porte H, qui doit être double si l'on veut réduire au minimum les pertes d'air. Un branchement de la canalisation d'air comprimé et un robinet d'échappement vers l'atmosphère permettent de maintenir toujours la pression dans le sas au niveau voulu.

Les déblais sont déversés dans deux manches inclinées M fermées aux deux extrémités par des volets V et V'.

Pendant qu'on remplit l'une des manches, en maintenant fermé son volet inférieur V', on vide l'autre dans des wagons W. Pendant cette opération, on a soin de maintenir hermétiquement fermé le volet communiquant avec le sas.

Toutes les portes ou volets sont garnis de cuir pour assurer une fermeture bien étanche.

La partie du cuvelage située au-dessus de la surface doit être maintenue et guidée par une charpente en bois.

Lorsque le cuvelage est descendu et que sa partie supérieure affleure au niveau du sol, il faut l'allonger de quelques mètres, 8 ou 10 par exemple, en posant un certain nombre d'anneaux. Ce travail entraîne le démontage du sas, l'allongement de la colonne d'une quantité égale à celle du cuvelage, et enfin le remontage du sas. Pendant ce travail, la porte P' doit naturellement être soigneusement fermée, et le fonçage est interrompu. Tout le sas est d'ailleurs enlevé en bloc au moyen d'une grue, de sorte que l'opération n'est pas très longue. Du reste, comme le procédé Triger n'est pas appliqué à de grandes profondeurs, on n'aura jamais à la répéter plus d'une ou deux fois.

Comme dans les autres dispositifs, le cuvelage est soumis à un effort de bas en haut, dû à la pression de l'air comprimé, qui peut être considérable. Avec une pression de 3 atmosphères et un diamètre de 4 m., cet effort est de plus de 250^T. Il faut donc surcharger le cuvelage, sinon on n'obtiendrait pas l'enfoncement de la trousse et on la verrait au contraire se soulever. On y arrive facilement en remplissant d'une certaine quantité d'eau l'espace annulaire existant entre le cuvelage et la colonne et en complétant au besoin cette charge par des pièces de fonte sur le plancher B.

Lorsque le cuvelage se refuse à descendre, on a d'ailleurs la ressource de supprimer momentanément la compression de l'air dans la chambre de travail, et d'augmenter ainsi de 250^T (pour un puits de 4 m. et une compression de 3 atm.) la charge d'enfoncement. C'est là un changement considérable, qui peut provoquer une brusque descente, et des ruptures du cuvelage, si l'on supprime trop rapidement la pression.

156 Effets physiologiques de la compression de l'air. — Le procédé Triger ne permet pas de descendre à une profondeur bien grande au-dessous du plan d'eau, car l'organisme humain ne résiste pas à un séjour dans l'air comprimé au-dessus de 2 1/2 ou 3 atmosphères (il s'agit de la pression au-dessus de celle de l'air, donc de 3 1/2 ou 4 atm.), ni surtout aux effets de la décompression.

Certains ouvriers sont incommodés dès que la pression absolue dépasse celle de l'atmosphère. Tous ressentent des malaises, plus ou moins graves, lorsque la pression effective dépasse 1 ou 1 1/2 atm. En dehors des phénomènes particuliers comme la modification du timbre de la voix, qui devient nasillarde, et l'impossibilité de siffler, on remarque d'abord une surdité plus ou moins prononcée, accompagnée de douleurs parfois très vives.

Mais le principal danger vient des troubles de circulation du sang. Ce dernier se charge d'une proportion plus forte d'oxygène.

Le cœur bat moins vite. Lorsqu'on arrive à une surpression de 2 1/2 ou 3 atm., on note des cas de transports au cerveau, qui laissent des traces durables telles que la surdité ou la paralysie, et qui peuvent entraîner la mort.

D'après les constatations faites dans les divers fonçages exécutés par ce procédé, il semble imprudent de dépasser 2 atm. 1/2.

La durée du travail doit être courte : six heures au plus, quatre si la pression est élevée.

Le moment le plus délicat est la sortie de l'air comprimé. Si la décompression est trop brusque, elle provoque des troubles respiratoires, des accidents dûs au dégagement des gaz restés en dissolution dans le sang. L'azote, en particulier, a passé en plus forte proportion et s'échappe au moment de la décompression. On n'abaisse donc la pression dans le sas que lentement : une douzaine de minutes par atmosphère. Mais la détente de l'air est accompagnée d'un refroidissement qui expose les hommes à des fluxions de poitrine s'ils n'ont pas pris la précaution de se couvrir chaudement en sortant du chantier. Il faut donc éviter de prolonger outre mesure la décompression.

On recommande aux ouvriers de manger à la fin de leur poste, mais d'éviter l'excès de boisson.

En cas d'accident dû à la décompression, on recommande de replacer la victime dans l'air comprimé pour s'opposer à la mise en liberté des gaz dissous, et en particulier de l'azote.

Pendant le travail, les hommes ont besoin de recevoir une quantité d'air d'autant plus forte que la pression est plus élevée, environ 2 fois plus à 2 atmosphères et 3 fois plus à 3 atmosphères. On doit renouveler en conséquence l'air contenu dans la chambre, et éviter toutes les causes d'altération de celui-ci, en employant uniquement l'éclairage électrique, en supprimant toute combustion, qui absorberait de l'oxygène, en réduisant au minimum l'emploi des exposifs.

Malgré toutes les précautions, le travail dans l'air comprimé reste dangereux au-delà de 30 m. de profondeur sous les eaux.

Ainsi (1) à Saint-Louis (Etats-Unis), pour un travail à 36 m. de profondeur, sur 352 hommes, 30 furent gravement malades et 30 moururent. A Douchy (Nord), à 39 m. de profondeur sous les eaux, sur 74 hommes, 25 furent malades et 2 succombèrent.

On a cherché à augmenter la limite d'application du procédé en n'arrêtant pas totalement les venues d'eau, mais en se contentant de les réduire ; dans ce but on laisse la pression tomber un peu au-dessous du chiffre théoriquement nécessaire et on dispose un tuyau de refoulement des eaux aboutissant dans un petit puisard. Les eaux remontent par ce tuyau, sous l'action de l'air comprimé et leur circulation peut même être activée, ainsi que nous l'avons dit plus haut, par l'admission d'un peu d'air comprimé à la base de la colonne (principe de la pompe Mammouth).

Mais cet artifice ne procure pratiquement qu'un gain de quelques mètres ; on y recourra, par exemple, pour l'achèvement d'un fonçage qui doit trouver, un peu au-delà de 30 m. une assise imperméable sur laquelle doit reposer le cuvelage.

157. Avancement et prix de revient. — La vitesse d'avancement dépend beaucoup de la nature du terrain ; satisfaisante si la trousse descend facilement, elle peut devenir très faible si l'on rencontre des obstacles imprévus, car les ouvriers sont dans de mauvaises conditions pour travailler.

Quant au prix de revient, il est en général peu élevé, car l'emploi de l'air comprimé ne nécessite pas d'installations compliquées et supprime les frais d'épuisement. Il semble cependant que les progrès des méthodes de congélation, et surtout de cimentation, doivent rendre son emploi de plus en plus rare.

---

(1). D'après Habets, *Cours d'exploitation des Mines.*

§ 3. — Procédé Kind et Chaudron.

158. Historique. — Avec le procédé Kind et Chaudron, nous arrivons vraiment aux fonçages à niveau plein, c'est-à-dire exécutés depuis la surface, sans épuisement, par des moyens analogues à ceux qui sont employés pour les sondages.

Les premiers essais de cette méthode remontent à 1847, mais on se heurta au début à de grosses difficultés pour réaliser l'établissement d'un cuvelage étanche. Néanmoins le procédé proposé par l'ingénieur allemand *Kind* et mis au point par l'ingénieur belge *Chaudron* vers 1850, ne tarda pas à entrer dans la pratique. Il a reçu depuis de nombreux perfectionnements, mais il garde le nom de ses deux inventeurs, et est encore appliqué à des fonçages importants.

159. Principe du procédé. — Il consiste à forer le puits, sur un diamètre suffisant pour placer le cuvelage, en se servant de trépans de grandes dimensions, et en installant au besoin un tubage provisoire dans les parties ébouleuses.

On procède ensuite à la mise en place du cuvelage, que l'on monte au jour et que l'on fait descendre au sein de la masse liquide jusqu'à sa position définitive. Pour cette opération le cuvelage est muni d'un fond provisoire et lesté d'une quantité d'eau suffisante pour s'enfoncer peu à peu.

Nous examinerons les dispositifs employés pour suspendre ce cuvelage, pour conduire sa descente, pour le fixer et pour bétonner l'espace annulaire qui le sépare de la paroi du puits. Nous verrons ensuite les principales modifications apportées au système Kind-Chaudron.

Nous avons donc à décrire successivement les procédés suivants :

Procédé Kind et Chaudron { Fonçage / Descente du cuvelage / Fixation du cuvelage } ouvert à tête noyée

Procédé Wolski pour le fonçage.
Procédé Honigmann dans les terrains ébouleux.

160. Procédé Kind-Chaudron. Installations à la surface. — Les installations de surface rappellent, en plus puissant, celles d'un sondage au trépan. On a besoin d'un chevalement de fonçage assez

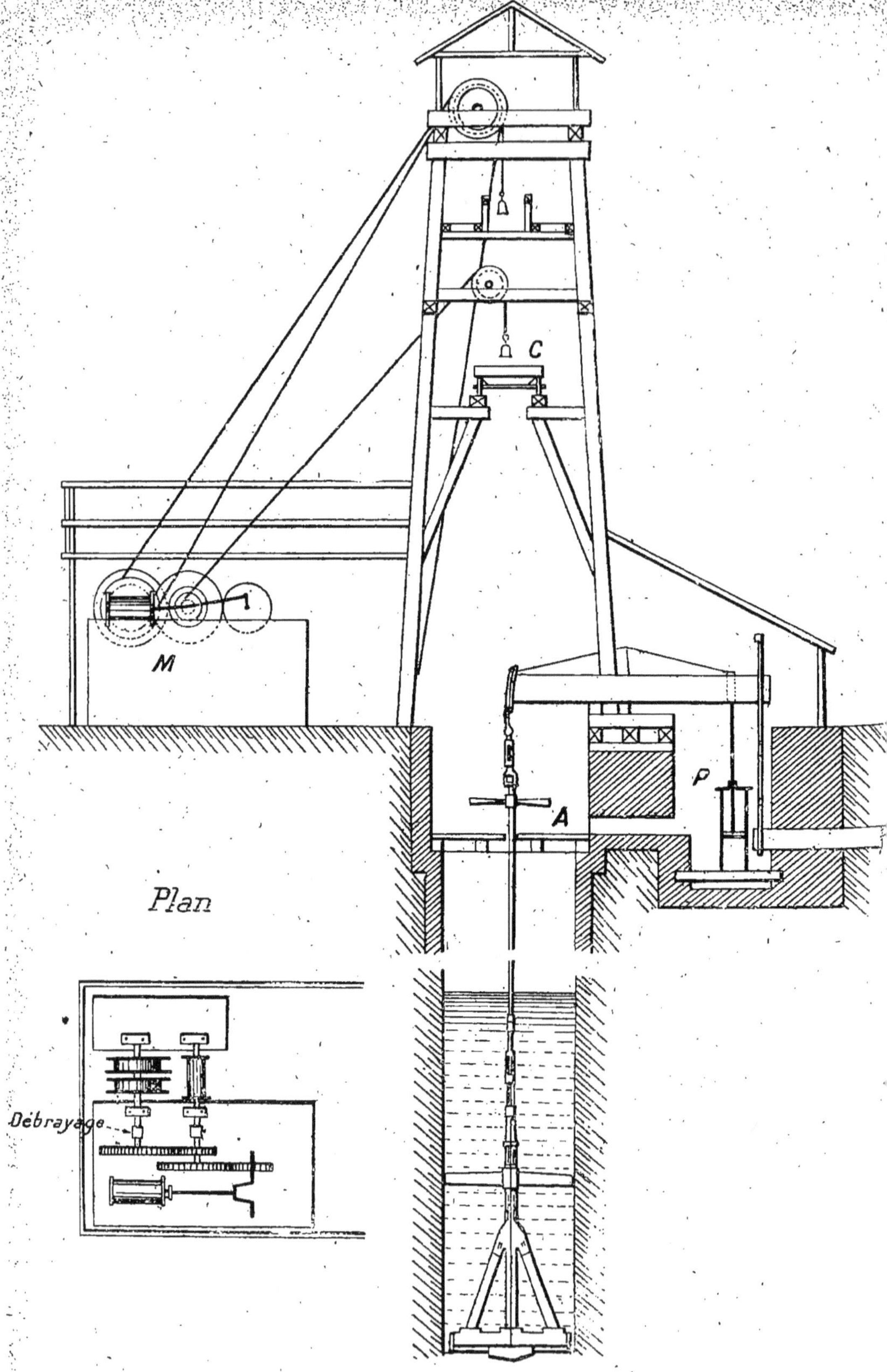

Fig. 224. — Installation d'un fonçage par le procédé Kind-Chaudron.

solide pour supporter le poids du trépan (qui peut atteindre 30^T) et des tiges qui le surmontent, et assez élevé pour permettre l'emploi de tiges de 18 à 20 m. de long.

On installe parfois immédiatement le chevalement définitif du puits pour servir au fonçage, ainsi que la machine d'extraction pour éviter l'acquisition d'un treuil de plusieurs centaines de chevaux, nécessaire pour la remontée des boues.

La fig. 224 donne une idée de l'ensemble d'une installation : on voit en M le moteur, qui sert ici à la fois pour le soulèvement du trépan et des tiges de sonde et pour l'extraction des boues de curage. Dans certaines installations ces deux services sont assurés par des machines différentes, placées de chaque côté du puits. Pour le relevage des appareils, il suffit de 100 à 200 chevaux, tandis que la remontée de la *cuiller* chargée de boues demande un treuil plus fort (200 à 300 chevaux). En C est le chariot, circulant sur un pont roulant et amenant au-dessus du puits les trépans, et les outils divers d'élargissement et de curage. Ces appareils restent en général pendus à côté du puits, pour pouvoir être rapidement amenés au-dessus de l'orifice.

Le mouvement du balancier est obtenu au moyen d'un piston vertical à vapeur P directement attelé à son extrémité.

Le balancier doit être particulièrement solide, en raison du poids énorme des pièces à manœuvrer.

On le fait donc en profilés de 1 m. environ de hauteur et de 8 à 10 m. de longueur.

Au bas de l'avant-puits est le plancher de manœuvre A, au-dessous duquel le puits lui-même a été foncé et maçonné sur plusieurs mètres. Ce premier tronçon devant servir de guide au début du fonçage, il est essentiel qu'il soit parfaitement vertical.

161. Appareils de fonçage. — Les *tiges* qui relient le balancier au trépan sont en bois, rectangulaires, terminées aux deux extrémités par des armatures en fer, et boulonnées bout-à-bout. L'avantage des tiges en bois est de ne présenter dans l'eau qu'un très faible poids. On leur donne 20 à 25 cm. de côté ; des pièces en fer de même résistance pèseraient beaucoup trop lourd, et nécessiteraient, pour être équilibrées, des contrepoids très encombrants. La tête de sonde est à vis, munie de la barre de manœuvre et d'une graduation permettant de mesurer exactement les progrès du trépan (*fig. 225*).

La liaison entre les tiges et le trépan se fait au moyen d'un appareil à chute libre pour les petits trépans, d'une coulisse d'OEynhausen pour les grands trépans. Ces appareils ont été décrits dans le chapitre relatif aux sondages. Nous n'y reviendrons pas maintenant.

Il serait préférable de travailler également à chute libre avec les trépans de grand diamètre, mais la masse à manœuvrer devient si considérable qu'il est difficile de lui appliquer ce dispositif..

Le fonçage se fait au moyen d'un trépan dont les dimensions sont considérables, puisque la largeur du puits peut dépasser 5 m.

Pour de grands diamètres on décompose souvent le fonçage en deux opérations : on commence par forer le puits avec un trépan de 1ᵐ50 à 2ᵐ50 de largeur, puis on l'élargit avec un trépan de 4 à 5 m. On peut opérer par reprises successives, mais si la profondeur n'est pas trop grande et que les terrains ne nécessitent pas un tubage, il est préférable de forer l'avant-puits sur toute la hauteur, pour éviter les changements de matériel ; toutefois si les dents ont besoin d'être fréquemment réparées, la méthode des petites reprises sera plus avantageuse, car on travaillera avec un trépan pendant qu'on réparera l'autre.

Les trépans sont à lames rapportées (*fig. 226 et 227*).

Le petit trépan, pour l'avant-puits, porte souvent une branche perpendiculaire à la base, et de même longueur, qui sert de guide et contribue au fonçage, en égalisant la paroi.

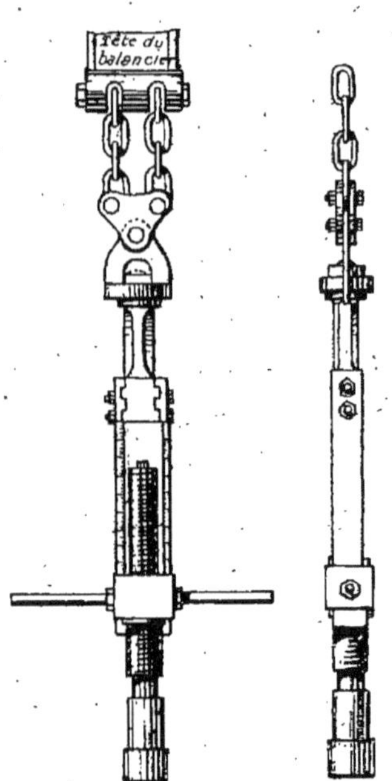

FIG. 225. — Tête de sonde.

Le grand trépan, ou trépan élargisseur n'a pas de dents sur la partie centrale, qui doit au contraire se prolonger par un guide G. qui s'engage dans l'avant-puits. Les côtés portent également des guides *gg'*.

Malgré ces précautions, il arrive que le grand trépan travaille irrégulièrement sur le pourtour de l'avant-puits et que le fonçage se coince ou ne reste pas bien vertical.

On préfère parfois, si les terrains le permettent, faire le fonçage en une fois avec un seul grand trépan, armé de dents sur toute sa base ; son poids, pour un diamètre de 5 m., dépassera 30ᵀ, tandis qu'un petit trépan pèsera 5 — 10ᵀ et un trépan élargisseur 15 — 25ᵀ.

Si l'on se sert d'un petit trépan avec appareil à chute libre, on battra 10 à 20 coups par minute, avec une hauteur de chute de 25 à 40 cm. Ces chiffres peuvent être augmentés tant que la profondeur reste faible.

Avec le grand trépan et la coulisse, le nombre de coups ne sera guère que de 8 à 10, avec une levée de 30 ou 40 cm. Mais le poids plus grand de l'outil compense cette diminution de vitesse. La hauteur de chute varie suivant les terrains. Dans les roches dures, on la réduit, en augmentant au contraire le nombre de coups. Dans les

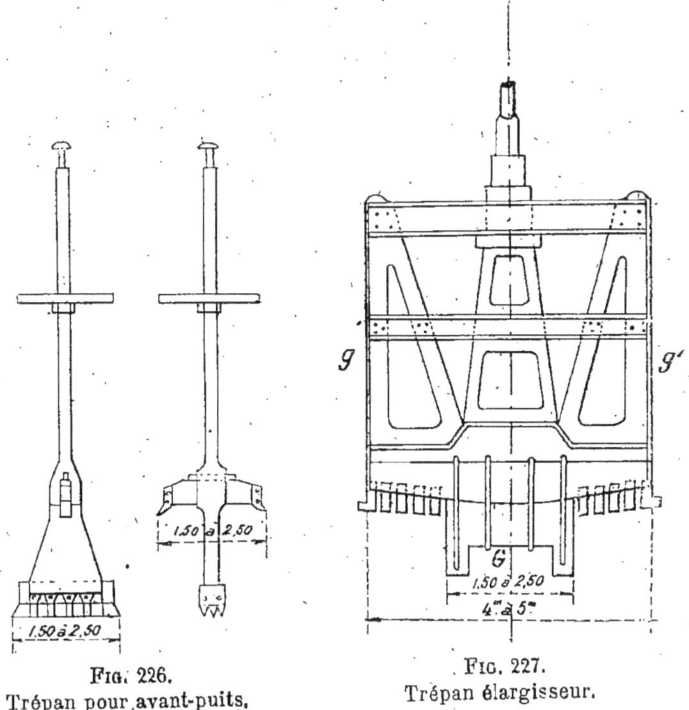

<table>
<tr><td>Fig. 226.
Trépan pour avant-puits.</td><td>Fig. 227.
Trépan élargisseur.</td></tr>
</table>

terrains tendres, et surtout argileux, le trépan ne travaille plus aussi efficacement si on ne nettoie pas fréquemment le fond du puits.

Pendant le forage il faut, comme dans un sondage, faire tourner l'outil au moyen de la barre de manœuvre.

162. Curage. — Le nettoyage de la base du fonçage devra être répété beaucoup plus souvent pendant le travail du petit trépan (et de même si on fonce immédiatement le puits sur tout son diamètre) que pendant celui de l'élargisseur. Les boues et les blocs, dans ce dernier cas, tombent dans l'avant-puits et s'accumulent au fond.

Ce curage se fait au moyen de la *cuiller*, qui est un cylindre muni de clapets à la base, qu'on descend avec les tiges de fonçage et qu'on remonte lorsqu'elle est pleine de boue. Les clapets ne ferment pas toujours bien, aussi la vitesse d'ascension de la cuiller ne doit-elle pas dépasser 1 m. par seconde.

Dans les fonçages exécutés en une fois, au grand trépan, il faut des cloches à plusieurs compartiments. Comme le poids d'une cloche cylindrique serait trop grand lorsque le diamètre atteint 4 ou 5 m, on peut employer la cloche *Mauget-Lippmann* (*fig. 228*), de forme rectangulaire, que l'on descend à plusieurs reprises avec une orientation différente.

Une cloche de ce genre, mesurant 4^m,20 sur 1^m,50, à 27 soupapes, pèse 5000 kg. à vide et 18.000 kg. après remplissage.

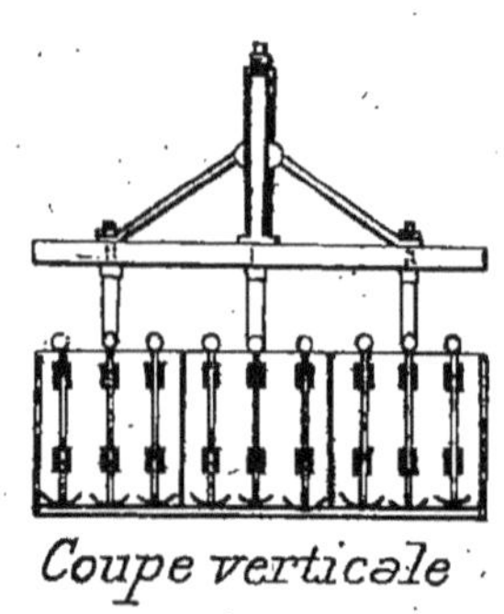

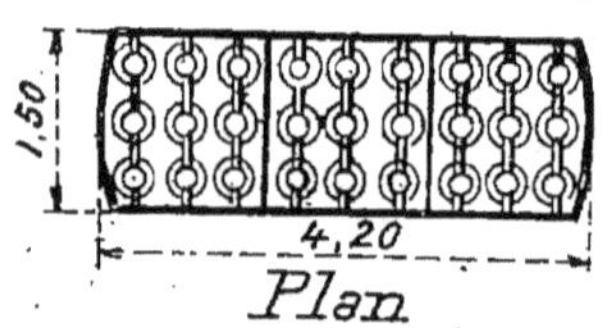

FIG. 228.
Cloche Mauget-Lippmann.

On a remplacé dans certains fonçages, notamment en Belgique, la cloche par une drague à godets fixés sur une chaîne sans fin qui râclent le fonds du puits et déversent les déblais dans un bac central (drague *Degueldre*). Comme la cloche *Mauget-Lippmann*, l'appareil doit être changé de position pour nettoyer le fond du puits dans toutes les directions.

La drague Degueldre assure un bon curage, mais sa manœuvre est longue et compliquée ; quant à la cloche, elle ne fonctionne pas si les déblais contiennent de gros blocs.

163. Outils auxiliaires. — En dehors des outils de forage et de curage, une installation de fonçage par le procédé Kind-Chaudron comporte des outils auxiliaires, pour les manœuvres ou pour le sauvetage des pièces restées dans le fond par suite d'une rupture de tiges. Mais, plus encore que pour un sondage, il faut chercher à réduire au minimum les arrêts causés par des accidents aux appareils employés. On devra donc employer des outils construits solidement, capables de résister aux chocs et aux vibrations, organiser le travail avec méthode et exercer une surveillance attentive.

La vitesse d'avancement du fonçage varie avec les terrains. Dans les roches très dures, crevassées, du Boulonnais, on est arrivé à un avancement normal de 15 à 16 m. par mois avec un petit trépan (de 2^m,20) et 9 m. avec le trépan élargisseur (de 4^m,35), soit une moyenne de 5^m,50 pour le puits amené à son diamètre définitif.

164. Tubage. — Lorsque les parois sont solides, on peut foncer une grande longueur de puits sans revêtement provisoire, mais dans les roches ébouleuses, on risquerait de voir le trépan coincé au fond par la chute de blocs de rocher. On ne peut donc attendre la pose du cuvelage définitif, et il faut procéder à un tubage en tôle. On descend alors une colonne qui reposera à sa base sur le fond du puits, à la partie inférieure de la zone ébouleuse, et dont le sommet s'arrêtera au haut de cette assise. La descente se fait au moyen d'un accroche-tubes de dimensions appropriées, muni d'un sabot tranchant pour éviter les coincements, et surchargé au besoin à l'aide de plusieurs anneaux de cuvelage.

Il arrive parfois qu'il faille ainsi tuber à colonne perdue plusieurs assises ébouleuses ; à chaque tubage le diamètre utile se réduit, et il faut changer le trépan. Dans les terrains trop peu consistants, on peut être exposé à voir la section exagérément réduite, aussi préfère-t-on une autre méthode de fonçage.

Du reste, avant d'entreprendre un puits par le procédé Kind-Chaudron, on doit étudier avec soin les terrains à traverser, pour éviter les surprises, et notamment pour ne pas risquer des réductions successives assez importantes pour obliger à modifier les dimensions prévues pour le cuvelage, ce qui amènerait des retards et des frais considérables.

On n'emploie le fonçage à niveau plein que pour la traversée des niveaux aquifères. Avant et après ceux-ci, on aura recours au creusement par les procédés ordinaires.

165. Cuvelage. — Lorsque le puits est foncé, et au besoin revêtu d'un tubage provisoire jusqu'au-dessous des terrains aquifères, il s'agit de mettre en place le cuvelage définitif, avant de vider le puits et de continuer le fonçage à niveau vide. Cette opération est délicate, puisqu'elle doit se faire dans un puits rempli d'eau, et qu'on ne pourra inspecter comment le revêtement est placé que lorsqu'il sera trop tard pour remédier aux défauts constatés, au moins pour certains d'entre eux.

Le cuvelage est formé d'anneaux en fonte, de 1^m,20 à 1^m,50 de hauteur, du type allemand, c'est-à-dire à surface extérieure lisse et à joints boulonnés avec interposition d'une feuille de plomb. Pour être certain de l'étanchéité de l'ouvrage, on le constitue en général au moyen d'anneaux entiers, et non de panneaux comme dans les cuvelages montés au fond.

Cette règle a deux inconvénients. Le premier est d'obliger à manœuvrer des pièces très lourdes ; mais on dispose en général à la surface de moyens suffisants. Le second, plus sérieux lorsque le puits doit avoir une grande profondeur, est de limiter son diamètre à celui que peuvent avoir les anneaux pour circuler sur les voies ferrées, de l'usine où ils sont fabriqués à l'emplacement du puits. Ce gabarit est variable avec les Compagnies de chemin de fer, mais il permet rarement de dépasser 4^m,20. Pour des dimensions supérieures, on devra installer une fonderie spéciale à côté du fonçage, à moins qu'on ne puisse faire le transport par canal ou par route. Le premier moyen a permis de fabriquer des cuvelages de plus de 5^m,50.

Le système proposé par Toinson (voir chap. V), qui consiste à remplacer le cuvelage unique par plusieurs cuvelages posés l'un à côté de l'autre dans le même puits permettrait également de tourner la difficulté, mais il obligerait à une consommation élevée de béton pour remplir les vides entre les cuvelages, et la mise en place de ces derniers n'irait pas sans difficultés.

L'épaisseur du cuvelage est donnée par les formules indiquées au chapitre V. Mais il est à remarquer qu'on admet actuellement de faire travailler la fonte avec un coefficient de sécurité moindre que celui qu'exigeait la formule primitive de Chaudron :

$$e = 0,020 \; \frac{50}{H} + 0,0001 \; HD \quad\quad (H \text{ et } D \text{ en mètres}).$$

La cimentation derrière le cuvelage, très généralement pratiquée, diminue beaucoup les pressions qui s'exercent sur ce dernier, et réduisent également les poussées dues aux mouvements des terrains, à condition toutefois qu'on ne les provoque pas en disloquant les terrains par une exploitation poussée trop près du puits.

Malgré tout, le poids du cuvelage, pour de grandes profondeurs atteint au moins 1.500 ou 2.000^t. Il ne peut être question, sans un dispositif spécial, de faire supporter un tel poids à la charpente du chevalement.

166. Descente du cuvelage. Faux fond et tube d'équilibre. — Ce dispositif, inventé par Chaudron, consiste à munir le cuvelage, pour sa descente, d'un faux fond, qui lui permet de flotter dans l'eau qui remplit le puits. Pour provoquer l'enfoncement, il suffira de remplir le fond du cuvelage d'une quantité suffisante d'eau. Il est d'ailleurs utile, même lorsque la tour est au repos, pendant la pose d'un nouvel anneau, de la surcharger, et de faire travailler à la traction les tiges de suspension. Si on se contentait de la laisser flotter, elle risquerait de ne pas garder son équilibre et de verser contre les parois.

La fig. 229 représente ce faux-fond. Il porte au centre une tubulure C à laquelle fait suite un tube fermé par un robinet R manœuvré de la surface ; par ce robinet on peut admettre au-dessus du faux-fond la quantité d'eau nécessaire pour produire l'enfoncement du cuvelage.

Le plus souvent, au-dessus de la tubulure C, on monte une

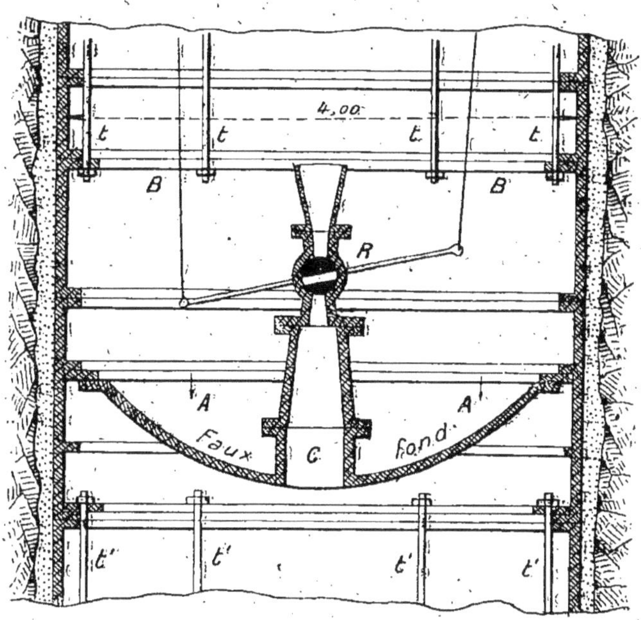

Fig. 229. — Faux-fond d'équilibre.

colonne sur la plus grande partie du cuvelage ; l'eau prend son niveau dans ce *tube d'équilibre* (voir *fig. 230*) sur lequel on peut brancher les robinets de prise d'eau pour le remplissage. Ces robinets doivent être maintenus fermés dès que l'eau qui monte dans le tube atteint leur niveau.

Le faux-fond est en une pièce et pour pouvoir le placer lors du montage et le retirer au jour lorsque le cuvelage est en place, il faut qu'il ait un diamètre inférieur à celui des nervures intérieures de ce dernier. Pour le fixer, on interpose donc un anneau A formé de deux ou trois parties, boulonné sur une nervure, auquel le faux-fond sera lui-même fixé par des boulons.

Un autre anneau B, également engagé sous une nervure, est traversé par la base filetée des tiges de suspension T, qui soutiennent depuis la surface l'ensemble du cuvelage.

Au-dessous du faux-fond, on remarque les tiges T' supportant la *boîte à mousse*, organe dont nous parlerons un peu plus loin.

Les tiges de suspension t, que l'on maintient toujours en tension au moyen de la surcharge d'eau, se terminent à la surface par des tiges filetées T passant dans des écrous E (*fig. 230*). En tournant ces derniers, on laisse descendre peu à peu le cuvelage.

Dans les premiers temps de l'application du système Kind-Chaudron, on croyait ces tiges indispensables pour maintenir la verticalité du cuvelage. Elles peuvent en réalité être supprimées à partir du moment où le cuvelage flotte, c'est-à-dire lorsqu'il a déplacé un poids d'eau égal à son propre poids. En le lestant suffisamment, on arrive à assurer une descente verticale. Mais au début, il faut évidemment soutenir le cuvelage avec des tiges pour qu'il ne s'enfonce pas brusquement.

On peut donc, après l'avoir immergé sur une certaine hauteur, variable avec ses dimensions (10 à 15 m. par exemple), démonter les tiges qui sont, comme nous le verrons, très gênantes pour la pose des anneaux successifs.

On a même disposé, dans certains cas les tiges *au dehors* du cuvelage, en les terminant à la base par une patte rectangulaire qui vient s'engager sous la base du cuvelage (*fig. 231*).

Pour empêcher le décrochement intempestif d'une tringle, celles-ci se terminent par une partie carrée de section inférieure (CD), et par une partie trapézoïdale (EF). Cette dernière se loge dans une encoche trapézoïdale à la base de l'anneau inférieur. Pour l'y introduire ou la dégager, il faut présenter la partie carrée CD, mais une fois la tige en tension et la patte P prise sous l'anneau, la partie EF ne peut plus s'échapper de son encoche.

Les tiges sont supportées, à la partie supérieure, par des câbles mouflés enroulés sur des treuils ; quand le cuvelage flotte, les câbles cessent d'être en tension. En laissant descendre les tiges suffisamment pour que la partie carrée CD se présente en face de l'entrée de l'encoche, on peut dégager la tige et la remonter au jour.

Un tel dispositif, qui a été appliqué en Belgique, n'est possible que si le cuvelage ne se prolonge pas, à la base, par une boîte à mousse.

L'absence de tiges rend très simple la pose d'un anneau supplémentaire : rien ne gêne pour le placer et le boulonner sur la tête du cuvelage. On règle chaque fois la quantité d'eau dans le fond de celui-ci, pour que la vitesse d'enfoncement ne soit ni trop lente, ni trop rapide.

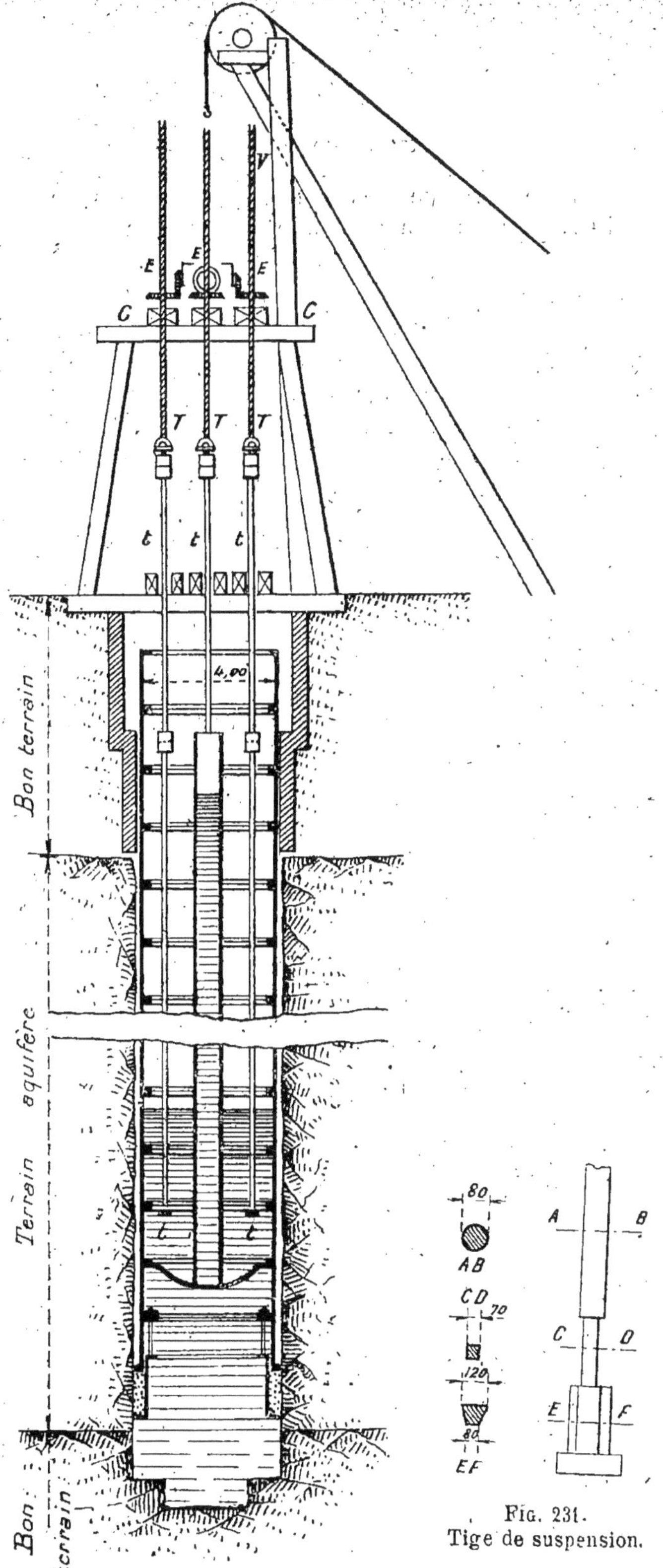

Fig. 231.
Tige de suspension.

Fig. 230. — Descente du cuvelage (système primitif).

Tant que le cuvelage ne flotte pas (si les tiges de suspension
sont à l'intérieur), ou pendant toute la durée du travail si l'on n'a

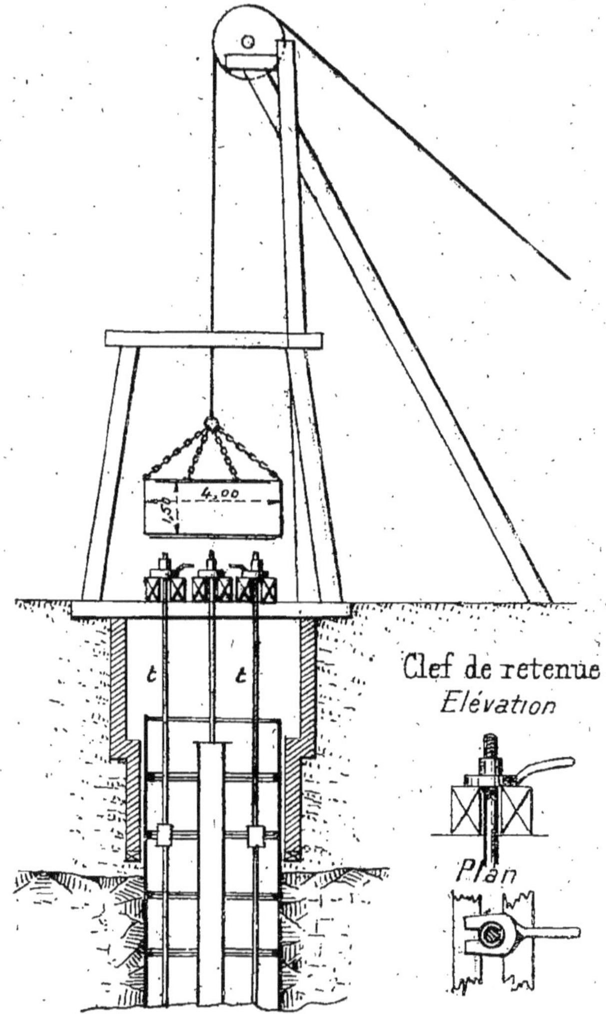

Fig. 232. — Pose d'un anneau (système primitif).

pas renoncé à l'emploi des tiges, la pose d'un anneau exige une
manœuvre spéciale.

Pour pouvoir amener l'anneau au-dessus du puits et le descendre sur le cuvelage, il faut supprimer les tiges filetées T On sou-

tient donc, avant de les démonter, l'extrémité des tiges t avec une clef de retenue (*fig.* 232) reposant sur des sommiers en bois.

On dévisse ensuite les tiges T, on place l'anneau, et on revisse les tiges T pour reprendre la manœuvre de descente du cuvelage.

En même temps qu'on pose un anneau, on allonge le tube d'équilibre, lorsque la tête de ce dernier se rapproche trop du plan d'eau.

Avant d'être employés, les anneaux de cuvelage doivent être essayés à une pression très supérieure à celle qu'ils auront à supporter lorsqu'ils occuperont leur position définitive dans le revêtement du puits. Dans ce but on entoure l'anneau à essayer d'une chemise en fonte, de diamètre supérieur, et on comprime avec une pompe ou une presse hydraulique, de l'eau entre ces deux cylindres.

167. Boîte à mousse. — Lorsque la partie inférieure du cuvelage est arrivée à l'assise imperméable au-dessous des terrains aquifères, il faut assurer l'étanchéité parfaite de la base du revêtement.

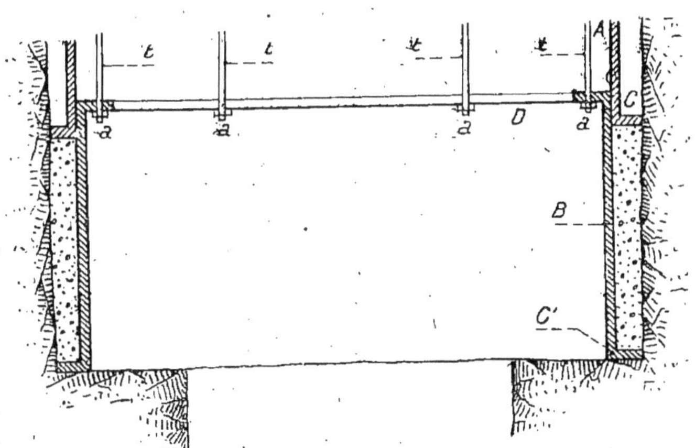

Fig. 233. — Boîte à mousse avant serrage.

On ne peut songer à poser une trousse picotée. Le dispositif imaginé par Chaudron a consisté à munir le cuvelage, à sa partie inférieure, d'une *boîte à mousse* (*fig.* 233).

On boulonne d'abord, au-dessous du premier anneau du cuvelage un anneau spécial A de diamètre égal à celui du cuvelage, mais ne présentant pas de nervures intérieures, et terminé à la base par un collet C, qui déborde vers l'extérieur d'une vingtaine de centimètres.

A l'intérieur de l'anneau A peut en coulisser un autre, B, qui se termine également par un collet C' semblable à C ; cet anneau B est supporté par des tringles t', qui traversent le collet supérieur D, ainsi que le collet du haut de l'anneau A ou un cercle placé au bas du cuvelage proprement dit (voir *fig. 229*). Les écrous *a* empêchent la boîte à mousse de descendre, mais les tringles elles-mêmes ne sont pas filetées et n'empêchent pas l'anneau B de remonter à l'intérieur de A.

Avant de commencer le montage du cuvelage, on dispose sur le plancher de manœuvre à l'orifice du puits l'anneau B qu'on coiffe de l'anneau A, et on maintient ce dernier, après avoir placé les tringles, de telle sorte que le collet C soit presque au niveau du cercle D (*fig. 233*). On enfile ensuite, dans des encoches des collets C et C', des baguettes en bois, qui entourent l'espace annulaire compris entre ces derniers d'une sorte de barrière entre les barreaux de laquelle on bourre de la mousse. Quand celle-ci est serrée à refus, on l'entoure d'un filet métallique, et on enlève les baguettes.

La boîte est ainsi prête et peut être descendue dans le puits sans que la mousse risque de s'échapper. Il ne reste plus qu'à monter les premiers anneaux du cuvelage et le faux fond, ainsi que les tiges T, et à commencer la descente.

Au lieu des tringles t', on peut employer pour supporter la boîte à mousse le dispositif représenté par la fig. 234.

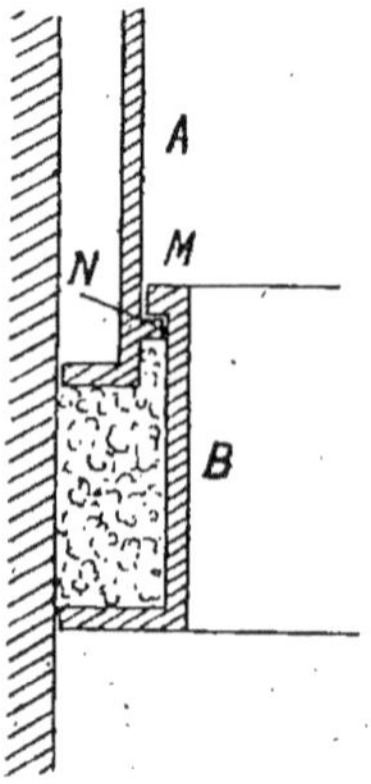

L'anneau A porte à sa base, du côté intérieur, une nervure N sur laquelle repose la partie supérieure, légèrement débordante, de l'anneau B. Celui-ci ne peut donc pas descendre, mais rien ne l'empêche de coulisser à l'intérieur de A lorsqu'il reposera sur le fond.

Lorsque le cuvelage arrive au bas du fonçage, c'est l'anneau B qui touche le premier et qui s'immobilise. Le cuvelage, lui, continue à descendre en comprimant la mousse et en la serrant ainsi contre le terrain. En même temps l'eau comprimée sous le faux fond fait monter le niveau dans le tube d'équilibre.

Fig. 234.
Autre dispositif de support de la boîte à mousse.

Le poids du cuvelage est considérable, aussi la mousse, réduite à un huitième ou un dixième de sa hauteur, forcée de pénétrer dans les moindres irrégularités du terrain, forme-t-elle un joint parfaitement étanche.

Mais il faut pour cela que la base sur laquelle doit reposer la

boîte soit tout à fait horizontale et régulière, et que la paroi du puits,
au fond, ne soit pas fissurée, ou plus écartée par endroits, sinon le
serrage de la mousse ne se fait pas bien, et elle risque même d'être
chassée dans les défauts de la parois; dans ce cas, le collet C viendra
en contact avec le collet C', sans que le joint soit étanche.

On a donc soin de finir le fonçage en battant à petits coups, en
tournant régulièrement le trépan, puis en nettoyant complètement
le fond du puits. Dans ces conditions on arrive à réaliser une base à
peu près aussi étanche qu'avec une trousse picotée.

168. Bétonnage. — Le cuvelage, dont le diamètre est de 20 ou
30 cm. inférieur à celui du fonçage, est séparé des parois par un
espace vide, occupé seulement par l'eau qui remplit le puits. Il faut
combler cet espace avec du béton pour compléter l'étanchéité de la
base du cuvelage, et pour fixer définitivement ce dernier.

On emploie pour cette opération du ciment pur, sur les 15 ou
20 m. qui surmontent la boîte à mousse, puis on continue avec du
béton composé d'une partie de ciment pour 1 ou 2 de sable. Le
ciment ne doit pas être à prise très rapide, pour ne pas commencer
à durcir avant d'être arrivé au fond.

L'opération se faisait autrefois en descendant le mélange dans
une *bétonnière*, sorte de cuiller de forme courbe, pour passer dans
l'espace annulaire, maintenue fermée pendant la descente par la tension du câble, et qui s'ouvrait automatiquement lorsqu'on touchait
le fond et que le câble se détendait.

En employant 5 ou 6 bétonnières à la fois, on arrive à bétonner plusieurs mètres par jour.

On préfère actuellement disposer un tuyau descendant jusqu'au
fond, qu'on relève au fur et à mesure de l'avancement du bétonnage,
et par lequel on fait couler depuis la surface un lait de ciment. On
évite ainsi d'agiter l'eau, et l'opération est plus simple.

Si les eaux sont salines, on emploie un ciment magnésien. Le
bétonnage une fois terminé, on attend un ou deux mois pour que
la prise soit complète, puis on démonte le tube d'équilibre, on épuise
l'eau qui reste au fond du cuvelage, on enlève le faux fond, et on
peut reprendre le fonçage.

Pour compléter la base du revêtement, on peut alors installer,
au-dessous de la boîte à mousse, des trousses picotées, réunies à
cette dernière par un cuvelage de raccordement *(fig. 235)*. Ce travail
peut se faire commodément, puisque les venues d'eau ont été supprimées. D'ailleurs, en pratiquant des injections de ciment dans les
terrains derrière les anneaux inférieurs du cuvelage, on peut aveu-

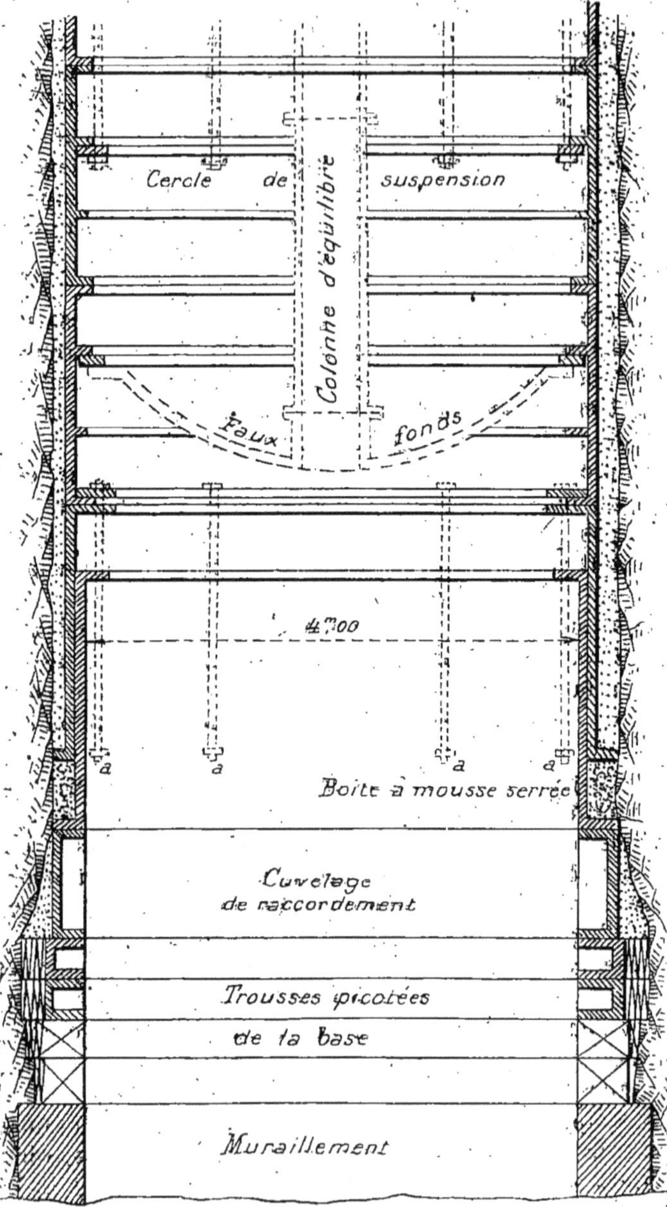

Fig. 235. — Base du cuvelage complétée par des trousses picotées.

gler les dernières venues d'eau et se passer, le plus souvent, de l'installation de ces trousses picotées.

169. Suppression de la boîte à mousse. — Le bétonnage, et surtout l'injection de ciment dans les cassures du terrain assurent au cuvelage une étanchéité si satisfaisante qu'on a pu se demander si la boîte à mousse était indispensable.

En fait, on a pu constater après coup, dans certains cas, que la boîte à mousse s'était abîmée ou vidée, et que cependant on avait réalisé un joint étanche à la base du cuvelage.

On a donc essayé de mettre en place des cuvelages qui ne comportaient pas de boîte à mousse, et les résultats obtenus ont été excellents. Si certains mineurs continuent à employer cet organe, c'est plutôt par excès de précaution que par nécessité.

Outre la simplicité qui en résulte pour l'installation du cuvelage, cette suppression a encore l'avantage de permettre de se passer du tube d'équilibre. On n'a plus, en effet, à laisser une issue pour l'eau qui se trouve sous le faux fond, puisqu'elle n'est plus isolée du reste de la masse, en fin de descente du cuvelage, par la couronne de mousse comprimée. On laissera une ouverture au bas du faux fond, mais uniquement pour vérifier, après le bétonnage, s'il y a des venues d'eau au fond du puits. Quant à l'introduction de l'eau nécessaire pour lester le cuvelage, elle se fera depuis la surface.

170. Descente d'un cuvelage à tête noyée. — Jusqu'à présent, nous avons supposé que le cuvelage devait être placé depuis le fond de l'avant puits, à faible distance de la surface, de telle sorte qu'au moment où il arriverait à sa position, sa tête soit toujours au-dessus du plan d'eau dans le puits. Or il arrive fréquemment qu'on puisse foncer le puits sur une assez grande longueur en épuisant les eaux, et que le niveau fortement aquifère ne commence qu'à une profondeur notable. Dans ce cas, la partie supérieure du puits jusqu'à un niveau AB (*fig. 236*), sensiblement au-dessous du niveau hydrostatique MN pourra être creusé et garni de son revêtement (cuvelage ou maçonnerie), à niveau vide. Mais ensuite, pour la traversée des assises très aquifères, de AB à CD, on recourra au procédé Kind-Chaudron. Comme on sera obligé de supprimer les pompes d'épuisement, les eaux remonteront jusqu'en MN. Lorsqu'on voudra descendre un cuvelage de hauteur suffisante pour recouvrir les parois de AB à CD, sa tête se trouvera, à partir d'un certain moment, au-dessous de MN. Il serait envahi par les eaux, qui le feraient couler brusquement.

Un dispositif spécial permet d'éviter d'allonger le cuvelage sur toute la hauteur entre CD et MN. Il suffit de munir ce dernier d'un faux fond supérieur F muni d'une soupape S (manœuvrée de la surface par le câble C) au moyen de laquelle on introduit dans le cuvelage la quantité d'eau nécessaire pour provoquer l'enfoncement.

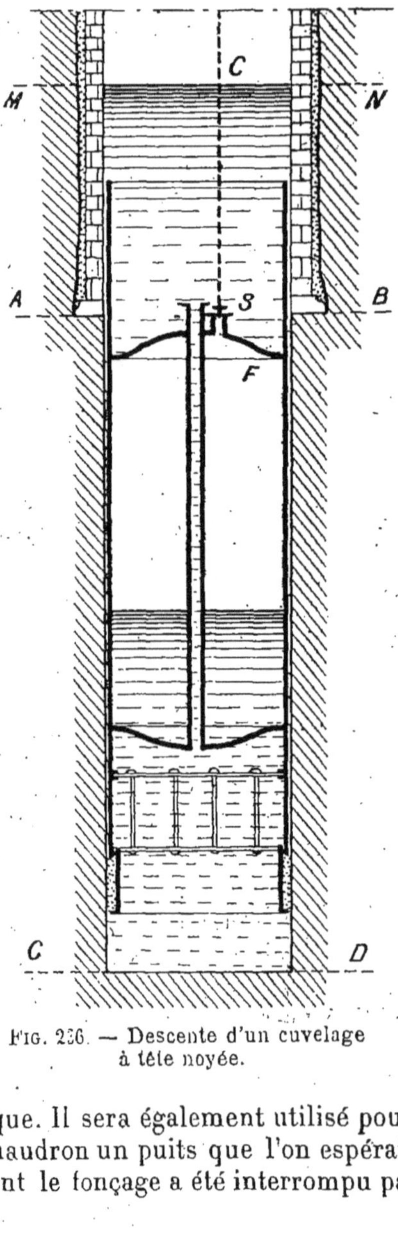

La tête du cuvelage, au-dessus du faux fond F peut donc être sous l'eau, sans que la tour descende plus vite qu'on ne le désire.

Si la boîte à mousse et le tube d'équilibre ne sont pas supprimés, ce dernier traverse tout le cuvelage et débouche au-dessus du faux fond supérieur.

L'ouvrage une fois arrivé en place, on réinstalle les pompes pour ramener le plan d'eau en AB, on fait le bétonnage entre le cuvelage et le terrain, on démonte le faux fond supérieur, puis le tube d'équilibre et le faux fond inférieur (après avoir vidé le cuvelage).

Le bétonnage doit être particulièrement soigné non seulement à la base, mais encore au voisinage du niveau AB pour assurer une étanchéité parfaite.

Ce système est applicable quand les assises fortement aquifères sont notablement au-dessous du niveau hydrostatique. Il sera également utilisé pour continuer, par le procédé Kind-Chaudron un puits que l'on espérait pousser à fond à niveau vide et dont le fonçage a été interrompu par des venues d'eau d'une impor-

FIG. 236. — Descente d'un cuvelage à tête noyée.

tance imprévue ; on essaiera d'abord de les aveugler par cimentation, ce qui permettrait d'éviter les installations coûteuses du procédé Kind-Chaudron.

171. Procédé Wolski pour le fonçage. — Nous avons signalé, dans la IIe partie du Cours (sondages) le trépan, inventé par Wolski, dans lequel le mouvement de l'outil est obtenu par une sorte de bélier hydraulique :

Une colonne d'eau sous pression aboutit, au bas du puits, au-dessus du trépan maintenu à une certaine distance de roche par un puissant ressort. Une soupape, par laquelle l'eau s'échappe d'abord, se ferme automatiquement lorsque la vitesse du courant augmente ; il en résulte un coup de bélier dans le cylindre qui enveloppe la tête du trépan. Ce dernier est chassé brusquement contre la roche, puis ramené par le ressort ; sous ce choc en retour, le mouvement de la colonne d'eau s'arrête, la soupape se rouvre et la manœuvre précédente recommeuce.

On réalise ainsi un mouvement de battage rapide. Ce système a donné d'excellents résultats dans les sondages. L'inventeur a pro-

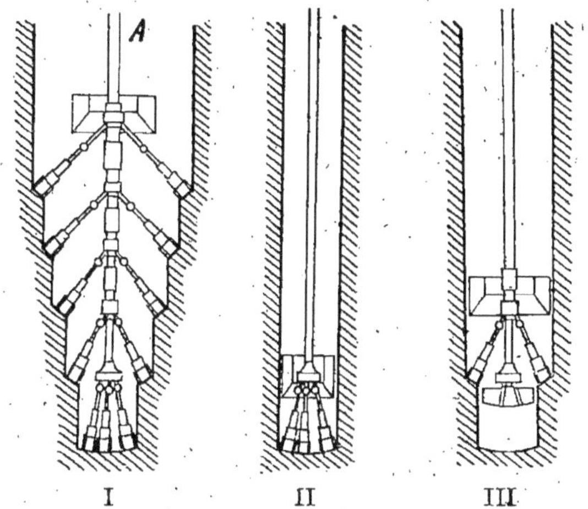

Fig. 237. — Fonçage avec trépans hydrauliques Wolski.

posé de l'étendre au fonçage des puits, et les premières expériences dans un puits d'essai ont semblé prouver que l'on pourrait obtenir un avancement satisfaisant, avec une installation moins lourde que ne l'exigent les appareils ordinaires du procédé Kind-Chaudron.

Dans le dispositif proposé, on emploie des séries de trépans élémentaires assemblés suivant des cônes de révolution ayant pour axe la colonne d'amenée de l'eau sous pression A (*fig. 237*). Chacune de ces séries attaque le terrain suivant un gradin oblique.

Les boues produites s'accumulent au fond, où elles sont reprises par une pompe actionnée par une dérivation de la colonne d'eau comprimée, et rejetées dans un bassin où elles se déposent. Quand ce bassin est rempli de déblais, on le remonte au jour pour le vider.

On peut foncer simultanément avec toutes les séries de trépans (croquis I), ou au contraire commeucer avec la seule série inférieure (croquis II) et élargir ensuite cet avant-puits avec les séries suivantes : le croquis III montre le premier de ces élargissements.

Ce procédé, dont les essais ont été encourageants, n'a pas encore reçu la sanction de la pratique.

172. Avancements réalisés avec le procédé Kind-Chaudron. — Nous avons déjà donné plus haut quelques indications sur les vitesses d'avancement réalisables pour le fonçage proprement dit, c'est-à-dire pour le creusement du puits au trépan. On peut compter qu'elles varient, suivant les terrains, entre $3^m,50$ et $5^m,50$ par mois pour un puits de $4^m,50$. La profondeur à laquelle se fait le travail ne joue qu'un rôle secondaire dans les différences constatées. Avec des installations perfectionnées on doit pouvoir dépasser ces chiffres.

Au temps pris par le fonçage, il faut ajouter celui que nécessitent l'assemblage des tronçons de cuvelage et la descente de ce dernier dans le puits, le bétonnage, l'épuisement, le démontage du faux-fond, les incidents divers ; tous ces travaux réduisent sensiblement les moyennes données ci-dessus. Il ne semble pas qu'il faille compter sur une moyenne supérieure à $2^m,30$ ou 3 m. par mois dans des conditions ordinaires.

L'opération de la descente du cuvelage n'est d'ailleurs pas très longue. On doit pouvoir allonger celui-ci de 25 à 30 m. par jour, c'est-à-dire de 18 à 20 anneaux.

173. Prix de revient. — Le prix de revient d'un fonçage par le procédé Kind-Chaudron est élevé, et très variable avec la hauteur des assises aquifères. Les installations de surface coûtaient déjà avant la guerre plusieurs centaines de mille francs, et bien qu'une forte partie d'entre elles pût resservir plusieurs fois, on comprend que si la hauteur foncée par ce procédé est faible, la proportion, par mètre, des frais incombant au fonçage est élevée.

L'épaisseur et le prix du cuvelage dépendent surtout de la profondeur à laquelle se trouvent les nappes aquifères.

Quant aux autres dépenses : exécution du travail, bétonnage, force motrice, elles sont moins variables suivant les circonstances.

En Westphalie, où ce mode de fonçage a été fort employé, pour des longueurs très différentes (de 22 m. à 140 m.), on évaluait, au début du XXᵉ siècle, le prix de revient du mètre courant de 7.500 à 12.000 fr. pour une profondeur moyenne de 50 m. à 350 m. et une hauteur d'application de 100 m., ces prix montant à 8.750 et 13.750 fr. si la hauteur d'application se réduit à 50 m.

On a obtenu, dans divers pays, des chiffres notablement moins élevés, mais à l'heure actuelle, ils seraient encore très au-dessous des dépenses à prévoir.

174. Limites d'application du procédé. — On pensait autrefois que l'épaisseur à donner au cuvelage en fonte serait telle, vers 350 ou 400 m., qu'on ne pourrait obtenir des anneaux sans soufflures, et que leur poids rendrait leur transport presque impossible.

On ne croyait donc pas que l'on pourrait dépasser cette profondeur. Mais les formules admises pour calculer l'épaisseur des anneaux étaient très prudentes, et on considère maintenant qu'il est possible de faire travailler la fonte sous de plus fortes pressions ; d'autre part, on a fait des progrès pour le moulage des pièces épaisses, et la cimentation des terrains soulage beaucoup les cuvelages. On envisage donc la possibilité de creuser par le procédé Kind-Chaudron des puits plus profonds. En fait, on a déjà dépassé notablement 400 m. notamment en Saxe et en Autriche.

<h3 style="text-align:center">§ 4. — Procédé Honigmann.</h3>

175. Principe. — Le procédé imaginé par Honigmann, appliqué à la fin du XIXᵉ siècle en Hollande et près d'Aix-la-Chapelle, consiste à forer le puits de mine à niveau plein par rotation, sans revêtement des parois, en remontant les boues par un courant d'eau. Pour empêcher, dans les terrains ébouleux, les parois de s'effondrer, on s'arrange pour avoir à l'intérieur du puits une pression plus forte que dans les terrains. On ne peut y arriver qu'en surélevant le plan d'eau, dans le puits, au-dessus du niveau hydrostatique, ce qui exige que ce dernier soit suffisamment au-dessous du sol pour que la différence de pression (1 atm. par 10 m.) due à la surcharge d'eau soit efficace.

Le procédé n'est donc applicable que lorsque le niveau hydrostatique est au moins à une dizaine de mètres de l'orifice.

La surcharge de l'eau est nécessaire également pour provoquer l'ascension des boues. Mais on n'opère pas comme dans les sondages à rotation, où l'eau descend par le tube porte-outil et remonte le long des parois ; en effet la différence de section entre le tube et le puits est telle que la vitesse d'ascension de l'eau dans l'espace annulaire serait trop faible, et que les boues ne seraient pas entraînées. On a donc renversé le sens du courant, en faisant monter l'eau par le tube central ; pour activer la surélévation du plan d'eau, on émulsionne le liquide en y dégageant, à la partie inférieure, de l'air comprimé amené par un tuyau spécial.

176. Description de l'installation. — La fig. 238 fait comprendre le principe de cette méthode.

Le tube T porte à sa base un cadre C sur lequel sont fixées les lames destinées à roder le terrain. A la partie supérieure, ce tube T se termine par une partie de section carrée Q, qui peut coulisser, pour suivre l'approfondissement du puits, dans une roue dentée R (portée par un chariot qui n'est pas figuré) qui lui transmet, par un train d'engrenages, le mouvement d'une poulie P.

Le tube est suspendu à un câble par l'intermédiaire d'un plateau à galets *g* et d'un étrier. Au centre descend un tuyau *t* amenant l'air comprimé à la base. Les boues, entraînées par l'eau émulsionnée, montent dans le tube T jusqu'à un joint cylindrique J dans lequel il tourne et où elles déversent par des ouvertures, pour être évacuées vers une rigole A.

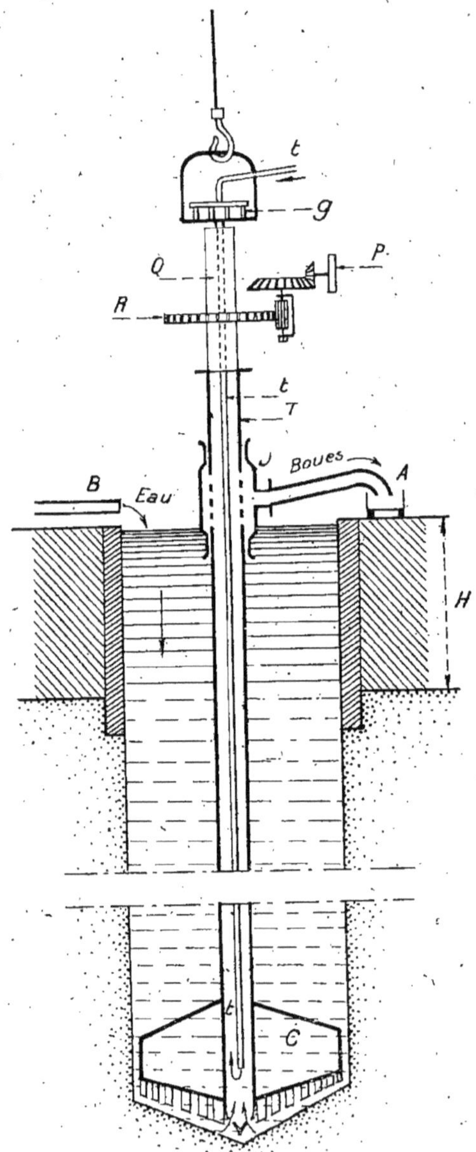

FIG. 238. — Procédé Honigmann.

Si la hauteur H entre le sol et la tête du niveau aquifère est inférieure à 10 m., on augmente la densité du liquide à l'intérieur du puits
en chargeant d'argile l'eau d'alimentation déversée par le canal B.

Une fois le fonçage terminé, on procède à la descente du cuvelage comme dans le procédé Kind-Chaudron.

Le système Honigmann a été appliqué pour la traversée de sables
boulants, mais seulement pour des profondeurs modérées : 80 à
130 m. Il est économique, et la suppression du revêtement provisoire dans les terrains ébouleux, qu'il permet de réaliser, constitue
un progrès intéressant.

177. Procédé Stockfisch. — On retrouve le même principe de

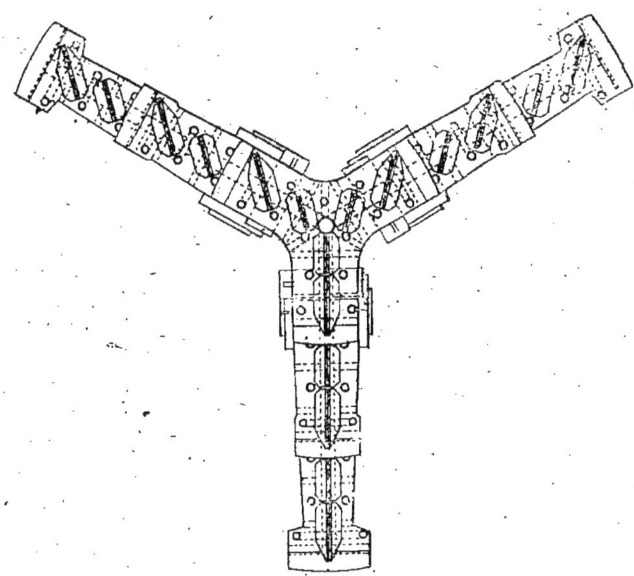

Fig. 239. — Trépan à 3 branches.

soutènement des parois, par l'effet d'un liquide dense à l'intérieur
du puits, dans le procédé Stockfisch, qui a été employé pour traverser des graviers et des sables aquifères, jusqu'à une profondeur de
88 m., au puits II de la Société Diergardt (Rhin inférieur), puis pour
le fonçage d'un puits au Hanovre.

Ici le fonçage s'est fait avec un trépan à 3 branches, de 3^m,70
de diamètre, de 3 m. de hauteur et d'un poids de 30 tonnes, composé d'une partie centrale et de trois ailes armées de dents (*fig. 239*)
La tige de support du trépan était creuse, en acier, de 243 $^m/_m$ de

diamètre intérieur et 15 $^m/_m$ d'épaisseur, terminée à la partie supérieure par une poulie soutenue par un câble dont les brins passaient
au haut du chevalement sur 2 poulies et allaient l'un à un treuil à
vapeur, l'autre à l'extrémité du balancier. A l'intérieur de ce tube
on injectait un mélange d'eau et d'argile, de densité convenable (1,5
à Diergardt), au moyen de 3 pompes refoulant chacune 1^{m3},5 par
minute.

Les boucs, contrairement au procédé Honigmann, remontaient
donc par l'extérieur, grâce à l'importance de la quantité d'eau in-
jectée. Les produits extraits étaient décantés dans un grand bassin
et l'eau clarifiée renvoyée aux pompes.

Le cuvelage était en fonte, et les anneaux composés de 6 segments, au lieu d'être en une pièce comme c'est en général le cas
avec le procédé Kind-Chaudron.

Il n'y avait pas de boîte à mousse, et l'anneau porteur de

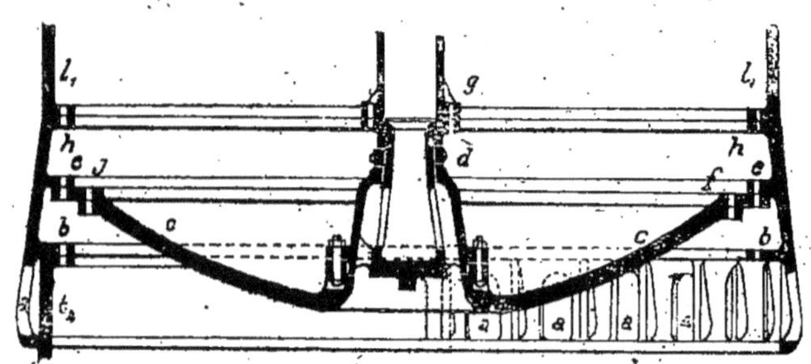

FIG. 240. — Anneau porteur avec faux-fond.

base était percé d'ouvertures permettant le passage du mélange
liquide (*fig. 240*). Le faux-fond était raccordé à l'anneau porteur par
l'intermédiaire d'un cercle de raccord.

La descente du cuvelage se fit pas les méthodes habituelles ;
mais, pendant cette opération, on eut soin de maintenir dans le
puits un courant constant de mélange liquide en l'injectant par des
conduites placées contre les parois.

Une fois le cuvelage en place, on injecta, par le tube d'équilibre,
après avoir ouvert le robinet *d* placé à sa partie inférieure, un béton
liquide au ciment, plus dense que le mélange se trouvant dans le
puits. Ce béton, traversant les ouvertures *a* de l'anneau porteur
remonta dans l'espace annulaire compris entre le cuvelage et le
terrain, et le remplit jusqu'au jour. Ce bétonnage ne dura que trois
heures et consomma 80 tonnes de ciment.

178. Résumé. — Le fonçage à *niveau plein*, c'est-à-dire sans *épuisement* peut s'exécuter par divers procédés, sans parler de la cimentation et de la congélation, que nous avons déjà décrites.

Le travail dans *l'air comprimé* (procédé Triger) a permis, au siècle dernier, de descendre jusqu'à 30 ou 35 m. au-dessous du niveau aquifère ; il est plus rarement employé actuellement, mais il peut encore rendre des services pour traverser une nappe aquifère de peu de hauteur.

Le fond du puits est transformé en une cloche à plongeur dans laquelle on pénètre en traversant un sas à air, dont les portes vers le chantier et vers l'atmosphère ne doivent jamais être ouvertes à la fois.

Quand le fonçage se fait au moyen d'une trousse coupante, le sas peut être indépendant ou au contraire solidaire du cuvelage. Ce dernier système est le meilleur ; le sas est monté au sommet d'une colonne, qu'on allonge au fur et à mesure de l'approfondissement, afin d'éviter aux ouvriers l'ascension des échelles au moment où ils sont affaiblis par la décompression à laquelle ils sont soumis.

L'inconvénient du procédé à l'air comprimé réside dans les conditions exceptionnelles où sont placés les ouvriers. La suppression de 2 ou 3 atmosphères risque d'amener des troubles physiologiques graves si l'on ne prend pas des précautions minutieuses, notamment au moment de la sortie du chantier. Ce procédé ne permet guère, en tous les cas, de dépasser une profondeur de 30 ou 35 m. au-dessous du niveau hydrostatique.

La méthode imaginée par *Kind et Chaudron* consiste à foncer le puits, au trépan, comme s'il s'agissait d'un sondage de grande dimension, qu'on laisse se remplir d'eau, puis à descendre le cuvelage jusqu'à sa position définitive et à le fixer par le bétonnage de l'espace libre entre lui et le terrain.

Le fonçage se fait souvent en deux étapes : On fore d'abord un avant-puits de 1ᵐ,50 à 2ᵐ,50, qu'on élargit ensuite ; on a cependant exécuté certains fonçages en une fois, avec un trépan atteignant 5 m. de largeur et pesant plus de 30 T.

On est parfois obligé de procéder au tubage des passées ébouleuses. Le cuvelage est en fonte, formé d'anneaux successifs qui sont eux-mêmes, le plus souvent, en une seule pièce ; cette méthode limite le diamètre aux dimensions qui permettent le transport des anneaux par voie ferrée, à moins qu'on ne fonde ceux-ci sur place. L'emploi d'anneaux entiers assure une meilleure étanchéité, mais dans des fonçages récents, on y a cependant renoncé sans inconvénients visibles.

Pour descendre le cuvelage, on le munit d'un faux fond, de manière à constituer une sorte de navire qui flotte dans l'eau, et dont on provoque l'enfoncement progressif en le lestant d'une quantité d'eau suffisante. On allonge le cuvelage en ajoutant des anneaux à la partie supérieure.

A la partie inférieure de la tour, au-dessous du faux fond, on disposait autrefois une *boîte à mousse*, organe destiné à rendre bien étanche la base du revêtement lorsque la mousse était comprimée contre le terrain. On a tendance, actuellement, à supprimer cette complication et à se contenter, pour empêcher toute venue d'eau, d'un bétonnage soigné, complété ultérieurement, le cas échéant, par des injections de ciment dans le terrain.

Lorsque les assises très aquifères ne commencent qu'à une profondeur notable et que la tête du cuvelage doit se trouver au-dessous du niveau hydrostatique, on munit l'ouvrage d'un faux-fond supérieur, et on le descend ainsi à *tête noyée*.

Le procédé Kind-Chaudron nécessite des installations importantes, et les avancements réalisés sont lents. Par contre il a l'avantage d'être sûr, et permet d'atteindre de grandes profondeurs. Il n'est donc pas certain qu'il soit appelé à disparaître devant les progrès des procédés par congélation ou par cimentation.

Diverses variantes ont été apportées au système primitif. Dans les procédés *Honigmann* et *Stockfisch*, on évite le revêtement provisoire, dans les passées ébouleuses, en augmentant la hauteur de l'eau dans le puits, et en ajoutant à celle-ci de l'argile, de façon à augmenter fortement sa densité. Le forage se fait, dans le premier procédé par rotation, dans le second au trépan, et les boues sont remontées par le courant d'eau circulant dans le puits. Ces systèmes ont déjà été appliqués avec succès, pour des profondeurs modérées.

CHAPITRE IX

FONÇAGE A LA TROUSSE COUPANTE A NIVEAU PLEIN
COMPARAISON DES MÉTHODES DE FONÇAGE DES PUITS

SOMMAIRE

§ 1. Emploi de la trousse coupante. — Dragage au sac. — Dragues à godets. — Excava teurs. — Emploi du trépan.

§ 2. Procédés divers et résultats obtenus. — Procédés Pattberg. — Moyens employés pour faciliter la descente de la trousse. — Avancements et prix de revient.

§ 3. Raccordement de la trousse avec les assises inférieures. — Tours en maçonnerie, en fonte. — Procédé Wolski pour le raccordement avec le terrain solide.

§ 4. Comparaison des différentes méthodes de fonçage des puits. — Profondeurs limites. Procédés applicables suivant la nature des terrains. — Vitesses d'avancement. — Prix de revient. — Résumé.

§ 1. — EMPLOI DE LA TROUSSE COUPANTE.

179. Rappel du principe de la méthode. — Ainsi qu'on l'a vu (au chapitre III § 4), le procédé de la trousse coupante consiste à enfoncer en bloc le revêtement, en exerçant au besoin une pression à la partie supérieure au moyen de vérins, et en le munissant à la base d'un sabot tranchant qui facilite sa pénétration dans le terrain.

Le travail des ouvriers, lorsqu'on opère à niveau vide, se borne à désagréger les roches, ou à enlever les sables ; on peut l'effectuer par des moyens mécaniques, actionnés depuis la surface, en laissant le puits se remplir d'eau.

Nous aurons donc à décrire les installations spéciales qui permettent d'exécuter ainsi le fonçage à niveau plein, et nous signalerons à cette occasion quelques procédés spéciaux, un peu différents de la méthode primitive.

180. Modes de fonçage. — Suivant la consistance des terrains, le fonçage se poursuit soit par *dragage*, au moyen de sacs ou d'une drague à godets (dans les sables ou graviers meubles), soit à l'aide *d'excavateurs* (terrains meubles, ou peu résistants), soit enfin *au trépan*.

Quant au montage de la tour, à son enfoncement, aux raccordements avec la partie supérieure du revêtement, ils se font d'une façon analogue dans ces divers systèmes. Nous n'y reviendrons pas, et nous décrirons seulement les travaux de raccordement de la trousse avec les assises imperméables auxquelles s'arrête le fonçage à niveau plein.

181. Dragage au sac. — Dans les sables boulants, le problème se réduit à l'enlèvement des déblais, qui n'ont pas besoin d'être préalablement désagrégés. On peut donc chercher à les recueillir dans des sacs, que l'on remonte au jour lorsqu'ils sont pleins.

Les sacs doivent être placés horizontalement ; la partie inférieure est en cuir solide, le dessus en toile perméable pour laisser filtrer l'eau. L'entrée du sac est fixée sur un cadre en fer forgé, qui la maintient ouverte, et dont la barre inférieure, qui repose sur le sol, est munie de dents ou d'un tranchant pour râcler le terrain. Le cadre lui-même est disposé au bas d'une tige animée d'un mouvement de rotation, grâce auquel les déblais pénètrent dans le sac.

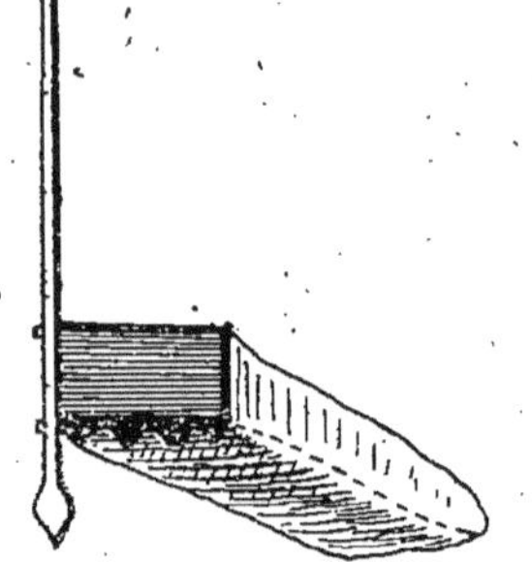

FIG. 241.
Drague à un seul sac.

Pour de faibles profondeurs, on peut se contenter d'une tige pleine en bois ou en fer, munie d'un seul sac (*fig. 241*). La rotation de la tige est obtenue à la main. En raison de la petite dimension du sac, on dispose plusieurs dragues au fond du puits.

On peut ainsi foncer une trentaine de mètres, dans des sables très meubles. Pour de plus grandes profondeurs, on emploie de grandes dragues à deux sacs (*fig. 242*), montées sur un cadre dont la largeur est à peu près celle du puits. La tige en bois A est parfois remplacée par une colonne en tubes d'acier.

En avant de l'ouverture de chaque sac est un tranchant P ; le sac lui-même est fixé à la traverse de base et à la traverse intermédiaire C. On remarquera que le cadre porte à l'extérieur une dent D destinée à faire ébouler le sable qui pourrait adhérer à la tour du cuvelage. Une drague de ce type est actionnée par un petit treuil à vapeur ou par un baritel.

L'inconvénient commun de ces appareils est d'obliger, chaque fois que les sacs sont pleins, à les ramener au jour en démontant les tronçons successifs de la tige. Un dispositif, imaginé par *Sassenberg*

et Clermont rend les manœuvres beaucoup plus rapides, ce qui accélère le fonçage aux grandes profondeurs. Au lieu d'être fixé au bas de
la tige, le cadre porte-sac peut glisser le long de celle-ci au moyen

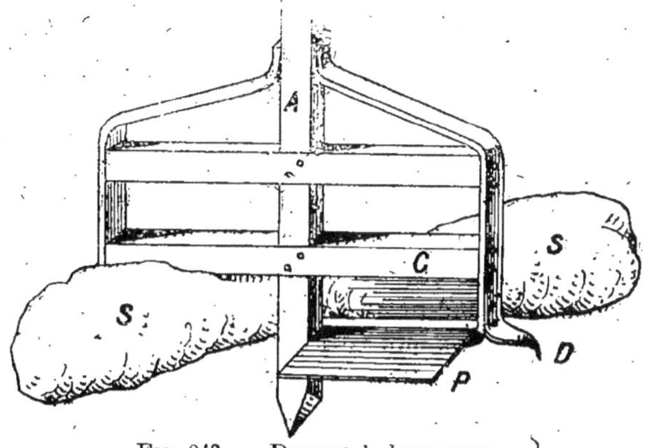

Fig. 242. — Drague à deux sacs.

de colliers. On peut donc retirer simplement les sacs en laissant en
place la tige. Un dispositif spécial rend les câbles d'extraction indé-
pendants du cadre pendant la rotation de la
tige ; on évite ainsi qu'ils ne tournent eux-
mêmes. On est arrivé à extraire, tous les quarts
d'heure, 20 ou 30 hectolitres de sables, avec
deux sacs et à dépasser 60 m. de profondeur.

182. Dragues à godets. — Au lieu du curage rotatif, au fond du puits, on a employé,
dans des sables ou des graviers meubles, des
dragues à godets. (Le schéma de l'appareil est
représenté par la fig. 243.

Les godets sont disposés sur une chaîne sans
fin entraînée par un tambour à section hexagonale ; une poulie hexagonale P, fixée à la base d'une
tige A les maintient à la profondeur voulue au-
dessus du fond.

A leur passage à la partie inférieure les godets
se remplissent, tandis qu'ils se vident en tournant
autour du tambour placé à la surface.

Quand les godets ne mordent plus dans
le terrain, on allonge la tige A, et on intercale quelques anneaux dans la chaîne.

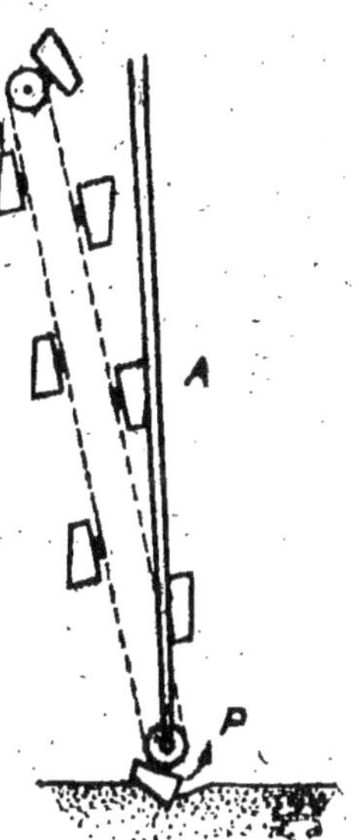

Fig. 243.
Drague à godets.

Avec cet appareil on peut descendre à 18 ou 20 m., et réaliser un avancement mensuel de 10 à 15 m.

La vitesse de translation varie suivant la grandeur et le nombre des godets.

Avec des godets de 75 litres, espacés de 2^m,50, elle sera par exemple de 5 à 6 m. par minute ; avec des godets de 25 litres seulement, à 2 m. d'intervalle, on pourra atteindre 8 m.

La difficulté est de réaliser l'enlèvement régulier des déblais sur toute la surface du fond du puits. A la mine *Concordia* (Westphalie), on y est arrivé en fixant le tambour, le haut de la tige et le moteur de commande sur un chariot qui pouvait se déplacer sur une voie disposée elle-même sur une plate-forme tournante. Grâce à ce double mouvement, on pouvait amener la chaîne à godets en un point quelconque de la section.

La plate-forme était soutenue par un chevalement spécial, indépendant de la tour du cuvelage.

On a pu traverser ainsi, très économiquement, une couche de gravier d'une dizaine de mètres.

183. Emploi des excavateurs. — Un excavateur est un appareil formé de deux godets, munis de griffes pour pénétrer dans le terrain, maintenus écartés pendant la descente et qui se rapprochent comme deux mâchoires, emprisonnant une certaine quantité de déblais que l'on remonte et déverse à la surface. La fig. 244 fait comprendre le fonctionnement d'un appareil de ce type.

A la descente, les chaînes C, en tirant sur les fonds des G godets auxquels elles sont attelées (en B) les maintiennent écartés. Au moment où l'excavateur arrive au fond, les chaînes C se détendent et se décrochent. Quand on ramène alors en arrière la chaîne de suspension, les chaînes D entrent en jeu, et font effort sur les coins E des godets, qui tournent autour de l'axe A, se rapprochent, mordent dans le terrain et se referment. Quand l'excavateur est remonté au jour, on le vide, on raccroche les chaînes C et on le redescend dans le puits.

En pratique on cherche à réaliser ces mouvements sans avoir à décrocher effectivement les chaînes C, pour éviter leur raccrochage au jour.

Des appareils de ce genre peuvent enlever à la fois une ou deux tonnes de déblais, ce qui permet des avancements mensuels beaucoup plus rapides qu'avec les dragues à sac ou les chaînes à godets.

La profondeur n'est pas un obstacle à l'emploi du système, mais il est parfois difficile de creuser sur toute la section du puits, lorsque les terrains ne sont pas coulants.

Dans les sables, on peut foncer 20 à 25 m. par mois, mais dans les terrains argileux, les avancements sont beaucoup moins satisfaisants. Les mâchoires pénètrent mal dans le sol, et il faut modifier les excavateurs pour qu'ils ne se referment pas automatiquement dès leur contact avec le fond : on désagrège d'abord le terrain en le frappant à plusieurs reprises avec l'appareil ouvert, qui fonctionne ainsi à la façon d'un trépan.

184. Emploi du trépan. — Ce moyen de creusement devient

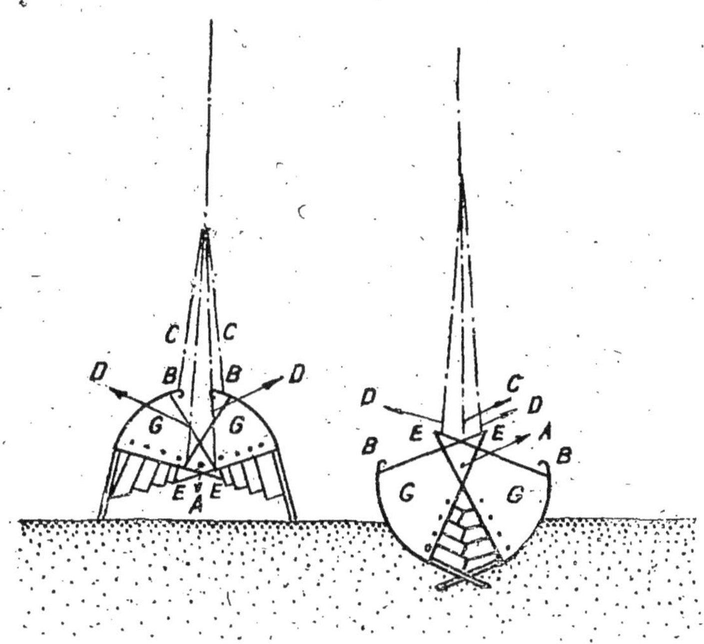

Fig. 244. — Excavateur.

inefficace dans les roches plus dures ; on est alors obligé, avant de descendre l'excavateur, d'employer un outil spécial. Le modèle connu sous le nom de *trépan de la Ruhr* (*fig. 245*) se compose d'une colonne tubulaire C portant à sa base un cadre A sur lequel sont fixés des taillants *t*, que l'on peut remplacer lorsqu'ils sont usés. Le cadre porte des prolongements B qui servent de guides ; au-dessus du cadre A, on dispose également, dans le même but, 4 bras en croix D (dont deux seulement sont figurés) terminés par des plaques de tôle F.

L'outil travaille par rotation.

Lorsque la désagrégation du terrain est suffisamment avancée, on retire le trépan et on enlève les déblais au moyen de l'excavateur.

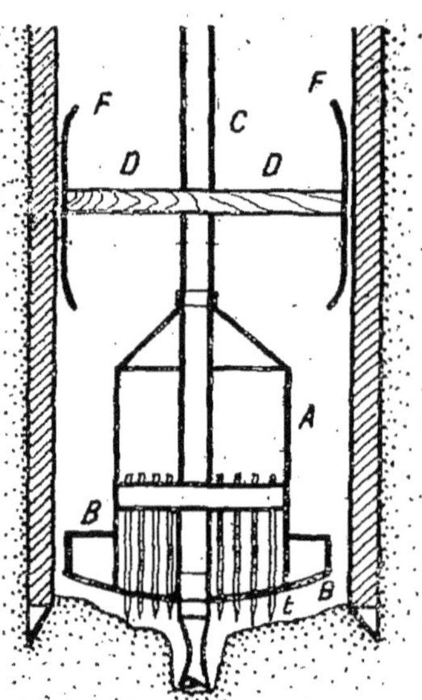

Fig. 245. — Trépan de la Ruhr.

On peut ainsi étendre l'emploi de la trousse coupante, à niveau plein, au fonçage dans des terrains consistants, mais le travail est sensiblement plus lent, par suite du temps pris par la descente et la remontée du trépan : 6 à 7 m. par mois, au lieu d'une dizaine de mètres avec la chaîne à godets. Il est vrai qu'on peut atteindre des profondeurs très supérieures à celles que permet ce dernier système. Ces chiffres ne concernent que le travail de fonçage proprement dit, sans les opérations accessoires. Nous verrons plus loin que l'avancement moyen total est encore plus lent.

§ 2. — Procédés divers et résultats obtenus.

185. Procédé Pattberg. — Le procédé *Pattberg* consiste à foncer le puits, sur toute sa section, à l'aide d'un trépan à battage rapide, avec évacuation des déblais par un courant d'eau ascensionnel.

Le trépan est à lames rapportées, comme pour les appareils utilisés dans le procédé Kind-Chaudron. Il est supporté par une tige creuse, en tubes de 150 $^m/_m$ de diamètre intérieur et 15 $^m/_m$ d'épaisseur, reliée à l'appareil de battage par un câble, ce qui permet l'allongement de la tige, jusqu'au moment où l'on peut ajouter un nouveau tronçon à la colonne. Le mouvement de rotation est obtenu à l'aide d'une barre manœuvrée à la main.

A l'intérieur de la tige on injecte de l'eau sous pression, qui débouche à la partie inférieure, partie au centre du puits, partie par des ouvertures dans les lames elles-mêmes. Les boues sont entraînées par le courant d'eau au centre du puits, où elles sont reprises par une ou deux pompes *Mammouth*.

On a vu plus haut que cette pompe est formée d'une colonne plongeant à la base dans le mélange à remonter, et portant à la partie inférieure un branchement par lequel on injecte de l'air comprimé. L'émulsion ainsi produite monte dans la colonne, en entraînant les boues jusqu'à la surface.

La tête de sonde, au haut de la tige du trépan, est disposée de façon à recevoir l'eau sous pression (qui descend par la tige) et l'air comprimé (qui pénètre dans des tuyaux fixés le long de la tige), sans participer elle-même au mouvement de rotation.

Le haut des colonnes de refoulement des pompes, également fixées à la tige du trépan, se termine par un col de cygne déversant les boues dans une rigole circulaire. L'ensemble de l'appareil (tige, trépan, pompes) pendu au câble, représente un poids de 10 T pour un puits de 6 m. de diamètre.

Le trépan frappe, par minute, une cinquantaine de coups, avec une hauteur de chute de 20 cm. environ. On arrive par ce moyen à réaliser des avancements mensuels de plus de 30 m. ; même en tenant compte des arrêts, des incidents divers, des travaux accessoires, on obtient encore un avancement total moyen, par mois, de 7 m. environ à 50 m., 5 m. de 50 à 100 m., c'est-à-dire un résultat notablement supérieur à celui du dragage.

186. Construction de la tour dans le procédé Pattberg. — A propos du procédé Pattberg, signalons le mode de construction imaginé par cet ingénieur pour le cylindre de revêtement qui surmonte la trousse coupante, afin d'augmenter sa résistance et de permettre par conséquent l'emploi du procédé jusqu'à une plus grande profondeur. Ce système, connu sous le nom de cuvelage Compound (*fig. 246*) est formé d'une tour en fonte, reposant sur la trousse et renforcé de maçonnerie à l'intérieur (*a*). On obtient ainsi un poids plus grand qu'avec la fonte seule, et une résistance supérieure à celle d'une tour ordinaire en maçonnerie. La trousse est figurée en *c* ; elle est surmontée d'un anneau (de forme analogue à celle d'une trousse) qui supporte la tour proprement dite. Cette dernière, épaisse de 650 $^m/_m$ au total, est constituée à l'extérieur par un cuvelage en fonte épais de 50 à 55 $^m/_m$, et à l'intérieur par de la maçonnerie. De distance en distance (tous les 3 m. à la base, puis à des écartements croissants, jusqu'à 9 m. au sommet) sont des anneaux *d* en forme d'U ayant 500 $^m/_m$ de hauteur et 650 de largeur. Ces anneaux consolident le cuvelage et servent de support à la maçonnerie.

Les joints entre les anneaux sont garnis de filasse au lieu de feuilles de plomb, car ces dernières, en s'écrasant, raccourciraient la hauteur du cuvelage et provoqueraient des fissures dans la maçonnerie.

L'inconvénient de ce type de cuvelage est de réduire sensiblement le diamètre du puits. Avec un jeu de 20 $^m/_m$ entre le cylindre compound et l'avant-puits (ou une première trousse), on a une réduction de 2 $\times$ (200 + 650) = 1700 $^m/_m$, au lieu de 700 $^m/_m$ avec un simple cuvelage en fonte.

Au puits Rheinpreussen V, on a descendu une première trousse de maçonnerie jusqu'à 17 m., puis un cylindre compound de 17 m. à 74 m. (soit 57 m. de hauteur) et on a achevé la traversée des terrains meubles (jusqu'à 100 m. environ) avec une 3e trousse coupante surmontée d'un simple cuvelage en fonte.

187. Moyens employés pour favoriser la descente de la trousse. — Dans les fonçages à niveau vide, les ouvriers qui travaillent au fond du puits peuvent arracher, ou au besoin faire sauter les blocs qui s'opposent à l'enfoncement de la trousse. A niveau plein, ces opérations sont difficiles, et on risque davantage de voir s'arrêter la descente de la tour.

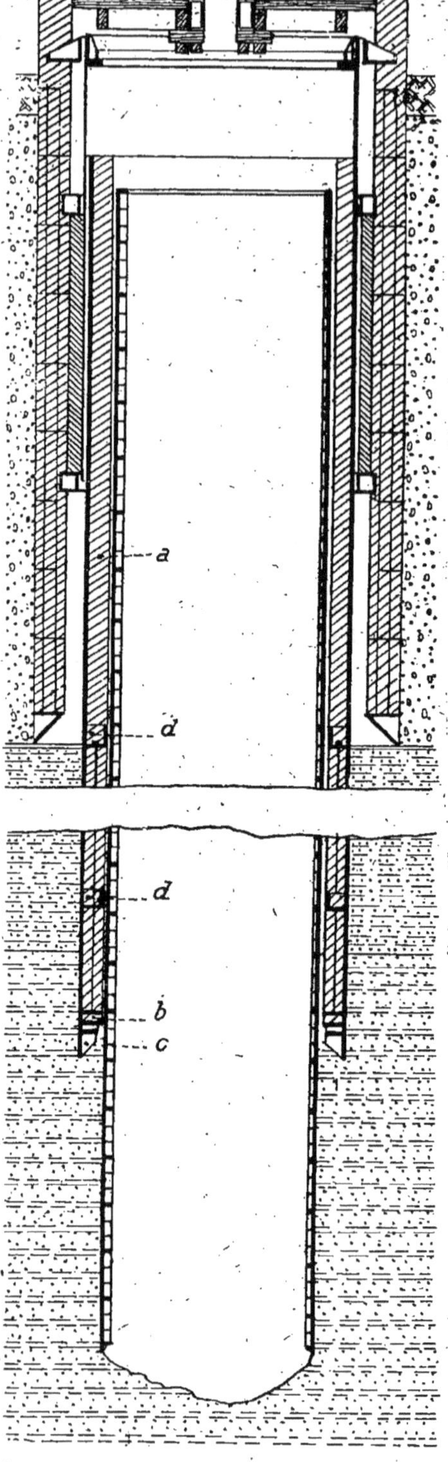

Fig. 246. — Cuvelage Compound
(système Pattberg).

Divers procédés ont été employés pour remédier à ce danger.

A la *Morton-Mine* (Minnesota, Etats-Unis) on a aménagé, dans la tour en béton armé une vingtaine de trous verticaux, par lesquels on injectait à la base de la trousse de l'eau à 9 ou 10 kg. de pression, pour faire couler les terres vers le centre
Il a fallu parfois faire des coups de mine sous la trousse. On les forait au trépan à travers les trous d'injection d'eau, puis on descendait de la dynamite dans une boîte en fer blanc lestée d'une barre de fer.
L'avancement réalisé était en moyenne de 15-18 cm. par jour, le maximum a été de 1^{m}17 en 10 heures, le minimum de 10 cm. en 10 jours.

Au *puits Adolphe*, près d'Aix-la-Chapelle, on a employé l'eau sous pression, non plus pour affouiller le terrain sous la trousse, mais pour constituer autour de la tour une sorte de manteau qui diminuait la résistance au frottement (procédé *Sassenberg*).

Dans ce but, on ménage dans le cuvelage en acier, à 7 m. au-dessus du sabot, un canal annulaire a dans lequel circule l'eau sous pression, amenée de la surface par deux tubes spéciaux *t* (*fig. 247*).
De ce canal annulaire partent des conduits c par lesquels l'eau arrive derrière le cuvelage. L'anneau qui contient le canal a est de 2 cm. plus épais que les anneaux supérieurs, et c'est dans ce rebord que débouchent les conduits c.
L'eau sous pression remonte entre le cuvelage et la paroi. La surépaisseur des anneaux inférieurs, sur une hauteur de 7 m.; empêche l'eau de descendre pour venir déboucher au-dessous de la trousse coupante.

Les résultats obtenus au puits Adolphe ont été très bons.

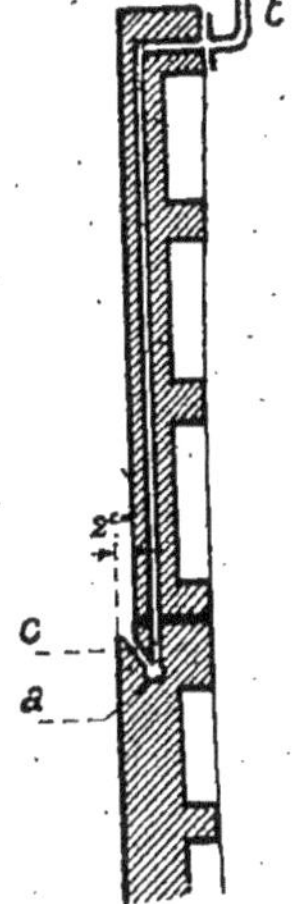

Fig. 247.
Procédé
Sassenberg.

188. Déviations de la tour de maçonnerie. — Il n'est pas rare que la trousse, par suite de la présence de blocs durs ou de l'arrivée dans une assise de dureté différente, dévie de la verticale, et que la tour cesse de descendre d'aplomb. Lorsque ces déviations sont faibles, elles ont peu d'inconvénients, mais il arrive qu'elles prennent une amplitude qui risque de compromettre le succès du fonçage. On a imaginé divers systèmes pour les corriger, mais ils ne sont applicables que si la trousse n'est encore qu'à faible profondeur. Dans ce cas, on a pu, parfois, redressser des tours fortement déviées.

Ainsi, au puits Trier II, (Allemagne), où l'on descendait une trousse de 6^m,50, on constata à 13 m. de profondeur une déviation de 0^m,80.
On appliqua alors contre le haut de la tour, du côté le plus bas, quatre

vérins V de 20 tonnes, tandis qu'on entourait le sommet de la tour de
câbles *c* tirant en sens contraire (*fig.* 248), En même temps, on déblayait, au
moyen d'excavateurs, le fond du puits, du côté le plus haut de la trousse, et

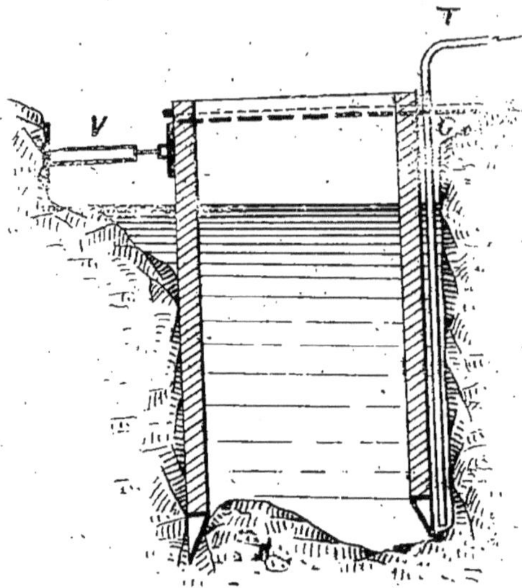

FIG. 248. — Redressement d'une tour déviée.

on injectait de l'eau sous pression, derrière le mur au moyen d'un tube T.

On réussit ainsi à déchausser complètement le côté de la trousse et à
la remettre d'aplomb.

189. Avancements et prix de revient avec la trousse coupante.
— On ne peut guère compter enfoncer une tour en maçonnerie
simple à plus de 25 ou 30 m. (à niveau vide ou plein) bien que dans
des cas exceptionnellement favorables on ait atteint 75 et 92 m.) ;
avec un cylindre compound ou un cuvelage en fonte, on peut aller
beaucoup plus loin (plus de 150 m. dans des conditions favorables).

La vitesse d'avancement du fonçage proprement dit peut être
de 10 à 12 m. par mois au voisinage de la surface ; à grande profondeur on a atteint 30 m. avec le trépan Pattberg, mais on tombe à
6 ou 8 m. avec excavateurs dans les terrains assez consistants pour
exiger l'emploi du trépan ; avec les dragues à sac on ne dépasse
guère 5 m. La chaîne à godets, qui n'est applicable qu'à faible profondeur, permet de dépasser 10 m. par mois.

Si l'on calcule l'avancement moyen total, comprenant les travaux d'installation, de fonçage, de mise en place du cuvelage, les
arrêts divers, on n'obtient que des résultats très faibles dès que la
profondeur augmente :

En Westphalie, on est arrivé aux chiffres suivants :

Profondeur de	0 à 50^m	avancement moyen	3^m,00
—	50 à 100	—	2 ,00
—	100 à 150	—	1 ,40

Avec le trépan Pattberg, les avancements sont moins faibles :

—	0 à 50^m	avancement moyen	7^m
—	50 à 100	—	5
—	100 à 150	—	4 ,50

On voit que le procédé de la trousse coupante est un des plus lents. On a cependant pu le comparer avantageusement aux autres systèmes lorsqu'il ne s'agissait que de profondeurs peu considérables.

Ainsi dans les fonçages des puits du bassin de potasse de Haute-Alsace, en 1910-11, on a employé concuremment les procédés par congélation et par trousse coupante, pour traverser 30 m. de graviers nécessitant un cuvelage tout à fait étanche, ce qui obligeait, lorsqu'on employait la trousse avec tour en maçonnerie, à poser à l'intérieur un cuvelage en fonte. Malgré ce travail supplémentaire, les avancements totaux réalisés ont été meilleurs avec la trousse coupante ; 11 m. au lieu de 5^m,50 par congélation.

Avec ce dernier procédé, les travaux préliminaires ont été en effet beaucoup plus longs.

Le *prix de revient* du procédé par trousse coupante augmente rapidement avec la profondeur. Comparable à celui des autres méthodes lorsqu'il ne s'agit que d'arriver à 40 ou 50 m., il devient très élevé lorsque la profondeur atteint 100 ou 150 m., et dépasse celui de la congélation ou du procédé Kind-Chaudron.

§ 3. — RACCORDEMENT DE LA TROUSSE AVEC LES ASSISES INFÉRIEURES.

190. Tours en maçonnerie. — Lorsque la trousse coupante, à la base d'une tour en maçonnerie, est arrivée à l'assise imperméable où elle doit être arrêtée, il reste à effectuer ce raccordement de façon à rendre le revêtement à la fois solide et étanche.

Le problème est différent suivant que le fonçage s'est fait à niveau vide ou à niveau plein et suivant la nature du terrain au-dessous de la nappe aquifère.

Si ce terrain est formé d'un banc argileux, horizontal, dans lequel la trousse peut pénétrer sans trop de peine, le raccordement est assez simple. On poursuivra l'enfoncement jusqu'à ce que la communication soit complètement interrompue entre la nappe aquifère et l'intérieur du puits ; on épuisera ce dernier s'il est plein d'eau, et on pourra ensuite, à loisir, installer des trousses picotées sous la trousse coupante, avec les précautions nécessaires pour ne pas disloquer la tour en maçonnerie ; on complètera enfin le revêtement par des injections de ciment.

Le problème est plus difficile lorsque l'assise inférieure n'est pas horizontale, et que sa dureté est suffisante pour risquer de provoquer une déviation de la tour.

Si l'on travaille à niveau vide, il est souvent préférable d'arrêter l'enfoncement dès que la trousse atteint, par un point de son pourtour, le terrain imperméable, et de terminer le fonçage avec des palplanches (*fig. 249*).

On élève ensuite le muraillement étanche, soit à l'intérieur de la tour, ce qui a l'inconvénient de diminuer le diamètre du puits, soit, si possible, en s'élargissant dans le terrain imperméable et en exécutant le raccordement en montant sous la trousse, dans le prolongement de la maçonnerie, par tranches verticales

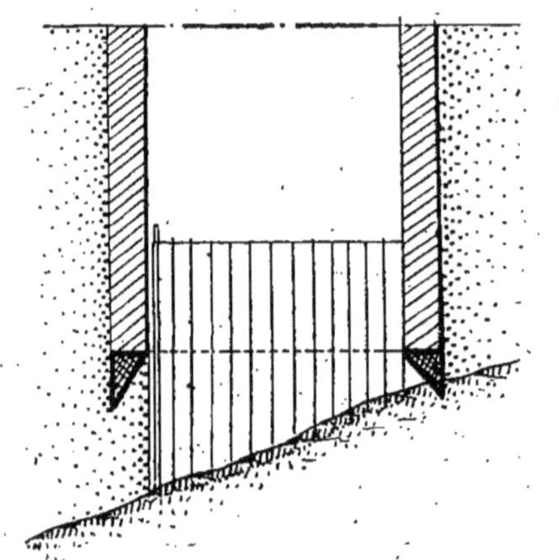

Fig. 249. — Raccordement avec une assise imperméable inclinée.

étroites se reliant à la base de la trousse. Mais ce dernier procédé n'est possible que si les terrains ne sont pas trop coulants.

Le plus souvent, avec une tour en maçonnerie, on observe des dislocations qui obligent à poser à l'intérieur un cuvelage étanche, qu'on montera depuis le terrain solide à la base jusqu'au haut de la nappe aquifère, en remplissant de béton l'intervalle entre les deux revêtements.

Si le fonçage a été fait à niveau plein, il n'est plus possible de venir le terminer par un poussage avec palplanches. Il a fallu imaginer un système spécial (procédé Wolski). Avant de le décrire, indiquons rapidement comment se fait la jonction d'un cuvelage métallique avec les terrains solides.

191. Cuvelage en fonte. — Les cuvelages en fonte sont plus rigides que les tours en maçonnerie. De plus il est possible de leur rendre leur étanchéité primitive en resserrant les joints. On peut donc les conserver comme revêtement définitif. En exerçant une pression suffisante, on fait pénétrer la trousse dans l'assise imperméable. La fonte résistant à des pressions considérables, et les déviations étant moins à craindre qu'avec la maçonnerie, on pourra agir ainsi même avec des terrains assez durs et dont le toit n'est pas horizontal.

A niveau vide, on élargit la section de manière à poser des trousses picotées P P' (*fig. 250*), au-dessus desquelles on place un anneau A de diamètre un peu inférieur à celui de la trousse. On remplit de béton à prise lente l'espace entre cet anneau et la paroi, puis on provoque l'enfoncement de la trousse coupante, jusqu'au contact des trousses picotées. En faisant prise, le béton forme un joint étanche.

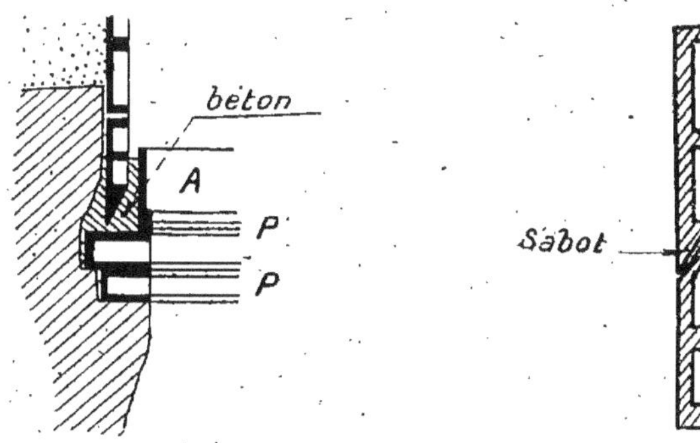

Fig. 250. — Trousses picotées sous une trousse coupante.

Fig. 251. — Anneau de jonction sous une trousse coupante.

On peut remplacer cet anneau bétonné, qui a l'inconvénient de réduire la section utile, par une série d'anneaux, de même diamètre que la trousse coupante, intercalés entre les trousses picotées et le sabot tranchant, l'anneau supérieur de cette série étant taillé en biseau, pour s'appliquer exactement sous le sabot (*fig. 251*). Il faut, dans ce cas, que des logements soient prévus dans la base de la trousse et dans le collet supérieur de l'anneau, pour y passer les boulons de fixation.

On assure l'étanchéité par des injections de ciment derrière la trousse.

Ces divers travaux ne peuvent se faire qu'après épuisement. Si l'on doit rendre la base de la tour complètement étanche avant de vider le puits, il faut employer le procédé Wolski, auquel nous avons déjà fait allusion plus haut.

192. Procédé Wolski pour le raccordement avec le terrain solide. — Ce procédé, inventé en 1850, consiste à préparer, sous l'eau, au fond du puits, un anneau de béton dans lequel on fait pénétrer la trousse.

A l'origine on remplissait le fond du puits, sur 2 ou 3m. de béton à prise lente, puis on descendait à l'intérieur du cuvelage (en bois) un cylindre de fonte, de diamètre un peu moindre, laissant un espace annulaire de 10 cm. Des précautions minutieuses étaient prises pour que ce *tube-clef* reste bien vertical.

Lorsque le béton avait fait prise, on épuisait les eaux dans le puits, et on reprenait le fonçage à l'intérieur du tube-clef; après s'être suffisamment approfondi, on battait au large pour poser des trousses picotées. On plaçait ensuite des éléments de cuvelage en remontant de la trousse picotée jusqu'au tube-clef, en complétant le garnissage par un picotage entre le tube et le béton.

Le tube-clef doit avoir 4 ou 5 m. de hauteur.

Actuellement, on place le tube-clef avant de couler le béton au fonds du puits, et on le recouvre d'un chapeau conique qui empêche le béton d'y pénétrer, ce qui rend plus facile le fonçage ultérieur. Mais l'inconvénient de la réduction de diamètre du puits subsiste.

On est arrivé à le supprimer, dans un fonçage exécuté en Westphalie, en arrêtant la trousse à 2 mètres environ au-dessus de sa position définitive, puis en reprenant le fonçage avec un diamètre un peu moindre (*fig. 252*) en ménageant ainsi une console de 30 cm. de hauteur sur tout le pourtour du puits.

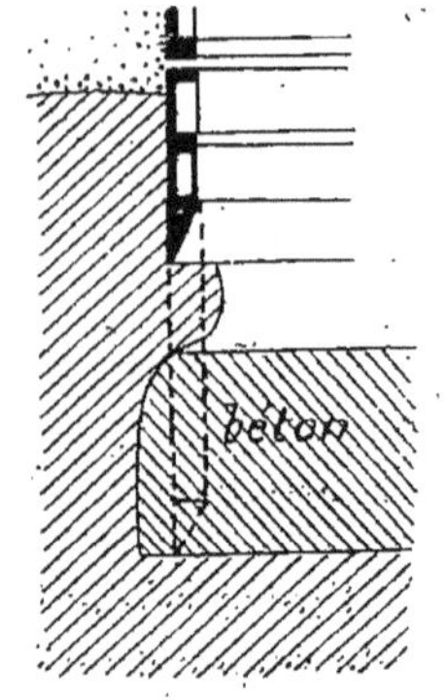

FIG. 252.
Établissement d'un joint étanche sans diminution de diamètre.

On continua ensuite le creusement avec un appareil rotatif muni de couteaux-élargisseurs, de façon à obtenir un diamètre supérieur à celui de la trousse.

On coula du béton jusqu'au-dessous de la console, et on supprima cette dernière avec l'élargisseur. En exerçant sur le haut de la tour du cuvelage une pression de 75^{t}, on provoqua sa descente dans le béton encore liquide. On n'eut plus ensuite qu'à attendre la prise complète, à épuiser les eaux et à reprendre le fonçage, pour installer au-dessous de la trousse coupante des trousses picotées.

Cet emploi du béton permet d'arrêter les eaux dans tout fonçage qu'on ne peut continuer, parce que la trousse se refuse à descendre, et de reprendre ensuite le creusement au trépan, avec un diamètre réduit.

Les méthodes actuelles d'injection de ciment par des trous de sonde fournissent d'ailleurs un autre moyen, souvent très efficace, d'aveugler ces venues d'eau sans obliger à reprendre le fonçage à travers une épaisseur plus ou moins grande de béton.

§ 4. — COMPARAISON DES DIFFÉRENTES MÉTHODES DE FONÇAGE DES PUITS.

193. Travail à niveau vide et à niveau plein. — Tant que les venues d'eau sont faibles, il y a évidemment avantage à les épuiser au moyen de pompes, et à faire le fonçage par la méthode ordinaire, qui n'exige pas d'installations de surface spéciales comme les méthodes à niveau plein, ou celles par cimentation ou congélation.

Le moment où l'on doit renoncer à épuiser les eaux, par suite de l'encombrement occasionné par les pompes, et de la dépense de force motrice qu'elles entraînent, est impossible à déterminer d'après des règles absolues. On a souvent préféré foncer à niveau vide, en employant des pompes extrêmement puissantes, plutôt que de faire le fonçage sous l'eau, car on peut mieux surveiller le travail, et on est plus sûr de sa bonne exécution. De plus, la cimentation des terrains, soit par simples injections dans les cassures rencontrées, soit au moyen d'un cimentage protecteur depuis la surface, a beaucoup étendu les limites d'application de ce mode de fonçage. D'une façon générale, on admet qu'on ne peut guère continuer à lutter contre les eaux si la venue atteint 8 à 10 m³. à la minute à 50 m. ou 4 à 5 m³., à 100 m.

Si les terrains aquifères sont ébouleux, la difficulté de les traverser à niveau vide augmente considérablement, et on est rapidement amené à renoncer à travailler en épuisant les eaux.

Il faut alors recourir à l'un des procédés que nous avons décrits : cimentation, congélation, air comprimé, trousse coupante, procédé Kind-Chaudron.

194. Profondeurs limites des divers procédés. — La *cimentation*, d'invention récente, n'a été généralement appliquée, jusqu'à présent, que pour des profondeurs modérées. Il est certain que la constitution d'un anneau de terrain cimenté de plusieurs centaines de mètres de hauteur est difficile, et qu'on risque de ne pas pouvoir aveugler toutes les fissures, à moins de consommer une quantité énorme de ciment. On y est cependant parvenu dans ces dernières années.

Il est rare d'ailleurs que les assises aquifères se poursuivent sur une aussi grande hauteur, et il semble possible actuellement, d'employer ce procédé jusqu'à une profondeur de 500 ou 600 m., lorsqu'on a à traverser, à ce niveau, des terrains donnant des venues importantes.

La *congélation* a été appliquée, en Campine, sur 500 m. à la fois depuis la surface, et à plus de 600 m. pour la traversée d'une assise de sables boulants.

L'air comprimé, au contraire, ne permet pas, sans danger pour les ouvriers, de dépasser une trentaine de mètres au-dessous du niveau hydrostatique. On est bien arrivé, au puits Diergardt III (Allemagne) à 51 m. au-dessous du niveau de l'eau, sans dépasser la pression de 3 atm., mais parce que la nappe aquifère inférieure était indépendante de celle qu'on avait traversée au voisinage de la surface.

La *trousse coupante*, avec tour en maçonnerie, ne peut dépasser, sauf circonstances particulièrement favorables, une trentaine de mètres. Avec une tour en fonte, on arrive beaucoup plus bas, mais les profondeurs de plus de 100 m. sont exceptionnelles. On a atteint 178 m. au puits Hugo (Westphalie).

Le procédé *Kind-Chaudron* a permis de dépasser 400 m. et pourrait sans doute être appliqué à de plus grandes profondeurs ; mais on lui préfère généralement le procédé par congélation.

195. Procédés applicables suivant la nature des terrains. — Dans les terrains solides, simplement coupés par des fissures aquifères, on peut appliquer les divers procédés, mais la trousse coupante est peu à recommander si les roches sont compactes, ou qu'elles contiennent des blocs durs. Ce sont au contraire des conditions très favorables pour la cimentation.

Dans les terrains très ébouleux et les sables boulants, la cimentation exige des précautions spéciales et peut conduire à un échec. Au voisinage de la surface, la trousse coupante ou l'air comprimé donnent de bons résultats.

Le procédé Kind-Chaudron s'applique à tous les terrains, et permet en particulier de continuer à niveau plein un puits commencé à niveau vide. Mais il a l'inconvénient de réduire le diamètre du fonçage.

Les eaux salines sont un obstacle à l'emploi de la congélation et obligent à employer des températures très basses : dans des eaux chargées de sels de potasse, on a été amené à descendre jusqu'à — 42° pour le liquide réfrigérant.

196. Vitesses d'avancement. — La comparaison ne peut se faire utilement qu'en considérant l'avancement mensuel moyen, tous travaux compris, depuis le montage des installations à la surface jusqu'à la fin de l'exécution du revêtement définitif du puits.

On constate alors que le procédé Kind-Chaudron est le plus lent ($2^m,50$ ou 3 m. par mois) ; la profondeur n'influe guère sur les moyennes.

La trousse coupante, avec dragage, plus rapide au voisinage de la surface (on a dépassé 10 m. dans certain cas), est encore plus lente lorsqu'on arrive au-delà de 50 ou 60 mètres. Avec le trépan Pattberg les avancements sont plus satisfaisants (7 m. à la surface, $4^m,50$ entre 100 et 150 m. d'après les résultats obtenus en Westphalie).

L'emploi de l'air comprimé conduit à des vitesses notablement meilleures, d'ailleurs très variables suivant les terrains, mais son application est trop limitée par la profondeur pour que la comparaison soit bien intéressante.

La congélation permet d'obtenir des avancements d'une dizaine de mètres par mois ; en présence d'eaux salines, ou à très grande profondeur, le refroidissement des terrains peut devenir long et et diminuer cette moyenne. A moins de 50 m., la trousse coupante ou l'air comprimé sont plus rapides, en raison du temps pris par les opérations distinctes du creusement lui-même.

Enfin la cimentation, lorsque les terrains se prêtent à son emploi, est la méthode qui donne les meilleurs avancements. La consolidation des terrains est plus rapide qu'avec la congélation et le creusement se fait ensuite aussi facilement que dans un terrain sec.

197. Prix de revient. — Nous avons déjà fait remarquer à plusieurs reprises qu'il n'était pas possible de donner, à l'heure actuelle, des indications précises sur les prix des divers travaux exécutés dans les mines, qu'il s'agisse de sondages, d'abatage, de boisage ou de fonçage de puits.

Il ne peut donc être question que de comparer les procédés de fonçage pour rechercher lesquels paraissent les plus économiques et quelle est l'influence de la profondeur sur le prix de revient.

Lorsqu'elle est applicable, c'est-à-dire actuellement dans la majorité des cas, la cimentation est incontestablement le moins cher de ces procédés. Elle ne nécessite que peu d'installations de surface, et les frais de creusement ne dépassent pas ceux des fonçages en terrain non aquifère. Tout dépend de la quantité de ciment absorbée par le terrain, pour laquelle aucune moyenne ne peut être indiquée.

Parmi les autres procédés, à faible profondeur, l'air comprimé et la trousse coupante sont les deux plus économiques, mais le second n'est pas applicable dans tous les terrains.

Au-dessous de 100 m., le procédé Kind-Chaudron est le plus cher de tous, mais le prix augmente moins rapidement avec la profondeur que pour la congélation et surtout que pour la trousse coupante.

Vers 150 m. cette dernière, très coûteuse, cesse d'être applicable.

Vers 400 m. les procédés Kind-Chaudron et par congélation reviennent sensiblement au même.

A grande profondeur, le Kind-Chaudron n'a pas encore été appliqué, la cimentation ne l'a été qu'exceptionnellement, et c'est surtout à la congélation qu'on a recours lorsque les assises aquifères se continuent aussi bas.

198. Résumé. — Lorsqu'on veut employer la *trousse coupante* pour un fonçage à *niveau plein*, le creusement se fait au moyen de sacs, de dragues, ou d'excavateurs, en désagrégeant au besoin le terrain avec un outil rotatif comme le *trépan de la Ruhr*.

Jusqu'à une vingtaine de mètres, on peut employer des chaînes à godets.

Dans les terrains plus durs, on utilise aussi le *trépan de Pattberg*, à battage rapide, avec enlèvement des déblais par des pompes du type Mammouth.

L'enfoncement de la tour se fait comme à niveau vide. On cherche à le faciliter par divers moyens : injection d'eau sous la trousse, ou derrière le cuvelage (procédé *Sassenberg*).

Le procédé de la trousse coupante ne permet qu'exceptionnellement de dépasser 150 m. avec cuvelage en fonte, et son prix augmente rapidement avec la profondeur.

Le raccordement de la trousse coupante avec les assises imperméables se fait sans difficultés spéciales lorsque ces dernières sont horizontales et que la trousse peut y pénétrer suffisamment pour interrompre les venues d'eau. On vient alors poser au-dessous de la trousse coupante des trousses picotées qu'on raccorde avec cette dernière.

Lorsqu'on ne peut aveugler les venues d'eau avant de vider le puits, on coule du béton à la base du fonçage et on y fait enfoncer la trousse coupante (procédé Wolski). A moins de dispositifs particuliers, ce système a l'inconvénient de réduire le diamètre du puits.

Si l'on compare les diverses méthodes de fonçage en terrains aquifères, on peut résumer comme suit les résultats de cette étude :

L'air comprimé est applicable à tous les terrains, assez rapide, économique, mais ne permet guère de dépasser une trentaine de mètres sous le niveau hydrostatique.

La trousse coupante, applicable à presque tous les terrains, lente et très chère dès qu'on s'approfondit, donne de bons résultats à faible profondeur, mais cesse d'être possible au-delà de 150 m. environ.

Le *procédé Kind-Chaudron*, applicable à tous les terrains, très lent, cher, peut s'employer à des profondeurs notables (plus de 400 m.) ; il réussit presque à coup sûr.

La *congélation*, dont l'emploi est général, quoique délicat dans les terrains chargés d'eaux salines, et à grande profondeur, a été appliqué jusqu'à plus de 600 m. Il est plus rapide et plus économique que les procédés précédents, sauf peut-être pour de très faibles profondeurs, où l'air comprimé et la trousse coupante donnent souvent de meilleurs résultats.

Enfin la *cimentation*, encore difficile à appliquer dans les sables coulants où les roches poreuses, n'a pas été souvent adoptée à grande profondeur. Dans la plupart des cas elle permet un fonçage sûr, rapide et économique.

CHAPITRE X

REPARATIONS, AGRANDISSEMENT
ET APPROFONDISSEMENT DES PUITS

SOMMAIRE

§ 1. — RÉPARATIONS.

199. Entretien du revêtement. — Les puits, dont le maintien en bon état est essentiel pour toute la mine, doivent être l'objet d'une surveillance particulièrement attentive. Les accidents qui résulteraient d'un défaut d'entretien de leur revêtement, ou des organes qu'ils contiennent (guidage des cages d'extraction, conduites de toute nature, échelles, etc...) risqueraient d'interrompre l'extraction ou l'aérage pendant un temps prolongé, et parfois mettraient même en danger l'existence des ouvriers travaillant dans les chantiers souterrains.

Les puits maçonnés, dans des terrains secs et hors de la zone d'ébranlement produite par l'exploitation, ont une durée presque indéfinie.

Mais si les travaux ont été mal conduits et que les terrains qui entourent le puits sont disloqués et mis en mouvement, la maçonnerie, même très épaisse, se fissure, se déforme, et des blocs s'en détachent. Il faut alors boucher les fentes avec du mortier, parfois même reprendre tout un muraillement.

Les parties qui se trouvent au passage des failles, ou dans des roches peu homogènes sont celles qui seront à surveiller de plus près. Au besoin on cherchera par des injections de ciment à consolider les terrains et à s'opposer à leur dislocation.

Les revêtements établis dans les zones aquifères, sous l'action de ces mouvements, perdent leur étanchéité. Lorsque le cuvelage est formé d'anneaux en fonte, il faut de temps à autre resserrer les joints. On n'a pas souvent à remplacer les panneaux eux-mêmes.

Pour les cuvelages en bois, au contraire, qui finissent par s'altérer, on a fréquemment à remettre des voussoirs neufs. Nous avons expliqué, au chap. V, comment se faisait cette opération.

Quant aux puits boisés, en terrains non aquifères, leur revêtement n'est jamais très durable, même s'il est en chêne. Il faut, après un certain nombre d'années, entreprendre le renouvellement des cadres. Ce travail est analogue à celui de l'entretien d'une galerie, mais il exige des précautions spéciales pour éviter les accidents aux ouvriers qui l'exécutent et empêcher la chute de blocs qui risqueraient de briser des guides ou des conduites, et de blesser les hommes placés aux accrochages.

200. Entretien des organes du puits. — Il est rare qu'un puits, même d'aérage, ait sa section vide, et ne contienne pas des tuyauteries, des canalisations électriques, des échelles pour la circulation du personnel. S'il s'agit d'un puits d'extraction, il est garni de moises et de guides pour les cages.

Ces organes sont fixés au revêtement ; ils s'usent, prennent du jeu dans leurs liaisons avec ce dernier ou entre les diverses parties qui les constituent.

Il faut donc visiter fréquemment le puits, en détail, pour vérifier qu'il n'y a pas de réparations à faire. En particulier dans les puits qui servent à l'extraction et à la circulation du personnel, ces inspections doivent être faites au moins une fois par jour.

Elles sont confiées à des surveillants, ou à des ouvriers expérimentés, que l'on descend assez lentement dans la cage pour qu'ils aient le temps de regarder tout le pourtour du puits. Souvent, ils se placent de préférence sur le toit de la cage, en s'attachant au câble par une ceinture de sûreté.

Les réparations qui ne sont pas assez urgentes pour nécessiter un arrêt momentané de la circulation sont effectuées dans l'intervalle entre les postes d'extraction, par des ouvriers spécialisés. C'est souvent un travail pénible lorsque le puits est parcouru par un courant d'air violent ou que l'eau y tombe en pluie.

Le remplacement d'une partie du revêtement, ou d'une pièce du guidage en mauvais état exige des manœuvres difficiles. Les ouvriers échafaudent rapidement un plancher provisoire appuyé sur les moises, ou prenant appui sur le sommet de la cage. Ils doivent être munis de ceintures de sûreté et de vêtements imperméables ; la durée du poste de travail est souvent réduite à 6 heures.

§ 2. — Agrandissement d'un puits.

201. Élargissement d'un puits. — Lorsqu'un puits ancien se trouve être insuffisant pour permettre une extraction donnée, ou lorsque sa section est trop faible pour assurer un aérage convenable, on peut être amené à augmenter ses dimensions.

Il est à remarquer qu'on n'entreprendra pas un travail de ce genre dans un puits cuvelé, traversant une nappe aquifère, à moins qu'on n'ait commencé par congeler ou cimenter le terrain environnant. Nous pouvons nous contenter d'examiner le cas d'un élargissement en terrain sec.

On procèdera, comme dans un fonçage, en enlevant derrière l'ancien revêtement une bande de terrain de largeur convenable, en supprimant le muraillement existant et en élevant le nouveau au fur et à mesure de l'approfondissement, par tronçons successifs. Pour ce travail, on établira dans le puits un plancher mobile qui en occupera toute la section, ou simplement la partie voisine des parois.

On peut également commencer par remblayer tout le puits, soit avec des fascines, soit avec des terres, et foncer à nouveau suivant les dimensions adoptées. Ce procédé est applicable en particulier lorsqu'on se trouve en présence d'un puits que les mouvements de terrain ont déformé, de telle sorte que la section à la base ne soit plus du tout à l'aplomb de celle à la surface.

L'inconvénient de ces méthodes est de rendre inutilisable le puits pendant un temps prolongé. Il est parfois nécessaire de poursuivre l'élargissement sans interrompre l'extraction, ce qui oblige à laisser subsister le revêtement primitif, sur lequel est fixé le guidage.

202. Élargissement sans arrêter le service dans le puits. — Le travail devient alors plus délicat, mais il a été exécuté avec succès dans diverses mines, par exemple pour remplacer un ancien puits boisé, rectangulaire, par un nouveau puits maçonné. La forme de la section primitive conduit généralement à adopter pour le puits agrandi la forme elliptique, que l'on rencontre rarement lorsqu'il s'agit d'un fonçage nouveau (*fig. 253*).

On commence par élargir le puits, à l'extrémité d'un des petits côtés en creusant la section ABCD. On bat ensuite à droite et à gauche, en tournant derrière le boisage, jusqu'à ce que les deux chantiers se rejoignent en E. On a soin de maintenir le boisage en place au moyen de bois F qui s'arc-boutent contre les parois, et qu'on remplace par des bois plus courts F', lorqu'on a muraillé la nouvelle section.

Les déblais sont évacués par les cages pendant les heures disponibles. Lorsqu'un anneau est achevé, on en exécute un second au-dessus, et ainsi de suite jusqu'au sommet du puits.

Un tel travail est difficile et coûteux si les terrains sont mauvais, mais il n'interrompt l'extraction que pendant le temps nécessaire pour placer le guidage nouveau, après achèvement complet de l'élargissement et du muraillement.

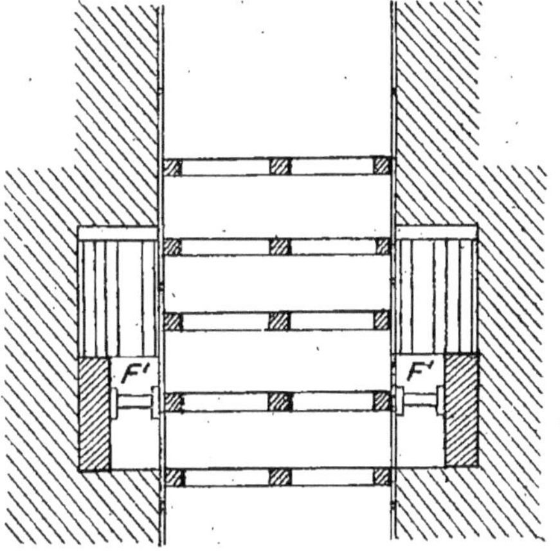

§ 3.
APPROFONDISSEMENT D'UN PUITS.

203. Diverses méthodes d'approfondissement. — L'agrandissement d'un puits est une opération assez rare. Son approfondissement est au contraire fréquent. Nous avons vu qu'on découpait généralement le gisement en étages successifs, pris en descendant. Il ne serait pas rationnel de foncer de suite le puits jusqu'à sa profondeur extrême, et de s'imposer ainsi des frais de creusement et d'entretien inutiles. Lorsque l'exploitation des étages supérieurs sera assez avancée pour qu'il faille commencer à préparer un étage

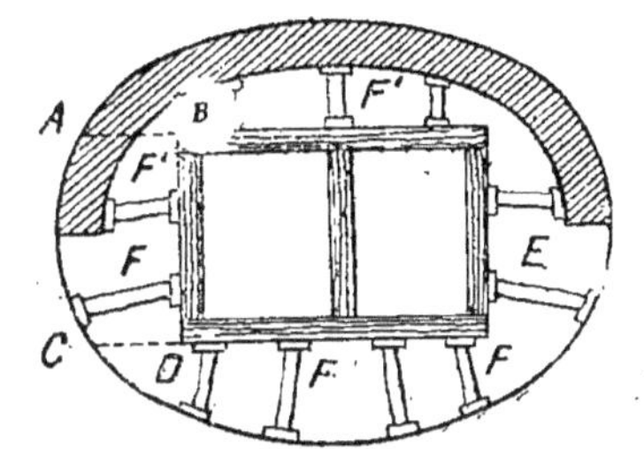

Fig. 253. — Transformation d'un puits rectangulaire en puits elliptique.

inférieur, on approfondira le puits de la quantité voulue.

Cet approfondissement peut se faire par diverses méthodes, représentées schématiquement sur la fig. 254.

On peut d'abord (I) reprendre simplement le fonçage, à partir du fond AB du puits, sur toute la section, sans laisser de massif de protection. On peut se servir de la machine d'extraction pour la remontée des déblais, et on est sûr de continuer le puits exactement dans le prolongement de la partie existante. Mais il faut évidemment arrêter l'extraction, ou sinon ne travailler que pendant les heures disponibles, car il serait trop dangereux de poursuivre le creusement pendant que des cages sont en circulation au-dessus de la tête des ouvriers. Pour parer à cet inconvénient, on peut établir, dès que la hauteur le permettra, un massif de protection formé de fascines, ou de planchers solides, percés seulement d'un petit puits par lequel seront remontés les déblais (II). Il est plus sûr de laisser franchement un *stot* de protection constitué par le rocher en place, à condition qu'il soit assez solide (III). Dans les mauvais terrains, la protection que fournissent des planchers ou un empilement de fascines est au contraire préférable.

Les systèmes I et II sont dit par *réavalement*, le IIIe par *stot partiel* (procédé Lisbet).

Ces diverses méthodes ont un point commun, qui est l'enlèvement direct des déblais depuis la surface ; le fonçage n'est que le prolongement du puits, sur toute la section, ou avec une section réduite au passage du stot.

Les méthodes suivantes laissent intact jusqu'au dernier moment le fond du puits.

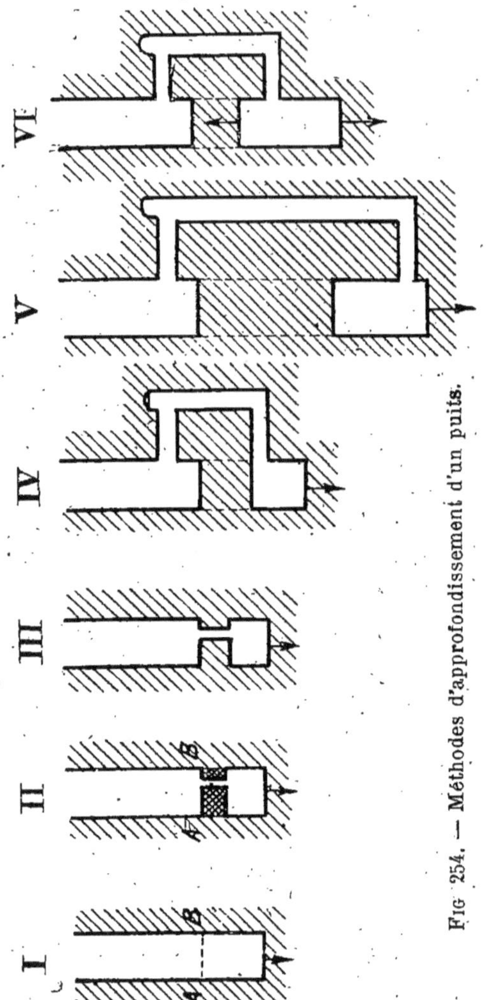

Fig. 254. — Méthodes d'approfondissement d'un puits.

S'il n'existe pas un puits voisin ou une descenderie plus profonde que le puits à reprendre, on creuse un bure spécial, partant de la galerie de base et poussé, soit jusqu'à quelques mètres (IV), soit jusqu'au niveau futur du fond du puits (V) ; on perce ensuite une galerie venant à l'aplomb du puits et on procède au creusement et au revêtement de ce dernier, en descendant dans le premier cas, en montant dans le second cas. On peut même (VI) arrêter le bure à mi-hauteur et faire le fonçage simultanément en montant et descendant.

Ce dernier procédé augmente considérablement la rapidité du fonçage, surtout si on l'attaque simultanément en plusieurs points. Mais il exige des précautions spéciales pour que tous les tronçons soient bien en prolongement les uns des autres ; les manœuvres dans le bure de service doivent également être bien réglées pour éviter les pertes de temps. On pourra cependant y recourir si la hauteur à foncer est grande et qu'on est pressé. En particulier, pour créer un puits nouveau à proximité d'un autre, où existent plusieurs étages en service, on gagnera ainsi un temps appréciable.

204. Réavalement. — Nous ne nous arrêterons pas au fonçage par réavalement, qui n'offre pas de particularités spéciales, sauf s'il doit se poursuivre sans interrompre le service du puits.

Le plancher de protection, nécessaire dans cette hypothèse, doit être assez épais et assez solide pour arrêter tous les objets ou matériaux qui tombent dans le puits, au besoin même les cages, en cas de rupture des câbles. On le constituera donc par plusieurs rangs de rails ou de madriers encastrés dans les parois, séparés par des fascines ou des remblais. Le passage pour le cuffat chargé de déblais sera aussi faible que possible.

Le début du fonçage, au fond du puits, est assez difficile, aussi a t-on souvent soin, lors du premier fonçage, de descendre au-dessous du niveau de la galerie de base, pour disposer, dès le début du réavalement, de la place nécessaire à la pose du plancher.

L'emploi d'un plancher n'est possible que si le fond du puits est sec.

Si les eaux venant des parois, ou des galeries voisines, s'acculaient au bas du puits, elles traverseraient ce massif de protection et rendraient très pénible le travail de fonçage. Il faut alors laisser un stot de terrain assez épais, rendu au besoin étanche par des injections de ciment, et prendre les précautions voulues pour que le passage réservé ne puisse être envahi par les eaux.

205. Procédé Lisbet (*sous stot partiel*). La méthode de fonçage en partant du fond du puits et en laissant un stot de protection que traversent les cuffats chargés de déblais a été perfectionné par *Lisbet*, qui a laissé son nom à un procédé fréquemment employé. On commence par vider le puisard, et par prendre les mesures nécessaires pour éviter que les eaux ne puissent s'y rassembler. On creuse ensuite de 3 ou 4 m. un segment ABC et on y dispose deux tubes en fonte remontant jusqu'au-dessus du niveau normal de l'eau ; l'un de ces tubes est assez large (1 m. environ) pour laisser un passage pour les hommes et pour un cuffat relié à un treuil au jour ; l'autre sert simplement de retour d'air ; on peut donc le faire plus étroit, mais il est prudent de le faire assez large pour constituer une seconde issue. Le fond du segment est rempli de ciment, autour des tubes, pour que l'étanchéité soit complète. On continue ensuite le fonçage dans les deux tubes ; arrivé à une profondeur suffisante, on s'élargit jusqu'à la section complète du puits, et on commence à foncer en descendant.

On laisse en même temps revenir les eaux dans le puisard, d'où elles ne peuvent pénétrer dans le chantier.

206. Fonçage sous stot. — Si l'on fonce sous stot, sans communication verticale avec le puits, on ne peut plus se servir d'une machine à la surface pour l'extraction des produits. Il faut installer un treuil, à bras ou à air comprimé, à la tête du bure de service, et un autre au sommet du fonçage, si celui-ci est fait en descendant. Ces manœuvres successives sont un inconvénient et obligent à augmenter le nombre des ouvriers si l'on ne veut pas ralentir le travail de creusement.

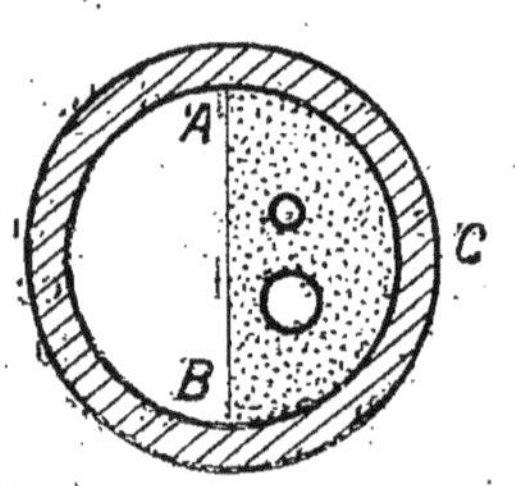

FIG. 255. — Procédé Lisbet.

La difficulté principale des fonçages sous stot est d'éviter que le tronçon inférieur ne soit légèrement décentré par rapport à la partie supérieure du puits. Les opérations topographiques doivent être exécutées avec le plus grand soin ; on réduit les chances d'erreur en perçant au fond du puits un trou de sonde bien vertical, qui donne la direction.

Lorsque le fonçage se fait en descendant, et qu'il existe déjà une galerie au niveau inférieur, ce trou de sonde a en outre l'avantage d'assurer l'évacuation des eaux.

Si le bure de service est poussé jusqu'au niveau de base du puits, ou qu'on part d'une galerie, à cet horizon, venant d'un autre puits, le creusement se fera en montant. Ce mode de travail oblige à remonter les déblais sur une plus grande hauteur, puisqu'on les fait d'abord descendre jusqu'au pied du fonçage. Mais cette dernière opération se fait sans appareils spéciaux ; on n'a au total qu'un treuil souterrain à installer, et même aucun si la galerie de base conduit à un puits voisin.

Le creusement en montant rend le forage des trous de mine plus difficile, mais l'enlèvement des déblais est beaucoup plus facile. On n'a plus à craindre les chutes d'objets ou de blocs tombant des cuffats en circulation au-dessus de la tête des ouvriers. On n'est pas gêné par les eaux, mais s'il existe du grisou, il faut installer un ventilateur et une conduite amenant de l'air jusqu'au sommet (*fig. 256*). Cette conduite est entourée de déblais, dans un compartiment isolé de celui où se fait la descente des matériaux.

Un troisième compartiment, muni d'échelles, sert à la circulation des ouvriers. Ceux-ci travaillent sur le remblai, ou sur un plancher.

Le compartiment dans lequel on verse les déblais est terminé à la base par une trémie qui permet de remplir les wagonnets.

On n'a donc pas de grandes manutentions à faire, mais on ne peut cependant pousser le travail sur une trop grande hauteur, car la montée des échelles et le transport des bois pour le revêtement provisoire deviendraient trop pénibles. On ne dépassera pas, sauf cas exceptionnels, une centaine de mètres.

Au lieu d'entasser les déblais dans un compartiment, on peut les faire descendre en les rejettant successivement sur des planchers en chicane (*fig. 257*).

Dans le travail en montant, on se heurte à la même difficulté de bien placer le fonçage en prolongement du puits. On peut aussi se guider sur un trou de sonde vertical.

On n'effectue souvent le creusement qu'à section réduite, jusqu'au moment où l'on sera arrivé près du fond du puits, ou même jusqu'à ce qu'on perce dans ce dernier (il faut alors placer aussitôt un plancher de protection).

Le travail est moins dangereux qu'à grande section, où le toit du chantier peut être difficile à tenir. De plus, si une légère erreur a été commise sur la section du puits, il est aisé de la corriger lors de l'élargissement jusqu'à la section totale. Ce dernier se fait en descendant, en rejetant les déblais dans le bure creusé en montant. On

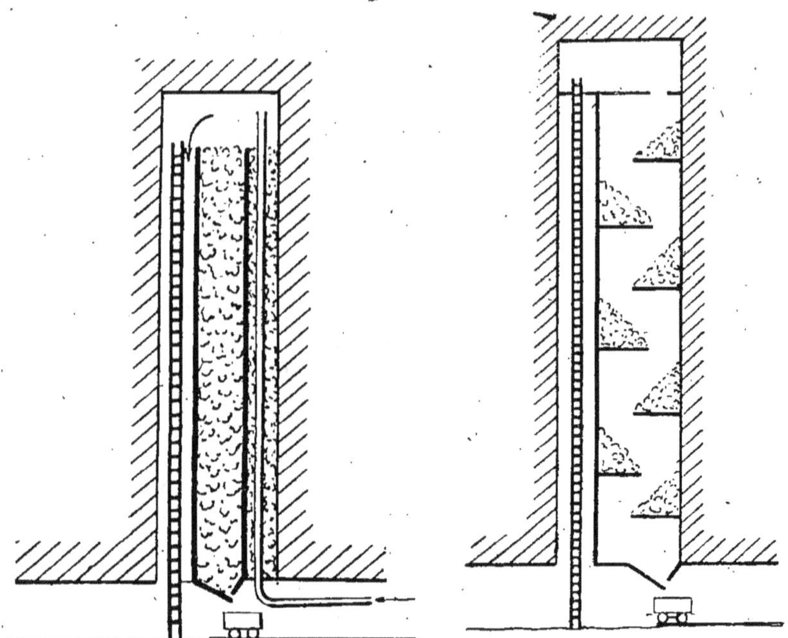

Fig. 256. — Fonçage en montant.
Fig. 257. — Fonçage en montant
avec planchers en chicane.

procède ensuite au revêtement définitif, en montant, à l'aide de planchers mobiles soutenus par des câbles passant sur des poulies à la partie supérieure.

207. Résumé. — Le revêtement d'un puits, ainsi que le guidage, les tuyauteries et canalisations qu'il contient doivent être entretenus avec grand soin, pour éviter les accidents dont les conséquences risquent d'être funestes pour les ouvriers circulant dans le puits et d'amener un arrêt dans le service de l'extraction.

Des visites fréquentes sont faites et les réparations nécessaires sont effectuées pendant les heures disponibles.

Les cuvelages sont vérifiés, et les parties fatiguées remises en état pour éviter les venues d'eau.

L'élargissement d'un puits ne peut guère être entrepris lorsqu'il traverse une nappe aquifère, à moins de commencer par cimenter ou congeler les terrains. Dans les roches non aquifères, le travail est plus facile et peut même se poursuivre parfois sans interrompre le service du puits.

L'approfondissement reste une opération nécessaire au fur et à mesure que l'exploitation progresse et qu'il faut entreprendre la préparation de nouveaux étages.

Il peut se faire directement depuis le fond du puits, par *réavalement*, comme une reprise du fonçage primitif ou sous la protection d'un plancher solide.

On peut au contraire foncer sous un *stot* de terrain, partiel ou total, c'est-à-dire avec ou sans communication avec le fond du puits. Dans le cas d'un *fonçage sous stot* total, le creusement peut se faire en descendant ou en montant, au besoin simultanément des deux façons.

L'enlèvement des déblais se fait par une galerie secondaire et ils sont remontés par un bure, quand on ne peut les conduire directement à un autre puits plus profond.

Des précautions sont prises pour placer le fonçage exactement à l'aplomb du puits à approfondir.

Le travail en montant est plus simple comme manutention des déblais ; il se fait souvent en deux étapes successives : creusement à petite section, en montant, puis élargissement jusqu'aux dimensions définitives, en descendant.

TABLE DES MATIÈRES

QUATRIÈME PARTIE

SOUTÈNEMENT DES CHANTIERS ET GALERIES

CHAPITRE I

CHAPITRE II

CINQUIÈME PARTIE

FONÇAGE ET SOUTÈNEMENT DES PUITS

CHAPITRE I

Généralités 149

CHAPITRE II

Fonçage en terrains non aquifères. 157

CHAPITRE VII

Fonçage des puits par cimentation.   272

CHAPITRE VIII

Fonçage à niveau plein.   289

Vannes. — Imprimerie Lafolye frères et Cⁱᵉ.

b) Ouvrages professés à l'École spéciale des Travaux Publics (Suite).

MATHÉMATIQUES SUPÉRIEURES

Cours de Mathématiques générales, professé à la Sorbonne, par MM. VESSIOT, professeur à la Faculté des Sciences, sous-directeur de l'École normale supérieure et MONTEL, professeur à la Faculté des Sciences.
Livre I. Éléments d'algèbre, de calcul différentiel et de géométrie analytique.
Livre II. Calcul intégral et éléments de mécanique.
Les 2 volumes...................................... **50 fr.**

Introduction mathématique aux sciences techniques de l'ingénieur*, par M. GABEAUD, ingénieur, ancien élève de l'École polytechnique et de l'École supérieure d'électricité.
658 pages et 14 figures....................... **25 fr.**

Cours de géométrie, par M. VASNIER, ingénieur, ancien élève de l'École polytechnique.
1re partie. Géométrie plane, 406 pages et 532 figures. — *2e partie.* Géométrie dans l'espace, 379 pages et 515 figures. — *3e partie.* Courbes et surfaces usuelles, 167 pages et 170 figures.
Les 3 volumes.................... .... **18 fr.**

Cours de compléments d'algèbre*, par M. BAUDRAN, chef de bataillon du génie, ancien professeur du cours de mécanique et de sciences appliquées à l'École d'application de Fontainebleau.
515 pages et 16 figures........................ **12 fr.**

Notions sommaires sur les fonctions et les dérivées, même auteur.
165 pages et 31 figures..................... **4 fr.**

Cours d'algèbre supérieure et d'analyse, même auteur.
Livre I. Calcul différentiel, 604 pages.......... **12 fr.**

Cours de géométrie analytique, même auteur.
448 pages et 117 figures...................... **12 fr.**

Cours d'analyse, professé à l'École spéciale des Travaux Publics. 9e édition.
568 pages et 180 figures...................... **25 fr.**

DIVERS

Chemins de fer à crémaillère, funiculaires et transports aériens, par M. LÉVY-LAMBERT, ingénieur à la Compagnie du Nord.
126 pages et 86 figures........................ **8 fr.**

Cours de tournage*. *Cours d'apprentissage et de perfectionnement professionnel*, par M. BARDOU, ingénieur des Arts et Métiers et de l'Institut électrotechnique de Grenoble, licencié ès sciences, chef des travaux à l'École pratique d'industrie et au cours de perfectionnement professionnel de Valenciennes.
292 pages et 264 figures...................... **8 fr.**

DROIT. LÉGISLATION

Droit commercial et introduction à la pratique des affaires, par M. DANIEL MASSÉ, licencié en droit, juge de paix.
220 pages................................. **12 fr. 50**

Cours de législation du travail et de prévoyance sociale, par M. DANIEL MASSÉ, conseiller de préfecture honoraire, juge de paix, et M. BOVIER-LAPIERRE, docteur ès sciences politiques et économiques, licencié ès sciences, sous-chef de bureau du Ministère du Travail et de la Prévoyance sociale.
478 pages................................ **20 fr.**

Cours de droit commercial et de transports par chemins de fer, par M. BAZET, docteur en droit.
361 pages. Prix............................. **12 fr.**

Notions élémentaires de droit civil, par M. CHARLES GEORGIN, docteur en droit.
660 pages............................... **25 fr.**

Commentaires des clauses et conditions générales imposées aux entrepreneurs*, même auteur.
228 pages................................. **10 fr.**

TRAVAUX PUBLICS EN GÉNÉRAL

Les travaux publics aux colonies, par M. HARDEL, ingénieur des Ponts et Chaussées.
222 pages, 64 figures et une annexe de 41 pages.. **8 fr.**

Les murs de soutènement, par M. CH. AUBRY, ingénieur des Ponts et Chaussées, ingénieur principal aux chemins de fer de l'État.
180 pages, 112 figures........................ **10 fr.**

Règlement du 8 janvier 1915 pour le calcul et les épreuves des ponts métalliques *suivi de notes pour son application.*
Prix...................................... **4 fr. 50**

TOPOGRAPHIE

Levés de Topographie générale, par M. CHOLESKY, ancien directeur du Service topographique de Tunisie.
2e édition, 631 pages, 100 figures, 18 planches... **20 fr.**

Levés d'études à la planchette, même auteur.
239 pages, 54 figures et 3 planches............ **12 fr.**

(SUITE DES OUVRAGES PROFESSÉS PAGE 4.)

c) OUVRAGES D'AUTRES AUTEURS

Les entreprises industrielles, *conférences faites en 1918 au Conservatoire des Arts et Métiers*, par M. ANDRÉ LIESSE, membre de l'Institut.
192 pages in-16 double couronne............ **3 fr. 50**

L'industrie des Travaux publics, par M. ALBERT DUFOUR, ingénieur.
120 pages in-16 double couronne............ **3 fr. 50**

b) Ouvrages professés à l'École spéciale des Travaux Publics (Suite).

ÉLECTRICITÉ ET APPLICATIONS

Cours de construction de machines électriques, par M. CASTANIER, ingénieur en chef de la construction à la Société « l'Éclairage électrique ».

Livre I. Matériaux de construction. Organes des machines. Bobinage, 2e édition, 152 pages, 156 figures et 13 planches. — *Livre II.* Construction de machines électriques, 2e édition, 304 pages, 168 figures. Les 2 volumes . . . . **25 fr.**
Atlas . . . . **15 fr.**

Cours de traction électrique.

Livre I. Matériel roulant, 2e édition, revue et augmentée (en réimpression), par M. RENÉ MARTIN, ingénieur à la Compagnie française Thomson-Houston, 784 pages, 585 figures et 57 planches, hors texte . . . . . **50 fr.**

Cours d'électrotechnique, par M. ILIOVICI, ingénieur, ancien chef de service au Laboratoire central et à l'École supérieure d'électricité.

Livre I. Lois générales de l'électricité.
Livre II. Étude des machines à courant continu.
Livre III. Étude des machines et appareils à courants alternatifs (en impression).

Cours de mesures électriques, par M. Eug. VIGNERON, ingénieur-conseil.

Livre I. Essais de laboratoire. Description des méthodes et des appareils. — 2e édition, revue et augmentée, 531 pages, 411 figures. Prix . . . . **25 fr.**
Livre II. Essais de machines (en impression).

MÉTALLURGIE

Cours de métallurgie, professé à l'École spéciale des Travaux publics, par M. le général GAGES.

Livre I. La fonte. Un volume, broché, de 336 pages et 115 figures . . . . **20 fr.**
Livre II. Élaboration des fers et des aciers. Un volume, broché, de 352 pages, 122 figures et 4 graphiques. Prix . . . . **20 fr.**
Livre III. Travail du fer et de l'acier. Un volume de 432 pages, 389 figures . . . . **25 fr.**
Livre IV. Essais mécaniques des fers et des aciers (en impression) . . . . **25 fr.**
Livre V. Métallurgie des alliages métalliques et des métaux autres que le fer. Un volume, broché, de 432 pages et 128 figures . . . . **20 fr.**
La collection complète des 5 volumes . . . . **100 fr.**

MINES

Cours d'exploitation des mines, par M. GAUNER, ingénieur civil des Mines.
En impression.

NAVIGATION. FORCE MOTRICE

Cours de barrages, par M. BONNET, ingénieur en chef des Ponts et Chaussées.
635 pages, 376 figures et 2 planches hors texte. **30 fr.**

Aménagement des chutes d'eau. Utilisation de la houille blanche, par M. LÉVY SALVADOR, ingénieur des constructions civiles, chef du service technique hydraulique au Ministère de l'Agriculture.
4e édition, 312 pages, 126 figures et 16 planches hors texte . . . . **20 fr.**

MÉCANIQUE APPLIQUÉE. MACHINES

Cours de moteurs à gaz, par M. LACOIN, ingénieur des Arts et Manufactures.
1re partie. Historique. Moteurs de moyenne puissance, 3e édition, 240 pages et 43 figures. — *2e partie.* Moteurs de grande puissance, 3e édition, 202 pages et 81 figures. *3e partie.* Gazogènes. Installation, 2e édition, 174 pages, 43 figures. Les 3 volumes . . . . **18 fr.**

Cours de thermodynamique, par M. LACOIN, ingénieur des Arts et Manufactures.
168 pages, 44 figures. Prix . . . . **20 fr.**

Cours de résistance des matériaux appliquée aux machines, par M. BAYLE, ingénieur des Arts et Manufactures et des Arts et Métiers, professeur à l'École de physique et chimie de la Ville de Paris.
2e édition, 468 pages, 363 fig. Prix . . . . **30 fr.**

Cours de statique graphique, *par le même.*
(164 pages et 128 figures). Prix . . . . **12 fr. 50**

Cours d'automobiles, par M. RIDET, ancien élève de l'École polytechnique.
Livre I. Moteurs . . . . **20 fr.**
Livre III (ancien). Voitures automobiles, 3e édition, 298 pages, 117 figures, 15 planches. Ce dernier volume seul . . . . **8 fr.**

Cours d'aviation, par le lieutenant-colonel ESPITALLIER.
Livre I. Appareils d'aviation et propulseurs, 2e édition, 376 pages, 100 figures, 1 planche hors texte . . . . **10 fr.**
Livre II. Moteurs, par M. MARCOTTE . . . . **20 fr.**

ORGANISATION ADMINISTRATIVE ET INDUSTRIELLE

Cours de commerce industriel, par M. E. HOURST, officier de marine en retraite, chef d'escadron d'artillerie honoraire, ancien directeur de la Société Michelin et Cie.
Deux volumes de 384 et 324 pages . . . . **20 fr.**

La Taylorisation et son application aux conditions industrielles de l'après-guerre, même auteur.
2e édition, 60 pages . . . . **1 fr. 50**

Le problème commercial dans l'industrie. Organisation rationnelle du commerce industriel, même auteur.
2e édition, 100 pages . . . . **2 fr.**

La Standardisation, théorie et emploi des calibres pour les fabrications en série, par le général GAGES.
Un volume, 320 pages et 160 figures . . . . **25 fr.**